LA ALTERNATIVA

ECOLÓGICA

BIBLIA, ESPIRITUALIDAD Y COMPROMISO SOCIAL

XABIER PIKAZA

 Editorial CLIE

EDITORIAL CLIE
C/ Ferrocarril, 8
08232 VILADECAVALLS
(Barcelona) ESPAÑA
E-mail: clie@clie.es
http://www.clie.es

CLIE

La alternativa ecológica. Biblia, espiritualidad y compromiso social.
ISBN: 978-84-19779-26-7
Depósito legal: B 14424-2024
Vida cristiana
Asuntos sociales
REL012110

Impreso en los Estados Unidos de América/ *Printed in the United States of America*

Acerca del autor

XABIER PIKAZA IBARRONDO de origen vasco y tradición católica, en comunión con las demás iglesias. Es Doctor en Teología por la Universidad Pontificia de Salamanca y en Filosofía por la de Santo Tomas de Roma; licenciado en Sagrada Escritura por el Instituto Bíblico de Roma. Del 1973 al 2003 ha sido profesor de Teología Dogmática de la Universidad Pontificia de Salamanca. Casado con M. Isabel Pérez Chaves.

Se ha especializado en el estudio comparativo entre las religiones, recibiendo el Premio J. Andrés de la Universidad de Alicante por su obra *Religión y Globalización*. Viene colaborando desde hace tiempo con la editorial Clie, en la que ha publicado un *Comentario de Marcos*, dos monografías sobre la *Teología de R. Bultmann y O. Cullmann* y un trabajo monográfico sobre *Las mujeres en la Biblia judía*.

Ha traducido y preparado la edición castellana de la obra programática de Keil y Delitzsch, *Comentario al Texto Hebreo del A.T.*, para la editorial Clie. Se han publicado ya las obras de *Isaías, Jeremías, Ezequiel, Daniel, Profetas Menores, Job, Salmos, Proverbios* y *Eclesiastés* y se está ultimando la publicación del *Cantar de los Cantares*.

En 2024 recibió el premio a la mejor obra original en español con su obra *Curso de Teología Patrística* (CLIE, 2023) otorgado por SEPA, la **Asociación de Editoriales Evangélicas** (Spanish Evangelical Publishers Association).

Entre sus obras más recientes podemos contar con *Diccionario de las tres religiones; La historia de Jesús; Gran diccionario de la Biblia; El Evangelio de Mateo; Dios o el dinero; Ciudad–Biblia.*

Índice

Presentación

Vengo trabajando hace tiempo sobre el desafío ecológico[1] en línea de Religión, Biblia y Espiritualidad, y de nuevo mi amigo Alfonso Ropero, de Editorial Clie, me ha pedido este libro insistiendo en la necesidad de una alternativa ecológica, para preservar la vida del mundo y fundar mejor la del hombre en la tierra.

Más que un tratado unitario, con principio, medio y desenlace, este libro es un conjunto académico de ensayos de tema ecológico, desde una perspectiva humanista, con matices éticos, filosóficos y teológicos. En tiempos inciertos como los nuestros es bueno buscar luz para caminar con cierto conocimiento hacia una nueva tierra y no basta la ayuda de la pura ciencia (aunque es fundamental) y menos la que propagan algunos medios de tipo económico/político, muy influidos por intereses de partido.

Necesitamos un conocimiento y compromiso más hondo desde una perspectiva de religión (religación) y sabiduría humanista, en una línea que, a mi juicio, ha de estar vinculada, en Occidente, con las tradiciones de la Biblia y de la espiritualidad, en diálogo con la sabiduría de los pueblos originarios y del pensamiento del Sur y el Oriente.

Desde mi función de profesor de Religión, Biblia y Espiritualidad, quiero ofrecer algunas orientaciones de camino en esos campos, sin aventurarme a discutir sobre problemas concretos de economía, política, ni ciencia estrictamente dicha (biología), que no son mi campo. Para subsanar en lo posible esa laguna he pedido un prólogo a mi amigo y colega Eduardo Agosta (Universidad de La Plata, Argentina, cf. Bibliografía), especialista en ecología del agua y asesor del Papa Francisco. Tampoco soy un analista social, y por eso he pedido

---

1. En el año 1984 dirigí con M. T. Aubach, en la Universidad Pontificia de Salamanca, un congreso, cuyas actas fueron publicadas por X. Pikaza y R. Margalef (eds.), *El desafío ecológico. Ecología y humanismo*, Salamanca, 1985. Veinte años más tarde, tras unas conferencias en Confer Madrid, publiqué otro libro titulado El *desafío ecológico. Creación bíblica y bomba atómica*, PPC, Madrid, 2004.

un epílogo a mi editor y colega Alfonso Ropero, siempre maestro en los saberes esenciales de filosofía y teología (cf. Bibliografía).

Como muestra el índice, este libro consta de una introducción y siete capítulos centrales, sobre religiones, Biblia (Génesis, Apocalipsis) y espiritualidad, ofreciendo al fin un panorama sobre el tiempo actual (modernidad y postmodernidad), con breves apéndices que pueden valer a modo de conclusiones.

La bibliografía sobre el tema es enorme, porque es inmenso el interés que suscita en los medios político-sociales, aunque algunas pretendidas "informaciones" de los medios pueden ser sesgadas como evidentemente pueden serlo las mías. A pesar de ello he tenido el atrevimiento de escribir este libro, con espíritu de diálogo y comunión, pues, siendo católico, escribo a petición de una editorial evangélica y, conociendo solo un poco la Biblia judeo/cristiana, me atrevo a opinar sobre otras "biblias" de la naturaleza y de la historia de los hombres.

Si queremos que la tierra sea hogar/casa de todos, superando los riesgos que la ecología actual está poniendo de relieve, deberemos optar y responder a la alternativa que ella nos plantea, como el Dios de la Biblia dijo a los hebreos al borde del desierto de su tierra: Pongo ante vosotros el bien y el mal, la vida y la muerte, escoged (Dt 30).

Solo me queda reiterar mi gratitud a la Editorial Clie por haberme confiado esta tarea, especialmente a Eduardo Agosta y Alfonso Ropero, por acompañarme con prólogo y epílogo, y sobre todo a mi mujer Mabel, coautora de todo lo que escribo.

San Morales, Salamanca diciembre de 2023.

Prólogo

La alternativa es aprender a cuidar este mundo, la tierra, casa común

El lector está ante una obra maestra del profesor Xabier Pikaza, «La alternativa ecológica», que ofrece delicadas pinceladas de un artista experimentado en Biblia, teología, espiritualidad y filosofía sobre el lienzo fractal y multidimensional de la ecología. La obra es una composición armónica de diversos enfoques y aproximaciones del autor a la cuestión ecológica, con un toque de fresca actualidad por la urgente necesidad del actuar consciente frente al acuciante desafío del cuidado de este mundo, la tierra, casa común, más allá del mundo social y de nuestro mundo personal e inmediato.

¿Y cómo es que llegamos a esta consciencia de cuidado global? Veamos:

Cuidar de nuestro mundo personal e inmediato

Durante muchos siglos, la moral cristiana se limitó a la esfera individual. La teología moral cristiana se ocupó inicialmente de las cuestiones que afectan a la libertad humana en sus diversas expresiones y dimensiones. Por eso hoy disponemos de una rica enseñanza moral sobre las más diversas y complejas situaciones que afectan a nuestro modo de estar en el mundo y de relacionarnos con nosotros mismos, con los demás y, en definitiva, con Dios, forjada a lo largo de siglos de tradición. Esta ética tradicional, y la consiguiente moral cristiana, estaba naturalmente enfocada en el ser humano y desde él se contemplaba toda la realidad circundante. La comprensión del mundo natural descansaba en el conocimiento rudimentario, natural e inmediato, que los humanos tuvimos durante milenios sobre la naturaleza física de las cosas.

La ética clásica tuvo su naciente natural en el pensamiento de Aristóteles y fue enriquecida por la mano teológica de santo Tomás de Aquino, que perduró durante muchos siglos. En ella, la naturaleza según Aristóteles, o la creación según el santo aquinate, ofrecía una unidad multiforme de sentido, en términos de bondad, orden, belleza y armonía, querida por Dios. Este orden primordial otorgaba una base común para las relaciones que había que cuidar y respetar. Por ejemplo, los animales y los seres humanos tenían algo que los englobaba: ellos compartían la esfera común de lo viviente, de lo creado. Es decir, animales y hombres son seres vivientes, habitantes del mundo natural ordenado, esto es, del espacio-tiempo concreto, establecido por Dios, en boca de santo Tomás, o por la naturaleza en Aristóteles. Además, se concebía que los seres inanimados y los seres vivos están destinados al bien común de la humanidad pasada, presente y futura, quien debía hacer uso respetuoso de ellos[1]. Así, la comprensión de que hay un sentido último presente en el mundo creado siempre había estado presente en la enseñanza moral cristiana.

Más aún, la moral clásica trazaba una línea necesaria en la responsabilidad de los actos dentro de los seres vivos. Los animales se distinguían de otros seres vivientes, como pueden ser las plantas, en que ellos tienen la capacidad de sentir y cierta conciencia de sufrimiento. O sea, la capacidad de sentir los hace experimentar, al menos primariamente, algún tipo de vida mental que les otorga cierta capacidad de previsión del futuro, pero sin llegar a ser sujetos de su propia vida, o sea, los animales no pueden apropiarse de sus vidas como sí hacen los seres humanos. Para santo Tomás, los humanos son seres racionales con capacidad de dirigir sus propias vidas, cualidad que otorga un sentido de moralidad y trascendencia a los actos humanos. Y esto es clave en la teología moral. Solo el ser humano es sujeto de su propia vida, o sea, *persona*, que según declara el Catecismo de la Iglesia, «no es solamente algo, sino alguien, capaz de conocerse, de poseerse y de darse libremente y de entrar en comunión con otras personas»[2]. En este sentido solo a los seres humanos se les debe respeto, pues son seres morales y tienen derechos. Es el ser humano que, por ser persona, puede «comer», o

---

1. Cf. Tomás de Aquino, *Summa Theologica,* q. 96, a.1 y CIC, n. 2415.
2. Iglesia Católica (1992). Catecismo de la Iglesia Católica (CIC), 357. Versión en línea, https://www.vatican.va/archive/catechism_sp/index_sp.html

sea, decidir probar, poseer y dominarlo todo (Gn 2:17), y es «capaz de reconocer la diferencia entre lo que puede y lo que debe, pues si hiciera todo lo que puede, dominando sobre el mundo... acaba deshaciendo su huerto y matándose a sí mismo»[3]. Esta capacidad humana de discernimiento y juicio, ejerciendo su libertad, hace que sus actos transciendan la inmediatez del espacio y el tiempo.

Desde esta comprensión sobre el ser humano, surgieron el *principio de responsabilidad* y el *principio de proximidad* en el espacio y el tiempo, que orientaban el discernimiento moral de las acciones humanas. «El trato del hombre con el hombre» o «ama a tu prójimo como a ti mismo» fueron las categorías teológicas que marcaron la ética tradicional, dando lugar a los preceptos de justicia, caridad, honestidad y respeto, entre otros, en el ámbito cotidiano de la inmediatez íntima y próxima de los efectos humanos comunes. En ella, la *técnica,* o sea, la capacidad productiva y transformadora del hombre sobre el mundo, presente en todos los pueblos, a través del arte, la manufactura, los artefactos e instrumentos creados para manipular la naturaleza, era considerada neutra, sin repercusión en la esencia humana ni en el ambiente natural (una excepción fue el ejercicio de la medicina porque era una acción inmediata sobre otro ser humano). Esto daba una visión estática y prístina de la relación entre el hombre y la naturaleza. La naturaleza se presentaba a los creyentes (y a los no creyentes) como intacta, inmutable y eternamente paradisíaca. Es más, el despliegue histórico de las acciones humanas tenía lugar en un marco natural inmóvil. La naturaleza se concebía como un escenario cósmico desnudo, inmutable y perpetuo, que proporcionaba a los seres humanos bienes y garantizaba sus derechos (la ley natural). Esta comprensión clásica de impecabilidad de la relación entre el ser humano y la naturaleza prevaleció en el pensamiento católico hasta el Vaticano II; incluso se puede rastrear todavía en algunos textos papales posteriores.

A finales de los años 60 del siglo pasado, el historiador estadounidense Lynn White Jr. argumentó sin miramientos contra la tradición judeocristiana como imposición histórica frente al paganismo en su artículo para la revista *Science*, «*Las raíces históricas de nuestra crisis*

---

3. Pikaza, X. (2004). *El desafío ecológico.* PPC, p. 45.

ecológica»[4]. En el contexto de una crisis ecológica a escala planetaria muy próxima, el autor escribió: «la crisis ecológica se agudizará hasta que rechacemos el axioma cristiano de que la naturaleza no tiene otra razón de ser que servir al hombre». Para él, la interpretación clásica (y errónea) de Génesis 1:28 («someted la tierra») cristalizaba culturalmente un axioma: Dios concede a la humanidad el señorío y el dominio sobre toda la creación, justificando así, según esta interpretación, toda explotación indiscriminada e incluso destructiva de la naturaleza. En otras palabras, Dios estaría legitimando a los seres humanos como señores absolutos de la naturaleza (tiranos), otorgándoles un dominio instrumental completo sobre ella. La religión judeocristiana fue la responsable, según este autor, de establecer un dualismo entre el ser humano y la naturaleza que desacralizó el mundo de tal manera que allanó el camino para la explotación de la naturaleza, ya que esta dejó de ser la morada de espíritus, duendes y dioses, para convertirse en una simple «cosa». Al quedar el mundo vaciado de presencias sagradas o mágicas, nada podía impedir que los humanos lo conquistaran vorazmente. Según el Génesis, las cosas estarían allí para ser puestas a su servicio, y más aún cuando era voluntad de Dios que el hombre fuera dueño y señor de todo lo creado.

Esta tesis fue un golpe bajo no solo para la teología moral, sino también para la teología de la creación que desde mediados del siglo pasado venía aclarando críticamente la correcta interpretación de los textos sagrados sobre los orígenes. Muchos autores han demostrado que la tesis de White era errónea a la hora de entender el relato de la creación, «creced y multiplicaos y dominad la tierra» (Gn 1:28). Así, durante varias décadas del siglo pasado, los creyentes nos situábamos en una posición sombría para el mundo secular: El judeocristianismo había creado las condiciones para que la humanidad, con la ayuda de la ciencia y la tecnología modernas, se dedicara a la depredación más rapaz e irresponsable jamás vista en la historia del planeta. Esta bandera antirreligiosa se enarboló durante mucho tiempo, haciendo irreconciliable la postura de los creyentes sobre el cuidado de la creación y las élites ecologistas radicales de vanguardia. El diálogo estaba cerrado.

---

4. White, Lynn. "The Historical Roots of Our Ecologic Crisis". Science 155.3767 (1967): 1203-207.

La perspectiva católica sobre la relación del ser humano con el resto de la creación nunca ha sido de radical antropocentrismo, como si se tratase de una separación infranqueable entre el ser humano y el resto de la creación. El ejemplo de la vida de tantos santos, como puede ser, Francisco de Asís, Felipe Neri o Catalina Tekakwith, cuyo vínculo con el mundo natural es de familiar intimidad, es un claro testimonio de ello. La perspectiva católica siempre ha sido la de un humanismo teocéntrico, *abierto al Absoluto*, para el cual la dignidad singular que tiene el ser humano en la creación es por ser *imagen y semejanza* de su Creador (Gn 1:26). Dios Creador ha dado al ser humano una autoridad benevolente y protectora, como la suya, sobre las demás creaturas (Gn 1:27-29). No obstante «el dominio concedido por el Creador al hombre sobre los seres inanimados y los seres vivos no es absoluto; está regulado por el cuidado de la calidad de vida del prójimo incluyendo a las generaciones venideras»[5] lo cual «exige un respeto religioso de la integridad de la creación»[6] pues ella posee «una fisonomía propia y un destino anterior dados por Dios, y que el hombre puede desarrollar ciertamente, pero que no debe traicionar»[7], resalta el Catecismo de la Iglesia de 1991.

Quizás quien más haya influido culturalmente en el pensamiento dominante contemporáneo sobre el maltrato a la naturaleza, desde el siglo XVI hasta hoy, es el filósofo René Descartes. Es decir, el antropocentrismo filosófico, como corriente de pensamiento, nace por exagerar la capacidad humana de razonar como una distinción cualitativamente superior con respecto al resto de las creaturas. El pensamiento moderno cartesiano tuvo repercusiones contra el mundo natural: para este autor, la realidad se concibió como una separación insalvable entre *lo material* (*res extensa*) y *lo pensante* (*res cogintas*). Así, por ejemplo, el ser humano empezó a ser considerado ser moral por poder pensar, y los animales empezaron a ser vistos como si fueran máquinas, autómatas, cuyo comportamiento se explicaría mecánicamente como si fuera un reloj analógico. Esta concepción dualista condujo a pensar al resto de las criaturas como cosas o medios que se los puede utilizar en función de la conveniencia a los intereses humanos. Es decir, la racionalidad moderna del

---

5. CIC, n. 2415.
6. Juan Pablo II (1991). *Centesimus annus*, 37.
7. *Ibid.*

tipo mecanicista exacerbó la superioridad del ser humano respecto del animal, con fuertes repercusiones negativas en el ámbito de la producción económica e industrial (lo viviente pasó a ser materia prima), cuyas consecuencias aún están presentes hoy en la cultura de la producción, consumo y descarte.

Cuidar del mundo social

Hacia finales del siglo XIX y en el transcurso del siglo XX, la cuestión sobre la moralidad de nuestras acciones comenzó a desplazarse progresivamente del ámbito individual al social como una cuestión lógica de necesidad pastoral. La preocupación por los pobres, los enfermos, los esclavizados o, más tarde, los indios, los negros, etc., ha estado siempre presente en la vida de la Iglesia, desde los tiempos de las primeras comunidades cristianas. Piénsese, por ejemplo, en las referencias de san Pablo a la colecta en ayuda a los pobres en sus cartas (cf. Gá 2:10; 1 Cor 16:1-2). Sin embargo, la «cuestión social» aparece con fuerza en la carta de León XIII, *Rerum Novarum*, en la que trata de las consecuencias de la revolución industrial en el ámbito laboral y el derecho de los trabajadores.

Posteriormente, las grandes guerras del siglo XX, el avance de la industrialización y la concentración del capital ahondó la brecha entre países ricos y pobres hacia mediados del siglo. La cuestión social frente a las inmensas calamidades que oprimían entonces a la mayoría de los países fue impregnando poco a poco la reflexión moral católica. El Concilio Ecuménico Vaticano II apostó por la introducir la cuestión de la justicia social como parte de la misma misión evangelizadora de la Iglesia. La constitución apostólica *Gaudium et Spes* cierra pidiendo crear un organismo global de la Iglesia «que tenga como función estimular a la comunidad católica para promover el desarrollo a los países pobres y la justicia social internacional»[8].

Fue así como Pablo VI en 1967, en respuesta a esta petición conciliar, establece la Comisión Pontificia de Justicia y Paz con el fin de ser señal visible para mantener abiertos los ojos de las personas, promover el desarrollo de los pobres y la justicia social entre las naciones. Posteriormente, con el Sínodo Mundial de los Obispos sobre "Justicia en el mundo" celebrado en 1971, y las cartas encíclicas de

---

8. Vaticano II (1965), Const. Dogmática *Gaudium et Spes* (GS), 90.

Juan Pablo II, *Redemptoris Hominis* (1979), *Laborem excersens* (1981) y *Sollicitudo Reí Socialis* (1987) la reflexión teológica moral continuó enriqueciendo la enseñanza social de la Iglesia en la misma dirección trazada por el Concilio. Por ejemplo, con *Sollicitudo Reí Socialis* se incorporaron nuevos principios, como ser el «destino universal de los bienes» y las «estructuras de pecado», que provenían de la reflexión de la Iglesia latinoamericana (Medellín 1968). En 1988, Juan Pablo II elevó a la categoría de Pontificio Consejo de Justicia y Paz a la comisión homónima, otorgándole una mayor relevancia eclesial.

Así, progresivamente, junto a la preocupación por el individuo, la Iglesia también se interesó por las causas sociales de la injusticia o incluso por las repercusiones sociales de las acciones individuales. La moral cristiana dejó de centrarse únicamente en las relaciones interpersonales estrechas. En cambio, se abrió a los problemas sociales relacionados con la injusticia y a todo lo que afecta a las actividades humanas, como es por ejemplo el trabajo, y al auténtico desarrollo humano, como son por ejemplo la paz, la libertad religiosa, el acceso a los alimentos, los derechos humanos, la educación y el acceso al agua. De este modo, el binomio *justicia y paz* se acuñó en los años 70 para englobar las condiciones sociopolíticas que a menudo impiden la posibilidad de una vida digna y en condiciones suficientes para la humanidad.

Cuidar de la tierra

Si bien durante el período posterior al Concilio la preocupación de la Iglesia orbitó en torno a la cuestión social de la justicia y paz y la promoción de los pobres, cabe recordar que el primer Papa en plantearse la cuestión ecológica fue Pablo VI que, en un discurso ante el Organismo de Naciones Unidas para la Alimentación, en Roma, el 16 de noviembre de 1970[9], denunció que «la humanidad hoy» posee «posibilidades técnicas» para producir «una verdadera hecatombe ecológica», provocando «el engullimiento del fruto de millones de años de selección natural y humana». Casi sin querer, Pablo VI dio el puntapié para desencadenar un despertar ecológico al interior de la

---

9. Cf. Discurso de su Santidad Pablo VI en el 25° aniversario de la FAO, 16 de noviembre de 1970. https://www.vatican.va/content/paul-vi/es/speeches/1970/documents/hf_p-vi_spe_19701116_xxv-istituzione-fao.html

Iglesia desde entonces. Su exhortación merece ser recordada como parte de los aires nuevos traídos por el Concilio Vaticano II.

Desde entonces en la Iglesia ha ido creciendo progresivamente la conciencia de articular necesariamente la justicia social y el cuidado del ambiente, en especial en aquellas regiones del planeta, como es Latinoamérica, donde la pobreza social de gran parte de la población coexiste con una naturaleza extensa y abundante que es abatida año a año, lo cual no hace más que distorsionar el mensaje evangélico de justicia y paz.

A medida que el conocimiento aportado por las ciencias de la Tierra sobre el estado del planeta se fue consolidando (el primer documento influyente fue «Los límites del crecimiento» del Club de Roma, 1972[10]), la conciencia ecológica en las sociedades de todo el mundo se fue haciendo cada vez más fuerte en los años 80. El punto más álgido se alcanzó en 1992 en la Conferencia de Río sobre Ambiente y Desarrollo de Naciones Unidas. De allí surge la creación de las dos grandes cumbres, claves para el devenir futuro de la Tierra: la conferencia del clima y la de la biodiversidad, conocidas como las COP, vigentes hasta el día de hoy.

A nivel cristiano, se generaron por impulso del Consejo Mundial de las Iglesias dos procesos conciliares, la primera Asamblea Ecuménica Europea de Basilea (1989) «Paz y justicia para toda la creación» y la Asamblea Ecuménica Mundial de Seúl (1990) «Justicia, Paz e Integridad de la Creación», que vincularon los problemas de la ecología a los de la justicia y de la paz, popularizando la expresión «integridad de la creación». Así en el ámbito católico, el trinomio Justicia, Paz e Integridad de la Creación se incorporó al nombre de los organismos de pastoral social creados por la Unión General de Institutos de Vida Consagrada (franciscanos, carmelitas, dominicos, etc.).

Entre la denuncia profética de Pablo VI (1970) y la llegada de *Laudato si'* (2015) de Francisco, la enseñanza de la Iglesia apostó por acrecentar la solidaridad a escala global como principio moral que había de guiar el discernimiento en la cuestión ecológica, así:

10. Cf. Meadows, D. H, Meadows, D.L, Randers, J. y Behren III, W. (1972). *The Limits of growth. A Report of the Club of Rome's project on the Predicament of Mankind*. A Potomac Associate Book, Disponible en https://www.clubofrome.org/publication/the-limits-to-growth/

«La cuestión ecológica no debe ser afrontada únicamente en razón de las terribles perspectivas que presagia la degradación ambiental: tal cuestión debe ser, principalmente, una vigorosa motivación para promover una auténtica solidaridad de dimensión mundial».[11]

Este principio moral es un llamado a «la globalización de la solidaridad» que tiene que ver con la distribución y el uso justos de los bienes de la tierra, por ejemplo, las fuentes de energía, y del conocimiento y el desarrollo tecnológico. O sea, tenía que ver con una cuestión de justicia social y medioambiental entre los países más ricos y los más pobres. La relación justa de la humanidad con la naturaleza debía basarse en la caridad y la responsabilidad hacia los países en desarrollo y las generaciones futuras.

Fue esta la línea dominante en los escritos de Juan Pablo II y, particularmente, de Benedicto XVI. Si bien, sus escritos abordaron explícitamente cuestiones ecológicas importante, en general, no hicieron énfasis en el deterioro ambiental causado por la actividad humana. Predominaba en general una visión demasiado optimista sobre el estado de armonía primordial de la naturaleza y sobre la tarea humana, que es hacer un «uso sabio» de la naturaleza, sabiendo interpretar su gramática, lo cual implica el respeto de los límites propios de la naturaleza. Claramente era una mirada demasiado ingenua frente al creciente deterioro medioambiental que ya se observaba desde al menos mediados del siglo XX.

La novedad ecológica de *Laudato si'*: hermana madre tierra

Tras el lanzamiento de la encíclica *Laudato si'* del Papa Francisco en el 2015, la sensibilidad y conciencia ecológicas han crecido como nunca en la Iglesia. Hoy entendemos el cuidado de la creación como una concreción ampliada de nuestra búsqueda de la justicia y la paz frente a la degradación ambiental, la pobreza estructural y la creciente brecha en el desarrollo humano entre el Norte y el Sur globales. Existe una actitud a favor del cuidado de la creación que habría sido difícil de imaginar hace diez, veinte o más años, o que al menos habría despertado ciertas suspicacias.

11. DSI, 486.

A diferencia de la década de1970, cuando se acuñó el binomio «justicia y paz», hoy no basta con limitarse a trabajar para promover y respetar el derecho de todo de ser humano a la tierra, la alimentación, el agua, la salud, la educación y el trabajo. Tampoco basta con luchar por los derechos de los niños y por el fin de la trata de personas, por mencionar algunas de las muchas injusticias que todavía afectan a cientos de millones de personas en todo el mundo. La cuestión ecológica, socioambiental es insoslayable. Es en este contexto en el que llega la encíclica *Laudato si'* irrumpiendo con algunas novedades conocidas por todos, pero ausentes hasta ese momento en la enseñanza oficial de la Iglesia.

Una novedad crítica tiene que ver con la necesidad de redefinir la relación de la humanidad con la tierra, para abandonar de una vez por todas el paradigma del ser humano como señor-soberano, dominador de las demás criaturas. Para ello, el Papa Francisco se basó en el poema del Santo de Asís y en la Biblia. Recordemos que la encíclica comienza con una metáfora sobre la relación auténticamente moral entre la humanidad y la tierra, basada en las imágenes proporcionadas por el «Cántico de las criaturas» del pobrecillo de Asís. Con ella, el Papa invita a todos los hombres y mujeres a mirar a la tierra no solo como una mera casa, sino como «nuestra hermana madre tierra»[12], estableciendo desde el comienzo de la carta pastoral, una comprensión de intimidad y filiación entre los seres humanos y la tierra, inédito en la enseñanza social de la Iglesia. Esta familiaridad con la tierra (somos hijos) se basa también en el hecho bíblico de que «también nosotros somos tierra», nos recuerda Francisco (cf. Gn 2:7). Más aún, el Papa agrega que nuestra hermana y madre tierra es un ser vivo, una subjetividad, por lo que ella, en un grito (voz), «clama por el daño» causado por el ser humano.[13] Francisco nos recuerda que la Tierra oprimida por la humanidad «gime y sufre dolores de parto» (Rm 8:22).

La Biblia y el poema del místico le permiten a Francisco colocar el pensamiento católico en armonía con las ciencias ambientales y la ecología: somos frutos de la tierra, y el destino evolutivo de todos los seres vivientes habitantes de la tierra está hoy más que nunca

---

12. Francisco (2015), carta encíclica *Laudato si'* (LS), 1.
13. Cf. LS, 2.

en nuestras manos.[14] La humanidad, junto con todas las criaturas, está en camino evolutivo *cosmo-teoleológico*. Es nuestra tarea vital reconducir a cada criatura a través de nosotros y con nosotros, con *inteligencia y amor*, hacia el encuentro definitivo con el Dios trascendente. Los dones de la inteligencia y el amor son esenciales para esta tarea. El primero significa una confianza en las capacidades técnicas y científicas del ser humano para encontrar soluciones. El segundo implica imbuir al primero de la pasión del corazón, dotarnos de convicciones profundas que nos ayuden a ponernos en lugar de otros empáticamente.

El profesor Xabier Pikaza nos ofrece pues las herramientas necesarias para formar la inteligencia y forjar esas necesarias convicciones profundas, de manera tal de ser capaces de dar nuestra respuesta alternativa ante la catástrofe ecológica. Alternativa que nace de la comprensión consciente del problema ecológico y de la sensibilidad ante el sufrimiento de las criaturas pobres y maltratadas, entre ellas, la hermana madre tierra, sabiendo que es posible hacer de este nuestro mundo, un lugar mejor y más digno de la inhabitación del ser humano.

Eduardo Agosta Scarel
Dr. en Ciencias de la Atmósfera y los Océanos, Licenciado en Física y con estudios en filosofía y teología.
Investigador y experto en Clima. Asesor principal en Incidencia Política del Movimiento *Laudato si'*, en Roma.
Director del Departamento de Ecología Integral de la Conferencia Episcopal Española.
Diócesis de Segorbe-Castellón, España.

14. Cf. LS, 83.

Introducción
Encrucijada ecológica, un desafío

Ciertos diagnósticos apocalípticos suelen parecer poco racionales o insuficientemente fundados. Esto no debería llevarnos a ignorar que la posibilidad de llegar a un punto crítico es real. Pequeños cambios pueden provocar cambios mayores, imprevistos y quizás ya irreversibles... Así se terminaría desencadenando una cascada de acontecimientos que se precipiten como una bola de nieve. En un caso así siempre se llegará tarde, porque ninguna intervención podrá detener el proceso... (Francisco, Laudate Deum 17, 2023).

Encrucijada es un cruce ante el que el viajero debe optar, si quiere seguir caminando. Viajeros de la vida somos, y ella nos pone con frecuencia ante importantes opciones, como la de Hércules en Grecia, Buda ante la higuera de Benarés, los hebreos ante el gran desierto (pongo ante vosotros la vida y la muerte, Dt 30) o como la de Jesús en Cesarea de Filipo (Mc 8).

Suele haber una ancha puerta y un camino llano que desemboca en la muerte y una senda estrecha, empinada y dura que lleva a la vida, y debemos optar por ella, si queremos alcanzar nuestro destino en sentido material y "espiritual", pues no solo de pan vive el hombre (Mt 4:4), sino de toda palabra que viene de Dios. En este comienzo del tercer milenio, la vida nos pone ante encrucijadas, que exigen alternativas fuertes, en un plano personal y social, político, militar y económico. Entre ellas destaca la *alternativa ecológica*, ante el futuro de nuestra vida en la tierra. O respondemos bien, cuidando de ella tierra o, de lo contrario, podemos destruirla y destruimos.

Muchos afirman que nuestra humanidad, con su forma de actuar sobre la tierra, sometiéndola a la fuerza, carece de futuro. Nos hemos situado entre la vida y la muerte y, en conjunto, estamos apostando de hecho por la muerte, aunque digamos que somos defensores de la vida. Para optar por el futuro debemos realizar un gran cambio, como el que pidió Moisés (*pongo ante ti vida y muerte,*

Dt 30:15-20) y ratificó Jesús (*meta-noeite*; pensad y vivid de otra manera, Mc 1:14-15).

Este ha de ser un cambio interno y externo, económico y social, de teoría y práctica, de economía y política, pues de lo contrario, en la línea trazada por un tipo de "progreso tecno-crático" (poder de la técnica), destruiremos en pocos decenios, de forma irreversible la vida de la tierra.

Los ilustrados de los tres últimos siglos nos habían repetido que podíamos hacerlo todo y progresar, desoyendo el aviso del principio de la Biblia: De todos los árboles (bienes) de la tierra podéis comer, pero el día en que comáis del fruto del árbol del bien y del mal, como si no hubiera límite ninguno en vuestro camino, moriréis… (cf. Gn 2:15-17). Una modernidad egoísta, empeñada en imponer el poder del hombre sobre el mundo, nos había dicho "atrévete, conquista y coloniza", y nos hemos atrevido, pero, en vez de humanizar la tierra en respeto amoroso, Gn 2:25, estamos corriendo el riesgo de secarla, destruyendo así nuestro mismo principio de vida.

Hemos colonizado a sangre y fuego inmensos territorios físicos y culturales, imponiendo nuestra injusticia en ellos, sin más principio moral que nuestro egoísmo. En ese contexto, volvemos a escuchar la palabra de Jesús: ¿De qué os vale ganar el mundo entero si al hacerlo os perdéis vosotros mismos? (Mt 16:26). Hemos demostrado que podemos conquistar y pasar muchos fuertes y fronteras (Juan de la Cruz, Cántico Espiritual), consiguiendo un inmenso caudal de Mammón (Mt 6:24), al servicio de un mercado que compra y vende cualquier cosa, incluyendo almas y cuerpos (Ap 18:11-13), pero hemos olvidado el principio de la Biblia: El día en que comáis de ese fruto del bien y del mal moriréis.

Ha llegado la hora de detener ese avance y de cambiar de rumbo. Si queremos vivir, debemos *renunciar a cumplir un tipo de deseos destructivos* (en el sentido de Rm 7:7; 13:9) no por negación, sino por descubrimiento de caminos más altos, en línea de sabiduría y belleza, de salud, amor mutuo y esperanza de resurrección, pues de lo contrario acabaremos matándonos todos y quemando la vida de la "madre" tierra y destruyéndonos con ella.

Hemos querido imponer nuestra fuerza sobre el mundo, en una marcha triunfante de conquista y colonización, dominando los confines de la vida, derribando las últimas fronteras, plantando nuestro orgullo de bandera sobre todos los competidores, para descubrir, al fin, que nuestra tierra es de hecho "plana" no redonda y que se acaba, acabando nosotros con ella, a no ser que paremos, nos detengamos y sepamos buscar y recibir tierras distintas de comunión en gratuidad.

Nos hemos creído elegidos de un Dios del poder, con derecho a seguir avanzando sobre cadáveres de enemigos, para imponer sobre ellos nuestra razón sangrienta…, descubriendo, al fin, que ese "dios" no es de verdad, sino diablo de las tentaciones de Jesús (Mt 4; Lc 4), bajo cuyo poder (Mammón, opresión, idolatría) hemos caído, como si lo que importara es tener y consumir cada vez más cosas, en un mundo de ricos sobre pobres, con arsenales inmensos de armas destructoras, mientras se extiende y domina sobre el mundo una pobreza de muerte para la mayoría.

Mañana es ya tarde, ha llegado la hora de descubrir que estamos ante el abismo, para detenernos y cambiar de dirección o, mejor dicho, para subir de plano y poner en marcha una sabiduría fundada en el amor a la vida, un conocimiento que no sea "ciencia del dominio del bien y del mal" (de cuyo peligro nos hablaba Gn 2), sino de resurrección. Por eso necesitamos recuperar nuestras más hondas raíces culturales y religiosas, volviendo a los caminos del Reino que proclamó Jesús, en comunión con otras sociedades de Asia, África, América y Oceanía, sin cerrarnos en los modelos triunfales de nuestras historias impositivas.

En este momento de gran crisis, ante el abismo de muerte que se abre a nuestros pasos, debemos pararnos y pensar que no podemos seguir como herederos de tribus triunfadoras, para ocuparnos con Jesús (como Jesús) de los "pobres", perdedores, cojos-mancos-ciegos, impuros, expulsados, niños, viudas y extranjeros, iniciando así una marcha de ecología humanista, al servicio de la tierra, que no es Dios sin más, pero es signo y presencia de su vida.

Alternativa, cambio de paradigma

En otro tiempo, los hombres girábamos en torno a la naturaleza que se elevaba ante nosotros inmutable y terminada, de forma que todo parecía eterno, bajo una "bóveda" o círculo perfecto donde los hombres se limitaban a mantenerse obedientes. Ahora, en cambio (año 2024) estamos empeñados en dominar el mundo, no a cuidarlo como quiere la Biblia (Gn 1-2), poniéndolo al servicio de un sistema de poder que oprime a grandes mayorías de seres humanos y pone en riesgo la vida de conjunto del planeta tierra.

El antiguo orden social era muy duro, pero en general los hombres respetaban el "orden" del mundo, pensando que era signo de Dios. El nuevo sistema, empeñado en su triunfo, tiende a divinizarse de un modo implacable, sin otro freno ni norma que su poder, corriendo así el riesgo de destruir no solo la existencia humana, sino todas las formas de vida sobre el mundo. En ese contexto hemos de tomar conciencia del desafío ecológico: O nos cuidamos unos a otros y cuidamos el mundo, al servicio de todos, y en especial de los más pobres, o nos destruimos como humanos en la tierra.

Por primera vez en la historia, la humanidad en su conjunto puede "suicidarse" (destruirse a sí misma) en el plano cósmico, personal y social). Pues bien, en este momento, ella debe asumir de un modo consecuente el compromiso de optar por la vida, cuidando no solo de sí misma por aislado, sino de la vida y salud del planeta tierra, con sus ecosistemas, sus plantas y animales.

Con el tipo de ciencia y política actualmente triunfante, con una educación que nos invita a dominar el mundo por la fuerza corremos el riesgo de destruirnos. Los tiempos urgen y son muchos los hombres y mujeres que están tomando conciencia que a este ritmo de progreso y consumo de los grupos más ricos la humanidad no tiene futuro, de manera que piensan (pensamos) que con las formas de vida que ahora utilizamos en el mundo más "desarrollado" no podremos sobrevivir muchos decenios.

Necesitamos una sabiduría nueva, superando los juicios antiguos del bien y del mal y los discursos triunfalistas del sistema económico-social dominador, para extender sobre el mundo una sabiduría nueva de renuncia creadora, al servicio de los marginados y de la comunión de todos los seres humanos. En ese contexto surge la necesidad de programar y de poner en marcha un modo nuevo de pensar y de vivir, al servicio de una nueva creación centrada en el hombre, en comunión con el mundo.

No somos "dueños" (dictadores) de la tierra para nuestro servicio egoísta, sino hermanos de ella, para bien de todos, de la tierra y de los hombres, en gesto positivo de "amor gozoso", pues todos dependemos unos de otros, nosotros de la tierra, la tierra de nosotros, y los diversos grupos humanos de la tierra. Estos son los principales "problemas" del conjunto de la tierra tal como pueden plantearse desde una perspectiva ecológica.

a. Hay un problema científico de degradación de la tierra, es decir, es decir, del sustrato y fuente de las diversas formas de vida del planeta. El consumo egoísta y la degeneración de las energías y formas de vida del presente lleva riesgo de romper los desarrollos y posibilidades del futuro. Con nuestro modo de abusar del mundo podemos imponer la ruina sobre aquellos que vengan tras nosotros. Desde esta perspectiva cobran su hiriente actualidad algunos temas usuales de la ciencia y la reflexión ecológica:

— *Hay un riesgo de contaminación del aire*, esto es, de la atmósfera de la que vivimos, como han puesto de relieve las grandes religiones, tanto del oriente como de occidente. La respiración es vida, sin aire limpio/sano no vivimos.

— *Hay un riesgo de degradación de las aguas,* de polución de los mares, de envenenamiento de los ríos, etc. Aire y agua forman la pareja primigenia de la vida, tanto de la tierra en su conjunto, como de las plantas, los animales y los hombres.

— *En un plano más general se puede hablar del "calentamiento" global* del aire, del agua y de la tierra, no solo por un tipo de combustión desmesurada de carburantes fósiles, sino por la destrucción de los sistemas de regulación de la atmósfera.

— *En este contexto puede y debe hablarse, en fin, de un deterioro irreversible de la misma tierra,* cuya forma actual, al servicio de la vida se ha ido fijando y estabilizando a través de milenios de evolución cósmica.

Advertirá el lector que estos cuatro elementos (aire, agua, "fuego" y tierra) forman la base de la experiencia cósmica que ha venido marcando la historia del mundo (y en especial de occidente) desde la filosofía griega y desde los documentos fundantes de la literatura "sapiencial" de la Biblia. Como dirá Francisco de Asís en su "Canto de las creaturas", aire-agua-fuego/calor y tierra son nuestras hermanas. Si destruimos nuestro pacto de fraternidad con ellas nos destruimos a nosotros mismos. Pues bien, un tipo de humanidad, la humanidad despreocupada y codiciosa, dirigida por un egoísmo universal salvaje está destruyendo ese pacto y puede convertirse en causa de un crimen irreversible contra la vida del planeta.

b. Hay un problema social de distribución de la energía, pasando así de la lucha de los hombres contra la tierra, a la lucha universal de unos hombres y pueblos contra otros. En otro tiempo se habló de la necesidad de superar un tipo de propiedad privada. En línea ecológica hay que dar un paso más: debemos plantear el problema de la apropiación y utilización desigual de la energía de la tierra, que son un bien común, no exclusivo de algunos, que forman una pequeña élite capitalista. Por eso, éticamente, la nueva revolución económico-social de la humanidad resulta inseparable de un nuevo planteamiento ecológico de comunicación y participación universal en los valores de la vida.

– *Problema de orientación de la energía.* Hasta ahora estábamos en manos de la sabiduría de la naturaleza, que nos parecía infinita y tendíamos a intervenir en ella de una forma depredadora. Ha llegado el momento en que el conjunto de los hombres invierta ese proceso y descubra que su vida, la vida de todos, depende de la forma en que se sitúen ante el "jardín de la vida" o paraíso, para desplegar una vida que sigue siendo don de Dios.
– *Problema de organización social al servicio de la vida.* Debemos ir en contra de una dictadura de poderes impositivos de diverso tipo, que planean, elaboran y disfrutan de forma egoísta los bienes de conjunto de la vida. Para que la vida se mantenga debe cambiar de un modo radical la política de la humanidad, asumiendo de una forma universal los valores de la vida, por encima de una "libertad" entendida como principio de imposición social y dominio destructor no solamente en contra otros hombres y mujeres, sino de la misma tierra. O renunciamos al deseo de dominio absoluto, al ansia de poder y de consumo... o la llama de la vida que un día recibimos de la evolución cósmica (de Dios) terminará por apagarse en nuestras manos.

c. En esa línea se puede hablar de un problema cultural y religioso, en el sentido extenso del término. Hombres y mujeres, estados políticos y pueblos nos hallamos ante una encrucijada, de manera que hemos descubierto la gran actualidad de una palabra central de Dios en la Biblia: «Hoy pongo ante ti la vida y la muerte, el bien y el mal, escoge bien y vivirás, pues de lo contrario acabarás cayendo en manos de tu misma muerte» (cf. Dt 30:15-16), como había dicho al principio de la creación: El día en que comáis del fruto del árbol del bien y del mal pereceréis (Gn 2).

Hoy (año 2024) comprendemos mejor lo que aquellas advertencias indicaban: Nos hallamos ante el riesgo de un suicidio individual y colectivo, de manera que, si no logramos asumir la tarea justa y de poner en marcha la buena iniciativa al servicio de la nueva creación, podemos acabar errando sin sentido, para dejarnos morir o destruirnos unos a los otros en guerra sin fin, destruyendo la vida del planeta.

El tema lo habían planteado desde antiguo algunos profetas y videntes, al hablar de la unidad de todos los humanos, como hijos de Dios, miembros de una misma naturaleza e historia. Pero actualmente se ha convertido en un tema universal, no solo de biología, filosofía y religión, sino también de política y economía.[1]

Habitando sobre un único planeta, dentro de un sistema cósmico, los hombres y mujeres formamos un solo mundo humano, que nosotros mismos debemos gestionar, de un modo eficiente y comprometido, no solo al servicio de algunos grupos humanos más poderosos (en línea estatal o de corporaciones económicas al servicio del capital y/o del mercado), sino de la humanidad en su conjunto y de vida de la tierra, concebida de un modo extenso, como un gran viviente o *gea*, palabra que viene del griego *gê*, que forma parte de un abanico con expresiones más técnicas, como geo-metría (medida de la tierra), geo-logía (orden o logos de la tierra), etc.[2]

En esa línea, la *eco-logía*, como estudio y cuidado de la tierra (ge, gea), forma parte del proceso imparable de la globalización, que

---

1. Por millones de años se ha ido desplegando en el mundo la vida, en ejercicio sorprendente de creatividad y tolerancia, de diversidad y unificación. Pero ahora ella se encuentra en crisis: podemos destruirnos y destruir gran parte de la vida del planeta, porque siendo, como somos de algún modo sus señores, podemos convertirnos en sus enemigos, secando sus fuentes de vida y secándonos con ella.

2. *La realidad material* necesita condiciones apropiadas (de gravedad, materia...) para sobrevivir; *la vida vegetal y animal* necesita un contexto o medio (la biosfera, con sus cambios moleculares y genéticos). *El ser humano* necesita ese sustrato vital, una *noosfera* (contexto de pensamiento) y una matriz o contexto mundial de comunicación (en plano de palabra y trabajo, de productividad y distribución de bienes).

está resituando los problemas y cuidados de la economía, política y religión de tiempos anteriores (cf. Hch 17:26).

Situada en un nivel de responsabilidad y supervivencia, la globalización evoca *lo más alto*: la capacidad de vinculación concreta y programada de todos los vivientes entre sí. Pero, al mismo tiempo, ella nos sitúa, ante aquello que parece *lo más bajo*: millones de personas sufren y mueren a causa de la forma en que los hombres se vinculan y enfrentan sobre el mundo, controlando los bienes de consumo y los mercados, convirtiendo la tierra en un mar emponzoñado donde una mayoría de personas se ahogan, en las aguas sucias de la muerte.

La alternativa ecológica nos sitúa ante nuestra capacidad humana de asumir el reto gozoso y dolorido de la vida, en este planeta tierra en el que Dios ha querido que surgiéramos. Está en juego nuestra supervivencia, como seres racionales, que han despertado a la vida y se descubren capaces de transmitirla o destruirla, negándose a sí mismos, no solo de un modo violento, instantáneo, irreflexivo (bomba atómica), sino de un modo más lento y programado (mudando las claves genéticas de su vida y rechazando lo que son, seres humanos en libertad).

En esa línea tendríamos que leer y entender el conjunto de la Biblia, en línea trasversal, desde el Génesis al Apocalipsis, los dos libros fundamentales de la ecología en la historia de occidente, distinguiendo y vinculando tres planos: Mundo en sí (cosmología), despliegue de la vida (biología), historia de la humanidad (antropología).

– *Mundo como un todo*, un espacio unificado de vida dentro de un sistema solar (dentro de una galaxia "infinita" en el contexto de "infinitas" galaxias. Entendido así, el mundo forma un tipo de sistema *unitario de vida* en el que todo puede y, en algún sentido, debe interpretarse conforme a unas leyes que estudia la ciencia.

– *Bio-esfera*, un círculo de vida en torno a la tierra. En ella hemos surgido los seres humanos, al parecer distintos y libres, desbordando el nivel cósmico de la realidad, para realizarnos de una forma autónoma. La vida es un prodigio de unidad y pluralidad. Todo nos permite suponer que ella tiene *un único proyecto*, un tipo de fórmula base que ha empezado a desplegarse en un momento dado, y que se ha expandido luego a través de plantas y animales, construyendo o desplegando una inmensa variedad de formas y caminos. En este plano se sitúa el tema de la globalidad como unidad más alta entre las diferencias múltiples de la vida.[3]

– *Noosfera. Globalización humana.* El hombre forma parte del gran sistema cósmico y se encuentra enraizado, al mismo tiempo, en un sistema distinto, que parece tener cierta autonomía: la evolución o proceso de la vida. Es más, son muchos los que piensan que mundo y vida se hallan internamente dirigidos hacia el hombre. Sea como fuere, el hombre se encuentra situado frente al mundo, asumiendo de algún modo el proceso de su vida y construyendo un tipo de sistema nuevo, que ahora presentamos como espacio de *multiplicación* y *globalización social,* de tipo histórico y racional.

Los hombres constituyen grupos de relación personal, en los que se vinculan mutuamente, de un modo libre, creando así formas de convivencia que se adaptan a su propia identidad como personas, en plano de afecto y relación intelectual, social o económica. Pero esas formas de convivencia se pueden estructurar de un modo impositivo, convirtiéndose en opresoras para una mayoría de hombres y mujeres. Este es el lugar de la globalización, a la que nos referiremos de un modo normal como "sistema", vinculado al despliegue de las relaciones humanas.

Pausa reflexiva con Teilhard de Chardin y G. Theissen

En un plano científico se dice que «nada se crea, nada se destruye, sino que todo se transforma». Nosotros podemos completarlo diciendo: «nada existe por sí mismo, nada es independiente; todo se encuentra conectado en un sistema o proceso universal». Formamos parte de ese proceso de realidad donde cada cosa se tensa y separa o divide, para distenderse y vincularse al mismo tiempo, en un camino que parece sin fin.[4]

---

3. La vida es un proyecto dinámico, donde unas constantes mutaciones de "azar-necesidad" han sido portadoras de unos caminos de evolución cuyo sentido y unidad final desconocemos, pero que han conducido de hecho hasta los animales superiores y los hombres que nosotros somos.

4. Por eso no podemos hablar de unas esencias desligadas de nosotros, pues si lo estuvieran no podríamos saber que existen. La realidad parece dominada por un impulso o deseo universal de diversidad. Es como una tensión que va haciendo que todo

Ciertamente, en un sentido, nada se crea, nada se destruye, como si a través de los cambios todo volviera a ser a ser igual, conforme a una visión de "eterno retorno" de las cosas… En un sentido todo cambia, manteniéndose el conjunto inalterado. Pero, en otro sentido, al cambiar todo, todo puede irse degenerando. En este contexto podemos hablar de dos procesos, que, en algún sentido, se vinculan y completan:

– *En un sentido, conforme a la ley 2 de la termodinámica, todo se va deteriorando, el conjunto cósmico pierde su desnivel energético*, se va enfriando, de manera que, a través de un larguísimo proceso, los astros y la tierra van perdiendo su energía, hasta llegar a la muerte por "frío cósmico".

– *Pero, en otro plano, puede afirmar que, al menos en la tierra, la realidad va ascendiendo de nivel, en un plano de complejidad (y conciencia).* Surge la vida a partir de la materia, en un proceso de aumento de complejidad: De la vida vegetal a la animal, de la vida animal a la humana, etc. En esa línea se puede afirmar que, mientras un tipo de realidad "corporal/material" degenera, va surgiendo, elevándose otro tipo de realidad, de carácter vital (otros dirían espiritual), como formularon desde la antigüedad los clásicos de la India y de Israel (entre ellos el Eclesiastés/Kohelet) que deja el tema abierto: Un tipo de mundo/realidad muere (baja o desciende de nivel en la tierra); otro tipo de realidad (alma) asciende a un plano superior de realidad (a un tipo de vida más compleja, en una especie de resurrección.

Este es un tipo de doble proceso, de ascenso y descenso, o, mejor dicho, de dos procesos que son complementarios: Los cuerpos mueren, se van degenerando… Pero, en un plano complementario, podemos decir que "el alma", la dimensión vital, espiritual de la vida va "ascendiendo", en un proceso que los cristianos llaman (llamamos) de resurrección. Este es un tema que ha sido formulado por

---

se expanda, como si buscara sin fin lo distinto, algo que todavía no tiene. En esta línea parece moverse la intuición de *Heráclito*, filósofo griego, que interpretó el mundo como movimiento, de manera que no existe nunca el mismo río. En esta línea podría situarse *Espinosa*, filósofo judío del siglo XVII, que habló de un "conato" o impulso que mueve todo lo que existe. Solo habría movimiento, multiplicidad pura, sin que pudiera trazarse ningún tipo de vinculación o sistema entre las diversas realidades producidas y después abandonadas por ese río sin unidad (sin alma) de las cosas.

muchos filósofos y científicos (paleontólogos, biólogos…) entre los que podemos citar a Teilhard de Chardin.

a. Teilhard de Chardin (1881-1955). Punto omega

Fue un biólogo y teólogo francés de tradición católica, famoso por haber situado el tema del despliegue de la vida humana en un contexto evolucionista. A su juicio, todo lo que existe en el mundo conocido está inmerso en un proceso, que puede encontrarse fundado en Dios y centrado en Cristo. A diferencia de una visión anterior del mundo, hecha de esencias inmutables, hemos descubierto que formamos parte de un proceso de evolución *universal*. Todo está en proceso, no solo la vida vegetal y animal, sino la materia cósmica y el mismo pensamiento, es decir, el alma o la identidad más profunda de los hombres.

En este plano no se puede hablar de un alma eterna (fuera del tiempo) "ya hecha y fijada", sino que el mismo ser humano (en clave personal y social) forma parte de un camino de realización (de identificación), que se encuentra vinculado al despliegue externo del mundo (es decir, a la vida cósmica) y al desarrollo de la conciencia humana, tanto en línea personal como social, de tal manera que se puede hablar de un proceso y de un futuro de las conciencias, de las personas.

Por una parte, la vida se degrada y muere. Pero, al mismo tiempo, en otro plano, debe hablarse de una evolución y ascenso de la vida humana, que tiende hacia niveles de mayor complejidad y conciencia, en una línea que se centra en el despliegue del hombre entendido como libertad y comunión (comunicación) en Cristo, que es el *punto omega* en quien todas las almas/personas se vinculan y culminan.

La vida de los hombres se inscribe por tanto en el proceso evolutivo, ascendente, de la vida, que ha de entenderse ya de un modo universal. Todas las religiones pueden vincularse (no negarse) de algún modo en Cristo, para iniciar un proceso de elevación humana y religiosa. Pero no solo las religiones como "estructuras de vinculación de pensamiento/vida", sino las personas concretas y los pueblos. Teilhard entiende así la creación y la evolución como un camino abierto hacia el pleno despliegue de Cristo, es decir, hacia la unión de todos los hombres en meta de conciencia ampliada (universal) y de comunión interhumana, por el que todos los hombres y mujeres quedan integrados, con sus aportaciones y valores.

Esta visión puede resultar demasiado optimista, pues supone que la evolución del cosmos, de la vida y del hombre tiende y nos lleva hacia cotas de mayor complejidad, conciencia y plenitud en el proceso ascendente de la evolución. Según eso puede haber una "ecología externa destructora" (conforme a la cual la vida del mundo se apaga y consume), que queda integrada y superada por una ecología interna, de transformación mental (espiritual) de los hombres.

– Por una parte, el hombre externo muere (se va despojando de este cuerpo de muerte…), en gesto de plena gratuidad y donación, despojándose de sí mismo, en un mundo que externamente acaba destruyéndose en la nada o, mejor dicho, en el agujero negro de la muerte.

– Pero, al mismo tiempo, unido a Cristo, el hombre interior se va transformando, en gratuidad, en libertad, en comunión con los hombres y mujeres que superan su "conciencia particular" (enfrentada con otras conciencias) y se van vinculando por/tras la muerte en un tipo de conciencia universal más alta, la conciencia de Dios en Cristo, como resucitado de entre los muertos.

Teilhard de Chardin reflexionó apasionadamente sobre este tema en *El Medio Divino* (Trotta, Madrid 2021, original 1956), un libro de teología y mística que es, al mismo tiempo, un tratado de biología e "historia de las almas". Conforme a la visión de este libro, la evolución del hombre no acontece a través de un despliegue positivo de la vida, sino también a través de un proceso de "muerte creadora", de auto-superación, de vinculación en amor con todas las conciencias, que se vinculan en amor en Cristo resucitado.

Eso significa que el hombre debe despojarse en amor (por amor) de su individualidad egoísta, muriendo de esa forma a su yo aislado, para integrarse en el yo más alto de Jesús resucitado, que es la encarnación plena de Dios en la vida humana. Eso significa que la última palabra de Dios (de la vida de los hombres) culmina en la Pascua de Cristo que muere por y con todos, abriendo a través de su muerte un camino de vida para todos. El final del camino del hombre es la resurrección de toda la realidad, en Cristo y con Cristo, el surgimiento de una conciencia-vida universal (resucitada) en la que se integran todos los seres humanos.

En este fondo se inscribe la obra clave de Teilhard de Chardin, titulada *Misa sobre el mundo*, escrita, experimentada en la fiesta de la Transfiguración del Señor, en el verano de 1923, cuando él se hallaba en misión científica en las alturas del desierto de Gobi, entre China y Mongolia:

> *En la nueva humanidad que se está engendrando hoy, el Verbo ha prolongado el acto sin fin de su nacimiento, y en virtud de su inmersión en el seno del mundo, las grandes aguas de la materia, se han cargado de vida sin estremecimiento. En apariencia nada se ha estremecido en esta inefable formación y, sin embargo, al contacto de la Palabra sustancial, el universo, hostia inmensa, se ha convertido misteriosa y realmente en carne. Desde ahora toda la materia se ha encarnado, Dios mío en tu encarnación... Lo que entreveía mi pensamiento indeciso... tú me lo haces ver de un modo magnífico: no solo que las criaturas sean solidarias entre sí, de manera que ninguna pueda existir sin todas las demás..., sino que estén de tal forma suspendidas en un mismo Centro real, que una verdadera vida, sufrida en común, les proporcione en definitiva, su consistencia y su unión... Tú, Señor Jesús, en quien todas las cosas encuentran su subsistencia, revélate al fin a quienes te aman como el alma superior y el foco físico de la creación…*
>
> *Lo que yo experimento, delante y en el seno del mundo asimilado por tu carne, convertido en tu carne, Dios mío, no es ni la absorción del monista, ávido de fundirse en la unidad de las cosas, ni la emoción del pagano prosternado a los pies de una divinidad tangible, ni el abandono pasivo del quietista que se mueve a merced de las energías místicas. Aprovechando algo de la fuerza de estas corrientes (monista, pagana, quietista), sin lanzarme contra ningún escollo, la actitud en la que me sitúa tu presencia universal, es una admirable síntesis en que se mezclan, corrigiéndose, las más formidables pasiones que pueden jamás soplar sobre un corazón humano.*
>
> *1. Lo mismo que el monista, me sumerjo en unidad total, más la unidad que me recibe es tan perfecta, que sé encontrarme en ella, perdiéndome, en el perfeccionamiento último de la individualidad.*
>
> *2. Lo mismo que el pagano, yo adoro a un Dios palpable. Llego incluso a tocar ese Dios en toda la superficie y profundidad del mundo de la materia en que me encuentro cogido. Pero, a fin de asirlo como yo quisiera (para seguir sencillamente tocándolo, a Dios), necesito ir cada vez más lejos, a través y más allá de toda limitación sin*

poder jamás descansar en nada, empujado en cada momento por las criaturas y superándolas en todo momento en un continuo acoger y un continuo desprendimiento.

3. Lo mismo que el quietista, me dejo mecer deliciosamente por la divina fantasía. Más, al mismo tiempo, sé que la voluntad divina no me será revelada en cada momento, más que dentro de los límites de mi esfuerzo. No palparé a Dios en la materia, como Jacob, más que cuando haya sido vencido por él».[5]

En esta visión de Theilhard de Chardin puede ayudarnos a reformular la ecología, vinculando la experiencia negativa de un mundo que se destruye a sí mismo, con la visión ascendente de una vida/conciencia que se eleva y purifica por la muerte, por la entrega a los demás. En ese contexto, a modo de contrapeso, quiero presentar la visión más sobria, en clave protestante, de G. Theissen, que sitúa también la fe en una perspectiva evolucionista.

b. Gerd Theissen (*1943). Los dolores del presente

Sociólogo, exégeta bíblico y pensador reformado, de Alemania, que, en una perspectiva distinta a la de Teilhard de Chardin, aunque sin negarla, abre un espacio para situar la ecología cristiana, en la línea de los dolores del mundo actual, formulados de manera clásica por Pablo en Rm 8. Su obra más significativa (*Fe bíblica. Una perspectiva evolucionista,* VD, Estella, 2002, original alemán 1984) recoge y repiensa los diferentes aspectos de la exégesis bíblica y de la teología desde la situación de violencia, incertidumbre y miedo en que se debate la humanidad en el momento actual, en plena crisis política, militar y ecológica.

Theissen comienza afirmando que hay una *realidad en sí,* entendida como fondo del que todo brota y centro al que todo ha de ajustarse, fin o meta a la que tiende el conjunto de las realidades de la naturaleza y de la historia cultural de los hombres (aunque no se

---

5. *Misa sobre el mundo. Himno del Universo,* Madrid 1967). Entre sus obras, en castellano. *El fenómeno humano* (Madrid, 1959); *El medio divino* (Madrid, 1960); *El grupo zoológico humano* (Madrid, 1964); *El futuro del hombre* (Madrid, 1964); *La Visión del pasado* (Madrid, 1964). Entre las valoraciones de su pensamiento, cf. H. de Lubac: *El pensamiento religioso de Teilhard de Chardin* (Madrid, 1967); A. Fierro, *El proyecto teológico de Teilhard de Chardin* (Salamanca, 1971); F. Riaza, *Teilhard de Chardin y la evolución biológica,* BAC (Madrid, 1968).

atreve a defender un esquema optimista de la evolución, tal como hace Teilhard de Chardin, pues la realidad en sí y el mensaje de la Biblia nos sitúan ante una perspectiva diferente.

A su juicio, la realidad divina en cuanto tal resulta desconocida. Ciertamente, podemos presentar a Dios como fondo de unidad del que brotan y al que tienden todas las restantes realidades que vamos conociendo y que van configurando nuestra acción en el mundo. Las tradiciones religiosas han tendido a darle el nombre de Dios (lo divino), pero en un primer momento no podemos decir cómo es o cómo se revela (influye) sobre los humanos, pues al lado de Dios unas *realidades concretas* (con minúscula), que marcan el sentido de los procesos de la naturaleza y de la historia.

Podemos y debemos apelar a Dios, pero, al mismo tiempo, viviendo y siendo en Dios, el hombre vive en medio de realidades concretas que influyen en su vida y que él debe estudiar de un modo científico. Por eso deben tenerse en cuenta la religión y la ciencia, entendidas formas de adaptación cognitiva y práctica del hombre a las realidades y a la realidad en sí que es Dios:

- La *ciencia* se centra más en las realidades concretas e intenta conocerlas y adaptarse cada vez más a ellas, a través de un proceso constante de tanteo-error, sustituyendo las hipótesis antiguas por nuevas hipótesis, capaces de responder con más precisión a la riqueza de las realidades; de esa forma quiere responder con fidelidad creciente a las exigencias de la misma realidad en sí, que se va manifestando en cada una de las realidades concretas. En esa línea, la ciencia nunca acaba de saber lo que pretende, pues busca siempre un mejor conocimiento de las cosas, en línea de apertura ilimitada hacia su último sentido.

- La *religión*, por su parte, se sitúa de un modo más directo e inmediato ante la realidad en sí y descubre (o quiere descubrir) ese último sentido de un modo personal, más allá de los diversos momentos y exigencias de la naturaleza y la cultura, para así captar mejor los rasgos concretos de la vida divina (originaria) y la forma en que el hombre puede responder a ella a través del propio compromiso de su vida, es decir, de sus acciones personales. Ni la ciencia ni la religión ofrecen una respuesta total a los problemas y exigencias de las diversas realidades y de la realidad en sí; por eso, aunque a veces parecen excluirse, es bueno que asuman y recorran juntas el mismo camino de realización de la humanidad.

La ciencia avanza por hipótesis que tienen valor en la medida en que sirven para responder a la llamada de la realidad, pero ha venido desarrollando una especie de teoría básica, de tipo unitario, en la que pueden vincularse los diversos niveles de la realidad. Esa hipótesis, en la que se asumen o incluyen las aportaciones de la física sobre el origen y unidad del cosmos y sobre sus diversos tipos de energía, se concreta actualmente en una *teoría general de la evolución*, que nos permite organizar los aspectos y momentos de la realidad en un proceso o despliegue de conjunto, donde pueden y deben distinguirse dos aspectos básicos, de naturaleza y cultura.

– *La evolución natural (prehumana)* se realiza de un modo violento, a través de procesos de mutación, selección y adaptación que condenan a muerte a los vivientes menos aptos o más disfuncionales. Eso significa que los elementos o vivientes triunfadores se han desarrollado o existen a costa de los perdedores: la vida se alimenta de la muerte.

– Por el contrario, *la evolución cultural, que es propia de la humanidad,* puede realizarse de manera no violenta, si ellos, los humanos, así lo descubren y deciden, a fin de que el despliegue de la realidad ofrezca un lugar para todos los vivientes (esto es, a fin de que puedan vivir todos los seres humanos, dentro de una vida vegetal y animal puesta al servicio de los hombres, pero no en forma de esclavitud u opresión, sino de mutuo servicio o ayuda).

En este plano (a diferencia de lo que pensaba Teilhard de Chardin), G. Theissen supone que, en sí misma, la evolución carece de 'sentido', de manera que no existe para ella ningún tipo de origen o meta final: no sabemos de dónde viene el mundo (de dónde surgen las realidades concretas) ni hacia dónde se dirige (no sabemos si existe un final positivo para los humanos, un *punto omega* de salvación como el que postulaba Teilhard, o si ellas (las realidades) se van despeñando hacia caminos ciegos).

Solo en un plano superior, desde una perspectiva de fe, se puede hablar de una mano de Dios que dirige el proceso de la evolución de la vida y, de un modo especial, de la vida humana, de manera que los mismos hombres y mujeres pueden dar un sentido positivo al camino de la historia, cambiando o, mejor dicho, rectificando una línea de evolución ecológica que, en sí misma, puede llevarles a la muerte de la especie humana.

En contra del esquema de sustitución, propio de A. Comte y de otros muchos investigadores de los siglos XIX y XX (incluidos los marxistas), cuando afirman que al final del proceso de la historia humana no habrá religión, sino solo ciencia positiva, Theissen supone que religión y ciencia no se suceden y sustituyen, sino que el avance de la ciencia puede y debe ir unido a un avance de la religión, en perspectiva abierta, pero no de identidad final, como parece suponer Teilhard de Chardin.

De manera normal, las religiones han ido cambiando, desde un politeísmo, que sacralizaba diversas entidades o principios enfrentados entre sí (lucha de dioses), hasta un monoteísmo que expresa la unidad y sentido básico del proceso del mundo y de la historia humana en términos de creación y adaptación a la realidad fundamental divina entendida de forma positiva y unitaria. En esa línea, Theissen se muestra muy respetuoso con las religiones, especialmente con las orientales (el budismo), destacando la necesidad de un diálogo entre ellas; pero asume como más significativo o valioso el despliegue de la religión bíblica. En esa línea añade que la ciencia occidental y la fe bíblica constituyen dos momentos complementarios de una misma gran búsqueda del hombre, de un intento común por adaptarse de forma humana, no violenta, al sentido básico de la realidad, poniendo de esa forma la misma evolución y la ecología al servicio de la vida.

Theissen piensa que el pueblo de Israel realizó en este campo un descubrimiento fundamental, que está en consonancia con la ciencia moderna, al afirmar, con el monoteísmo, que la realidad en sí es solamente una. Eso significa que, por encima de las luchas parciales entre los diversos pueblos, simbolizados por dioses particulares, existe una fuente primera y una meta final para todos los humanos, pues la historia humana se funda en el Dios único y se expresa a través de una adaptación pacífica de pueblos y personas a la realidad divina, porque Dios es infinito y la riqueza de su Ser (divinidad) suficiente para todos los seres de este mundo y de otros posibles mundos del gran cosmos. Por eso rechaza la visión sacrificial de los aztecas y de otros pueblos que pensaban que tenían que "satisfacer" a Dios, compensándole por los dones que él nos ofrece.

De un modo consecuente, el descubrimiento de la unidad y trascendencia de Dios se vincula al rechazo de las imágenes sagradas, que sirven para evocar realidades concretas, que encierran al hombre dentro de unos límites de realidad siempre parciales, pues solo hay un mundo en el que estamos todos vinculados. El monoteísmo teológico (adoración de un solo Dios) impulsa y promueve un camino de encuentro y pacificación universal, pues en el Dios trascendente y gratuito hay lugar de vida para todos los pueblos y para todos los hombres, en gratuidad, no en imposición de unos sobre otros. Esta visión, apoyada en investigadores muy significativos de la Biblia (en la línea de Von Rad y R. Albertz), permite a Theissen ofrecer una visión esperanzada del Antiguo Testamento, vinculando, sin confundirlos, los aspectos sociales e históricos, literarios y teológicos del pensamiento israelita.

Para los cristianos, la experiencia israelita, lleva a Jesús, que ha venido a mostrarse *profeta apocalíptico y sabio,* que ha interpretado el juicio de Dios como una experiencia de gratuidad (perdón universal) y nuevo nacimiento (es decir, en forma de recreación y resurrección). Según eso, Jesús ha muerto (ha sido ajusticiado) por haber cumplido su misión de pacificación universal, por su anuncio de Reino, por su gesto de apertura hacia los expulsados e impuros de la sociedad sagrada israelita.

Eso significa que Jesús puede y debe verse como un momento clave en la evolución de la humanidad, que no se expresa ya en forma de competencia y lucha de unos contra otros y de todos contra el mundo, sino en forma de gratuidad universal. Los creyentes pueden ver a Jesús como gran *mutación humana*, en línea de gratuidad (de perdón y comunión universal) añadiendo que en ella se ha expresado la misma realidad en sí, que es lo divino.

Jesús aparece así como adaptación originaria y expansiva del hombre a esa realidad fundante que es Dios, que es la vida, en línea de diálogo en gratuidad, de ayuda de unos a otros, pues hay en él (en el Dios de Cristo) lugar de vida para todos, sin lucha de unos contra otros, en línea de ecología positiva (de vida para todos, en especial para expulsados por la sociedad (enfermos, distintos, impuros, etc.). En este contexto resulta sugestiva la presentación de

Jesús como hombre *neoténico,* esto es, como alguien que rompe los esquemas rígidos de la sociedad y la cultura del entorno, para abrirse otra vez, desde su madurez, como nuevo niño al orden definitivo de lo humano, en paz con el mundo, en respeto por la naturaleza, al servicio de la vida.

Jesús ha sido una (la) mutación providencial (anhelada pero nueva, sorprendente pero transformadora) de la historia humana. Por eso ha podido suscitar dentro de ella un tipo nuevo de vida, superando los principios de la carne, propios de una selección dura, que triunfa en formas de expulsión y rechazo, de violencia y destrucción de los vencidos, con dominio violento sobre el mundo, superando así el estilo de violencia de aquellos que viven oprimiendo y expulsando a los demás y dominando de un modo violento sobre la naturaleza.

Pues bien, en este tiempo de paso entre el siglo XX y XXI, la herencia de la vida vegetal y animal y la misma existencia del hombre sobre el mundo se encuentran amenazadas por la violencia egoísta de los individuos, por la lucha entre los pueblos, por el egoísmo de los estados y la globalización antihumana del sistema, bajo el riesgo de la destrucción ecológica. Vivimos bajo la amenaza de una violencia inmensa que se expresa en la irracionalidad del conjunto de la historia y, en especial, de la forma actual de vida, bajo el riesgo de una destrucción ecológica.

En contra de la visión optimista de algunos católicos como K. Rahner o Theilhard de Chardin, que parecen proyectar sobre el futuro cósmico un tipo de esperanza escatológica cristiana de plena salvación, Theissen mantiene una 'reserva evangélica' de tipo apocalíptico y así desconfía sanamente de los pretendidos valores de la cultura moderna: no podemos afirmar que nuestra historia de progreso material y de triunfo del sistema nos conduzca hacia un futuro de concordia.

Es muy posible que la historia actual nos lleve a la locura de una guerra y destrucción generalizada, con una especie de derrumbamiento ecológico. Pues bien, a pesar de la dureza de la selección animal que proviene de nuestras raíces biológicas y, sobre todo, a pensar de la violencia cultural que los hombres hemos venido desarrollando, podemos y debemos confiar desde la fe que el mismo juicio de la historia (que se muestra en la cruz de Jesús) vendrá a desvelarse finalmente como gracia y salvación por Cristo.

Theissen es un hombre y un teólogo de inmensa sobriedad, de renuncia a un tipo de avances opresores de la economía y la política. Vive de una forma voluntariamente austera, en oposición a una cultura de ostentación, opresión y derroque que conduce a la ruina ecológica del mundo. En esa línea, con gran sobriedad, sigue afirmando que para los cristianos no existen dos verdades (una científica, económica, política) y otra religiosa, sino una única verdad que nos va guiando en el camino de adaptación a la realidad trascendente que es el Dios de la gratuidad y de la vida. Contra todos los posibles fundamentalismos científicos o religiosos, debemos afirmar que ni ciencia ni Biblia son en cuanto tales una copia exacta de la realidad divina, sino solo medios importantes en un camino siempre abierto a la verdad de Dios, en gratuidad y perdón, moderación y esperanza en el camino de la vida

Solo existe una Verdad, pero ella es siempre trascendente y suprasocial, pues se identifica con la adaptación plena de los hombres a la realidad en sí, que es la divina. Ciertamente, esa Verdad puede revelarse y se revela, para los creyentes cristianos, a través de la Palabra de la Biblia, tal como se escucha y acoge en las iglesias. Pero ella, siendo teórica y práctica, siendo vida de gozo y belleza, va siempre más allá de las exigencias y planteamientos de una colectividad obligada a organizarse y defenderse en términos de sistema eclesial o político. Desde ese fondo, a pesar de sus deseos de unidad, de hecho, en la realidad concreta de la vida, Theissen defiende un tipo de dualidad muy protestante, agustiniana, diciendo que, de hecho, existen *dos ciudades* contrapuestas. (a) *La ciudad del mundo,* que se encuentra dominada por principios de selección violenta dura. (b) *La ciudad del Reino,* que está formada solo por individuos liberados.[6]

Proceso cósmico, vida en el mundo

Quizá podamos suponer que al principio hubo un *big bang* (un estallido de realidad) y que al final habrá un estadio conclusivo de

6. Además de obras ya citadas, entre las traducidas al castellano, cf. *El movimiento de Jesús* (Sígueme, Salamanca, 2005); *La religión de los primeros cristianos: una teoría del cristianismo primitivo* (Sígueme Salamanca, 2002).

quietud o equilibrio térmico y energético en el que todo acabe y se consuma (al menos en un sentido). Pues bien, dentro de ese proceso estamos nosotros, llamados a mantener y transmitir la llama de la vida, pero llevando en nuestro propio egoísmo el riesgo de apagarla, como hemos visto al hablar del diluvio. En ese camino de vida y de muerte nos sitúa el cristianismo, como portadores de una esperanza de resurrección.

- *La realidad es generación.* Desde antiguo, se viene destacando la importancia de generación o surgimiento de la realidad, sea en formas de *emanación óntica* (entendida con signos físicos: como la luz que brota de un foco inextinguible, como el agua que mana de una fuente que nunca se agota...) o de engendramiento biológico. En esta perspectiva, en el fondo de un proceso que parece ir arrastrándolo todo hacia la muerte, podría descubrirse la existencia de una realidad original de la que brotan y hacia la que tienden todos los movimientos de la realidad, tal como nosotros los interpretamos y sentimos. Quizá pudiéramos decir que somos portadores y testigos de una vida de Dios sobre un mundo que parece amenazado de muerte, a pesar de su inmensa riqueza de vida.

- *La realidad es corrupción o muerte.* Pero en el mundo antiguo la generación y corrupción formaban parte de un proceso de eterno retorno en el que todo cambia (nace y muere), manteniéndose idéntico a sí mismo, un tema que aparece evocado en la misma Biblia por el libro del Kohelet dentro de la cosmovisión antigua, generación y corrupción eran momentos complementarios de un proceso constante de eterno retorno, tal como lo puso de relieve Mircea Eliade en *El mito del eterno retorno*, en el que todas las corrupciones forman parte de un proceso inverso de generación. Pues bien, en contra de ese modelo cíclico de generación y corrupción (conforme al ciclo del eterno retorno), *la religión bíblica introduce un esquema lineal* que desemboca, por un lado, en la muerte final de este tipo de vida del planeta Tierra, pero se abre, por otro lado, a un tipo más alto de vida, que los cristianos identifican con la resurrección de Jesús.

- *Al mismo tiempo, la realidad (y en ella la vida de los hombres)* forma parte de un conjunto (un continuo) interrelacionado de realidades minerales, vegetales, animales y humanas. En una perspectiva de totalidad cósmica puede defenderse (y algunos defienden) un *modelo cíclico (ondulatorio)*, según el cual el cosmos (uni-verso o pluri-verso) de "infinitas" galaxias se expande y contrae sin cesar, como eterno proceso de generación/corrupción/regeneración, etc. Pero en plano concreto del planeta tierra, dentro del sistema solar, se ha impuesto una visión lineal de nacimiento, despliegue y muerte biológica que puede estar acelerada por el influjo destructor de la acción humana.

Estos dos movimientos, uno descendente de degradación de la vida física y otro ascendente de elevación de la mente (de resurrección) pueden y deben relacionarse. Del deterioro y/o aceleración de la muerte biológica del planeta Tierra, habitado por los hombres, trata este libro, desde una perspectiva cultural y/o religiosa. Pueden acabarse los ciclos de vida, puede llegar la muerte biológica del mundo, esto es, el final de este tipo de vida. Por tanto, en ese plano, no se puede hablar de eternidad, sino de generación y corrupción, un proceso de vida en espiral que acaba en la muerte, una muerte que puede estar y está adelantada por la acción depredadora de los hombres, como seguiré diciendo.

Pues bien, en contra (a contrapelo) de ese proceso de muerte, podemos plantear el tema de una elevación espiritual de la humanidad e incluso de una superación humana de la muerte, en forma de resurrección. En conjunto, las religiones de oriente (hinduismo, budismo) afirman, por un lado, que los hombres mueren con/en la tierra, pero que esa muerte es buena para ellos, pues de esa forma (si están internamente preparados) es liberación de esta tierra y descubren su verdad (habitan) en su mundo verdadero eterno, que es la divinidad o lo nirvana. De un modo convergente, los judíos de la Biblia y de un modo especial los cristianos afirman que, por encima del proceso de muerte final de este mundo, por gracia del Dios superior, los hombres pueden "resucitar", es decir, "renacer" en un plano más alto de humanidad "divinizada".

Según eso, el compromiso humano (cristiano) a favor de la vida en el mundo (en línea de ecología) se integra y culmina en la gracia y compromiso de la resurrección. Según eso, la ecología cristiana puede integrarse dentro de una teología general de la creación y de la resurrección, como ha puesto de relieve Pablo, cuando integra la vida del mundo entero en el camino del mesianismo de la vida, entendida en forma de proceso de esperanza universal (Rm 8).

Madre tierra, la casa de la vida. Quiero empezar ocupándome de la tierra, entendida como proceso evolutivo de tipo alimenticio, en el que unas realidades provienen de otras, formando así cadenas de vida. De esa forma, mi reflexión quiere situarse ya en concreto sobre este planeta o globo que es la tierra, entendida como casa o lugar de surgimiento y despliegue de la vida que nosotros somos.

– *La vida es multiplicidad y movimiento.* Dentro de la realidad cósmica, entre las casi infinitas galaxias, al interior de la Vía Láctea, como planeta peculiar de nuestra estrella-sol, ha surgido y nos sostiene este globo del mundo, que llamamos tierra y que constituye nuestra casa (en griego *oikos*, de donde viene *eco-logía*, igual que eco-nomía, etc). Por eso, más que de una globalización cósmica, en la que apenas somos capaces de influir (al menos por ahora), podemos y debemos hablar de una globalización ecológica, que se expresa en el cuidado por el "globo" tierra, madre de la que hemos nacido y casa en la que habitamos los humanos. [7]

– *En un sentido, los hombres somos un riesgo para la vida del planeta tierra, pues podemos contribuir a su degeneración y a su muerte.* Actualmente, tras los grandes descubrimientos geográficos, culminados en el siglo XVI, sabemos que nuestro mundo es limitado, un pequeño planeta habitable girando en un sistema más extenso de soles y galaxias, donde quizá existen otros seres razonables, con los que por ventura algún día podríamos comunicarnos. Pero el problema en este momento no lo plantean los posibles seres de otras galaxias, sino que lo planteamos nosotros mismos, los hombres, introduciendo en el planeta tierra unos gérmenes acelerados de muerte. En ese sentido, el surgimiento del hombre

---

7. Se puede hablar de la tierra como globo, pero no de las galaxias, que forman quizá procesos ondulatorios, en forma de espiral. Por otra parte, desde una perspectiva física solo podemos hablar de un cosmos donde espacio-tiempo se vinculan, en relación interior, como indicaban las leyes de Einstein. Desde una perspectiva física solo podemos hablar de aquello que está relacionado, formando un conjunto, como evocaba bellamente S. W. Hawking, diciendo que si pudiéramos trazar una teoría completa del cosmos "conoceríamos el pensamiento de Dios" (*Historia del tiempo*, Crítica, Barcelona, 1989, 224).

en el planeta tierra ha sido un elemento de maldición, una aceleración de la muerte, a no ser que se transforme (que transformemos por elevación/resurrección).[8]

— *Pero, en otro sentido, podemos y debemos ser bendición para el planeta tierra, un camino de apertura hacia la realidad originaria, esto es, hacia Dios.* Por un lado, todos los procesos de la vida de la tierra conducen a la muerte, acelerada por los otros. Pero, por otro lado, según la confesión cristiana, la presencia del hombre constituye para el mundo un principio de resurrección, esto es, de vida que supera a la muerte. Por un lado, el hombre ha introducido en la tierra su muerte. Pero, por otro lado, ha podido introducir y ha introducido un germen de transformación (vida futura) como seguiré indicando también. Parece que la vida del hombre no puede ya cambiarse (no puede evolucionar) por cambios genéticos; pero puede evolucionar/ascender de un modo virtualmente infinito a través de un cambio/elevación vital (integran) que se realiza en forma de resurrección, en una línea de transformación que Pablo comparó en 1 Cor 15 con la transformación de las plantas (suponiendo así que somos como semilla, anuncio y preparación de un tipo de humanidad distinta.

Una especie peculiar. Genoma vital, cultura espiritual

En el proceso de vida de la tierra hemos surgido nosotros, los seres humanos vivientes especiales, a través de mecanismos de evolución que estamos llegando a conocer con cierta precisión. Hemos surgido y nos hemos expandido en todo el mundo (desde hace unos cien mil años), siendo capaces de desarrollar una inteligencia racional que nos sitúa frente al mundo en su conjunto, descubriéndonos a nosotros mismos como imágenes de Dios, portadores de su presencia.

Se viene suponiendo que la "evolución genética" en cuanto tal (por sí misma) se ha estabilizado en los hombres, de tal forma que ellos constituyen el último eslabón de una cadena evolutiva. Esto significaría que, genéticamente, ya no podremos suscitar ninguna

---

8. Pero, de hecho, hoy no nos comunicamos con posibles seres racionales de otras dimensiones o sistemas estelares (semejantes a los ángeles de las religiones), ni posiblemente lo hagamos en un futuro próximo, con métodos científicos, de manera que, de hecho, dentro de los tiempos previsibles, no tenemos más lugar de habitación que nuestra tierra, con pequeñas excursiones al entorno que forman planetas del sistema solar.

especie nueva, sino que seguiremos existiendo en la forma genética actual, aunque las nuevas técnicas de ingeniería genética podrían llevarnos al surgimiento de nuevas divisiones intra-humanas, con unas consecuencias por ahora imprevisibles, que suelen parecernos destructoras, pues tienden a negar el valor gratuito de la vida, suscitando forma de vida para-humana, al servicio del capital o del mercado. Sea como fuere, por ahora, en la base de nuestra globalización se encuentra ese preciso y precioso sistema genético, que llamamos el genoma humano, que nos hace una única raza, compuesta de varones y mujeres capaces de cohabitar y engendrar, dentro del gran proceso de la vida, abierta a formas distintas de multiplicidad y unidad.

– *Diferencia humana*. El proceso vital que se despliega y realiza por generación-corrupción (nacimiento-muerte) y por evoluciones (mutaciones y selección genética), se había venido desplegando al parecer de un modo tranquilo, en las especies anteriores, dando los resultados que vemos (que nosotros mismos somos). Pero al llegar a los hombres ha cambiado de nivel, pues dentro de su misma evolución han venido a insertarse unos factores nuevos de individualización e inteligencia. Han entrado en crisis o se han suspendido las normas anteriores de evolución por tanteo-error, mutación y selección genética, de manera que interviene ya un nuevo elemento, que definiremos como individualidad personal.
– *Multiplicidad y unidad*. Portamos un mismo genoma, somos todos parientes (hermanos) y así podemos comunicarnos de un modo vital (ADN). Más aún, hemos desarrollado otros medios de comunicación verbal (de palabra) e intencional (de voluntad, trabajo), que nos definen y distinguen y que pueden expresarse de un modo positivo, en tolerancia creadora y enriquecedora. Pero esos medios pueden llevarnos también a un tipo de enfrentamiento sanguinario, que desemboque en la destrucción masiva de los hombres o en un tipo de sistema que se impone sobre todos ellos. De esa manera, la riqueza de la multiplicidad humana (que es lo más bello y sorprendente que ha surgido por ahora sobre el mundo), puede convertirse en un principio de muerte, sea por violencia total (lucha de todos contra todos), por manipulación genética (los hombres podrían cambiar su fórmula de nacimiento y convertirse en otra cosa, en humanoides sin libertad) o por

destrucción del espacio vital, a través de una ruptura ecológica irreversible.

No venimos de un pasado fácil. Es muy posible que nuestra especie (sapiens-sapiens) haya exterminado y quizá devorado, en un tipo de descarga violenta y/o sacrificio sagrado, a otros homínidos de tipo menos evolucionado, como pudieron ser los neandertales. En este contexto, algunos teóricos como S. Freud y R. Girard hablan de un asesinato fundante de toda cultura. Algunos teólogos se atreven a situar en ese contexto el pecado original del ser humano, que ha nacido por azar generoso de la vida, pero que ha crecido matando a sus competidores. Sea lo que fuere, el hecho es que la existencia de los hombres en el mundo se encuentra amenazada, pero no por agentes externos (otros vivientes terrestres o extraterrestres), sino por ellos mismos. Podemos matarnos unos a otros, destruir la vida del planeta.

Grandeza y riesgo del hombre. Ante un posible suicidio universal. La vida es hermosa, exuberante: ha suscitado una abundancia casi ilimitada de especies vegetales y animales que pueblan el planeta. Pero, al mismo tiempo, ella es *elitista e intolerante:* miles o millones de especies han desaparecido, porque no se han adaptado o han perdido su oportunidad en el combate de la evolución. En ese plano podemos y debemos afirmar con Nietzsche que la vida no tiene "moral", ella se eleva por encima del bien y del mal, parece movida por una inmensa "voluntad de poder", que le hace deslizarse de un modo incesante, sin cansarse jamás, sin cesar en su empeño de seguir existiendo.

Sobre esa base cósmica y vital han surgido los hombres, como seres capaces de una más alta tolerancia: distendidos, abiertos a la Presencia (presencia de lo divino, presencia o cara a cara de unos con otros), capaces de dialogar entre sí y adaptarse, a través de la técnica, a las más diversas circunstancias del entorno vital (climas, trabajos, alimentos, etc.). Pues bien, por una paradoja que marca su historia, muchos hombres y grupos humanos han tendido a volverse intolerantes y violentos. En lugar de dialogar entre sí, muchos se han enfrentado desde el principio, convirtiendo su historia en proceso de lucha y opresión. En vez de humanizar el entorno, muchos se han vuelto depredadores del entorno vital. Este doble riesgo (lucha mutua y destrucción ecológica) define, en gran medida, la presencia del hombre sobre el mundo.[9]

Hemos interpretado el cosmos y el proceso de la vida desde una perspectiva antrópica, como si el conjunto de la realidad y, de un modo especial el despliegue de la evolución de las especies, hubiera tenido un sentido unitario, que desemboca en el hombre (en la línea de Gn 1:28-29). Esta perspectiva nos parece en principio positiva, pero ante ella se plantean una serie de cuestiones y preguntas que estarán en el fondo de todo lo que sigue. Ciertamente, las formas de existencia del mundo se encuentran de algún modo al servicio del hombre. Pero eso no significa que ellas deban someterse a los intereses comerciales, de producción y consumo instrumental, pues existen otras formas de servicio y comunicación que son muy importantes: la búsqueda intelectual, relación amorosa, el gozo estético...

Un ser especial: sabe que nace, sabe que muere. En este contexto definimos al hombre como ser *natal y mortal:* es el único viviente que sabe que ha nacido, el único que sabe que muere. Mirada en perspectiva cósmica, *la muerte biológica* forma parte del despliegue de la vida, pues en la cadena alimenticia unos vivientes se sustentan de otros y los nuevos individuos solo pueden subsistir si van muriendo los antiguos. En ese aspecto, los fracasados y excluidos de esa cadena alimenticia hacen un favor a los que triunfan: solo a través del *sacrificio* de los individuos y grupos menos aptos ha podido expandirse la evolución biológica.

Mirada en ese fondo, la muerte forma parte del proceso de expansión y globalización de una vida donde los triunfadores subsisten y avanza a costa de los derrotados y "comidos"; pero, al fin, también los triunfadores perecen, en manos de una muerte democrática que se impone sobre todos. Eso lo han sabido las diversas religiones y lo han expresado de un modo simbólico, a través del rito de los sacrificios, en los que la muerte de una víctima sirve para el despliegue de la vida. En este contexto podemos distinguir tres niveles:

9. Este no es un problema de pura teoría, sino de vida y muerte: o encontramos la forma de superar la dialéctica de violencia de la naturaleza, dialogando al servicio de la vida, desde una perspectiva de gratuidad y tolerancia, o corremos el riesgo de destruirnos, destruyendo la misma vida de la tierra.

- *Sistema biológico: la especie vive, mueren los individuos.* Los vivientes prehumanos (plantas y animales) carecen de individualidad estricta: por eso, en un sentido radical, no pueden morir, porque no han nacido, sino que forman parte del continuo de la vida. No son ni natales ni mortales, pues no son Auto-Presencia, carecen de identidad estricta, de individualidad personal. Por eso, la muerte de los individuos está al servicio del conjunto de la vida que sigue naciendo y avanzando (o rodando) sin saberse, aunque parece portadora de un Designio que ella misma ignora. Estrictamente hablando, en ese contexto no se puede hablar de unos derechos propios de los vivientes aislados, pues ellos no son capaces de derechos, pero los tienen al servicio de la vida humana (es decir, del conjunto de la vida).

- *Los hombres, en cambio, son seres personales, de manera que viven y mueren no solo como especie, sino que saben que mueren y quieren vivir como individuos,* de forma que tienen un valor absoluto, cada uno por sí mismo (aunque dentro del conjunto), pues son Auto-Presencia en relación. Por eso, la muerte es para ellos un problema o, mejor dicho, un misterio, porque cada individuo (varón o mujer) es signo personal de la Presencia, una ventana nueva y única de absoluto. Eso significa que cada hombre es un absoluto y su muerte es destrucción estricta, a no ser que se vea como un camino abierto hacia un tipo de vida más alta, como afirman o postulan las diversas religiones.

- *El sistema tiende a ignorar a los individuos humanos.* En contra de ese impulso de vida de las religiones, que quieren respetar el valor de cada ser humano (como ser de Presencia), el *sistema económico-político de la modernidad* tiende a vincular a todos los hombres a través de un aparato de producción y consumo que posibilita la abundancia de muchos, pero que conduce de hecho a la opresión de otros muchos más (marginados y excluidos) y a la deshumanización de todos. El sistema tiende a utilizar a los hombres como tales, poniendo en su lugar un tipo de «espíritu objetivo» que se identifica con una forma de producción y progreso separado de la vida.

De esa manera, el triunfo del sistema, con su dinámica productora y consumidora, conduce al sometimiento y muerte de los hombres concretos a quienes pone a su servicio. De esa forma triunfa y se expande extendiendo por doquier su muerte, esto es, impidiendo que los individuos puedan desarrollar una existencia valiosa, por sí misma. De esa manera, el sistema viene a presentarse como un ídolo, un dios falso que sacrifica a los individuos para su provecho, destruyendo el mismo entorno vital o poniéndolo al servicio de los intereses de los privilegiados, no del gozo y despliegue de todos.

Parece que, en un plano, el proceso del sistema es imparable: avanzamos hacia un desarrollo cada vez mayor de las redes de racionalización económica y social, que se imponen sobre los individuos, de manera que algunos afirman que está llegando el tiempo apocalíptico de muerte anunciada desde antiguo, con la destrucción de la misma naturaleza. Pero, en otro plano, puesto al servicio de la comunicación personal de la vida, el sistema moderno, con grandes potenciales técnicos, podría convertirse en principio de gratuidad creadora para los hombres, si es que de hecho se pone al servicio de ellos.

- *Eugenesia (= buen nacimiento).* Los seres humanos han nacido a través de un proceso genético que forma parte de la naturaleza, y así seguirán naciendo en un plano. Pero ese proceso viene actualmente marcado por técnicas genéticas que están ofreciendo la posibilidad de regular ciertos aspectos del proceso biológico de la fecundación y de los primeros momentos despliegue del semen fecundado. Esa regulación eu-genética puede ofrecer resultados muy positivos, poniéndose al servicio de la salud y de la comunicación gratuita entre los hombres, no como un sustituto del «proceso natal», sino como una ayuda para que resulte más libre, más gozosa, más humana, pero manipulada por un capital productor y regulada por un mercado de dinero, tener efectos destructores para la especie en cuanto tal, haciendo que el hombre no sea ya un ser de Presencia y de comunicación en gratuidad (persona que nace por gracia de otras personas), sino un artefacto fabricado y dirigido desde fuera de sí mismo, comprado y vendido al servicio de otros.
- *Eutanasia (= buena muerte).* Los hombres han establecido relaciones sociales apelando al poder de matar de un modo programado (ritual y socialmente) a otros humanos. Se ha dicho que hay hombre desde que hay palabra, posibilidad de comunicación personal. Pero, en otro sentido, podemos afirmar que hay

hombres desde el momento en que unos individuos han podido matar y han matado a otros, de un modo simbólico, para así mantenerse ellos mismos. Ciertamente, unos hombres pueden vivir a costa de otros (matándolos para así realizarse ellos mismos), pero también pueden vivir y viven de hecho haciendo que ellos vivan y compartiendo la vida con ellos.

También los demás vivientes nacen y se alimentan unos de otros… pero lo hacen de un modo "natural" (por su misma forma de ser, por su naturaleza). Los hombres, en cambio, pueden programar el proceso de nacimiento y de muerte. Los hombres, en cambio, lo han hecho, organizando de algún modo sus nacimientos y matándose "con orden" unos a otros…, pero también pueden darse la vida libremente, unos por otros y para otros, pudiendo así vivir en ellos, como decía Juan de la Cruz de manera muy precisa: "más vive el alma (hombre) donde ama que en el cuerpo donde anima" (CE 8, 3). Según eso, los hombres pueden matar a otros, para vivir así ellos, o amar a otros, viviendo así en/con ellos.

Desde este fondo puede entenderse y se entiende la "ecología": El hombre "habita" (crea casa, existe) donde ama; no está cerrado en un cuerpo individual al que "anima"; su alma es comunión de almas por amor… o puede convertirse en infierno de muerte, viviendo así, programada la mente a costa de otros, como puso de relieve el judío S. Freud al afirmar que el hombre está movido (definido) por dos principios, que son el *eros* (vivir en otros por amor) y el *thánatos* (matar a otros por egoísmo). En ese sentido se puede hablar de dos muertes (de la que habla el Apocalipsis, reinterpretando el sentido de la muerte como destrucción, que aparece en Gn 2-3: el día en que comas del árbol del conocimiento de la vida y de la muerte morirás).

– *La primera muerte* (biológica) se halla al servicio de la evolución vital y del proceso de la especie. En ese sentido, los hombres somos mortales por naturaleza. *El proceso biológico* se mantenía y se mantiene a costa de la muerte de los individuos, pero ha logrado suscitar a los hombres, como seres de libertad, sobre un planeta de vida equilibrada y hermosa, que podía interpretarse como espacio de revelación de Dios, un paraíso. Todos nacemos, vivimos y morimos en un contexto de despliegue vital, vinculados los unos con los otros.

- *La segunda muerte* consiste en vivir a costa de otros, es decir, matándoles para poder sobresalir nosotros, de manera que así morimos nosotros mismos, destruimos los lazos de amor que nos vinculan con el conjunto de la vida. Eso significa que morimos y "morimos": No podemos ya vivir/resucitar en otros. Conforme a la máxima ya citada de Juan de la Cruz, los que aman viven ya en otros, han resucitado en ellos, han superado la maldición de la muerte.

Desde ese fondo se comprende el sentido (la falta de sentido) de un tipo de humanidad en la que unos individuos o grupos viven de matar a otros. Esa es la muerte propia de una humanidad convertida en sistema de opresión, de negación de los demás.

- *Un sistema de poder y opresión tiende a matar en vida a los excluidos,* porque no le importan las personas en cuanto tales, sino solo su propio despliegue y desarrollo. Por eso, los garantes o portadores del poder no toleran que existan a su lado individuos autónomos, ni que puedan desarrollarse las personas en cuanto tales. De esa forma matan (excluyen) a los que son distintos. Ciertamente, puede tolerar a algunos disidentes, pero solo en la medida en que ellos no ponen en peligro sus intereses. Por eso es injusto. Solo superando esa injusticia del sistema actual tiene sentido la auténtica experiencia ecológica, la vida del hombre en el mundo.

- *Un sistema de poder oprime y/o devalúa a todos sus componentes, incluso a los triunfadores,* pues les impide descubrir y cultivar los valores más hondos de la vida personal, vinculados a la gratuidad simbólica y al despliegue de un amor que está por encima de todas las leyes del mundo, expresándose en forma de comunicación personal. El sistema tiende a controlar todas las comunicaciones, impidiendo que los hombres puedan compartir en libertad su vida. Pues bien, sin una más alta solidaridad entre los hombres la vida se destruye.

- *El sistema acaba destruyendo las fuentes de la vida del planeta,* poniéndolas al servicio de sus propios intereses. Quiere construir una torre de Babel manipulando la vida, de tal forma que al fin acabará por destruirla, si es que no logramos parar su marcha loca, poniendo el progreso de la ciencia al servicio de la vida humana, como quiso el Dios del Génesis.

Paradigma tecnocrático y crisis ecológica

Ha cambiado la forma de entender la relación del hombre con el mundo. Antes dominaba la naturaleza sobre el hombre, con los riesgos que ello suponía, pero también con sus valores, de forma que podía decirse, con B. Spinoza *Deus, sive natura:* Dios, esto es, la naturaleza". Pero en los últimos siglos los hombres han tendido a poner su propia técnica o poder activo (*tecno-cracia*) por encima de la naturaleza.

1. Tres ídolos. Según eso, poder más alto real ya no lo tiene Dios (teo-cracia), ni la naturaleza (cosmo-cracia), pues vivimos como si Dios no existiera. Tampoco lo tiene del pueblo (demo-cracia), pues el pueblo sigue manejado desde fuera. El poder real lo tiene el capital monetario y el mercado, vinculados por un tipo de empresa productora de tipo tecnocrático, de forma que en esa línea podemos hablar de un paradigma tecnocrático.[10]

- *El primer ídolo es la empresa tecnocrática*, que produce bienes de consumo, como si el hombre viviera para fabricar cosas y consumirlas. Ciertamente, el poder productor de la empresa es bueno, al servicio de la vida. Pero la Biblia sabe que el hombre puede terminar siendo esclavo de las cosas que produce, esto es, de los ídolos que son obra de sus propias manos. En los últimos siglos, la empresa ha crecido, el hombre se ha hecho capaz de producir muchísimos bienes, que al final, si no están al servicio de su propia vida, le terminan destruyendo (o destruyendo la vida del planeta).

- *Segundo ídolo es el capital*, esto es, el dinero, convertido en signo de todo aquello que el hombre produce. En sí mismo, el capital no existe, no tiene entidad (no alimenta, no cura, no enamora…), pero el hombre lo ha creado como signo de sus posesiones y de sus producciones, convirtiéndolo en "dios" al que se somete y con el que puede hacer muchas cosas, especialmente producir y comprar y vender.

10. Francis Bacon elaboró una valiosa "teoría de los ídolos" (*Novum organum scientiarum*, 1620), distinguiendo tres tipos básicos (*idola tribu, idola specus, idola fori*: de la tribu social, de la caverna platónica y del oro o mercado), que de algún modo responden a los que aquí presentamos.

– *Tercer ídolo es el foro-mercado*, donde se compran y venden por dinero (capital) todas las cosas producidas por un tipo de poder tecnocrático, que así aparece como "dios productor" que, según iré mostrando, tiende a destruir la vida y bienes de la naturaleza.

Ya no estamos en una *época cosmológica y sagrada*, en la que, en principio, se creía que el orden del mundo y de la sociedad era signo directo de Dios. Hemos pasado por la *modernidad* y en ella hemos querido crear y hemos creado un modelo de mundo a nuestra imagen y semejanza, como demiurgos o pequeños dioses, cumpliendo ya de un modo consecuente aquello que Eva había pretendido en el principio: hacerse dueña de las fuentes de la vida (del mundo y sus recursos, del proceso genético y de sus consecuencias).

Hemos recorrido un largo trecho, nos hemos vuelto modernos, descubriendo al final que ese intento, sin duda fascinante a la vez que irreversible de producir y dominar sobre el mundo, ha resultado peligroso: corremos el riesgo de destruirnos a nosotros mismos, de manera que al fin del camino encontramos la muerte (como había dicho Dios a los primeros hombres, si comían del árbol prohibido de la ciencia del bien y del mal: Gn 2-3).

En otro tiempo, girábamos en torno a la naturaleza que se elevaba ante nosotros hecha y terminada, de manera que debíamos limitarnos a conocerla, ajustándonos a sus ritmos. El hombre estaba inmerso en un mundo exterior fijo y terminado y no lo podía cambiar. Las cosas eran como eran: formaban como una "bóveda" o gran círculo perfecto donde los hombres se limitaban a residir de un modo pasivo. No podía haber ecología activa.

Ahora, ya no somos simples receptores que recogen con su "entendimiento paciente" la verdad del mundo externo (como se ha dicho desde Aristóteles hasta Averroes y Santo Tomás), sino que debemos transformar el mismo mundo con nuestro pensamiento (Kant) y obra (Marx). Por eso, la ecología empieza a ser una tarea de los hombres.

Los hombres son responsables de su entorno cósmico, pues la tierra y sus materias primas les pertenecen. Pero, al mismo tiempo, ellos han de seguir recordando la tierra es un don que les precede, un tesoro que desborda todas sus tareas, un regalo. No lo hemos hecho nosotros, no nos pertenece, sino que nos precede y fundamenta, con su bondad y sus riesgos. Esta postura va en contra de una interpretación *gnóstica* de la religión, que interpreta el mundo como *cárcel* donde nos encadenaron (Platón), como *valle de lágrimas* o de sufrimiento (como dice una sentencia medieval cristiana), ni es *apariencia o maya* sin realidad (ciertas formas de hinduismo).

Conforme a la Biblia, el mundo que es bueno en sí, como expresión de Dios y lugar de riesgo y belleza que debemos aceptar, respetar y mejorar al servicio de la vida del conjunto de la humanidad. En ese sentido, la ecología concibe el mundo como *oikos* o casa para los hombres; no se ocupa del mundo "en sí", sino en cuanto es bueno para aquellos que lo miran (Dios, los hombres). Nosotros somos, por tanto, el sujeto del mundo.

– *El sistema tecnocrático* actualmente dominante no conoce a Dios, ni respeta al mundo, ni valora como "infinita" la vida humana, sino que todo lo convierte en objeto de fabricación y mercado, al servicio del capital. Por eso, los perdedores (especies extinguidas, pueblos e individuos marginados...) parecen quedar fuera del cuidado de Dios. Ellos serían el "precio" que debe pagar el progreso, como un residuo necesario que se expulsa, para que el conjunto esté limpio. En esta línea se establecería una ecología de los triunfadores, es decir, la negación de una ecología "divina", al servicio de los hombres. En contra de eso, la preocupación ecológica, al servicio de la vida humana tiene que oponerse a un paradigma tecnocrático de tipo capitalista y mercantil, como si solo valieran las cosas que pueden fabricarse, comprarse y venderse, al servicio de los dueños del capital

2. Cinco bombas, cinco riesgos de muerte del hombre. Antes no podíamos, no sabíamos, no teníamos la posibilidad de realizar un suicidio cósmico. Ahora la tenemos. Hemos penetrado en eso que algunos han llamado el "pensamiento de Dios", pero no para decir "hágase" y crear la belleza y potencia de los diversos elementos de la tierra (como hemos visto en Gn 1), sino para suscitar un tipo de dominio social y material que puede conducirnos a la destrucción. No sabemos si podría haber un "día después", no sabemos si la vida podría empezar de nuevo su ciclo, hasta llegar al pensamiento (en este planeta o en otros). Pero nuestra historia concreta habría terminado.

1. *Bomba atómica*, riesgo *de muerte cósmica en la línea de Gn 2-4:* "El día en que comas del fruto del árbol del conocimiento del bien-mal, ese día, morirás". El día en que intentemos explorar las posibilidades de nuestro conocimiento, aplicándolos a la estructura atómica de la realidad, ese día, pereceremos. Vivimos, según eso, duda, en un mundo amenazado. La sabiduría de la naturaleza nos ha mantenido hasta el momento actual. No sabemos si la sabiduría de nuestra cultura podrá mantenernos en el futuro, a no ser que cambiemos de un modo cualitativo.

2. *Bomba biológica, riesgo antropológico.* Hasta ahora, el proceso de la evolución biológica se había venido desplegando por sí mismo, como si una fuerza interior (que podemos llamar divina) fuera guiando las mutaciones genéticas, externamente expresadas a través de unos procesos de azar y necesidad. Pues bien, ahora hemos descubierto que podemos penetrar con nuestra ciencia en el interior de esos procesos, suscitando mutaciones, seleccionando cambios genéticos e influyendo no solo en el despliegue de la vida vegetal y animal (creando transgénicos y clonando animales), sino en la vida humana, con las posibilidades y riesgos que ello implica.

3. *Bomba social, gran enfrentamiento.* Junto al terror atómico y el control genético, puede estallar la bomba de un enfrentamiento social generalizado. Los privilegiados del sistema se defienden diciendo que el terror solo se puede atajar con métodos de fuerza: más policías, más cárceles, más seguridades exteriores. Pero de ese modo no se resuelve el problema, sino que se ensancha y profundiza. La humanidad solo puede surgir y mantenerse en condiciones de libertad. Si el control del sistema se hiciera absoluto cesaría el terrorismo de los *marginales*, pero acabaría con ello la libertad y vida humana de todos los hombres y mujeres de la tierra.

4. *Bomba ecológica. Matar la vida del planeta.* Esta es la bomba propiamente ecológica. Hasta ahora la tierra ha subido en el nivel de la vida hasta llegar a la conciencia y libertad humana. Una fuerza inmensa que algunos pensamos que viene de Dios,

viniendo de la misma raíz del cosmos, nos ha hecho crecer, asumir la libertad, vivir en un nivel de conciencia. Pero con la vida humana ha crecido el poder y la violencia mutua, el egoísmo de utilizar para nuestro capricho los dones de la tierra, hasta llegar a destruirlos, a través de la bomba que llamamos ecológica. No podemos romper a cañonazos la "bóveda" del cielo, que la Biblia interpretaba en forma de cubierta protectora, pero podemos calentarla y agujerearla con emisiones de gases que producen un efecto de cubierta de invernadero, que no solo calientan la atmósfera, sino que la "polucionan", de forma creciente, convirtiéndola en un espacio irrespirable, de manera que si seguimos así llegará el día en que no podamos respirar, de manera que la tierra se convertirá en un infierno...

5. *Bomba personal. Suicidio, el cansancio de la vida.* ¿De qué le sirve al hombre ganar todo el mundo si pierde su vida? (cf. Mt 16:26). Esta palabra ha de entenderse no solo en un sentido religioso trascendente, sino en un sentido vital muy concreto. Podemos tener casi todo, y perder el gusto por la vida, no solo por los valores afectivos, sino por los valores artísticos y vitales, por el agua, por el viento, por la naturaleza, en el sentido del Cántico de las Creaturas del Hermano Francisco. El riesgo mayor de este mundo es ya el cansancio de la vida, que se muestra en la necesidad de fármacos y drogas que se consumen, en la cantidad de suicidios que se cometen.

No se trata de dominar técnicamente sobre el mundo, sino de aprender a gozar de su belleza, reconociendo día a día el valor de la vida y bendiciendo a Dios por ella. Dios está presente y actúa en el despliegue y en la vida concreta de los hombres, que se mantienen no solo por deseo biológico y por otras razones de tipo material o familiar, sino también porque ellos mismos optan, es decir, porque lo quieren, pues en realidad, en el momento actual (2024), ellos podrían negar la vida y matarse (en plano individual y social, por suicidio y destrucción de la especie).

Los hombres podríamos renunciar a vivir (suicidándonos) o a transmitir la vida (sin necesidad de renunciar al sexo), dejando que la especie humana desaparezca… Por eso, en realidad, si ellos siguen (si seguimos) transmitiendo vida y vivimos es porque queremos. El mismo hecho de que existan padres que regalan su vida (desde la vida de Dios) y que engendran gratuitamente, sembrando y recibiendo nuevos seres humanos, en libertad generosa y arriesgada, muestra que, en el fondo, aunque no lo digan conscientemente, ellos confían (confiamos) en el Dios de la vida que se expande y regala por gracia.

Pues bien, si eso cambia, si los hombres y mujeres pierden el gozo de vivir, y solo se mantienen de un modo "artificial", apegándose a cosas, queriendo solo disfrutar con ellas, apoderarse de todo por la fuerza, terminarán optando por la muerte (suicidándose directa o indirectamente). El Dios bíblico quiere la vida de los hombres. Pero, si nos empeñamos, por egoísmo y violencia, nosotros, los "poderosos" del mundo, por ansia de dominio y deseo de poder, podemos destruirla, matándonos a nosotros mismos, como sabía la Biblia.

3. Convivir con el riesgo. El desafío de la vida. En este contexto se ha iniciado una etapa nueva dentro de la historia: por vez primera, la humanidad en su conjunto puede destruirse a sí misma (en el plano cósmico, personal y social) o puede optar por la vida, de un modo consciente. Eso significa que ya no son suficientes un tipo de respuestas antiguas. No podemos trazar unos caminos de futuro con ideas y técnicas sociales que habían servido en la modernidad, pero que nos han llevado a la situación actual. Con el tipo de ciencia y de política, con la forma de educación de los siglos anteriores, tal como ha culminado en el sistema capitalista, corremos el riesgo de destruirnos.

Por eso, muchos hombres y mujeres han empezado a pensar que la humanidad no tiene futuro. Ella estaría situada ante unos retos que resulta incapaz de resolver con las formas de pensar y actuar que hasta ahora se han seguido. Eso significa que tenemos que poner en marcha formas, modelos de renuncia y creatividad discursiva y social, con la ayuda de antiguas tradiciones religiosas.

— *Renuncia, un principio de pobreza*. La modernidad nos ha dicho "atrévete" (Kant) y nos hemos atrevido, hemos explorado, hemos creado formas nuevas de ciencia y de economía, que de hecho se han puesto al servicio de los triunfadores del sistema. Pero ahora descubrimos que no podemos explorar todas nuestras posibilidades desde una perspectiva racional, buscando siempre nuestro provecho particular, absolutizando nuestra forma de pensar. En el día en que queramos comer la "manzana del bien y del mal", haciéndonos dueños de la realidad terminaremos matándonos todos. *Ahora debemos añadir: Atrévete a renunciar*, si no renunciamos a un tipo de violencia atómica, de manipulación genética y de enfrentamiento social (vinculado al sistema capitalista y al imperio con las grandes naciones-estado que lo rodean) acabaremos matándonos todos.

— *Fraternidad, el gozo del encuentro con otros.* Hemos empleado hasta ahora un tipo de racionalidad dominadora e instrumental, convirtiendo las cosas en utensilios a nuestro servicio. Ahora descubrimos que esa actitud no basta y que es muy peligrosa... Si cada uno de nosotros, cada uno de los pueblos y grupos humanos, busca únicamente su triunfo y razón, el despliegue de su propia verdad particular, acabaremos matándonos todos. Necesitamos un tipo de sabiduría nueva, más allá de los juicios antiguos del bien y del mal, de los discursos absolutos; una sabiduría que no sea de dominio, de poder y violencia sobre los demás, sino de riqueza gozosa y de diálogo, de pluralidad y encuentro mutuo, en la línea de lo que ha sido el despliegue múltiple del mundo. Solo así, en pobreza (renuncia personal) puede cultivarse el máximo don del encuentro con los demás, de manera que Dios (la vida) nos dará de nuevo hermanos, en vez de competidores y enemigos como ahora,

— *Aportación tradiciones religiosas.* Pensamos que en esta búsqueda nueva nos pueden servir los modelos religiosos antiguos, pero no tomados al pie de la letra, sino desde su mensaje más profundo. Los hombres de las grandes tradiciones religiosas y culturales, no solo en el contexto judeo-cristiano o musulmán, sino también en otros contextos, han explorado caminos de vida que resultan muy valiosos. Por eso, la humanidad actual se encuentra ante unos retos nuevos, pero no está totalmente desamparada o desprovista de recursos, pues las religiones, entre ellas la de Israel han descubierto y ofrecido proféticamente unas líneas de apertura y solución, que nos permitirán vivir sobre la tierra, si es que escuchamos su voz y la actualizamos.

Nosotros, hombres y mujeres que hemos pasado por el trance de la modernidad, sabemos ya una forma de *razón* que algunos han llamado cartesiana (de espíritu geométrico y dominio sobre el mundo), si le falta la finura del amor (Pascal), puede llevarnos a la destrucción en los tres planos indicados (cósmico, genético y social). Por eso debemos trascenderla, buscando un pensamiento más hondo y gozoso, que nos permita mantener la propia vida y desarrollarla con belleza y gratuidad, superando el nivel de la racionalidad posesiva, centrada en el poder y el disfrute de medios materiales. Nos situamos así ante la pregunta y reto de nuestra *creatividad*: ¿Seremos capaces de asumir nuestras potencialidades más hondas en línea afirmativa, para ofrecer un presente mejor a los pobres del mundo y un futuro mejor a todos los hombres y mujeres del futuro? Este no es un tema de política económica, sino de humanidad, de gozo vital y utopía.

Vivimos inmersos, según eso, en un riesgo de muerte universal. Ciertamente, la falta de organización y planificación en un nivel económico-administrativo es mala, pues impide que los hombres desarrollen los recursos de la tierra, viviendo esclavizados de algún modo por ella. Pero el triunfo perfecto del sistema sería igualmente negativo, pues destruye (o devalúa) las fuentes de la vida personal, haciendo así imposible que los hombres puedan relacionarse en libertad, como individuos responsables, en amor afectivo, en gozo personal, en búsqueda de vida. Por eso, la ecología resulta inseparable del deseo y gozo de la vida, vinculado a la justicia.

4. El principio de la ecología. Impulso para vivir, crear la nueva tierra. Somos más que un puro proceso cósmico, pero llevamos por doquier sus huellas, hechas de enfrentamiento cósmico y de fragilidad vital. Como el budismo ha destacado, nacemos de manera dolorosa y en dolor morimos, sin saber por qué. Más aún, en el camino que va de nacimiento a muerte, la vida humana es inmensamente frágil: son millones los que nacen enfermos, amenazados por enfermedades, malformados, en la gran ruleta de un proceso vital que parece abandonarnos a la propia suerte. La vida parece indiferente ante los bienes y los males, como ha destacado el libro bíblico del Eclesiastés o Qohelet. Es normal que muchos hombres y mujeres se declaren ateos y se sientan fracasados en la vida, de manera que prefieren rechazarla, exiliándose interiormente y buscando un tipo de refugio superior (nirvana) más allá de los deseos (en la línea de un tipo de budismo). Pues bien, conforme a todo lo anterior, pensamos que solo puede haber futuro para el hombre allí donde los hombres lo desean, deseando vivir y gozando al hacerlo.

Debemos insistir en la prioridad del "mundo de la vida", esto es, del bien de todos los seres humanos *para todos por encima de una empresa de poder*, que ha querido planificar la ciencia al servicio del capital y de sus privilegiados, poniendo en riesgo el equilibrio de la vida de la tierra.

Ciertamente, el sistema del poder tecnocrático, con la ayuda del capital racionalizado y del libre mercado de los poderosos ha conseguido resultados espectaculares, a los que no podemos ni debemos renunciar: es capaz de prevenir malformaciones infantiles y curar enfermedades; puede organizar la economía de tal forma que existan medios de consumo suficientes para todos, corrigiendo así muchas amenazas de la naturaleza (sequías, tormentas, etc.); nos ofrece unos medios de comunicación rápidos y eficaces, que pueden facilitar el encuentro entre personas...

Pero, en otro sentido, este sistema corre el riesgo de encerrarnos en una red de relaciones impersonales, al servicio de sí mismo, consumiendo y destruyendo al mismo tiempo las fuentes y recursos naturales de la vida. Por eso, es necesario que mantengamos la humanidad por encima del sistema, creando unas condiciones de vida en gratuidad y diálogo que nos permitan desplegar de una manera gratuita la existencia, para compartirla con otros y ofrecerla así a las próximas generaciones. No queremos ni podemos negar en modo alguno la ciencia, ni rechazar las conquistas de la modernidad, pero debemos superar el riesgo que ellas han supuesto, poniendo ciencia y técnica al servicio de la vida, invirtiendo así los principios del sistema:

– *Un sistema de poder tecnocrático mata ya en vida a los excluidos*, porque no le importan las personas en cuanto tales, sino solo su propio despliegue y desarrollo. No tolera que existan a su lado individuos autónomos, ni que puedan desarrollarse las personas en cuanto tales. De esa forma mata (excluye) a los que son distintos. Ciertamente, puede tolerar a algunos disidentes, pero solo en la medida en que ellos no ponen en peligro sus intereses. Por eso es injusto. Solo superando esa injusticia del sistema actual tiene sentido la auténtica experiencia ecológica, la vida del hombre en el mundo.

– *El sistema acaba destruyendo las fuentes de la vida del planeta*, poniéndolas al servicio de sus propios intereses. Quiere construir una torre de Babel manipulando la vida, de tal forma que al fin acabará por destruirla, si es que no logramos parar su marcha loca, poniendo el progreso de la ciencia al servicio de la vida humana, como quiso el Dios del Génesis.

1

Pacha mama.
Religiones amerindias

Adoraban la tierra fértil, que llaman camac pacha (tierra cultivada) y a la tierra nunca cultivada que dicen pacha mama (madre tierra) y en ella derramaban chicha y arrojaban coca y otras cosas, rogándole que les hiciese bien; y ponían en medio de las chacras una piedra grande, para en ella invocar a la tierra y le pedían que guardase las chacras... En las minas que ellos dicen coya reverenciaban a los metales mejores y a las piedras de ellos las horadaban, besándolas con diferentes ceremonias... Al tiempo de barbechar o arar la tierra, sembrar o coger el maíz, papas... y otras legumbres y frutas de la tierra le suelen ofrecer (a la tierra) sebo quemado, coca, cuy, corderos (llamas)... (Murúa, Historia general del Perú, 1611. Madrid, 1987,423-424).

Las religiones se pueden dividir en tres grupos: las más antiguas, tienden a identificar lo divino con la naturaleza; las religiones modernas de oriente (hinduismo y budismo) vinculan lo divino con la interioridad mística del hombre; las herederas de Israel (cristianismo, islam) descubren la presencia de lo divino en la historia de los hombres.

En este capítulo presento tres religiones indoamericanas de la naturaleza (incaica, maya y azteca), por la importancia que ellas tienen y, por su visión de la ecología y de los sacrificios. Ellas nos sitúan ante el misterio del mundo sagrado, y plantean ya el tema de la importancia y necesidad de los sacrificios.[1]

RELIGIÓN INCAICA, MACIZO ANDINO

Religión andina. Etapa preincaica

Los incas iniciaron su gran expansión imperial en un momento relativamente reciente, hacia el 1438 d. C., cuando establecieron su

---

1. Cf. *El fenómeno religioso*, Trotta, Madrid, 1999; Monoteísmo y globalización, VD, Estella, 2001; Diccionario de las tres religiones, VD, Estella, 2012.

capital en Cuzco y empezaron a expandirse por el altiplano andi-no, recreando en forma imperial su religión antigua. Pero antes de ellos hubo en esas tierras una fuerte cultura social y religiosa, de tipo "ecológica" cuyos rasgos principales puede condensarse como sigue.[2]

1. Tierra sagrada. La religión andina ha resaltado y sigue resal-tando la importancia de la *madre tierra* interpretada como signo y fuente de la vida. En el principio no está el cielo con los dioses, ni el sol que lo regula todo con su fuerza. *En el principio está la Tierra:*

> *Adoraban la tierra fértil, que llaman camac pacha (tierra cultivada)*
> *y a la tierra nunca cultivada que dicen pacha mama (madre tierra) y*
> *en ella derramaban chicha y arrojaban coca y otras cosas, rogándole*
> *que les hiciese bien; y ponían en medio de las chacras una piedra*
> *grande, para en ella invocar a la tierra y le pedían que guardase*
> *las chacras...*

En las minas que ellos dicen coya reverenciaban a los metales me-jores y a las piedras de ellos las horadaban, besándolas con diferen-tes ceremonias... Al tiempo de barbechar o arar la tierra, sembrar o coger el maíz, papas... y otras legumbres y frutas de la tierra le suelen ofrecer (a la tierra) sebo quemado, coca, cuy, corderos (lla-mas) y otras cosas, bebiendo y danzando y, para ello, algunas veces ayunaban (Murúa, 423-424).

La tierra es madre divina por sí misma (*pacha mama)* y sigue sien-do madre cuando los hombres la cultivan (*camac pacha).* Por eso es sagrado el trabajo de aquellos que horadan la tierra en las minas o la laboran por la agricultura. Esto sucedía antaño y esto sigue suce-diendo en tiempos de Murúa (hacia el 1590 d. C.), pues los indígenas continúan cantando y bailando y orando ante los signos sagrados de la tierra:

---

2. Utilizamos básicamente las obras de M. de Murúa, *Historia General del Perú*, His-toria 16, Madrid, 1987 y de F. Guamán Poma de Ayala, *Nueva crónica y buen gobierno* I-III, Historia 16, Madrid, 1987. Ambas son de principios del siglo XVII; la primera está escrita por un mercedario vasco, la segunda por un indígena. Sus perspectivas son distintas, pero ambas se completan, ofreciéndonos una visión panorámica de la religión andina.

Es cosa ordinaria entre ellos, cuando pasan ríos o arroyos o lagunas, beber dellos por modo de salutación, adorándolos y pidiéndoles que los dejen pasar en salvo y no los lleven. Y a las fuentes y manantiales lo mismo, para que no los dañen; y a los lagos y pozos hondos por el mismo fin...

Los indios de la sierra, cuando van de camino, tienen de costumbre echar en el camino o encrucijada, en los cerros o en los montones de piedra, en las peñas y cuevas o en los sepulcros antiguos, ojotas, plumas, coca mascada o maíz mascado, pidiéndoles los dejen pasar en salvo y les den fuerza para pasar su camino y descanso en él. También usan tirarse las cejas y pestañas y ofrecérselas al sol, a los cerros o a las apachitas (= montones de piedras), al viento, cuando hay torbellinos o tempestades, a los rayos y truenos, a las peñas, cuevas, quebradas, angosturas... en veneración, pidiéndoles les dejen volver en paz.

Los indios de los llanos reverenciaban y adoraban la mar, para que estuviese siempre mansa y no se embraveciese contra ellos y les diese mucha abundancia de pescado, y con esto le echaban harina de maíz blanco y almagre y otras cosas. La Cordillera Nevada era reverenciada u otra cualquier sierra que estuviese de ordinario con nieve como a cosa temerosa; y en las chacras ponían en alguna parte una piedra muy grande para guarda de ella y para invocarla y llamarla (Murúa, 428-429).

La tierra en toda su extensión y plenitud es madre divina de los hombres. Los diversos rituales sagrados expresan su vinculación con ella. Sagrados son de un modo especial los ríos y lagos, las cuevas y montañas. Sobre el fondo de la tierra santa (divina y creadora) se destaca la importancia de las aguas y las rocas. *El agua* aparece como germen de vida de la tierra:

Había indios señalados para hacer sacrificios a las fuentes y manantiales y arroyos que pasaban por el pueblo y por las chacras; y estos sacrificios los hacían cuando acababan de sembrar, para que no se secasen, para que no dejasen de correr y regasen sus chacras... Y también hacían reverencia y temían a las fuentes, manantiales y arroyos de los desiertos porque, cuando por allí pasasen, no los hiciesen daño en sus personas y ganados (Murúa, 431).

El agua que brota de la tierra y por ella discurre es a la vez deseada y temible. Es necesaria para el campo, pues sin ella no maduran las cosechas. Pero, al mismo tiempo, es peligrosa si es que inunda los caminos y sembrados. Con el agua son sagradas de un modo especial *las rocas*, como signo de dureza y pervivencia. Los indios veneraban las grandes peñas y ponían piedras manejables en los campos.

Las tradiciones antiguas del origen de los incas se dividen cuando llegan a explicar el surgimiento de los hombres: unos dicen que brotaron del gran lago Titicaca, otros afirman que provienen de una cueva en la gran roca (cf. Murúa, 49-51). En ambos casos el simbolismo es semejante: del seno de la madre tierra (seno que es agua, seno es que roca) provienen los humanos como hijos de la madre tierra que les ofrece sustento y cuidado.[3]

2. Cielo sagrado. Después de la tierra destaca el carácter divino del cielo, con sol, luna y estrellas, con el rayo/trueno y la lluvia. El primero de sus signos sagrados es *el sol*, entendido en un sentido extenso como expresión del poder del cielo que preside y sustenta con su misma consistencia y movimientos nuestro mundo:

> *En los eclipses del sol y de la luna, cuando acierta a demostrarse algún planeta o se encienden en el aire algunos resplandores o exhalaciones, decían que la luna y el sol se morían; y solían gritar y llorar y hacían que otros gritasen y llorasen y aporreaban los perros para que aullasen y tomaban haces de fuego y hacían procesiones alrededor de sus casas, para que no les viniese el mal que temían y les amenazaba con los eclipses. El arco del cielo, a quien solían llamar cuychi, les fue siempre cosa horrenda y espantable, y temían porque les aparecía las más de las veces para morir o venirles algún mal. Reverenciábanlo y no osaban alzar los ojos hacia él; si lo miraban no se atrevían a señalarlo con el dedo, entendiendo que se morirían... A tiempo que graniza o nieva o hay algunas tempestades o turbiones de vientos daban grandes gritos, entendiendo que así tendrían remedio, y entonces hacen sacrificios (Murúa, 438-439).*

Murúa cuenta de esa forma lo que ha visto (*y entonces hacen sacrificios...*). Sabe que los "indios" de las tierras donde ha misionado (en torno al Titicaca) conciben el cielo como realidad sagrada. Es sagrado el orden de los cielos; y especialmente sagradas son sus

---

3. Sobre la relación de los hombres con las rocas y la tierra cf. M. Eliade, *Tratado de historia de las religiones*, Cristiandad, Madrid, 1981, 200-272.

alteraciones: eclipses, tempestades, arcoíris... Da la impresión de que el ser humano habita en un mundo que es frágil, bajo un cielo que sigue amenazando. Pero más que esa amenaza de esos cielos (con turbiones, etc.) los andinos saben descubrir y venerar el orden de los ciclos repetidos, de los movimientos de los astros, de las estaciones de la vida de la tierra. Como es lógico, el sol tiene en su experiencia dos *pascuas* o tiempos especiales, vinculados al solsticio de verano (allá en diciembre) y al de invierno (en junio):

> La primera (fiesta y solemnidad) que hacían era en el mes de diciembre; esta era la más principal, que llamaban capacraymi. En estas fiestas ofrecían una multitud de carneros y de corderos en sacrificios... En el séptimo (mes), que corresponde a junio..., se hacía fiesta llamada intiraymi, en que sacrificaban carneros huanacos y a esta llamaban ellos la fiesta del sol... Aún la fiesta de Raymi (diciembre), en muchos lugares del reino las suelen celebrar encubiertamente, al tiempo de sembrar, con muchos bailes y danzas, y al recoger, que es por Corpus Christi, celebran ritos antiguos... (Murúa, 450-451).

Actividades agrarias y fiestas sociales vienen marcadas por los dos solsticios. El sol aparece como realidad sacral (divina) y los humanos participan de su sacralidad, lo mismo que el conjunto de la tierra. Al lado del sol está *la luna*:

> *En el décimo mes (septiembre)...*, juntábanse todos los indios antes de que saliese la luna. El primer día, y en viéndola, comenzaban a gritar, dando voces, con hachos de fuego en las manos, y se daban unos a otros con ellos diciendo: ¡*vaya el mal fuera!* Concluida esa ceremonia, se hacía el lavatorio general en los arroyos y fuentes, cada uno en su pertenencia y luego empezaba la borrachera por cuatro días enteros (Murúa, 452).

Este era el tiempo de la *renovación lunar*. Los hombres debían renacer como renace la luna. Es significativo el uso de antorchas (empleadas también en tiempos de eclipse), como indicando que los humanos han de ayudar a la luna (o al sol) para que alumbren. En un contexto semejante se inscribe el culto a *las estrellas y planetas*:

> Los indios ovejeros (pastores) adoraban a una estrella que ellos llaman urcuchillay, que dicen que es un carnero de muchos colores, el

> *cual entiende en la conservación del ganado. Esta se entiende ser la*
> *que los astrólogos llaman lira. Y también reverenciaban otras dos*
> *estrellas que andaban cerca desta... Las estrellas, el lucero, las cabri-*
> *tillas adoraban (424; 445).*

Pero, al menos a nivel popular, más importante que la sacralidad del sol, luna y estrellas resultaba la del *trueno y tormenta*. Son muchos los pueblos que han divinizado de un modo especial la tormenta, personificándola en dioses.[4]

> *El Trueno, a quien llamaban chuquiylla, catuylla e yntillapa, fingían*
> *que es un hombre que está en el cielo... y que estaba en su voluntad*
> *el tronar, llover, granizar y todo lo demás que pertenece a la región*
> *del aire y en general reverenciaban a este (al trueno) en todo el reino*
> *y le sacrificaban niños de la misma manera que al sol (Murúa, 425,*
> *cf. 439).*

El trueno es la expresión de aquel principio fascinante (creador y destructor) que dirige desde arriba nuestra vida, como poder de engendramiento (fecunda a la tierra, lo mismo que a las mujeres; cf. págs. 432-432) y signo de la muerte. Es evidente que en esta perspectiva se vinculan la tierra y las mujeres, como expresión del aspecto femenino (receptivo) de la realidad. El rayo que viene del cielo presenta en cambio un aspecto masculino.[5]

3. Vida y muerte. El hombre sagrado. El ser humano forma parte de la naturaleza; solo dentro de ella puede interpretarse y recibe su sentido. Por eso es importante el ritmo de los meses, regulados de un modo lunar, con una precisión que *no ha sido superada ni por los antiguos egipcios ni por los astrónomos más sabios* (Murúa, 449). A través de los cambios del calendario, el hombre se descubre vinculado al mundo de los astros.[6] Aquí queremos destacar los diversos momentos y rasgos de la vida humana. Empezaremos por las ceremonias de *iniciación* entre las cuales recuerda Murúa *el primer corte de cabello*, vinculado a los ritos de la pubertad:

---

4. Cf, A. Vanel, *L'iconographie du Dieu de l'Orage*, CRB 3, Gabalda, Paris, 1965.
5. Cf Pease (1970) 20 ss; Millones, 119-121.
6. Guamán Poma, 1199-1244, ofrece una visión detallada de los trabajos propios de los meses del calendario.

> *Otro abuso tenían –y aún hoy lo guardan algunos–: es que, en lle-*
> *gando a la edad de catorce años o quince, ponen a sus hijos los pa-*
> *netes (un tipo de paños o vestiduras) con ciertas ceremonias... Y en*
> *esto usan de muchas fiestas y borracheras, danzando y bailando de*
> *noche y de día, y así mismo a las doncellas cuando les venía la pri-*
> *mera flor, sus padres y madres las lavaban y peinaban vistiéndolas*
> *ropas nuevas (Murúa, 442).*

Se trata de una fiesta de la vida que se expresa con el gozo de los miembros del grupo familiar, en gesto de iniciación y borrachera ritual. Muchachos y muchachas entraban en la vida adulta, vestían de forma distinta... Pero la ceremonia de plenitud de la vida estaba vinculada al matrimonio, entendido como unión entre personas de grupos distintos:

> *Castigaban con gran rigor al que se juntaba con su hija, hermana o*
> *parienta muy cercana y teníanlo cuando sucedía esto por mal agüero*
> *y decían que esta era la causa porque no llovía y les venían trabajos,*
> *enfermedades, pestilencias (Murúa, 48).*

El texto vincula el incesto con la desgracia cósmica: el ser humano se encuentra vinculado con el mundo de forma muy intensa. Solo allí donde se aceptan las diferencias humanas puede mantenerse el equilibrio que nace de las polaridades cósmicas. El matrimonio mantiene por un lado las distinciones y por otro vincula a los diversos grupos sociales, como ha destacado desde antiguo la antropología:

> *Si entre los padres y madres concertaban algún casamiento sin que*
> *diesen parte de ello a sus hijos era hecho, aunque los hijos no quisie-*
> *sen, y este abuso aún dura hasta el día de hoy... (Murúa, 388).*

Los padres deciden. Ellos realizan los matrimonios que normalmente eran monogámicos. A partir de la boda el esposo venía a ser cabeza de nueva familia, integrada en el sistema mayor del *ayllu* o clan. Finalmente, dentro del proceso vital emerge la *muerte*:

> *Tuvieron por cierto los indios que las almas vivían después desta*
> *vida y que los buenos tenían descanso y holganza y los malos dolor*
> *y pena, pero nunca llegó a su entendimiento este descanso y pena*
> *dónde había de ser, ni en qué lugar lo habían de tener, ni tampoco*

> *alcanzaron que los cuerpos hubiesen de resucitar con las almas; y*
> *de esta causa tuvieron grandísima diligencia en honrar los cuerpos*
> *de los difuntos y de guardarlos y honrarlos... A los cuerpos de los*
> *difuntos tuvieron siempre sus descendientes, hijos y nietos y los de-*
> *más, suma veneración y respeto y ponían mucha diligencia en que se*
> *conservasen y para esto los ponían ropa y comida y hacían sacrificios*
> *(Murúa, 414).*

Los andinos creían en un tipo de *pervivencia* de los hombres (ni in-
mortalidad, ni resurrección al tipo cristiano), pues ellos hombres
forman parte del proceso cósmico, insertos en el gran camino de la
vida y con ella perduran, integrados de manera misteriosa en los
ciclos del mundo. Por eso son importantes los pasajes que hablan de
los muertos convertidos en roca o emergiendo de la hondura de los
montes y cuevas de la tierra (cf. Murúa, 48-52).

La división establecida por Murúa entre *buenos y malos* ha de
entenderse en sentido social. Cada ser humano desarrolla unos
poderes que siguen vivos tras su muerte. El mismo difunto late, actúa, perdura en su familia, allí donde ha ejercido su influjo sobre
el mundo:

> *Tuvieron otro error, entendiendo comúnmente que a los que Dios en*
> *esta vida había dado prosperidades, riquezas y descanso los tenía por*
> *amigos y así en la otra también se los daba; y de este error y enga-*
> *ño procedió en ellos hacer tanta honra y venerar con tanto cuidado*
> *a los señores ricos y poderosos, aun después que hubiesen muerto*
> *(Murúa, 415).*

Vivos y difuntos se hallaban vinculados, moviéndose dentro de un
mismo espacio de fuerza, al interior del único mundo conocido: la
tierra sagrada. Lógicamente, los que hubieran ejercido más poder en
esta vida seguirían ejerciéndolo en la muerte. Quizá podamos añadir que las "almas" de los difuntos siguen integradas en una especie
de alma universal: por un tiempo (mientras se mantiene su recuerdo
en la sepultura) ellas están cerca de la tierra donde vivieron. Significativamente, un hombre solo muere del todo cuando se destruye
su cuerpo o se pierde su memoria. Por eso, el mayor castigo de un
andino era quemar su cadáver, descuidar su tumba.

Acostumbraban dar de comer y beber al tiempo del entierro de los difuntos y el beber era con un canto triste y lamentable y en estas ceremonias de las exequias gastaban algunos días. Tenían otro error, que las ánimas andaban vagas y solitarias y padecían hambre, sed y frío y cansancio y que las cabezas de los difuntos o sus fantasmas andaban visitando sus hijos y parientes y otras personas conocidas, en señal de que han de morir presto o les ha de suceder algún mal. Por esta causa ofrecían en las sepulturas cosas de comer y beber y vestidos y los hechiceros solían y aún ahora suelen... (Murúa, 415).

Los vivos mantienen así su solidaridad radical con los difuntos: comen y beben, se emborrachan y danzan sobre los sepulcros. Por su parte, los difuntos siguen estando cerca de sus seres más cercanos (amigos o enemigos). En este contexto no se puede hablar de una responsabilidad individual en sentido estricto. Vivos y difuntos se encuentran inmersos dentro de un mismo gran proceso sacral que rompe las fronteras de la muerte. Tierra y familia arraigan al ser humano en los momentos centrales de su propia realidad (en su geografía y en su historia). Sagrada es la tierra entera; sagrado el proceso de vida familiar en que se integra cada uno de los individuos.

4. Huacas: signos sagrados. Se puede utilizar ese nombre en un sentido más o menos semejante a lo que en otro contexto se ha llamado *mana*.[7] Más que un ídolo o un templo, más que un dios determinado, *huaca* es en el fondo todo lo que está relacionado con la sacralidad. Hablando Murúa de los indios aún sin "civilizar" (sin integrar en la cultura hispana) dice:

Algunos usaban en particular huacas y solamente sacrificaban cabezas de ovejas de la tierra y soplaban (bebían, comían) la coca, chicha y otras comidas (pág. 48).

En sentido estricto *huacas* son las sepulturas y los cuerpos de los difuntos; por extensión son huaca las rocas y los cerros elevados, lo mismo que los astros, las estatuas de dioses y los templos (lugares de culto); son en fin *huaca* todas aquellas realidades que en

7. Cf. R. J. Schreiter, *Mana* en P. Poupard (ed.), *Diccionario de las religiones*, Herder, Barcelona 1987, 1085-1086; G. van der Leeuw, *Fenomenología de la religión*, FCE, México 1964, 13-18.

LA ALTERNATIVA ECOLÓGICA

un momento dado rompen los "términos normales" de la vida y suscitan reverencia (cf. Murúa, pág. 423).[8] En algún sentido, todo puede hacerse huaca para los andinos si es que cobra importancia para ellos, si hace llorar o emocionarse, si sirve de protección o de ayuda para sus devotos. Por otra parte, eran huaca algunos lugares especiales, con sus santuarios y lugares de culto, como Chimor junto a Trujillo, Pachacamac junto a Lima o el lago Titicaca (cf. Murúa, 211; 444). Pero:

> Además de estas huacas o ídolos había otros por todo el reino, sin número, en las provincias, en los pueblos particulares, en los ayllus (clanes) y tribus, en las casas y caminos, montes, cerros, cuevas, piedras, encrucijadas, árboles (Murúa, 445).

El modo de adorar las *huacas* varía en cada caso. Una cosa son los cultos funerarios de las familias pobres y otra los fastuosos sacrificios de los grandes incas. Una cosa son las fiestas ya reglamentadas de las celebraciones en invierno y verano (según el calendario) y otra los ritos con motivo de tormentas o desastres naturales. Estas parecen ser las notas constantes de los sacrificios a las huacas:

> Sacrificaban y ofrecían unos carneros que tenían dedicados para aquel efecto. En los ganados que sacrificaban tenían cuidado en la gravedad del negocio para que se ofrecían, la salud y la color para conformarla con la causa... Res que fuera hembra jamás sacrificaban... No acostumbraban a sacrificar animales silvestres, porque decían que para ofrenda a las huacas, y siendo dirigidas para su bien, salud y aumento, no habían de ofrecer sino cosas que ellos hubiesen criado y aumentado, para dar muestra de lo mucho que estimaban sus huacas (Murúa, 420-421).

La hembra no puede ser sacrificada porque su misma existencia se interpreta en forma sacrificial: vive para extender la vida; se mantiene siempre en riesgo por los partos y por su dedicación al servicio de su prole. Por eso sacrificar una *hembra* sería contradictorio o, quizá mejor, innecesario. Por otro lado, Murúa afirma que solo pueden sacrificarse animales "que ellos mismos han criado", es decir, animales

8. Esta descripción de Murúa está cerca de la que ofrecerá M. Elíade, *Tratado de historia de las religiones*, Cristiandad, Madrid 1981, 25-52 al hablar de la hierofanía y lo sagrado.

con los que han entrado en contacto, de tal forma que pueden aparecer como representantes del conjunto del pueblo. En el fondo, el sacrificio representa un gesto de *ruptura interior:* los hombres separan algo que resulta muy cercano para destruirlo, poniéndolo en manos de Dios, en gesto expiatorio, como de formas diversas y complementarias han indicado los especialistas.[9] Los andinos también han conocido el sacrificio humano:

> *Otros sacrificios había, bárbaros y crudelísimos, y otros eran de niños de diez años abajo, pero no se hacían con la frecuentación que se refiere haberse usado en México y sus provincias, donde era en gran multitud. Acá era para negocios de muchísima importancia, como en tiempo de grandísima hambre o pestilencia o mortadad, ofrecidos y mostrados al ídolo a quien los sacrificaban; después los ahogaban y enterraban con ropa fina y otra por tejer (Murúa, 420).*

Estos son los casos extremos: hambre, peste y gran mortandad (*a fame, peste et bello,* decía la liturgia cristiana, citando 2 S 24:13). Son casos de absoluta destrucción. Cuando las bases de la vida se encuentran en peligro, cuando se extiende la amenaza de la muerte se recurre a un tipo *sacrificio expiatorio* (que puede parecerse al chivo expiatorio de Lv 16 que aparezca como causante de los males y como su mejor remedio.

Es significativo el hecho de que se utilice para el sacrificio a *niños,* es decir, a los que son *inocentes* por principio. Ellos simbolizan eso que pudiéramos llamar la *irracionalidad* suprema del mal (peste, hambre, guerra). En la lucha de todos contra todos, ante un riesgo de desintegración social, los andinos buscan y matan al que no puede defenderse, considerándole al mismo tiempo como culpable (por eso le matan) y como inocente: signo de esperanza, de camino de vida (por eso le entierran con ropa ya tejida y por tejer, como indicando que puede asumir un camino de futuro).[10]

---

9. Cf. H. Hubert y M. Mauss, *De la naturaleza y función del sacrificio,* en M. Mauss, *Lo sagrado y lo profano. Obras I,* Barral, Barcelona, 1970, 143-262; R. Girard, *La violencia de lo sagrado,* Anagrama, Barcelona, 1983.

10. Este sacrificio de los niños puede ser interpretado al menos parcialmente desde los principios que ha desarrollado R. Girard en el *Chivo Expiatorio,* Anagrama, Barcelona, 1986.

Más común que el sacrificio de personas (y animales) ha sido la ofrenda religiosa de animales y de cosas, posiblemente en forma de oblación gozosa (se le ofrece a Dios algo que es bueno para nosotros) y de agradecimiento que puede interpretarse como principio de comunión (de comunicación de valores y bienes):

> Solían otras veces ofrecer... carneros y corderillos hechos de oro y plata maciza y también chaquiras, que ellos dicen mullu (moluscos marinos) y unas aves que llaman tocto... y las plumas de un ave que llaman pillco, que son de hermosos colores y vista... Otras veces ofrecían polvos de almejas de la mar, molidas, que dicen paucar mollo... y cantidad de ropa de hombre y mujer, finísima y muy pequeña, hecha conforme a la medida de los ídolos, con muchos colores de plumerías y otras cosas que usaban para este efecto (Murúa, 420).

Dioses y hombres participan de los mismos dones, en la línea de eso que podemos llamar *el lujo de la vida*: metales preciosos (no utilizados como capital económico sino como símbolo religioso), plumas de colores vistosos, moluscos de tinte rojizo... Los mismos animales que se ofrecen (llamas...) aparecen simbolizadas en forma de estatua. No hay derramamiento de sangre sino gozo de dones compartidos. Significativamente, todo culmina en la comida:

> Los cuales sacrificios se remataban con comer y beber, fiestas y placeres y borracheras, que ninguna cosa hacían de bien y mal, de contento o de negocio sin este fin... Pocos sacrificios hacían en que no entrase la coca, yerba preciosa en todo este reino por sus deleites y regalo (Murúa, 420, 421). Con grandes bailes, danzas y cantares, mezclados con comer y beber abundantísimamente, pues no hay fiesta, contento ni regocijo que si esto falta sea cumplida y perfecta, sino antes triste y enfadosa (Ibid., 146).

La religión se interpreta como *fiesta*: celebración ritual, centrada en la comida y bebida, en la embriaguez ritualizada, saca al ser humano del límite de muerte en que se encuentra de ordinario. Libera al hombre rompiendo el orden de la racionalidad intramundana para hacerle descubrir la participación sacral con el todo divino del mundo.

5. *Viracocha. Dios supremo, Diosa Tierra.* En el fondo de la religión andina se conserva el recuerdo de un posible Dios supremo que recibe diferentes nombres: Kon, Vichama, Pachacámac y sobre todo Viracocha, que se suele traducir por *Hacedor*. Es difícil precisar el sentido y funciones que tenía, Dios, pues su lugar está ocupado en gran medida por la Diosa Tierra de los cultos andinos primitivos o el Inti/sol del Imperio incaico. De todas formas, queda el recuerdo de este Dios supremo, recogido sobre todo en textos de plegaria:

- *Oh Hacedor, que estás desde los cimientos y principios del mundo hasta los fines de él,–poderoso, rico y misericordioso–, que diste ser y valor a los hombres y con decir "sea este varón, sea esta mujer" hiciste, formaste y pintaste a los hombres y a las mujeres; a todos estos que hiciste y diste ser, guárdalos y vivan sanos y salvos y sin peligro y en paz.*
- *Allí donde estés, por ventura, en lo alto del cielo o en lo bajo de las nubes y nublados o en los abismos: ¡Óyeme y respóndeme y concédeme lo que te pido! Danos perpetua vida para siempre, tennos de tu mano; y este sacrificio recibe a dondequiera que estuvieses* (Murúa, 67).

Dios aparece en esta oración como *creador,* origen o principio de las cosas. Al mismo tiempo el mismo Dios se presenta como *escondido*: no se sabe dónde está, por eso se le llama, se le busca por todas partes. *Es un Dios de los humanos,* de los hombres y mujeres que aparecen iguales a sus ojos. También aparece como *providente:* tiene poder para influir en la vida de los hombres. Murúa recoge otra plegaria parecida:

Señor (Hacedor): acuérdate de nosotros que somos tuyos:
- danos *salud, concédenos hijos y prosperidad,* para que tu pueblo aumente;
- danos *agua y buenos temporales,* para que con ellos nos mantengamos...;
- *ayúdanos contra nuestros enemigos* y danos holganza y descanso (Murúa, 430).

El Dios a quien aquí se invoca es Señor de la totalidad y así protege a los humanos en el conjunto de sus necesidades familiares (hijos), materiales (cosechas) y sociales (victoria militar y paz). Este es el Dios con el que parecen conectar mejor los españoles monoteístas, que se interpretaran a sí mismos como *enviados de Viracocha,* es decir, del Señor supremo o de Jesucristo. Parece, sin embargo, que su influjo en el pueblo ha sido menor. Más que ese Dios con rasgos casi humanos, los andinos han venerado tres grandes figuras divinas: *El Sol* (signo y causa del orden celeste, dador de crecimiento; *El Trueno* (poder atmosférico, vinculado a la tormenta y al agua); y *la Tierra madre* que recibe el don del sol, la semilla del agua.

Religión de los incas

1. Hijos del Sol, nacidos de la tierra. La estirpe de los incas, originarios de la zona del Cuzco, conquistaron en poco más de un siglo, la mayor parte del altiplano andino, creando un imperio que se inicia en torno al 1438 (establecimiento de su capital en el Cuzco) hasta la conquista española de la ciudad, tras la muerte de Atahualpa (1533). Partiendo de la tradición anterior del altiplano, los incas han desarrollado una impresionante labor unificadora en plano social, cultural y religioso, ofreciendo a los habitantes del entorno, desde Ecuador al norte de Argentina, una identidad nacional que en parte conservan tras casi quinientos años de dominio de españoles y criollos.

Los incas se sienten enviados del dios sol: tienen la tarea de conquistar y organizar el mundo, como pueblo elegido para eso por sus dioses, y en esa línea han forjado e impuesto su *historia oficial* (como lo hicieron los judíos en su Biblia). Cultivan su identidad como memoria. En su comienzo han puesto un *mito de origen:*

> *Dicen los indios que cuando el diluvio se acabó la gente; y que del pueblo de Pacaritambo, cinco leguas del Cuzco, de una cueva por una ventana salieron y procedieron los incas; y que eran cuatro hermanos, llamados Manco Cápac, Ayarcache, Ayarauca y Ayaruchu. Y cuatro hermanas: Mamahuaco..., Mamacora, Mamacollo y Mamatabúa. Y también cuentan algunos que de la laguna de Titicaca, que está en la provincia del Collao, vinieron hasta esta cueva de Pacaritambo unos indios e indias, todos hermanos, gentiles hombres y valerosos... uno de los cuales fue Manco Cápac (Murúa, 49).*

Las dos versiones del mito afirman que futuros *hijos del Sol* son, al mismo tiempo, *hijos de la Tierra* y están vinculados con el agua, pues provienen de la zona del lago Titicaca donde en otro tiempo floreció la cultura de Tihuanaco. El mito continúa diciendo que de los cuatro hermanos dos han perecido y siguen vinculados a la tierra:

el más fuerte de todos, *Ayarauca*, ha quedado sepultado en la cueva; el segundo, *Ayarcache*, ha venido a convertirse en roca titular, en el camino que conduce al Cuzco. Eso significa que los incas se siguen tomando como descendientes/parientes de la tierra sagrada: de ella han brotado; en ella (agua, cueva, roca) se encuentran sus raíces. Su religión y cultura tiene, según eso, rasgos ecológicos.

Resulta significativo el hecho de que en el principio del pueblo no hallemos padres sino *hermanos*: varones y mujeres. Dos varones han quedado convertidos en fuerzas tutelares (rocas); los otros dos parecen destinados a reinar en una especie de *diarquía* (uno es rey militar, otro sacerdote). De todas formas, en el resto de la historia se silencia esta diarquía masculina y se acentúa la *dualidad sexual*, de forma que el Inca masculino y su Coya o mujer reinan juntos, formando un único poder sagrado. Ciertamente, en el despliegue del imperio tenderá a dominar el Sol masculino; pero en el conjunto de la historia del pueblo permanecerá la memoria de la pareja sagrada de tipo *adelfogámico*.

Ciertamente, para todos los demás está prohibido el matrimonio entre hermanos; pero el Inca y la Coya hacen precisamente lo que está prohibido (cf. Murúa, págs. 48, 49), para mostrar de esa forma su carácter divino, el valor fundante de su gesto. De ahora en adelante, la historia de los incas, tal como la destacan Murúa y Guamán Poma, se interpreta y presenta de manera doble: por un lado, ella expone los hechos de los *Incas varones (reyes)*, creadores militares del imperio del Sol; por otro lado, ella va poniendo de relieve mostrando las acciones y gestos de las *Coyas, sus mujeres*, que son signo del valor sagrado de la tierra. De esa manera se sigue poniendo de relieve que los incas son al mismo tiempo *hijos de la Tierra* (de ella han nacido, en ella se mantienen, sobre todo a través de las mujeres) e *hijos del Sol*, pues quieren expresar su misterio y actualizar su fuerza sobre el mundo.

2. Inti: Sol andino. Al comienzo del reinado de Yupanqui Pachacútec (1438-1471), apellidado Transformador del Universo, Inti, el Sol, vino a convertirse en Dios nacional de la dinastía cuzqueña, ofreciendo al pueblo de los incas una nueva identidad y conciencia sobre el mundo. El cambio tuvo grandes consecuencias sociales y religiosas. Amenazados antes por los chancas (sus enemigos tradicionales, que habitaban en las regiones de Ayacucho y Apurímac, en el centro del actual Perú), los incas logran una gran victoria sobre ellos, e iniciaron un siglo de conquistas que solo acabarán con la llegada de los españoles. Así inicia su reinado:

> *Habiendo Inca Yupanqui vuelto de la conquista (de los chancas), edificó la Casa del Sol e ilustró y magnificó nuevamente toda aquella majestad que tuvo... Y vuelto al Cuzco (de otra victoria en la zona del Collao, en la región actual de Puno), hizo sacrificios al Sol y trajo cantidad de oro y plata de aquella provincia; acabó la Casa y Templo del Sol y dotóla, dándole de toda la tierra que había conquistado lo más precioso y rico que en ella poseía (Murúa, 76-77).*

La Casa del Sol (Curicancha) se convierte en templo nacional y signo del imperio. El Inca actúa como reformador religioso. Pone junto a la del Sol las *huacas* de los pueblos sometidos (en signo de sometimiento religioso de los pueblos vencidos), manda romper otras e impone un dirigismo religioso, orientado hacia el sol y centrado en la política imperial del Cuzco.

> *En conquistando alguna provincia luego tomaba la huaca principal de ella o del pueblo y la traía al Cuzco y de esta manera tenía aquella provincia sujeta, y contribuía con gente y criados para los sacrificios. Esta huaca la ponía en el templo famoso de Curicancha o la ponía en otros lugares diferentes o en los caminos, conforme a las provincias de donde eran, y de esta manera hubo en el Cuzco y sus contornos infinito número de huacas, ídolos y adoratorios diferentes (Murúa, 426).*

La sacralidad del imperio se concentra así en el Cuzco que aparece como centro del mundo: allí se han reunido, en forma simbólicamente unitaria, las *huacas* de todos los pueblos vencidos, que aparecen así como subordinados al Sol del Inca y del imperio. La religión se ha convertido en culto político; es asignatura del estado[11] y se enseña en una especie de gran "universidad imperial" con sus cuatro cursos: lengua, religión, historia y administración pública. Estos son sus temas:

---

11. Cf. W. Jaeger, *La teología de los primeros filósofos griegos*, FCE, México, 1952, 7-10.

El primer maestro enseñaba al principio la lengua del Inca, que era la particular que él hablaba, diferente de la quichua y de la aymara, que son las dos lenguas generales de este reino... Después entraban a la sujeción y doctrina de otro maestro, el cual les enseñaba a adorar a los ídolos y sus huacas, a hacerles reverencia y las ceremonias que en esto había, declarándoles la diferencia de los ídolos y sus nombres y, en fin, todas las cosas pertenecientes a su religión y supersticiones (Murúa, 377).

El imperio se construye sobre una lengua y una religión que se impone sobre todas las provincias conquistadas. Así se dice que el Inca Huayna Cápac conquistaba los pueblos en nombre de Dios y luego "les daba como *huaca* principal *al Sol*, que era su huaca" (Murúa, 121). Lo mismo que hay un sol que gobierna (regula y alimenta) el orden cósmico así habrá también un solo imperio que tiene la misión de establecer la soberanía del sol sobre el mundo, que es de algún modo paralelo al mito del sol de los aztecas (del que trataremos más adelante):

Decían los indios... unos cuentos fabulosos, notables: que desde la creación del mundo hasta este tiempo habían pasado cuatro soles, sin este que al presente nos alumbra. El primero se perdió por agua; el segundo cayendo el sol sobre la tierra y que entonces mató a los gigantes que había y que los huesos que los españoles han hallado cavando en diferentes partes son dellos, por cuya medida y proporción parecen haber sido aquellos hombres de estatura de más de veinte palmos. El tercer sol dicen que faltó por fuego. El cuarto por aire. Deste quinto Sol tenían gran cuenta y lo tenían pintado y señalado en el templo de Curicancha y puestos en sus quipus hasta 1554. No es de espantar que gente sin luz de fe errase tan notablemente, pues de otras naciones más sabias y políticas se leen mayores disparates (Murúa, 101).

Es evidente que Murúa está aludiendo a las teorías sobre los diversos soles y mundo que él conoce por la tradición persa y griega (transmitida sobre todo por Platón). Los incas divinizan de un especial el proceso de vida del sol al que representan. Ellos están viviendo en el tiempo del *quinto Sol*, en el momento final de una historia que sigue siendo frágil: mueren los soles, pero la estabilidad del mundo, vinculado al orden del sol de los incas, permanece. Dentro de ese gran proceso, como testigos de la majestad actual del

Sol, se elevan los incas en el Cuzco, dominando desde allí las cuatro direcciones de la tierra.

3. El Sol y otros dioses. Panteón andino. Hemos hablado y volveremos a hablar de la dualidad Sol-Tierra que determina toda la religión incaica. En el fondo de su religión viene a expresarse en cierto modo una pareja hierogámica que hallamos también en otros pueblos desde China hasta México. También sigue influyendo eso que podemos llamar la *trinidad celeste, antes mencionada y compuesta,* formada por *Viracocha* (hacedor), *Inti* (sol) y el *Trueno* (dios de la tormenta y lluvia):

> *Habíaseme olvidado decir que, después de la huaca de Viracocha y del Sol la tercera en consideración que tenían era la del Trueno (Murúa, 425). (Después de una victoria) ...los nobles guerreros: tomaron en hombros las figuras del Sol, del Hacedor/Virachocha y del Trueno y con todo el espacio y majestad del mundo pasaron sobre los vencidos, pisándoles por su orden (Murúa, 150).*

Posiblemente, los Incas quisieron condensar en este esquema los momentos más significativos del *orden celeste* de sus dioses. *Viracocha, el Hacedor* sigue conservando su importancia, pero no actúa de manera independiente, no puede separarse del Sol. Tampoco el *Trueno* se escinde desligándose del Sol. Ambos, Hacedor y Trueno aparecen como expresiones y expansiones del único Dios celeste y triunfador que es el Sol.[12]

Los Incas quisieron racionalizar de manera social y política los rasgos más salientes de la experiencia religiosa anterior de los pueblos andinos, convirtiendo al Sol en centro de todo lo sagrado. *El Hacedor o Viracocha* sigue conservando cierta importancia pero ahora se convierte en dios subordinado, en servidor del Sol. Lo mismo le pasa al antiguo *Dios del Trueno*, concebido antaño como señor fundamental del tiempo y dador de las cosechas. De esa forma emerge una especie de virtual monoteísmo de carácter social y masculino: El dios del cielo (Sol) y el Imperio de los incas quedan mutuamente

---

12. Sobre la unidad y diversidad de dioses, cf. Millones 116-120; Conrad, 128-131; Bravo, 20-21, 36-39.

referidos, como portadores de sacralidad y orden social para el mundo.

Lógicamente, *la Casa del Sol o Curicancha* edificada en Cuzco (ombligo del mundo y capital del imperio), se presenta como centro del cosmos, lugar donde viene a condensarse la sacralidad de cielo y tierra. En ella reciben su lugar y quedan subordinados al Sol el mismo Viracocha y el Trueno con otros dioses de los pueblos conquistados. En este fondo ha de entenderse la unificación militar y religiosa del imperio en el *panteón* del Cuzco:

> *Tuvieron los incas esta orden: que en conquistando una provincia, luego traían consigo la huaca principal que en esa provincia adoraban y reverenciaban, para, con este medio, tener más sujetos a los naturales de aquella provincia, para que de esa provincia concurriesen al Cuzco y a aquel famoso templo de todas las naciones de este reino, con presentes y dones y sacrificios, cada cual a su ídolo y huaca, y así estaban más obedientes a los mandatos del Inca, y contribuían (con) personas que asistiesen en el templo del Sol (Murúa, 444).*

Situados en esta perspectiva, *Hacedor y Trueno* conservan su sacralidad, pero quedan incluidos en un campo religioso más extenso, presidido por *el Sol de los incas*. También conservan su sacralidad las *huacas* o signos religiosos de los pueblos sometidos; pero vienen a incluirse en el templo de todas las naciones que es la casa del Sol. En otras palabras, los dioses antiguos aparecen como signos derivados del poder solar; son manifestaciones de su fuerza. De esa forma, la misma unidad del imperio se ha venido a interpretar en clave religiosa, desde la perspectiva de un Sol al que se toma como principio de poder y de sacralidad sobre la tierra.

En esa perspectiva ha de entenderse el proceso de *sacralización política*: el Inca aparece como manifestación del Sol sobre la tierra; por eso es signo de la divinidad fundante y centralizadora. Así lo ha visto M. de Murúa, situando la divinización de los incas en el principio mítico de su historia cuando Manco Cápac, héroe fundador de su dinastía, subió a un cerro que está junto al Cuzco, vestido de oro para revelar su naturaleza divina:

> *Y como los rayos del sol hiriesen en las planchas y diadema (oro), resplandecieron y daban de sí gran luz y claridad y viéndolo los*

indios atemorizados, lo tuvieron por Hijo del Sol y cosa divina y así le obedecieron y recibieron por Señor absoluto, dándole la obediencia y ofreciéndole innumerables riquezas... (Murúa, 56).

En esa línea, sin perder su carácter cósmico, la religión andina tiende a convertirse en religión imperial, presidida por el Inca/rey y la Colla (su esposa/reina) que aparecen así como representantes de la divinidad cósmica, que recibe de esa forma rasgos políticos sociales. Esa religión cósmica interpretada en forma político/imperial se hallaba en un momento de crisis y transición en el momento en que llegaron los conquistadores españoles. No sabemos cuál habría sido el futuro de esa religión, si no se hubiera dado esa invasión y destrucción externa. La religión incaica como tal desapareció, se mantuvo y, de alguna forma, siguió manteniéndose y desarrollándose el sustrato de la religiosidad natural de los diversos pueblos andinos, convertidos después, al menos externamente, al cristianismo, que recibió unos rasgos sacrificiales muy intensos, a través de un proceso de simbiosis (mestizaje) que no ha culminado todavía.

COSMOLOGIA Y ECOLOGÍA MAYA. HOMBRES DE MAÍZ [13]

La religión de los mayas ha sido expuesta en el *Popol Vuh,* libro que recoge tradiciones religiosas del grupo maya del Quiché antes de la llegada de los españoles (a principios del siglo XVI). Sin duda, diversos motivos del *Popol Vuh* y de su visión del mundo están influidos por la mentalidad religiosa de los conquistadores españoles y de su comprensión del Génesis de la Biblia). Pero, al mismo tiempo, en otra perspectiva, el Popol Vuh conserva y evoca tradiciones que forman parte de la cosmología ecológica de los mayas.

Popol Vuh significa el Libro del Común y, según la tradición, narra el comienzo y sentido de todas las cosas. No era un libro en sentido

---

13. *Texto básico: Popol Vuh. Las antiguas historias del Quiché,* FCE, México, 1984. Otros textos mayas en D. Sodi, *La literatura de los mayas,* J. Mórtiz, México, 1983; A. Barrera (ed.), *El libro de los libros de Chilam Balam,* Ed. Dante, México, 1989. Cf. D. de Landa, *Relación de las cosas de Yucatán (1566),* Historia 16, Madrid, 1984. Bibliografía secundaria: M. D. Coe, *Los mayas. Incógnitas y realidades,* Diana, México, 1990; N. Megged, *El universo del Popol Vuh. Análisis histórico, psicológico y filosófico del mito quiché,* Diana, México, 1991; P. Peniche Rivero, *Sacerdotes y comerciantes. El poder de los mayas e itzaes de Yucatán en los siglos VII a XVI,* FCE, México, 1990; J. E. S. Thompson, *Grandeza y decadencia de los mayas,* FCE, México, 1992; Id., *Historia y religión de los mayas,* Siglo XXI, México/Madrid, 1991.

estricto, pues los mayas no tenían una escritura bien desarrollada, pero sus tradiciones contenían elementos importantes de una visión sagrada del origen y sentido del mundo, como relato base que los sacerdotes y sabios de las comunidades interpretaban de forma sagrada. Así han recogido su tradición los cronistas españoles:

En el principio era el mundo. Creación frustrada de los hombres

> *Grande era la descripción y el relato de cómo se acabó de formar todo el cielo y la tierra, cómo fue formado y repartido en cuatro partes, cómo fue señalado el cielo, fue medido y se trajo la cuerda de medir y fue extendida en el cielo y en la tierra, en los cuatro ángulos, en los cuatro rincones, cómo fue dicho por el Creador y el Formador, la Madre y el Padre de la vida, de todo lo creado, el que da la respiración y el pensamiento, la que da luz a los hijos, el que vela por la felicidad de los pueblos, la felicidad del linaje humano, el sabio, el que medita en la bondad de todo lo que existe en el cielo, en la tierra, en los lagos y en el mar (Preámbulo, pag. 84).*[14]

Hay, como vemos, un Creador masculino y una Formadora femenina como pareja primigenia: él sostiene el pensamiento, ella da la vida; ambos se encuentran vinculados, de forma que resultan inseparables. Posiblemente al fondo de esta pareja viene a expresarse la experiencia común de las culturas del entorno: en el principio hay un Señor y una Señora, es decir, una dualidad, de forma que el surgimiento del mundo se concibe como acción y despliegue de esa pareja primigenia. De ella nacemos, ella da sentido a todo lo que existe. Por utilizar una simbología del Génesis judío, podríamos decir que Dios mismo aparece como Adán y Eva: en el principio de todo se encuentra un profundo y misterioso Dios pareja, en torno a la cual se extiende como círculo de abismo el gran misterio de aire y mar (de cielo y agua). No existe todavía lugar para la tierra, no hay vida vegetal, no hay animales ni personas.

> — *No se manifestaba la faz de la tierra.* Solo estaban el mar en calma y el cielo en toda su extensión. No había nada junto, nada que se escuchara, ni cosa alguna que se moviera, que se agitara, que hiciera ruido en el cielo.

14. Cito conforme a la edición de A. Recinos, *Popol Vuh. Las antiguas historias del Quiché*, FCE, México, 1984.

– *No había nada que estuviera en pie; solo el agua en reposo, el mar apacible, solo y tranquilo.* No había nada dotado de existencia. Solamente había inmovilidad y silencio en la oscuridad de la noche. Solo el Creador y la Formadora, Tepeu y Gucumatz, los Progenitores, estaban en el agua, rodeados de claridad. Estaban ocultos bajo plumas verdes y azules. Por eso se les llama Gucumatz. De grandes sabios, de grandes pensadores es su naturaleza. De esta manera existía el Cielo y el Corazón del Cielo, pues ese es el nombre de Dios y así es como se llama (I,1; págs. 85-86).

En el principio y centro hallamos agua y cielo: están ahí, estaban siempre, como realidades primigenias. La tierra se despliega solo en un segundo momento, entre el cielo y el agua). En el reposo/silencio absoluto, en la pura quietud (falta de vida) están ocultos el Creador/Formador, la pareja originaria. Ellos son un corazón latente, dispuesto a ponerse en movimiento. Parecen uno y son dos, parecen dos y es uno, conforme a la constante alternancia de los símbolos dentro del relato.

La versión castellana del texto que nosotros conservamos les llama Creador y Formadora y debemos respetar esas palabras, aunque en el fondo ambos son progenitores: primeros padres de todo lo que existe. Es evidente que ellos representan el aspecto masculino y femenino de la realidad. Los nombres que se emplean para describirlos son muy significativos y condensan la más honda experiencia de las culturas mesoamericanas:

– *Uno es Tepeu que significa Rey o Soberano.* Él representa el poder originario, una capacidad fuerte de dominio. Por eso, el surgimiento del mundo se interpreta como consecuencia de su soberanía divina.

– *El otro es Gucumatz o la Serpiente Alada,* es signo de totalidad femenina. Se identifica en el fondo con Qetzalcoatl, dios de la antigua cultura tolteca, (Kukulkán en otros idiomas mayas), rey civilizador que lleva en sí las formas y valores de todo lo que existe en cielo y tierra. Como Serpiente mora en la hondura del agua y de la tierra, es señor de la lluvia, garante de fertilidad; como ave de brillantes plumas representa el poder del aire y la belleza de la vida.

Están unidos el rey Tepeu y Gucumatz, pájaro/serpiente, el principio masculino y femenino, celeste y terrestre de todo lo que existe, germen y el sentido del conjunto de la realidad. Dice el texto que los dioses estaban ocultos bajo plumas verdes y azules, los colores simbólicos que expresan el misterio y poder de Quetzal el más bello de los pájaros del cielo y de la selva.

Es como si Dios fuera un abismo sorprendente de belleza, vinculado a los colores más preciados del Quetzal, azul y verde, de hermosos plumajes. Al mismo tiempo el texto dice que Tepeu y Gucumatz son grandes pensadores, de forma que el mundo entero aparece como efecto de su sabiduría, expresada al *principio en forma de palabra*:

- *Llegó entonces la palabra, vinieron juntos Tepeu y Gucumatz*, en la oscuridad, en la noche, y hablaron entre sí Tepeu y Gucumatz. Hablaron, pues, consultando entre sí y meditando; se pusieron de acuerdo, juntaron sus palabras y su pensamiento.
- *Se manifestó con claridad, mientras meditaban, que cuando amaneciera debía aparecer el hombre.* Entonces dispusieron la creación y crecimiento de los árboles y lianas y el nacimiento de la vida y la creación del hombre. Se dispuso así en las tinieblas y en la noche por el Corazón del Cielo que se llama Huracán (II,1; pág. 86).

Hay oscuridad en el entorno, pero los progenitores se encuentran rodeados de la luz divina, como primera de sus manifestaciones (cf. Gn 1:3). Pues bien, el despliegue posterior del pasaje tiende a interpretar esa luz a modo de conversación como diálogo de Tepeu y Gucumatz que consultan, disponen, deciden en conjunto lo que han de hacer. También el Dios de la Biblia dice *hagamos* para crear al ser humano (Gn 1:26), pero el verbo en plural puede tener solo un sentido mayestático (sirve para indicar la grandeza de la palabra proclamada). En nuestro caso, Dios afirma expresamente *hagamos, en sentido dual,* como varón y mujer.

Todas las cosas importantes se deciden y realizan por medio de un consejo, como siguen afirmando los mayas actuales (como se dice en muchas culturas tradicionales, donde el principio de todo es un diálogo de pensamiento compartido). También en Dios tuvo que darse un pensamiento, en forma de conversación o palabra dialogada, pues no existe pensamiento aislado, ni decisión solitaria.

El *Corazón* de Dios, que se llama también *Huracán* (= gran tormenta o torbellino fundante) es el pensamiento compartido: *meditan juntos él y ella,* llegando así a un acuerdo. De ese acuerdo y comunicación, como tormenta creadora (= huracán) que brota del diálogo más hondo (= corazón), surgirá todo lo que existe.

El primer motivo de ese consejo y palabra de Dios no es el mundo en cuanto tal, sino el ser humano. El proceso creador no empieza por el mundo para llegar al fin al ser humano entendido como realidad secundaria o derivada. Lo primero que los dioses planean y deciden, lo que buscan y desean sobre todo es que surja el ser humano, un viviente que les pueda responder, un ser dotado de palabra para conversar con ellos.

Desde la oscuridad de la noche, partiendo de su propia luz convertida en palabra de conversación, los dioses han querido suscitar otro viviente que les escuche y responda. Para hacer posible el surgimiento de los hombres, los dioses empiezan haciendo que surja este mundo de agua y de aire, de plantas y animales. Así dialogan y dicen:

- ¡Hágase así! *¡Que se llene el vacío!* ¡Que esta agua se retire y desocupe (el espacio), que surja la tierra y que se afirme! Así dijeron.
- ¡Que aclare, *que amanezca en el cielo y en la tierra*! No habrá gloria ni grandeza en nuestra creación y formación hasta que exista la criatura humana, el hombre formado. Así dijeron.
- *Luego fue creada la tierra por ellos.* Así fue en verdad como se hizo la creación de la tierra: ¡Tierra! dijeron, y al instante fue hecha. Como la neblina, como la nube y como una polvareda fue la creación, cuando surgieron del agua las montañas y al instante crecieron las montañas (I,1; pág. 87).

Lo que antes era conversación interior de Tepeu y Gucumatz se vuelve así *palabra externa,* como voz que resuena en el vacío que se abre entre cielo y tierra (entre aire y aguas). En el abismo de la oscuridad, desde la luz interior del corazón/huracán de la pareja divina van surgiendo en polaridades todas las cosas, de manera que la misma palabra divina se transforma y aparece como mundo.

- En un sentido, el *aire y las aguas* no necesitan nacer: eran ya, siempre existían, como envolvente original y fondo misterioso del mismo ser divino; ellas pertenecen al misterio del principio, son como matriz de la que va a surgir toda la vida.
- *La tierra en cambio nace en ese centro,* suscitada por la fuerza del mismo corazón divino, con sus montes y sus valles, con sus árboles más grandes y sus útiles bejucos o lianas (como sigue diciendo el texto).

Conforme a esta visión, lo primero que surge no es la tierra sino el aire y el agua abriéndose (aire arriba, agua abajo) y dejando en medio un campo hueco (una matriz) en la que puede surgir la tierra firme como el lugar más adecuado para los vivientes posteriores. De esa manera surge la tierra, pero carente de gloria. La tierra no tendrá grandeza hasta que pueda surgir la creatura humana, capaz de dialogar con lo divino.

Entre dioses y hombres se traza de esa forma un intenso parentesco. Los dioses crean todo de tal forma que el mundo (surgido en el hueco abierto entre el aire y el agua) encuentra su sentido más profundo a través del ser humano. Así lo va indicando de manera intensa este relato que podemos y debemos comparar con el de la Biblia:

- *Conforme a Gn 2:15-25* el deseo de palabra proviene del mismo ser humano. Adam cultiva la tierra y pone nombre a cada uno de los animales, pero no puede conversar con ellos (= carecen de palabra). Solo cuando pueden situarse uno ante el otro el varón y la mujer (dos seres humanos) surge verdaderamente la palabra en forma de conversación. Vinculados pero distintos, Adán y Eva, pueden cultivar su vida humana, creando y compartiendo la palabra de una forma dialogada.
- *Conforme al Popol Vuh* los dioses tienen ya palabra, pero están ansiosos de expandirla, para así recibir la respuesta de los hombres, abriendo con ellos un espacio y tiempo de conversación. Este es el punto de partida y centro del mundo. El punto de partida no es un Adam que desea conversar con otros hombres, sino los dioses que quieren suscitar seres humanos para conversar con ellos.

Los dioses han suscitado ya aves y venados (animales), dándoles lugar de habitación sobre la tierra. Pero lo que ellos desean es conversar con ellos, y por eso les dicen: *hablad, gritad, gorjead, llamad... Así les fue dicho a los venados, pájaros, leones, tigres y serpientes* (I,1; pág. 89). Pero ellos no pudieron responder, no fueron capaces de acoger la palabra, de manera que Dios mismo interviene de nuevo:

> – *Decid, pues, nuestros nombres; alabadnos a nosotros, vuestra madre, vuestro padre... Invocad al Creador, a la Formadora, a los Progenitores; hablad, invocadnos, adoradnos.*
> – *Pero no se pudo conseguir que hablaran como los hombres; solo chillaban, cacareaban y graznaban; no se manifestó la forma de su lenguaje, y cada uno gritaba de manera diferente* (I, 2; pág. 89).

El hecho de que los animales no hablan separa a los animales de los hombres. Por el contrario, el hecho de hablar, la palabra vincula a los dioses con los hombres. Conforme a Gn 2:7, Dios y los hombres comparten el aliento (*nesamá*, espíritu) que el mismo Dios inspira en los seres humanos. En una línea convergente, los dioses del Popol Vuh quieren conversar con otros vivientes, y por eso quieren crear seres humanos para conversar con ellos. Para eso han empezado a realizar varios ensayos con diversos animales, trazando así un camino que solo puede culminar cuando los seres creados les responden con su propia voz, con su obediencia y sacrificios.

Los dioses son muy poderosos, pero no pueden imponer por fuerza su palabra ni exigir a los animales que respondan. Les invitan y esperan, en proceso repetido, pero sin poder imponer su palabra a los animales. En este fondo ha de entenderse todo el resto del *Popol Vuh*. Esperan los dioses obediencia en el sentido originario de *obaudire* (*hypakuein*), que es capacidad de escucha y de conversación, que sus creaturas les atiendan y respondan. Han intentado conseguirlo con los animales, pero ha sido imposible, pues no entienden ni acogen la palabra ni pueden responderles en un plano de conversación. Por eso quedan convertidos en seres inferiores, sometidos, aptos para ser sacrificados por los hombres y los dioses:

> *Luego quisieron probar suerte nuevamente (con otros animales); quisieron hacer otra tentativa, y quisieron probar de nuevo con el fin de que los adoraran. Pero (los animales) no pudieron entender*

su lenguaje entre ellos mismos, nada pudieron conseguir y nada pu-
dieron hacer. Por esta razón fueron inmoladas sus carnes y fueron
condenados a ser comidos y matados los animales que existen sobre
la faz de la tierra (I, 2; pág. 90).

Los animales han brotado de los dioses, pero no forman parte de su
casa (de su ecología divina) porque no pueden responderles. Los
dioses les han hecho, les han llamado a la vida, pero ellos, los animales, no pueden responderles. Por eso quedan condenados a vivir en
sumisión, convertidos en comida de los hombres y los dioses (por
los sacrificios). Fracasan los animales, pero los dioses siguen esperando. Se acerca la madrugada, el tiempo en que debe completarse
el diálogo de la creación. Por eso, antes que brille la luz sobre esta
tierra, los dioses deben intentarlo de nuevo, *haciendo unos seres obe-*
dientes, respetuosos, que nos sustenten y alimenten... (I, 2; pág. 91).

Lo que según eso mueve a los hombres no es un deseo o propósi-
to, es simple gratuidad; lo que ellos buscan no es pura conversación.
Los dioses quieren compañía que les sirva de provecho: hombres
que sepan responder, que ofrezcan sacrificios, que mantengan el
culto en los diversos santuarios.

El sacrificio es un tema que se plantea en casi todas las culturas (así aparece en la Biblia, tras el diluvio: Gn 8:21). Parece que
Dios mismo necesita de los hombres, introduciéndose así dentro de
eso que pudiéramos llamar el *círculo sagrado de los servicios religio-*
sos: Dios ha dado vida a todos los vivientes (especialmente a los
hombres); por eso espera que ellos lo agradezcan, devolviéndole los
dones de la tierra y de la sangre por los sacrificios, dentro de un
círculo de sacralidad religiosa, de tipo "ecológico", es decir, dentro
de eso que pudiéramos llamar el "continuo" o totalidad de la vida
sacral del universal. Los hombres aparecen así como conversadores
divinos dentro de una naturaleza (esto es, de un mundo entendido
como "todo" divino).

El surgimiento de la humanidad

Tras el fracaso de los animales (seres sin palabra, incapaces de ofrecer a Dios sacrificios, en un plano de intercambio vital) ha de seguir la creación o surgimiento estrictamente dicho de los hombres,
en gesto que requiere tres ensayos. Un motivo semejante de dos

intentos fracasados, a los que sigue un tercero con éxito, aparece en diversas culturas e incluso en la Biblia donde el tercer día es casi siempre un signo de culminación o triunfo.

Conforme ese motivo, el mismo Dios maya fracasa por dos veces. La creación no responde a sus planes, los seres humanos no logran alzarse como seres de palabra, asumir su libertad dialogal ante Dios, realizándose así como divinos dentro de la tierra, adueñarse de la palabra. Siguen en un plano animal, como mundo sin palabra, no responden.

Las dos primeras creaciones van muy seguidas y son semejantes (I, 2). La tercera se halla precedida por un largo excurso que narra las aventuras de dos héroes civilizadores que vencen las diversas pruebas de la vida (superan todos los peligros, derrotan a todos los posibles adversarios) hasta triunfar al fin, logrando alcanzar su meta y realidad más honda, que es la conversación con lo divino (I, 4-II, 14). Dentro de nuestro contexto, en clave ecológica, no podemos entrar en el sentido de esas largas pruebas de surgimiento de los seres humanos, capaces de conversar desde el mundo con los dioses, no podemos desarrollar ese motivo, aunque debemos recordar que esas pruebas forman parte integral de eso que pudiéramos llamar el gran riesgo de la misma humanidad. Quede simplemente claro que los hombres forman parte de un "mundo ecológico", esto es, de una naturaleza abierta a lo divino.

1. Primer ensayo: hombre de tierra. Del barro de la tierra y de su aliento creó el Dios de la Biblia a los humanos (Gn 2). Del lodo de la tierra comenzaron a crearle también los dioses mayas, como ahora veremos, pero no fueron capaces de lograr su fin en el primer intento. La tierra es buena, ella es valiosa y necesaria para la existencia de los hombres, pero no es capaz de explicar su identidad y su palabra. Los seres humanos son mucho más que tierra; si en ella se cierran, si a ella se reducen, quedan destruidos, no pueden realizarse de verdad, ni dialogar con los dioses (ni entre ellos mismos).

> — *De tierra, de lodo hicieron (los dioses) la carne de los hombres. Pero vieron que no estaba bien porque se deshacía, estaba blando; no tenía movimiento, no tenía fuerza, se caía, estaba aguado, no movía la cabeza; la cara se le iba para un lado, tenía velada la cabeza, no podía ver hacia atrás.*

– *Al principio hablaba, pero no tenía entendimiento. Rápidamente se humedeció dentro del agua y no se pudo sostener (I, 2; pág. 91).*

El surgimiento de los seres humanos resulta difícil, la tarea que han de cumplir es arriesgada. Muchos fracasan, una parte considerable de ellos muere antes de que madure su existencia. Es lógico que al mismo Dios le haya costado darles existencia humana. Empezó como alfarero, modelando unas figuras vivientes de la tierra, pero no fue capaz de darles vida. El hecho de que el Dios dual haya querido modelar a los humanos del lodo de la tierra supone un parentesco y una diferencia.

– *Es evidente que, en un sentido, a los ojos de los mayas, somos tierra*, pues de lo contrario ellos no habrían contado aquí este ensayo de humanización a partir del barro y polvo que pisamos: de la tierra venimos, a la tierra volvemos, como dirán con mucha precisión los andinos. Pero, al mismo tiempo, somos mucho más que tierra, como sigue indicando este relato

– *Lo que nos define como humanos, a partir de la palabra de Dios que recibimos y a la que podemos responder*, es el alimento trabajado, compartido. El texto paralelo de Gn 2 dirá que Dios nos ha creado "infundiéndonos su aliento", expresando así el misterio peculiar de nuestra vida: somos tierra y más que tierra, somos aliento de Dios. El texto maya ha pretendido decir algo semejante al afirmar que no podemos sostenernos simplemente como tierra, sino que debemos nacer de un alimento compartido. Los dioses por ahora no lo saben, deben seguir ensayando.

Para culminar su creación en forma humana, los dioses primigenios (Tepeu y Gucumatz) dialogan entre sí y esa forma buscan nuevos y más hondos principios de existencia. Otra vez han de ponerse a pensar y trabajar, probando, tanteando y descubriendo al fin el resultado de su esfuerzo. Para eso buscan adivinos, echan suertes y se dejan aconsejar por muchos sabios (hechiceros, semidioses de su extenso panteón). De esa forma, unidos de algún modo a todo el cosmos, buscando un nuevo principio de humanización, deciden labrar a los humanos con (de) madera.

2. Segundo ensayo: hombres de madera. De madera son los árboles que brotan y reciben su alimento de la tierra, pero tienen (al menos aparentemente) más nobleza y fuerza que ella. De madera son también las estatuas que los escultores especializados tallan para representar a los diversos dioses. ¿No habrán empleado también los dioses primitivos la madera para hacer a los humanos? Pasamos de esa forma del Dios alfarero al escultor que modela al ser humano como artista que expresar su vida en una estatua. Se cruzan de esa forma dos motivos que aparecen con cierta abundancia en la vida y la cultura de los pueblos:

- *Por un lado, Dios suscita al ser humano como viviente de bosque, no de simple tierra.* Por eso, le talla de madera, como viviente superior que depende de los árboles para habitar y mantenerse. Le hace así habitante de la selva, pariente de venados y de fieras, y especialmente de monos, abundantes en el bosque en el que habitan.
- *De esa forma, construyendo al ser humano de madera, Dios le hace más robusto y poderoso que si fuera simple tierra.* El barro se deshace con el agua, el árbol en cambio crece… Como pariente de los árboles quisieron los dioses hacer a los hombres, en este segundo momento. Esta parece una solución más acertada, este podría haber sido el destino de los auténticos humanos.

Pasamos de la *antropogonía* telúrica (del polvo de la tierra empezaron a surgir los hombres) a la vegetal, más cercana a la existencia y propiedades de los animales. De la selva parecen brotar, en la selva encuentran su espacio vital las aves y los monos, los lagartos y las fieras. En esa línea, es normal que se tome a los humanos como *seres de madera*, parientes por lo tanto de los árboles del bosque y de sus ramas.

- *Y al instante fueron hechos los muñecos (los vivientes) labrados en madera. Se parecían al hombre, hablaban como el hombre y poblaron la superficie de la tierra. Existieron y se multiplicaron; tuvieron hijos, los vivientes humanos de madera; pero no tenían alma, ni entendimiento, no se acordaban de su Creador, de su Formadora, caminaban sin rumbo y andaban a gatas. Ya no se acordaban del Corazón del Cielo y por eso cayeron en desgracia.*

> – *Fue solamente un ensayo, un intento de hacer hombres. Habla-*
> *ban al principio, pero su cara estaba enjuta; sus pies sus manos*
> *no tenían consistencia... Ya no pensaban en el Creador ni en la*
> *Formadora, en los que les daban el ser y cuidaban de ellos. Estos*
> *fueron los primeros hombres que en gran número existieron so-*
> *bre la faz de la tierra (I, 2; pág. 94).*

La imagen resulta extraordinariamente evocativa. Por encima de la tierra están los árboles, cubriendo la selva o bosque inmenso, con muchos animales que se mueven en libertad; entre los árboles reptan, caminan o vuelan; de ellos se alimentan. Lógicamente, el hombre puede presentarse también como uno de ellos, como viviente de la selva, hecho de madera, comiendo los frutos que brotan de los árboles, lo mismo que los monos que habitan en ellos.

Pero el autor del mito sabe que el ser humano es más que un simio de árbol como dirá más tarde al afirmar precisamente que los monos son los "restos" de una vieja humanidad fallida. La acción de Dios en la madera, tallando el "palo" (tronco) bueno del gran cedro, para que surjan así seres humanos, ha dado lugar a una obra monstruosa que se mantiene en los límites de la pura animalidad. Ha sido y sigue siendo una creación imperfecta, informe y fracasada. Por eso ha comentado el relato:

> *Y dicen que de la descendencia de aquellos (hombres de madera, seres*
> *de selva) son los monos que existen ahora en los bosques; estos son*
> *la muestra de aquellos, porque solo de palo fue hecha su carne por el*
> *Creador y la Formadora (I, 3; pág. 97).*

Así seríamos nosotros si nos faltara la palabra, si siguiéramos inmersos en los gritos sin sentido del gran bosque, si fuéramos tan solo unos vivientes de madera y selva. Para que exista el ser humano es necesario el cultivo de la tierra, una cultura fundada en el trabajo común de la tierra y en la conversación, que es la palabra. A partir de ese intento fallido de humanización, que ha llevado al surgimiento de los monos de la selva (seres salvajes, parientes imperfectos de los hombres), cuenta el Popol Vuh la aventura de dos héroes civilizadores de tipo mítico que han vencido las dificultades y fundado la auténtica humanidad. Ellos representan el riesgo del camino de humanización, las grandes pruebas que han debido superar los pre-homínidos para que al fin surja el verdadero ser humano.[15]

No hemos nacido por casualidad, no hemos brotado como seres ya perfectos desde los inicios. Es fácil ser tierra, fácil ser pájaro o venado de la selva. Ser hombre, en cambio, es muy difícil: solo hemos podido lograr nuestra verdad y diferencia humana al final de una gran aventura que han asumido y culminado dos grandes dioses/héroes civilizadores, *Hunahpú y Ixbalanqué*. Ellos representan el principio y garantía, el sentido y permanencia del triunfo de lo humano (cf 1, 4-2, 14; págs. 98-173). Solo después que esos dioses/héroes han superado las pruebas, queda abierto el camino para los humanos. Sabíamos ya que los hombres somos vivientes arriesgados, que el proceso de surgimiento de la humanidad ha está erizado de peligros... pero el triunfo de los dioses/héroes primitivos ha garantizado y ha dado sentido a nuestro fuerte triunfo humano.

3. Creación definitiva: hombres de maíz. Buena era la tierra, pero, por sí misma, ella era incapaz de suscitar y sustentar al ser humano. Mejor era la vida y madera de los árboles, pero tampoco el bosque de los árboles podía mantenerles. Los dioses creadores deben encontrar algo más grande, una sustancia que explique y fundamente, que vincule y dé sentido a la existencia de los hombres como seres de conversación y de palabra, de trabajo y de alimento compartido. Este será el momento definitivo de la antropogonía, entendida en forma de ecología huma, es decir, de simbiosis de la tierra, el bosque y el cultivo de maíz como principio de existencia huma.

La noche va a acabar, el tiempo surgimiento de la vida humana puede terminar, es el momento decisivo, instante decisivo de la prueba. Ahora sabremos si es que surge el ser de la palabra y la cultura, el viviente que responde y alimenta a los dioses desde el mundo con su trabajo y religión, con su palabra y sus sacrificios:

> *Y dijeron los Progenitores, los Creadores y Formadores, que se llaman Tepeu y Gucumatz:*
> *— Ha llegado el tiempo del amanecer, de que se termine la obra*
> *y que aparezcan los que nos van a sustentar y nutrir, los hijos*

---

15. Cf. N. Megged, *El universo del Popol Vuh*, Diana, México, 1991.

> *esclarecidos, los vasallos civilizados, que aparezca el hombre, la humanidad sobre la superficie de la tierra. Así dijeron.*
> — *Se juntaron, llegaron y celebraron consejo en la oscuridad y en la noche; luego buscaron y discutieron, y aquí reflexionaron y pensaron. De esta manera salieron a luz claramente sus decisiones y encontraron y descubrieron lo que debía entrar en la carne del hombre. Poco faltaba para que el sol, luna y estrellas aparecieran sobre los Creadores y Formadores. De Paxil y Cayalá vinieron las mazorcas amarillas y las mazorcas blancas.*
> — *Estos son los nombres de los animales que trajeron la comida: el gato montés, el coyote, la cotorra y el cuervo. Estos cuatro animales les dieron la noticia de las mazorcas amarillas y de las mazorcas blancas, les dijeron que fueran a Paxil y les enseñaron el camino de Paxil. Y así encontraron la comida y esta comida fue la que entró en la carne del hombre creado, del hombre formado; esta fue su sangre, de esta se hizo la sangre del hombre. Así entró el maíz (en la formación del hombre) por obra de los Progenitores* (3, 1; págs. 174-175).

Había antes tierra, había selva con árboles; pero faltaba la comida estrictamente humana, la que se cultiva de un modo civilizado (social), la que forma el alimento diario y principal, haciendo así posible el surgimiento, así la carne y sangre para los humanos. De la comida nacen, por ella se definen.

De esa forma surgieron los hombres, hechos de maíz, seres honorables, hijos esclarecidos que brotan de los Progenitores divinos, siendo así sus descendientes y familia sobre el mundo, siendo, al mismo tiempo vasallos civilizados, es decir, capaces de cultura. Frente a las antiguas divinidades de la tierra y bosque (que sacralizan la vida natural, salvaje), el texto diviniza aquí la forma de existencia como agricultores, seres de palabra y de trabajo, que asumen el camino arriesgado que iniciaron los héroes civilizadores. Estos son los hombres que logran mantenerse sobre el mundo y así pueden responder a Dios con su palabra.

Ha llegado el momento fundamental y los dioses han decidido dialogar de nuevo, indicando así el valor de la creación que ellos buscan, preparan y realizan con cuidado, en el último momento de la noche, cuando empieza el verdadero día de lo humano. Dialogan los dioses y ellos mismos descubren, con la ayuda de animales, lo que ha de ser la base de la vida y carne humana, es decir, las mazor-cas cultivadas de maíz.

Don de los dioses ha sido esta planta; don de esa planta (regalo del maíz) es la existencia misma de los hombres. El maíz así acogido y cultivado viene a presentarse como sacramento originario: la mediación o lugar de encuentro fuerte, siempre renovado, entre dioses y humanos. El relato lo ha dicho con toda claridad; solo nos queda resaltar en esquema algunos de sus elementos principales:

- *El maíz es don de los dioses, ligado a los elementos primordiales del aire y del agua.* Por eso puede aparecer como expresión del ser originario (del entorno sagrado de los dioses) y del conjunto de la tierra. En el hueco que han dejado aire y agua surge y madura el maíz sobre la tierra, como don supremo de la tierra para los hombres que la cultivan. Por eso, a través del maíz que les alimenta, los seres humanos siguen siendo de algún modo un producto de la misma tierra, manteniéndose en contacto con las fuerzas primordiales de la naturaleza.
- *El maíz está cerca de la selva, pero ya no es selva virgen, natural, independiente del trabajo de los hombres.* Quizá pudiéramos decir que el maíz es fruto de la tierra y selva cultivada. A través del maíz se mantiene o recupera de algún modo la sacralidad de la tierra, pero no cerrada en sí misma, sino cultivada por el hombre. *Los mismos animales se encuentran asociados al descubrimiento del maíz.* Son conforme al texto aquellos que viven en libertad y conocen los diversos terrenos del mundo: dos cuadrúpedos (gato, coyote) y dos aves (cotorra y cuervo). Esos animales son como vigías portadores de vida para el hombre; ellos han descubierto con su intuición originaria animal los lugares de origen del maíz.
- *El maíz se vincula también a una tierra especial llamada "Paxil".* Los comentaristas antiguos la identifican con la fuente primitiva de las aguas o, mejor dicho, con el mismo paraíso. Nuestro texto puede compararse, según eso, con Gn 2-3: los animales ofrecen compañía al ser humano, el maíz es como el árbol de la vida, en el lugar de origen de las aguas que recibe el nombre de Paxil o paraíso; pero ni ese paraíso del maíz ni los animales que lo descubren resultan suficientes para que surja la humanidad estrictamente dicha;

para eso es necesaria la comunicación estrictamente dicha de los hombres, a través del cultivo compartido del maíz.

– *El maíz va acompañado finalmente de otras plantas también comestibles (zapotes, cacao...)*. La vida humana nace no solo de la abundancia de la tierra, sino también, y de un modo especial, del cultivo. Compartido de los hombres. Los mayas no son cazadores ni pastores. El mito les presenta básicamente como agricultores del maíz sagrado.[16]

El maíz de los mayas nos sitúa en el centro de *la sacralidad cósmica* (es sagrado el don de Dios en la naturaleza) y de la *sacralidad cultural* (es divino aquello que los hombres cultivan, en gesto que les une sobre el mundo). Todo maíz es sacramento o signo religioso, de tipo ecológico, tanto por su origen (Dios lo ha dado), como por su referencia a la vida del cosmos (tierra y agua, vegetación y aire) y por su relación con el trabajo social de los hombres (del maíz nacen, por el cultivo del maíz se unen, formando un pueblo). Pero dejemos las consideraciones generales, volvamos al texto:

– *Esto hicieron los Progenitores, Tepeu y Gucumatz, así llamados. A continuación entraron en pláticas acerca de la creación y la formación de nuestra primera madre y padre.*
– *De maíz amarillo y de maíz blanco se hizo su carne; de masa de maíz se hicieron los brazos y las piernas de hombre. Únicamente masa de maíz entró en la carne de nuestros padres, los cuatro hombres que fueron creados (III, 1; pág. 176).*

De maíz se hizo la vida de los primeros hombres, no de aliento de Dios y barro de la tierra como en Gn 2-3. No tuvieron padre, no tuvieron madre... Fueron creados del maíz. Del mismo maíz surgieron sus esposas. Ellas y ellos son signo viviente de la vinculación originaria del ser humano con la vida vegetal (planta) y con el trabajo agrícola productor de la comida.

Los dioses han querido comunicarse, suscitando para ello unos seres capaces de hablar y responderles, de ofrecerles sacrificios. Pues bien, la comunicación humana resulta inseparable de la comida que es, al mismo tiempo, natura: del maíz gratuito y trabajado, cósmico y humano que todo lo vincula. Este es el *dios concreto*, esta

---

16. Sobre el maíz como experiencia divina o divinidad cf. J. E. S. Thompson, *Historia y religión de los mayas*, Siglo XXI, México, 1991, 343-352.

la empresa humana (agricultura), este el *capital* interpretado como medio de comunicación universal, vinculada a la agricultura, al trabajo compartido, en economía grupal, en comida.

En ese contexto debemos afirmar que entre hombres y dioses hay algo en común: el cultivo y alimento del maíz. Es evidente que este maíz divino y cultivado que forma la carne y sangre de los hombres aparece aquí como realidad sagrada. Quizá pudiéramos añadir que a través del maíz los mismos dioses se vuelven comida de los hombres, en una especie de gran movimiento sacral. Ellos han hecho a los hombres dándoles maíz, es decir, alimento de la tierra, cultivada en común y compartida. Lógicamente, los hombres tienen que devolver a los dioses su "alimento sagrado" a través de sacrificios y ritos, centrados también en el maíz, entendido como capital y riqueza universal de los humanos.

4. Conclusión: *varones y mujeres*. Al principio, quizá por influjo de la primera pareja divina (Tepeu y Gucumatz) se dice que surgieron *nuestra primera madre y padre* (3, 1; pág. 176). Brotan pues unidos mujer y varón, con prioridad de lo femenino. Pero después el texto supone que en un principio solo había cuatro hombres varones poderosos, capaces de adueñarse de todo el universo; solo en un segundo momento aparecen las mujeres:

- *Estos son los nombres de los primeros hombres: Balam-Quitzé, Balam-Acab, Mahu-Cutah, Iqui-Balam.* Eran "hombres buenos y hermosos y su figura era figura de varón". Fueron inteligentes, conocían todo, penetraron en los cuatro puntos cardinales de la bóveda del cielo y del espacio plano de la tierra, de tal modo que su mismo poderío les hizo peligrosos. Eran fuertes y corrían el riesgo de alcanzarlo todo, encerrándose en sí mismos, pues no necesitaban descendencia: les bastaba aquello que tenían.
- *Mujeres.* Para evitar ese peligro de destrucción de los varones, los mismos progenitores (Tepeu y Gucumatz) oscurecieron su entendimiento y destruyeron el poder de su sabiduría (3, 2; págs. 176-179). *Entonces existieron también sus esposas, fueron hechas sus mujeres. Y así durante el sueño llegaron, verdaderamente hermosas: Cahá-Paluna, Cho-Mihá, Tzu-Nunihá y Caqui-Sahá.* Ellas engendraron a los hombres, "a las tribus pequeñas y a las tribus grandes, y fueron

el origen de nosotros, la gente del Quiché" (3, 3; págs. 179-180).

Solo ahora, al fin del largo relato, encontramos verdadera vida humana, varones y mujeres, surgidos del maíz, capaz de dialogar entre sí mismo. Solo ahora, el autor del mito puede referirse a sí mismo (a su pueblo) con el nombre de *nosotros*. *En el principio estaban por tanto los varones*, pero interpretados de una forma ambigua. Por un lado, son hermosos y fuertes. Pero, mirados de un modo más preciso, ellos no aparecen verdaderamente todavía como humanos: son un tipo de superhombres de gran conocimiento y poder.

Lo tenían todo, pero les faltaba la capacidad de engendrar, vinculada a la generación (propia de las mujeres). *Según eso, quizá debamos añadir que, en sentido estricto, estos cuatro varones no se podían llamar todavía humanos.* Ellos eran la expresión de un poder que absolutizándose a sí mismo rompe sus límites y se destruye a sí mismo. *Por eso ha sido necesario que surjan las mujeres a su lado como expresión de la debilidad y de generación humana.* Para que nazcan ellas es preciso que los hombres pierdan su poder, aceptando su limitación, el límite más hondo de la muerte. Las mujeres son el signo supremo de la ambivalencia humana, de nuestra debilidad y nuestra riqueza:

- *Por una parte, las mujeres son expresión de la suprema debilidad humana.* Solo aparecen allí donde el ser humano acepta sus límites, reconociendo su fragilidad, su muerte. La mujer es principio de generación en medio de la fragilidad: eso es ella, dentro de lo humano.
- *Pero ellas son, al mismo tiempo, la expresión más honda de la grandeza humana, vinculada a la generación de la vida.* Los varones deben perder su "omnipotencia" anterior (un tipo de conocimiento que pudiéramos llamar prometeico, en sentido griego), pero ganando un poder que ellos antes no tenían, un poder que solo pueden alcanzar con sus mujeres, engendrando por ellas y con ellas. Allí estaban sus mujeres cuando despertaron (los varones) y al instante se llenaron de alegría sus corazones a causa de sus esposas (2, 3; pág. 179).

El texto se puede interpretar de varias formas. *En un sentido* podemos acentuar el aspecto de *caída* y decir que la mujer es una especie de "pecado original", un signo de ruptura y debilidad para los varones, que así pierden su independencia anterior. Pero en otro sentido podemos destacar y con más razón *el aspecto de culminación*. Solo a través de la mujer culmina y se despliega la capacidad engendradora de los seres humanos.

Entre los ensayos del camino de humanización este ha sido quizá el más peligroso: los hombres del maíz, entendidos como varones, podrían haber acabado haciendo un mundo de poder inhumano, desligado de la generación, es decir, del proceso concreto de la vida. Solo a través de las mujeres ha podido culminar el ser humano, haciendo que los varones reconozcan su limitación y su grandeza verdadera.

Según eso, han sido mujeres las que han explicitado los dos máximos valores de la vida humana. Conforme al mito, ellas están vinculadas a la más honda posibilidad de comunicación entre los seres humanos y a la *procreación* (es decir, al don de la vida que se expande por ellas). Así se completa y culmina eso que pudiéramos llamar la antropogonía ecológica, conforme al relato del *Popol Vuh*.

Solo ahora se ha expresado y expandido aquello que se hallaba en el *Corazón del Cielo*, es decir, la vida dual de Tepeu y Gucumatz, del creador y formador, que son el Padre y Madre originarios. Una humanidad de potencia solo masculina hubiera sido monstruosa; hubiera carecido de sentido. La verdadera humanidad que brota del maíz como expresión de Dios ha de ser masculina y femenina. En esa línea, las cuatro primeras parejas reflejan y explicitan sobre el mundo el sentido original de lo divino, en un camino de generación vinculado con el nacimiento y con la muerte. Solo ahora puede comenzar la historia humana, de manera que el mito se convierte en relato de los orígenes y peripecias de los diversos pueblos que han ido surgiendo en el mundo.

De esa forma, el texto, que antes debía interpretarse como "mito" viene a presentarse como narración etiológica de la vida humana. De la primera pareja, varón y mujer (expandida luego en forma de cuatro parejas) pueden brotar y han brotado los seres humanos. Ciertamente, somos más que tierra, más que unos simples salvajes nacidos de la madera o los árboles del bosque. Del maíz hemos nacido; en el maíz se centra y cobra sentido sagrado nuestra vida, en comunión con lo divino. Pero, al mismo tiempo, somos más que humanidad puramente masculina que busca el poder absoluto (el imperio del conocimiento total). Somos varón y mujer, vida fuerte y frágil que expresa sobre el tiempo (en forma de tiempo) el sentido radical de lo divino.

En conclusión la religión de los diversos grupos mayas había entrado en una crisis muy profunda antes de la llegada de los españoles, a principios del siglo XVI, de manera que no sabemos cuál hubiera podido ser su evolución posterior. De todas formas, la misma tradición que está en el fondo del Popol Vuh (redactado en su forma actual y fijado casi dos siglos después de la llegada de los españoles) muestra el fuerte mestizaje y simbiosis que se dio entre la antigua religión maya y las nuevas formulaciones religiosas de los cristianos. Este sigue siendo un proceso cultural y religioso que aún no ha culminado.

SEÑOR Y SEÑORA DE LA DUALIDAD. RELIGIÓN NÁHUATL (MEXICAS)

En una perspectiva semejante a la maya se sitúa la religión náhuatl del altiplano mexicano, aceptada y transformada por los aztecas. En este contexto, el signo religioso originario no es la Gran Madre engendradora (matriarcado), ni el varón guerrero que impone su orden con violencia (un tipo de patriarcado), sino la unión dual de lo masculino y femenino, que puede compararse con la de Tepeu y Gucumatz, que acabamos de estudiar.

Equilibrio de fondo, una realidad dual

Conforme a esa visión, que tiene quizá orígenes más antiguos pero que se impuso en la zona central de México, entre los siglos IX y XVI d. C., encontramos un tipo de divinidad dual, representada por el sol (masculino), que gobierna el día y por el manto o faldellín de estrellas (signo femenino) que preside, con la luna, el tiempo de la noche:[17]

17. *Textos.* B. de Sahagún, *Historia general de las cosas de Nueva España* (1569), Historia 16, Madrid, 1990; F. Clavijero, *Historia antigua de México*, Porrúa, México, 1982; M. León-Portilla (ed.), *Antología. De Teotihuacan a los aztecas. Fuentes e interpretaciones históricas*, UNAM, México, 1983; A. M. Garibay, *Teogonía de los mexicanos. Tres opúsculos del siglo XVI*, Porrúa, México, 1985. *Estudios*: M. León Portilla, *La filosofía náhuatl*, UNAM,

Allá (en los cielos) vive Dios y su Consorte. El Dios celestial se lla-
ma, por un lado, Señor de la dualidad; y su Consorte se llama Señora
de la dualidad. Sobre los doce cielos, es Rey y Señor este Dios de la
Dualidad. [18]

Según eso, la unidad y dualidad divina se implican mutuamente.
Mirando las cosas en una perspectiva, parece que hay solo un Dios
unitario. Pero ese Dios único presenta en otro plano un rostro y
realidad dual, como si hubiera un matrimonio divino en el que los
consortes están entrelazados de manera que forman un único ser
divino, que es a la vez cielo y tierra, masculino y femenino. De esa
realidad que es, al mismo tiempo, única y dualidad surgen después
(en incesante proceso engendrador) los cuatro puntos cardinales del
espacio, con las edades o tiempos de las cosas, en ritmo bien medido
de preciso nacimiento y muerte.

Siendo masculino-femenino, el Dios dual lleva consigo el germen
de toda distinción. Es un Dios bipolar de tipo complementario, una
conjunción de opuestos que se implican y no pueden separarse. Hay
en ese Dios *un principio activo, más generador* (lo masculino) y *un prin-*
cipio receptivo, más acogedor, que coincide con lo femenino.

Esos dos aspectos forman un *Dios espejo* donde vienen a mirarse
y encuentran su sentido todas las restantes realidades. En este Dios
espejo se reflejan y descubren siempre dos figuras o rostros principales: el sol masculino que alumbra todo como día; el cielo femenino de la oscuridad extendida como manto o faldellín de estrellas
que se descubren en la noche. No existe esa separación estricta entre
los dioses (con su dualidad y generación perpetua) y los vivientes
de la tierra, que engendran también según ley lo masculino y femenino, en proceso sin fin de nacimiento y muerte a modo de sistema o movimiento de vida. No hay un corte estricto entre los dioses
y los hombres. Siendo un proceso de vida dual (inter-acción de lo

México, 1979; Id., *Toltecayotl. Aspectos de la cultura náhuatl*, FCE, México, 1991; G.W Conrad y A. A. Demarest, *Religión e imperio. Dinámica del expansionismo azteca e inca*, Alianza,
Madrid, 1988; Ch. Duverger, *La flor letal. Economía del sacrifico azteca*, FCE, México, 1993;
Y. González Torres, *El sacrificio humano entre los mexicas*, FCE, México, 1985; J. L. Martí-
nez, *Nezahualcóyotl*, FCE, México, 1984; R. Piña Chan, *Quetzalcoatl. Serpiente emplumada*,
FCE, México, 1981; L. Séjourné, *Pensamiento y religión en el México antiguo*, FCE, México,
1990.
18. Cf. M. León-Portilla, *La filosofía náhuatl*, UNAM, México, 1979, 150-151.

masculino y femenino) Dios se suscita a sí mismo, y, al hacerlo, suscita y sostiene todo lo que existe.

> *Lo que sostiene en pie a la tierra... es el principio dual, descubierto por una larga meditación simbolizada en la figura de Quetzalcoatl. Dios de la dualidad (Ometéolt), en su forma dual, masculino-femenina, ofrece consistencia a la tierra, viste de algodón (de vegetación), siendo un solo principio, una sola realidad, Ometéotl posee simultáneamente dos aspectos: el masculino y femenino. De esa forma es concebido como núcleo generativo y sostén universal de la vida y de todo lo que existe.*[19]

El mensaje de este pasaje se encuentra vinculado a *Quetzalcoatl*, figura que hemos visto ya en cultura maya con el nombre de Gucumatz o Cuculcán. Por un lado, es un Dios que reúne a los contrarios, por ser al mismo tiempo ave celeste (Quetzal) y serpiente del subsuelo (Coatl), vinculada con las aguas y las fuerzas de la vida y de la muerte. Por otra parte, aparece como el prototipo del *sabio*: el hombre que medita y sabe, el sacerdote que penetra en los misterios del mundo, el iniciado que enseña a los humanos todos los saberes. Pues bien, este Quetzalcoatl (dualidad del cielo y agua, pájaro y serpiente) es quien permite descubrir el más profundo sentido del auténtico *Ometéotl*: Señor o Dios (Téotl) del ser dual (Ome). De esa forma se presenta al mismo tiempo como *pareja procreadora* (padre y madre de todo lo que existe) y como fuente de unidad y distinción (del cerca y junto) de las diversas realidades. Eso significa que en el principio de todo no se encuentra un tipo de "unidad" (el Uno del Dios israelita o de un tipo de metafísica griega), sino una referencia o relación mutua de dos o más realidades, que lo integran todo en armonía.

> *(El Dios celestial) siendo uno posee al mismo tiempo una naturaleza dual. Por ese motivo, al lugar metafísico donde él mora se le nombre Omeyocan, lugar de la dualidad (Ome = dos, yocan = referencia local), y por eso también es designado en otros textos con el nombre más abstracto aun de Ometéolt (Dios de la dualidad). Según eso, el nombre de su comparte (de su esposa o igual: i.námic), es, como lo dice el texto: "señora dual" (Omecíhuatl; Ome = Dos, Cíhuatl = Señora). Vemos, por tanto, que el pensamiento náhuatl, tratando*

19. *Ibid.* 92.

de explicar el origen universal de cuanto existe... llegó al descubri-
miento de un ser bivalente: principio activo, generador, y simultá-
neamente principio receptor, pasivo, capaz de concebir. Aunando
así en un solo ser generación y concepción... se está afirmando que
Ometéotl es el principio cósmico en el que se genera y concibe cuanto
existe en el universo.[20]

Este esquema de dualidad sacral masculino-femenino, entendido como fundamento religioso y expresión de la vida total, aparece también en otros pueblos y en sistemas de tipo más filosófico, como el de Nicolás de Cusa, que interpreta toda la realidad como vinculación de opuestos. Este principio de relación/vinculación entre las diversas realidades tiene mucha importancia "ecológica", pues la vida está hecha de polaridad que se implican mutuamente, de manera que nadie ni nada puede imponerse sobre el conjunto de la realidad.

En ese conjunto dual de polaridades (masculino y femenino, cielo y tierra, plantas-animales-hombres), el conjunto de la realidad ha de entenderse en forma de equilibrio de conjunto, con un tipo de respeto por todas las formas de vida. Ciertamente, la visión del mundo como equilibrio dual de lo masculino y femenino es una proyección antropológica y no puede entenderse en sentido físico externo, pero ella puede y debe tomarse como signo de "relación universal". Frente a lo que filosóficamente podríamos tomar como una ontología de la sustancia que domina sobre los accidentes, se eleva aquí una ontología de las relaciones, de manera que cada ser, cada dimensión de la realidad ha de entenderse en referencia a otros seres o realidades.

- *Los ocho primeros cielos* están determinados por los astros y fenómenos meteorológicos: luna, estrellas, sol, planetas, cometas, bóvedas del día y de la noche, lugar de tempestades... Vivimos, según puede observarse, presididos, dominados, por un rico universo de poderes superiores que forman de algún modo nuestra casa.

20. *Ibid.* 152-153. Conforme a la visión de León-Portilla, esta concepción dualista de la realidad ha de entenderse como una *metáfora*, esto es, algo que se dice *con flores y canto*. Estamos pues en el nivel de la racionalidad poética que resulta en el fondo más aguda que la racionalidad estrictamente teórica.

- *En noveno lugar se sitúa el cielo o morada de los dioses (= Teteo-can) y dentro de él ocupa el puesto fundamental el Omeyocan o Morada de la dualidad.* Ordinariamente se distinguen estos dos últimos niveles, de tal forma que dentro de este Noveno Cielo aparecen dos unidades distintas que dan lugar a cinco cielos:
- *El Teteocan* propiamente dicho o *Morada de los dioses inferiores, está constituida por* tres círculos o cielos (el 91, 101 y 111). Ella constituye una especie de intermedio entre el mundo propiamente dicho (los siete cielos inferiores) y el espacio supremo de la divinidad originaria.
- *El Omeyocan* o *Morada de la dualidad* está formada por los dos últimos círculos o cielos (el 121 y 131) que aparecen como fuente originaria de todo lo que existe. Aquí existe la pareja divina, el *Omotecuhtli* y la *Omecíhuatl*. Desde aquí, en proceso descendente de generación ha surgido y se mantiene todo lo que existe.[21]

Dentro de este gran conjunto cósmico divino se completan y resultan necesarios los diez cielos, que forman la realidad total, y dentro de esa realidad, en cada uno de los planos del todo se distinguen y completan lo masculino y lo femenino. Quizá podamos presentar esos momentos (o personas) como expresión de una polaridad constitutiva donde padre y madre se distinguen y poseen valor equivalente en el proceso de la única generación.[22]

No se puede hablar de un Dios superior y de un mundo inferior (sometido), pues dios (dioses) y hombres forman un todo divino en el que los diversos aspectos y momentos son interdependientes. Según eso, traduciendo en otro plano la ley física de Lavoisier (nada se crea, nada se destruye, todo se transforma) podríamos decir que muerte y vida se implican, igual que los hombres, plantas y animales, los cielos y la tierra, etc. Desde este fondo ha de entenderse el "sistema sacrificial" de la religión (antropología náhuatl) donde el sacrificio/muerte de algunos está al servicio de la vida y muerte universal de toda realidad, es decir, del todo divino.

---

21. Cf. M. León-Portilla, *La filosofía náhuatl*, UNAM, México, 1979, 113-119; Y. González, *El sacrificio humano entre los mexicas*, FCE, México, 1985, 99-102.

22. Así lo ha puesto de relieve E. Neumann, *La Grande Madre*, Astrolabio, Roma, 1981, 181-210 (trad. Española, *La Gran Madre*, Trotta, Madrid, 2009).

Mundo cerrado, sistema sacrificial azteca

La visión anterior de la dualidad divina se hallaba en el fondo de la cultura religiosa de los pueblos de lengua náhuatl que ocuparon la llanura mexicana unos mil años antes de la conquista española. Pero a principios del XIV/XV, conquistó la tierra y dominó sobre sus habitantes un nuevo grupo de clanes guerreros azteca, provenientes del norte, de tierras que actualmente forman parte de Estados Unidos. Esos grupos asumieron la religión de los pueblos dominados, pero insistieron en la autoridad de un dios-sol universal (*Huitzilopochli*) que tiende a situarse por encima de la dualidad (dios-diosa, sol diurno y noche estrellada, rompiendo de algún modo el equilibrio dual de la realidad. De esa forma quisieron justificar sacralmente su nuevo imperio o monarquía fundada en la potencia y la guerra masculinas del dios-sol que imponía su dominio sobre el mundo. Creció y perduró su imperio un siglo (desde 1424 hasta la llegada de los españoles, 1521).

Esta nueva cosmovisión destaca el dominio de lo_masculino. La diosa sigue siendo importante, pero ocupa ya un segundo plano. El nuevo Imperio azteca, centrado en el rey de Tenochtitlan (actual ciudad de México), se fue elevando sobre fundamentos de violencia de tipo guerrero, masculino, que tiende a situarse por encima de la armonía de los dos principios (varón-mujer, dios-diosa), con un Dios de Gran Poder (Dios Sol) que domina y dirige desde arriba la vida de todos (varones y mujeres).

Quizá la nota externa más saliente de esta nueva concepción está en el hecho de que, en un momento dado, que suele identificarse con la construcción política del Imperio azteca (de Tenochtitlan), en el siglo XV d. C., los nuevos señores de la tierra interpretaron, la mutua relación entre el *dios-sol* y su *pueblo elegido* azteca, en forma de *sacrificio compartido*. Sabían los náhuatl desde antiguo que dios y diosa se entregan (sacrifican) para que surjamos de esa forma los humanos; por eso, la respuesta religiosa de los fieles, su misma devoción y sacrificios, contribuye al mantenimiento del sol y a la armonía del conjunto.

Ciertamente, en este nuevo esquema vuelve a destacarse la relación de la pareja originaria. El poder del cielo se condensa en *Tonatiuh*, sol poderoso, Señor de lo Alto, asociado con *Tlaltecuhtli*, Señora de la Tierra. Ambos unidos forman el principio de todo lo que existe, son *nuestro Padre y nuestra Madre,* como indican de forma especial los rituales del nacimiento. Pero ahora se marcan con más fuerza las diferencias y se destaca el poder del dios Sol sobre la diosa Tierra y se insiste en la dinámica del "sacrificio" (de la muerte de la sangre) signo y principio de mantenimiento de la unidad del sistema de la vida. Así decía la partera al recién nacido al cortarle el cordón umbilical, al varón y a la mujer:

> – *Hijo mío muy amado y tierno,* cata aquí la doctrina que nos dejaron nuestro Señor Yoaltecutli y la Señora Yoaltícitl, tu padre y tu madre. De medio de ti corto el ombligo. Sábete y entiende que no está aquí tu casa donde has nacido, porque eres soldado y criado, eres ave que llaman Quéchol (= Quetzal), eres ave y soldado del que está en todas partes... Solamente es una posada esta casa. Tu propia tierra otra es; en otra parte estás prometido, que es el campo donde se hacen las guerras, donde se traban las batallas. Para allí eres enviado. Tu oficio y facultad es la guerra; tu oficio es dar a beber al Sol con sangre de tus enemigos y dar de comer a la Tierra que se llama Tlatecutli con el cuerpo de tus enemigos…
> – *Hija mía y señora mía,* ya habéis ya venido a este mundo. Haos acá enviado nuestro Señor, el cual está en todo lugar... Notad, hija mía, que del medio de vuestro cuerpo corto y tomo tu ombligo, porque así lo mandó y ordenó tu madre y tu padre: Yoaltecutli y Yoaltícitl. Habéis de estar dentro de casa como el corazón dentro del cuerpo; no habéis de andar fuera de casa; no habéis de tener costumbre de ir a ninguna parte. Habéis de ser la ceniza con la que se cubre el fuego en el hogar; habéis de ser las trébedes donde se pone la olla. En este lugar os entierra Nuestro Señor; aquí habéis de trabajar. Vuestro oficio ha de ser traer el agua y moler el maíz en el metate. Allí habéis de sudar cabe la cocina y cabe el hogar (Consagración de una niña).[23]

Este pasaje acentúa la dualidad de principios divinos: el Señor Dios Padre *Yoaltecutli,* vinculado al Sol y a las batallas, y la Señora Diosa Madre *Yoaltícitl,* vinculada con la Tierra. Cielo/Sol y Tierra/Señora

---

23. B. de Sahagún, *O.c.,* 472-474.

constituyen los dos aspectos de la realidad total, que se expresan de un modo muy preciso por los varones y mujeres.

- *Los varones* aparecen dedicados al sol que es su verdadera casa y patria. Ellos viven para luchar, es decir, para *dar de beber al sol* con su propia sangre o con la sangre de los guerreros enemigos, manteniendo de esa forma el gran proceso de la vida universal.
- *Las mujeres*, en cambio, están relacionadas a la casa de la tierra. Ellas constituyen el hogar del nacimiento y cultivo de la vida. Como luego iremos viendo, ellas mantienen la vida sobre el mundo sobre todo a través de la generación (engendran y cuidan a los ojos), preparándolos para la guerra.

Varones y mujeres resultan necesarios, pero no son de igual importancia. El varón es Cielo/Sol, la mujer es Tierra... En principio, cielo y tierra podrían ser poderes iguales y complementarios, pero el Sol, representante del Imperio azteca viene a colocarse por encima de la diosa Tierra. En esa línea, conforme a la nueva teogonía azteca, en el origen de la vida se halla el Sol que va quemando su energía (sacrifica su vida) a fin de que surja y se mantenga toda vida sobre el mundo. En el fondo de esta cosmovisión sagrada hallamos la certeza de que *la energía se consume* y puede terminarse; por eso es necesario renovarla. Para ser todavía más precisos: la energía de la vida se identifica con el *sol masculino*. Han existido ya cuatro soles y los cuatro han perecido. También el sol del tiempo actual (el 5º) se halla en riesgo de perderse.

La vida se interpreta, así como un *proceso conflictivo* presidido por un sol que aparece, al mismo tiempo, como fuerte (origen de todo) y como débil (termina su camino y muere). Esa muerte del sol está vinculada a los grandes peligros del cosmos (representados por el tigre, el viento, la lluvia, inundación...) cuyo recuerdo permanece vivo: como un residuo de los tiempos anteriores queda sobre el mundo la hierba y los monos, los pavos y los peces. Somos descendientes de mundos destruidos, herederos de cuatro soles muertos.

Cuatro es el signo de la totalidad. Lo que había sucedido antes de nosotros era una *totalidad de destrucción*. Nada queda fuera del proceso, ni los dioses ni los hombres. Todo perece y nace de nuevo en proceso cambiante condenado a la muerte. El mismo Sol, el dios supremo, está inmerso en ese suceder de muerte. Lógicamente, nosotros, herederos de largos desastres, dominados por un sol que ha fallecido cuatro veces, caminando sobre el lomo de una tierra amenazada, aceptando y poniendo en marcha el despliegue esencial del sacrificio en el que se funda y condensa el sentido de la realidad, entendida como proceso de muerte y renacimiento: muere el sol para darnos la vida y renacer, en proceso que los hombres asumen a través del sacrificio. Por eso es necesario que:

- *Dios mismo (el sol) muere* para dar vida a todo lo que existe, en un proceso en el que se vacía a sí mismo y acaba muriéndose (consumiéndose) si no recibe, a su vez, un poder de vida que le viene de los hombres, para que no muera del todo, para que siga existiendo y ofreciendo su vida a todo lo que existe.
- *Este dios forma parte del proceso de una vida "finita"*, es decir, limitada, de tal forma que el mismo dios (sol) está implicado en el acontecer del mundo, en el proceso de su destrucción y regeneración. Conforme *a la tradición bíblica*, cultivada y profundizada después por un tipo de filosofía de occidente, dios se encuentra fuera del proceso: no mengua ni padece al crear; no crece ni decrece por dar vida a las cosas, porque las crea *de la nada* (es decir, de algo que no es su propia substancia). Por el contrario, el dios azteca *crea o suscita las cosas desde su propia substancia*: eso supone que muere, se sacrifica, para dar su vida al mundo.
- *De la entrega y muerte vital de dios nacemos, en gesto que aparece al mismo tiempo como creador y destructor*. El Dios-Sol creador suscita las cosas (da vida, da luz/calor) de un modo creador. Pero no puede hacerlo de un modo incesante, pues al dar vida la pierde y terminaría agotándose a sí mismo. Para seguir dando vida, dios necesita recibir en respuesta la vida de los hombres, pues de lo contrario se agotaría, dentro de una especie de círculo mercantil de vida: Para seguir dando vida a los hombres, dios necesita recibir la respuesta de vida de los hombres.

Desde aquí cobra sentido *el mito creador* antes citado que la tradición náhuatl sitúa en el centro sacral o ceremonial de *Teotihuacan* que significa *Ciudad de los Dioses*. Todavía hoy se elevan sus templos en el valle de su nombre, como uno de los signos sagrados más perfectos de la tierra. Allí sucedió, según el mito, el acontecimiento fundador:

el sacrificio del dios Sol que entrega (quema) su vida para alumbrar el universo, el sacrificio de los dioses que se comprometen a mantener la fuerza del sol, el sacrificio de los hombres (por lo menos los aztecas) que se comprometen a darle vida (sangre) al sol para que así nos alumbre:

> *Decían que antes que hubiese día en el mundo, que se juntaron los dioses en aquel lugar que llaman Teotihuacan... y se dijeron los unos a los otros: "¿Quién tendrá cargo de alumbrar el mundo?". Luego a estas palabras respondió un dios que se llamaba Tecuciztécatl y dijo: "Yo tomo a cargo de alumbrar el mundo!". Luego otra vez hablaron los dioses y dijeron: "¿Quién será otro?"... Y ninguno de ellos osaba ofrecerse a aquel oficio; todos temían y se excusaban. Uno de los dioses de que no se hacía cuenta y era buboso no hablaba, sino oía lo que los otros dioses decían. Y los otros habláronle y dijéronle: ¡Sé tú el que alumbres, bubosito! Y él de buena voluntad obedeció a lo que le mandaron y respondió: En merced recibo lo que me habéis mandado; sea así.*[24]

Existen dioses, pero no hay sol todavía: está en oscuridad el universo, es solo caos. De ese caos podrá surgir la luz, pero solo a través de un sacrificio, es decir, en gesto de inmolación, por el fuego en que muere y nace toda vida. Se han ofrecido dos dioses, conforme al esquema dual de todo el pensamiento náhuatl. Uno es bello, de tipo masculino y se llama *Tecuciztécatl:* se ha ofrecido de manera voluntaria, como guerrero dispuesto al combate. El otro es *buboso* (enfermo) y es de tipo femenino: se llama *Nanaotzin.* No se ofrece voluntario, pero acepta de buen grado la oferta que le hacen.

Como sucede en los mitos, los dioses se preparan haciendo penitencia. Entonces se construyen a los dos dioses elegidos para el sacrificio creador los dos grandes *tzacualli* o pirámides sagradas (montañas) que aún pueden venerarse en Teotihuacan. Una está dedicada al dios Sol, otra a la diosa Luna y presiden majestuosas todo el valle. Cuando están ya preparados va empezar el verdadero sacrificio:

> *Y llegada la noche todos los dioses se pusieron en derredor del hogar...; en este lugar ardió el fuego cuatro días. Ordenáronse los*

---

24. B. de Sahagún, *O.c. 538.*

dichos dioses en dos rencles (= filas), unos de la una parte del fuego, otros de la otra parte, y luego los dos sobredichos se pusieron delante del fuego, las caras hacia el fuego, en medio de los rencles de los dioses, los cuales todos estaban levantados. Y luego hablaron los dioses y dijeron a Tecuciztécatl: ¡Ea, pues, entra tú en el fuego! Y él luego acometió para echarse en el fuego. Y como el fuego era grande y estaba muy encendido, como sintió el gran calor del fuego, hubo miedo; no osó echarse en el fuego; volvióse atrás. Otra vez tornó para echarse en el fuego, haciéndose fuerza, y llegándose detúvose; no osó echarse. Cuatro veces probó, pero nunca se osó echar.

Estaba puesto mandamiento que no probase más de cuatro veces. Desque hubo probado cuatro veces, los dioses luego hablaron a Nanaoatzin y dijéronle: ¡Ea, pues, prueba tú! Y como le hubieron hablado los dioses, esforzóse y, cerrando los ojos, arremetió y echóse en el fuego. Y luego comenzó a rechinar y crepitar en el fuego, como quien se asa. Y como vio Tecuciztécatl que se había echado en el fuego y ardía, arremetió y echóse en el fuego; y diz que luego un águila entró en el fuego, y también se quemó; y por eso tiene las plumas hoscas o negrestinas. A la postre entró un tigre; no se quemó sino que chamuscóse, y por eso quedó manchado de negro y blanco.[25]

En el hogar de sacrificio cósmico ha nacido todo lo que existe. Este es el fuego donde el mismo dios varón/mujer se sacrifica para convertirse en sol del universo. Bellamente cuenta el mito la dificultad de la auto-entrega. *Ella* entra primero, sin vacilación, la que parece menos fuerte, aquella a la que todos desprecian por bubosa. Solo después entra *él*, el dios precioso, acompañado de sus dos animales totémicos, los animales guerreros del Sol: el águila que domina sobre el aire, el tigre que lucha y que vence en la tierra. Toda la mitología militar de los aztecas, con sus dos "órdenes" de Guerreros-Águila y Guerreros-Tigre se encuentra esbozada y fundada en este gesto de los animales que arriesgan la vida matando y muriendo en combate.[26]

De esta ofrenda de los dioses nace el mundo. Son dos dioses (Sol y Luna) y en el fondo es uno (el Sol). La tierra está abajo, afirmada, segura, desde el comienzo de la historia. El que está en peligro, el que ha de ser regenerado, el dios verdadero es el Sol, pues de él

25. *Ibid.* 539.
26. Cf. Ch. Duverger, *La flor letal. Economía del sacrificio azteca*, FCE, México, 1993, 46-49.

depende todo lo que existe. Si los hombres dejaran de "alimentar", de darle fuerza/vida el dios Sol desfallecería, perdería su poder y dejaría de alumbrar, de dar su vida/luz a los hombres. El mito sigue, claro en su complejidad, cordial en su profundo patetismo. Aquí podemos dejar muchos de sus detalles, para destacar solo lo esencial:

Después que ambos se hubieron arrojado en el fuego, y después que se hubieron quemado, luego los dioses se sentaron a esperar a qué parte vendría a salir el Nanoa (Nanoantzin, sin terminación femenina)... Y cuando vino a salir el Sol pareció muy colorado. Parecía que se contoneaba de una parte a la otra; nadie lo podía mirar porque quitaba la vista a los ojos. Resplandecía y echaba rayos de sí, en gran manera, y sus rayos se derramaron por todas partes. Y después salió la Luna en la misma parte del oriente, a par del Sol... Después que hubieron salido ambos sobre la tierra estuvieron quedos sin mudarse de un lugar, el Sol y la Luna. Y los dioses otra vez se hablaron y dijeron: "¿Cómo podremos vivir? No se menea el sol. ¡Muramos todos y hagámosle que resucite por nuestra muerte!". Y luego el aire se encargó de matar a todos los dioses y matólos...

Y dicen que aunque fueron muertos los dioses no por eso se movió el Sol. Y luego el viento comenzó a suflar o ventear reciamente. Él le hizo moverse para que anduviese su camino. Y después que el Sol comenzó a caminar, la Luna se estuvo queda en el lugar donde estaba. Después del Sol comenzó la Luna a andar. De esta manera se desviaron el uno del otro y así salen en diversos tiempos. El Sol dura un día y la Luna trabaja en la noche o alumbra en la noche.[27]

Nacen el Sol y la Luna del sacrificio de los dioses. Mueren primero dos dioses especiales en el fuego para que de su sacrificio puedan nacer los grandes astros que van a hacer posible la vida de los hombres. Pero esa muerte resulta insuficiente, de manera que deben morir luego todos los restantes dioses para dar movimiento al sol y a la luna, para que se muevan sin cesar, para que mantengan su movimiento de vida sobre el mundo. Del sacrificio de los dioses vivimos, dentro de un mundo en el que todo se interpreta como *movimiento* (condensado en el fuerte *viento* que mata en un sentido

---

27. B. de Sahagún, *O.c.* 540-541.

a un tipo de dios y que pone en movimiento a otros, es decir, a los mismos astros).[28]

Este *dios Sol* convertido es fuego y sangre (luz/calor de vida) que suscita y alimenta todo lo que existe; es como si fuera un tipo de "sangre cósmica", que se alimenta de la sangre de los hombres. Es el dios de la guerra que transforma a los hombres en *guerreros*, encargados de derramar la sangre en honor del Dios/Sol, esto es, para alimentarle, para mantenimiento del orden de la vida sobre el mundo. *Este es el dios de los guerreros-varones*, que le veneran y alimentan derramando sangre de los enemigos a través de las guerras. Este es, al mismo tiempo, el dios de las mujeres que le sirven derramando su sangre al servicio del nacimiento de nuevos seres humanos, y especialmente cuando mueren de parto. Estos son los dos aspectos de la entrega de la vida y de la sangre que definen la religión de los aztecas.

Los varones "alimentan" (dan vida) al sol derramando en la guerra la sangre de los enemigos. Por su parte, las mujeres alimentan la vida del sol (vida de la humanidad) ofreciendo su sangre menstrual y de forma aún más fuerte su *sangre* materna en el parto. El parto se convierte así en la verdadera batalla, en el riesgo mayor de las mujeres. Ellas luchan y se arriesgan, penetran en batalla y mueren muchas veces al ir a dar a luz; esto es para ellas su sacrificio. *Los varones*, que no pueden dar sangre maternal y no arriesgan su vida en el nacimiento de los hijos, realizan su misión de alimentar al Sol de otra manera: al arriesgarse en la batalla, al ofrecer en sacrificio la sangre de los enemigos muertos.

En conclusión todo nos hace pensar que la religión de los mexicas/aztecas se encontraba en el centro de una intensa mutación interna y externa, social y religiosa, de manera que podían esperarse fuertes crisis y transformaciones, precisamente en el momento de la llegada de los españoles, que, al mando de Hernán Cortés (tras el 1521 d. C.), destruyeron con violencia el imperio sacrificial azteca.

Es posible que el triunfo español pudo interpretarse como una "revancha" del principio femenino. *En el lugar donde se hallaba el Sol-Guerrero* vino a colocarse el Señor Jesús que ha muerto por los

---

28. Visión más amplia del tema en Ch. Duverger, *O. c.* 25-52; L. Séjourné, *Pensamiento y religión en el México antiguo*, FCE, México, 1990, 96-101, 172-178.

hombres de forma que ellos no tiene más necesidad de sangre y sacrificios humanos. E*n el hueco de la antigua Tonancin,* señora de la dualidad, diosa del cielo, revestida con el manto de estrella de la noche, pudo situarse ya María, con el título antiguo y nuevo de Virgen de Guadalupe. Pero eso la historia de la religión mexica deben escribirla con su vida los nuevos mexicas, en un momento de fuertes transformaciones económicas, culturales y sociales como el nuestro.

2

Chivo expiatorio, Biblia y ecología (Génesis)

Tomará los dos chivos y los presentará ante Yahvé, a la entrada de la tienda del encuentro. Y echará las suertes sobre los dos chivos: una suerte para Yahvé, otra suerte para Azazel. Tomará Aarón el chivo que haya tocado en suerte para Yahvé y lo ofrecerá en expiación. Y el chivo que haya tocado en suerte para Azazel lo presentará vivo ante Yahvé para hacer sobre él la propiciación, para enviarlo a Azazel, al desierto... (Levítico 16:7-10).

El capítulo anterior ha ofrecido una visión general de tres religiones amerindias, destacando el motivo ecológico y el de los sacrificios. Este trata de la Biblia y se divide en dos partes: Una introducción sobre los sacrificios, centrada en la celebración del Yom Kippur, con el chivo expiatorio y el chivo emisario, y una exposición de base, más extensa, sobra la creación y sentido divino y humano del mundo, según el principio de la Biblia (libro del Génesis).

INTRODUCCIÓN, LOS GRANDES SACRIFICIOS (YOM KIPPUR)

A fin de situar la religión bíblica en el contexto de las religiones de la naturaleza, empiezo retomando el motivo de los sacrificios aztecas, que aparece en muchas religiones como lo muestra el brahmanismo hindú.

Conforme a la religión azteca, Dios (la realidad) se interpreta como "sacrificio". Dios no es aquel que existe en sí, sino aquel que, saliendo de sí, al darse, entregarse a sí mismo y morir, suscita todo lo que existe. Según eso, los dioses fundantes se arrojaron al gran fuego y de esa forma se sacrificaron convirtiéndose en llama, fundando de esa forma, con su luz y su calor todo lo que existe.

Dios-Sol da su sangre (luz, calor) a los hombres, pero necesita que los hombres le respondan, devolviéndole sangre-vida, pues de

119

lo contrario acabaría por gastarse, perdiendo su luz y arrastrando en su muerte a los hombres mortales. Para evitar ese desastre o ruina astral del Sol, los aztecas, su pueblo de guerreros sacerdotes, idearon un culto de reparación que resulta, a la vez, terrible y lógico: mantuvieron una guerra permanente con los pueblos del entorno, para ofrecer al Sol la sangre de los guerreros muertos y, de un modo especial, para obtener valientes prisioneros y ofrecerlos, abierto el corazón y desangrados, sobre el altar, en el templo central de Tenochtitlan, garantizando la vida y beneficios del Sol para la tierra entera, es decir, para los pueblos del entorno.

La guerra constituye, según esto, el centro de la vida de los hombres. (1) Ella tiene un sentido *teológico*, sirve para imitar y alimentar al Dios/Sol que da su sangre y luz por los hombres. (2) Ella tiene un sentido *social*, sirve para organizar la vida sobre el mundo. Los aztecas se sienten y saben *pueblo elegido* de *Huitzilipochtli* y asumen el deber de alimentarle y mantenerle en vida a lo largo de esta *Quinta Etapa del mundo en la que nos encontramos*, ofreciéndole la sangre de mujeres que mueren en parto, la sangre de guerreros muertos en batalla y, sobre todo, el corazón y la sangre de los prisioneros sacrificados sobre el templo del imperio.

Sobre el poder y necesidad de ese dios se ha elevado la vida social y el culto religioso de los aztecas. El *terror* de ese dios, que los españoles sintieron al llegar a México, puede interpretarse como consecuencia de un gran miedo. Tienen miedo los hombres de que el Sol se esconda, de que muera y nunca más emerja con su vida por oriente, que se sequen las plantas, que mueran los animales. Esta visión resulta ejemplar en su forma teórica (ontológica), pues ha puesto de relieve el carácter mortal de la vida y el sentido generador de la muerte: formamos parte del gran sacrificio creador de Dios, que es muerte vivificadora. Pero al traducirse de forma social ella se vuelve muy peligrosa, poniéndose al servicio de una determinada política imperial. Esta visión resulta, al mismo tiempo, luminosa y patológica, ontológicamente profunda y socialmente peligrosa (lo mismo que gran parte de la ontología de occidente). Pocas veces se ha expresado de un modo más claro la ley de la vida que nace y crece de la muerte.[1]

---

1. La violencia extrema de la religión azteca nos permite descubrir algo que en otros casos permanece más oculto, pero que resulta general según la Biblia (Dn 2 y 7; Ap

Partiendo del orden imperial azteca podemos entender mejor otras culturas sacrificiales de muerte, empezando por la de Babilonia que es para la Biblia ejemplo y compendio de todas las religiones de muerte, conforme a las cuales unos hombres o pueblos viven de la opresión o sacrificio de otros pueblos, como la Biblia dice y repite a partir del relato de Gn 11 (torre de Babel,[2] pasando por los grandes profetas (Jeremías, Ezequiel, Daniel) para culminar en el Apocalipsis donde se narra la opresión y caída de Babel (Ap 13-17), como veremos en el capítulo final de este libro.

La Biblia "empezó" en Babel. Marduk, dios de la guerra, dios matricida[3]

El tema y signo de Babel/Babilonia constituye un elemento constante de la Biblia, desde Gn 11 (torre de Babel) hasta Ap 16-19 (caída de Babel). Babel es signo del orgullo humano, del poderío militar y de la opresión del mundo, que empieza con el asesinato de la madre-diosa. [4]

Hubo un tiempo en que los hombres parecían dependientes de la madre engendradora: de ella nacían, en ella se encontraban sustentados. Pues bien, algunos pensaron que esa madre Tiamat les había engendrado para tenerles sometidos, como esclavos, para oprimirles, reinando sobre ellos. De manera consecuente, para alcanzar la madurez y realizarse con autonomía, los hijos tuvieron que matar a la madre, coronando como rey a Marduk, el matricida.

12-13): los grandes imperios que están en las raíces de occidente (Babilonia y Persia, Macedonia y Roma) han crecido y se alimentan de la muerte de víctimas. Esos imperios no han elaborado un ritual de sacrificios como los aztecas, pero han hecho a veces algo peor: han matado (y matan) a sus víctimas sin decir que las matan, afirmando eso sí, como los aztecas, que su política se encuentra al servicio de la vida (de la cultura occidental, de la libertad).

2. Los temas textos que elegimos y evocamos, con sus mitos y ritos sacrificiales, provienen de ámbitos distintos, de manera que no pueden unificarse. Pero aun así ofrecen una visión impresionante de la relación entre violencia, religión y vida humana.

3. Este es uno de los mitos antietiológicos más antiguos: para ser lo que somos, violentos luchadores, los hombres hemos tenido que "matar a la madre". Texto del mito en F. Lara, *Enuma Elish*, Trotta, Madrid, 1994. Bibliografía: H. Frankfort, *Reyes y Dioses (en Egipto y Mesopotamia)*, Rev. de Occidente, Madrid, 1976; M. García Cordero, *La Biblia y el legado del Antiguo Oriente*, BAC, Madrid, 1977; W. H. Ph. Romer, «La religión en la antigua Mesopotamia», en C. J. Bleeker y G. Widengren, *Historia religionum*, Cristiandad, Madrid, 1973, I,121-196.

4. He desarrollado el tema en *Hombre y mujer en las religiones*, VD, Estella, 1989.

Los triunfadores de la cultura occidental, herederos de este mito mesopotámico, hemos empezado a ser lo que somos al separarnos de la madre naturaleza y dominarla, pero hemos ignorado que al matar a la madre nos matamos a nosotros mismos. Esta es la situación de nuestra cultura. Hemos dominado a la madre-naturaleza, pero al hacerlo, al envenenarla y cautivarla, al tenerla sometida, acabamos destruyéndonos nosotros mismos.

Donde reinaba el útero materno de Tiamat, reinan ahora y son adoradas las armas que utilizamos para matarla, de manera que el Arco y la Red constituyen *el nuevo cuerpo de violencia* del varón que se impone sobre el mundo, es decir, sobre su madre naturaleza. Ha terminado la "protohistoria" (tiempo del cuerpo materno); sobre el cadáver de la madre naturaleza nos alzamos nosotros, con el Arco guerrero (= armas atómicas) y la Red cautivadora, que nos permite tener a la madre sometida.

Este mito expresa el ideal de una sociedad que se funda en la violencia de los conquistadores (guerreros) y ratifica el sometimiento del principio materno/femenino de la madre naturaleza. Este mito no está aludiendo a un hecho concreto, en un tiempo concreto, sino que refleja la identidad y destino de nuestra historia de muerte, en la cultura de occidente, en la línea del relato de la torre de Babel, que culmina en Gn 11.[5]

El varón toma a la mujer (madre naturaleza) como un monstruo al que debe dominar para descubrir su identidad y autonomía sobre el mundo. De esa forma, la mujer aparece como la primera conquista del varón. Ella era persona dando vida: el varón no puede darla (en proceso de generación) y por eso inventa un modo diferente de organizar la vida, empleando para ello la violencia. La mujer pierde su autonomía, ya no es dueña de su propia identidad pues el varón dominador ha impedido que ella se despliegue en línea de autonomía volviéndose independiente en sentido personal.

En esa línea, nosotros, hijos de occidente, de tal forma que al matarla a ella (la diosa madre tierra) corremos el riesgo de matarnos a nosotros mismos, pues sin madre tierra viva morimos también

---

5. En ese contexto, queremos recordar que el asesinato de la madre aparece también en el mito fundante griego de la *Orestiada*. Cf. J. J. Bachofen, *Mitología arcaica y derecho materno*, Anthropos, Barcelona, 1988, 116-135. Sobre el *"pecado original"* en la cultura babilonia, cf. P. Ricoeur, *finitud y culpabilidad*, Taurus, Madrid, 1969, 465-512.

nosotros. Evidentemente, la cultura y religión que se establece sobre ese fundamento (muerte de la madre) tiene que imponerse de un modo militar: se ha desligado de la naturaleza, se ha puesto al servicio del orden de Babel y es capaz de destruir el universo entero. Desde ese fondo puede entenderse nuestro tiempo en este siglo XXI. Esta religión sirve para sancionar el orden social: los humanos brotan de la sangre mala de la diosa derrotada (Tiamat o Kingu, su malvado consejero); por eso tienen sangre perversa y hay que mantenerlos sometidos. Han nacido para obedecer y servir al dios del poder de Babilonia y de su imperio. Por su mismo nacimiento son esclavos de una autoridad sacral, simbolizada por Babel, con su templo y su imperio gigantesco. Pues bien, esta cultura de Marduk-Babel ha definido toda la historia posterior de occidente, como ha señalado de forma ejemplo el Apocalipsis.[6]

Israel 1. En el comienzo, el sacrificio de la hija: Jefté

La Biblia no mata a Tiamat, madre divina del universo, sino que suprime a las "diosas madres" (Ashera y Astoret),[7] pero incluye el tema del sacrificio de la hija de Jefté, indicando que, a fin de triunfar en la guerra, el padre guerrero tiene que sacrificar a su hija.

Abraham es padre de los creyentes y el sacrificio de su hijo, recreado en forma simbólica, forma parte de la identidad religiosa de judíos y cristianos. Ciertamente, a diferencia de lo que sucede con el sacrificio del hijo de Abraham, Jefté ha quedado como una figura marginal en la tradición judeo-cristiana y el sacrificio de su hija ha sido silenciado por gran parte de la tradición religiosa. Pienso, sin embargo, que ese sacrificio (¡en este caso consumado!) resulta muy importante para comprender las relaciones entre religión, violencia y ecología.

6. La Biblia en su conjunto, desde Gn 11:1-9 (Torre de Babel, templo de Marduk) hasta Ap 17-19 (caída de Babel, la prostituta), ha interpretado este mito de forma negativa, como expresión de la soberbia de los hombres que se alzan contra su Madre sagrada (contra el mismo Dios excelso) y así caen en manos de propia confusión, vinculada a la mujer-prostituta que les maneja y destruye. No sabemos si ha existido en el principio de las grandes culturas un asesinato histórico de la madre (paralelo al asesinato del padre que muchos postulan, conforme al mito de Edipo); lo que sí ha existido es la represión violenta del aspecto materno de la vida, con la sumisión de las mujeres bajo los guerreros. Al menos en sentido simbólico podemos decir que somos hijos de un asesinato, de un matricidio, (deicidio): hemos "matado" a nuestra madre.

7. He desarrollado este tema, en *Las mujeres en la Biblia judía*, Clie, Viladecavalls, 2013.

Normalmente, las hijas han sido sacrificadas por sus padres (y por sus esposos), en el altar de una determinada concepción patriarcal. Para vencer en la guerra del mundo hay que matar, sacrificar, a las hijas en otros lugares.[8] Aquí me limito a evocar algunos rasgos del tema, destacando el aspecto "ecológico del tema, desde la perspectiva de la hija única a quien el duro guerrero ofrece a Dios, a cambio de su victoria. Jefté, caudillo militar israelita, sacrifica la vida de su hija, en el altar de Dios, como medio para conseguir la muerte de los enemigos en la guerra.

Se trata, sin duda, de un tema horrible, que la Biblia narra con terror, pero sin inmutarse, pues expresa (sigue expresando) un tema clave de la historia humana: hay un tipo de progreso económico o militar (en línea de sistema) que implica la utilización y/o destrucción de millones inocentes (en especial mujeres) que han de ser sacrificadas para que este sistema de poder opresor triunfe sobre el mundo.

Eran tiempos de dura violencia, una época «sin reyes» (quiere decirse «sin leyes»), en la que cada uno hacía lo que quería (cf. Jc 21:25), y los israelitas se hallaban amenazados de muerte por unas tribus de amonitas. Pues bien, los representantes de Yahvé, es decir, del pueblo de la alianza, incapaces de rechazar la amenaza, pidieron a Jefté, un guerrillero marginal, que dirigiera contra los enemigos de Israel. Jefté asumió el compromiso y, siguiendo las más duras costumbres de su tiempo, ofreció a Dios un voto, «prometiendo la vida de aquel que saliera a recibirle de su casa cuando llegara victorioso» (si llegaba).

> *Y Jefté hizo un voto a Yahvé: Si entregas a los amonitas en mi mano, el primero que salga a mi encuentro de las puertas de mi casa, cuando regrese victorioso lo ofreceré para Yahvé en holocausto... Y cuando regresaba... le salió a recibir su hija con címbalos y danzas. Y ella era única; no tenía fuera de ella hijo ni hija. Al verla rasgó sus vestiduras y exclamó: – ¡Ay, hija mía! Me has perturbado por completo. Tú misma me has hecho desgraciado, pues yo he abierto mi boca ante Yahvé y no puedo volverme atrás. Y ella le respondió: – ¡Has abierto tu boca ante Yahvé! Haz conmigo según la palabra de*

8. Cf. *Hombre y mujer en las religiones*, VD, Estella ,1989; *Dios judío, Dios cristiano*, VD, Estella, 1996.

tu boca, pues Yahvé te ha concedido vengarte de tus enemigos, de los hijos de Amón.[9]

Jefté, padre guerrero, ofrece y sacrifica a su hija, en acción de gracias por la victoria obtenida sobre los enemigos, en gesto que expresa el más despiadado sentido mercantil de la religión: «Dios me ha dado lo más grande, la victoria; yo tengo que darle lo mejor, lo único que tiene valor para mí: la vida de mi hija». Algunos han pensado que Jefté ha caído en la trampa de su irreflexión, ofreciendo a Dios «al primero que salga por las puertas de mi casa». Pero leyendo mejor descubrimos que sabe lo que ha dicho: en su casa de guerrero solo hay una persona que puede recibirle jubilosa, dirigiendo el coro de cantoras que celebran la victoria: su querida y única hija.

No puede salir de su casa un animal (oveja o novillo), pues no están en la casa, sino en los establos. Tampoco un extraño puede salir de verdad de su casa, pues dentro en ella habita solo una persona que puede recibirle con gozo, «desde las puertas de mi casa» (cf. Jc 11:31). Jefté lo sabe y así ofrece su hija a un Dios de violencia, al servicio de la guerra. Eso significa que el duro padre y guerrero *ha negociado con Yahvé su victoria militar al coste de su hija*, ofreciendo a Dios lo más sagrado, en comercio de sangre. De esa forma expresa su sangrante sacrificio.

– *Yahvé, Dios de la guerra*, necesita un precio para aplacarse y conceder victoria al jefe militar israelita. Quiere, como siempre, lo más grande: la vida de la hija única, «que llora por los montes su virginidad». La desea para sí, sin que nadie más pueda casarse con ella y tener hijos, sin que ella misma pueda realizarse como madre. Así viene a mostrarse como un Dios del sacrificio violento, que quiere precisamente lo más importante y valioso: la vida de la joven, la renuncia al sexo y a la maternidad.

9. Para una visión general del tema, cf. M. Bal, *Death and Dissymmetry. The Politics of Coherence in the Book of Judges,* UP, Chicago ,1988. Sobre el libro de los Jueces. G. Auzou, *La fuerza del Espíritu. Estudio del libro de los Jueces*, FAX, Madrid, 1968; M. Navarro, *Los libros de Josué, Jueces y Rut,* Herder, Barcelona, 1995; R. G. Boling, *Judges*, AB 6a, Doubleday, New York, 1975; A. D. H. Mayes, *Judges*, JSOT, Sheffield, 1985; J. A. Soggin, *Judges*, Westminster, Philadelphia, 1981. Introducción básica en R. G. Boling, *Judges*, ABD III, 1107-1117.

– *Jefté, guerrero sacerdote*, se eleva de esa forma como dueño de la vida de su hija, de la que dispone como "valor de cambio" para negociar con ella ante Yahvé. Ciertamente, consigue la victoria, logra la paz para su pueblo, pero a costa de su hija. Abraham ofrecerá a Dios su "único hijo" de un modo gratuito, simplemente para mostrar su fidelidad. Jefté ofrece su hija para conseguir la victoria de Israel. Como ya sabemos, el yahvismo ha sustituido y condenado este tipo de sacrificios humanos (cf. 2 R 3:27; Lv 18:21; Dt 12:31; 18:10), pero nuestro texto sabe que ellos existieron al principio de la historia israelita y siguen influyendo poderosamente en ella.

El tema de fondo de este relato pertenece a la historia primigenia de la humanidad y ha sido conservado de diversas formas en mitos de otros pueblos (desde el sacrificio de Ifigenia en Grecia hasta la muerte de doncellas casaderas mexicanas en las fiestas del dios del maíz). *El Dios de este relato sigue estando en el fondo de los dioses más actuales de la humanidad* (capital, empresa, mercado). Para esos dioses luchamos.

Para honor de esos dioses vivimos, teniendo que sacrificar por ellos la vida de un tipo de humanidad inocente los Padres/Poderosos tienen que sacrificar a sus hijas para triunfar en el combate de la supremacía militar y política del mundo. La misma hija aparece así como un *ser para la muerte* (el holocausto), al servicio de la guerra y del dios de los varones, sin más recuerdo que la memoria del llanto (los cuatro días que lloran cada año las hijas de Israel en las montañas).[10]

Israel 2. Abraham: Sacrificio sustitutorio. La Akedah de Isaac (Gn 22)

El sacrificio de los hijos constituye un tema común en muchos pueblos, y de un modo especial en Israel, como acabamos de ver por

---

10. Al hijo varón no se le mata, pues puede luchar y morir en la batalla, haciendo al mismo tiempo que perdure su memoria a través de las mujeres. La que muere es la hija, de manera que el canto jubiloso de victoria (cf. 1 S 18:6; Éx 15; Jc 5; 1 S 2) se convierte en experiencia y memorial de muerte. L. Feuchtwangen, *Jefté y su hija*, EDAF, Madrid, 1995, ha intentado penetrar en forma novelada, desde la vertiente del padre (no de la hija sacrificada) en la historia y teología o ideología abismal de este relato. *Los israelitas* supieron que este sacrificio fue luctuoso y por eso "las muchachas del pueblo salían año tras año, por los montes, a llorar *la virginidad de la hija de Jefté, el galaadita*", para que nunca más suceda cosa semejante.

el relato de la hija de Jefté. Pues bien, en un momento posterior la Biblia ha condenado la práctica de los sacrificios humanos, sustituyéndolos por sacrificios animales como muestra la historia de Abraham e Isaac. La Biblia supone que la práctica religiosa de sacrificar a los hijos pertenece a la religión de los cananeos y de los pueblos del entorno de Palestina y Fenicia, quienes son especialmente perversos, pues la vida y sangre humana pertenece a Dios y nadie puede derramarla en su nombre. Por eso, el sacrificio de los hijos (y todo sacrificio humano) va en contra del mandamiento solemne del decálogo: ¡no matarás! (cf. Éx 20:13; Dt 5:17), que había sido promulgado de manera expresa tras el diluvio (Gn 9:6).

Desde ese fondo se entienden las leyes más estrictas del Pentateuco: «No se encontrará en ti quien haga pasar por fuego a su hijo o a su hija, ni quien sea mago, ni adivino, ni hechicero... Porque cualquiera que hace estas cosas es una abominación para Yahvé. Y por estas abominaciones Yahvé tu Dios los echa de delante de ti» (Dt 18:10-12). «No darás ningún descendiente tuyo para hacerlo pasar por fuego a Moloc. No profanarás el nombre de tu Dios. Yo, Yahvé» (Lv 18:21). [11]

En este contexto se sitúa el *sacrificio de Abraham (= Akedah o atadura de Isaac),* a quien Dios mismo pidió que le diera la vida de su hijo Isaac, nacido tras larga espera, por intervención especial de Dios (cf. Gn 15-17). Esa tradición, en la que se supone que Dios mandó que Abraham le ofreciera a su hijo en sacrificio, constituye una de las páginas más fuertes y oscuras de la Biblia. Pablo dirá más tarde que «Dios impidió que Abraham matara a su hijo Isaac «pero no se reservó a su Hijo Jesucristo, sino que lo entregó en favor de todos nosotros», no lo hizo para quedar así aplacado, sino para darnos generosamente su vida (cf. Rm 8:32). Según el evangelio, Dios que no quiere la muerte de nadie, ni mata, sino que regala generosamente su vida a los hombres (les da a su mismo Hijo). Dios no pide "precio comercial" para ayudar a los hombres (tema que está al fondo del sacrificio azteca), sino que les da de forma puramente gratuita su amor y su vida en Cristo. Así empieza el tema de Isaac:

11. Para situar el tema de los sacrificios en la Biblia y en especial el sacrificio de Abraham, cf. R. de Vaux, *Instituciones del Antiguo Testamento,* Herder, Barcelona ,1985; H. Hubert y M. Mauss, «De la naturaleza y de la función de los sacrificios», en M. Mauss, *Lo sagrado y lo profano. Obras I,* Barral, Barcelona ,1970.

Dijo Dios a Abraham: – ¡Abraham!... Toma a tu hijo único... Isaac y vete al país de Moria y ofrécemelo allí en sacrificio en uno de los montes que yo te indicaré... Abraham tomó leña para el holocausto, se la cargó a su hijo Isaac y él llevaba el fuego y el cuchillo. Los dos caminaban juntos. Isaac dijo a Abraham, su padre: – Tenemos fuego y leña, pero ¿dónde está el cordero para el holocausto? Abraham contestó: – Dios proveerá el cordero para el holocausto, hijo mío... cuando llegaron al sitio que le había dicho Dios, Abraham levantó un altar... y tomó el cuchillo para degollar a su hijo; pero el ángel de Yahvé le gritó: – ¡Abraham, Abraham! Él contestó: ¡Aquí estoy! Y el ángel le dijo: No alargues la mano contra tu hijo ni le hagas nada. Ahora sé que temes a Dios, porque no me has negado a tu hijo, tu único hijo. Abraham levantó los ojos y vio un cordero enredado por los cuernos en la maleza; tomó el cordero y lo ofreció en holocausto en lugar de su hijo (Gn 22:1-13).[12]

Este Dios puede recordar a Kronos, Señor del tiempo, que devora a sus hijos. En el fondo de su petición y de la respuesta de Abraham parece estar el recuerdo de los sacrificios humanos. Siglo tras siglo, en largos milenios, muchos padres han ofrecido sus primogénitos queridos a un dios celoso del poder paterno. Han reconocido de esa forma la supremacía de Dios y han asegurado su protección (y la vida de los restantes hijos) en la tierra. Pero, cambiados los tiempos, mudada la imagen de Dios, Abraham descubre que lo que Dios quiere es su fe, no la vida de Isaac. De esa forma se instaura y funda el rito de la sustitución de la víctima: en vez de matar a su hijo ofrece un cordero a Dios en holocausto (quemándolo del todo), sobre el monte Moria, que la tradición identifica con el lugar sagrado del templo de Jerusalén.

Abraham está dispuesto a sacrificar en la montaña de Moria/ Jerusalén lo más grande que tiene (a su hijo prometido), pero descubre que Dios le pide obediencia, no la vida del hijo. En lugar del hijo ofrece a Dios un cordero, que aparece de esa forma como víctima sustitutiva, en la que se expresa la nueva fe, que no necesita ya sacrificios humanos. Los creyentes monoteístas nos sabemos vinculados a la transformación creyente de Abraham.

12. Cf. G. von Rad. *El libro de Génesis*, BEB Sígueme, Salamanca, 1977; H. Th. Gaster, *Mito, leyenda y costumbre en el libro del Génesis*, Barral, Barcelona, 1973; J R. Michaud, *Los patriarcas*, Verbo Divino, Estella, 1997.

Por un lado, Abraham pertenece al mundo antiguo: Su paternidad aparecía amenazada por un dios de violencia a quien debemos aplacar, ofreciéndole en sacrificio el propio hijo, mientras preguntamos: ¿Quién es ese Dios que exige esto? Por otro lado, él pertenece ya a un tipo nuevo de paternidad, que se expresa en la fe: «Por no haberte reservado tú único hijo, te bendeciré, multiplicaré a tus descendientes...» (22:16-17). De Dios es el hijo, de Dios es todo, pero de un modo distinto, no por la muerte, sino para la vida, no por el sacrificio, sino para la descendencia numerosa, para la vida futura.

Aquí se expresa el *principio de sustitución*. Estrictamente hablando, *Dios no quiere sacrificios, sino fe*; no necesita imponer su autoridad, no quiere que se mate en su honor vida ninguna, ni siquiera la vida de un carnero, como seguiremos viendo, pero, el texto antiguo no ha sacado todavía esa consecuencia. Por eso, hace que Abraham ofrezca a Dios un *carnero sustitutivo* en vez del hijo. Este no es aún un Dios de pura gracia y vida, como muestra el tema siguiente.

Yom Kippur: chivo expiatorio de Yahvé; chivo emisario de Azazel (Lv 16)

Los textos anteriores y, en algún sentido, toda la Biblia Hebrea, A. T., se condensa en la liturgia del Yom Kippur, con dos chivos iguales. Uno se mata en "honor de Dios", esparciendo su sangre sobre el altar del propiciatorio del templo; al otro se le expulsa al desierto exterior, para que sufra bajo el poder de Azazel, es el diablo del mundo perverso. Este es para muchos el texto más significativo de la Biblia, de la fiesta suprema del judaísmo.[13]

Es un texto ritual (escrito para regular una celebración), pero refleja y actualiza uno de los mitos más significativos de la historia humana. Es un rito de sacerdotes que han descubierto el sentido de la violencia originaria y que quieren expresarla y conjurarla, para que no se extienda, de manera que los hombres puedan vivir, situándose

13. El Yom Kippur, día de la Expiación/Perdón, es la fiesta más solemne del calendario judío moderno. Se celebra a los diez días del Rosh Hashaná o Año Nuevo y precede a la fiesta de los Tabernáculos o Sukkot, entre septiembre y octubre (2023: 24 septiembre; 2024: 2 octubre, etc.). Es día festivo, con ayuno mayor, desde la puesta de sol del día anterior a la puesta de sol del nuevo día. Se prescribe en los diversos calendarios bíblicos de origen postexílico: Éx 30:10; Lv 23:27-31; 25:9; Nm 29:7-11.

ante el bien y el mal. El sacrificio griego de Prometeo, servía para separar a hombres y dioses. Este sacrificio doble sirve para separar el bien y el mal ante Dios y dentro de la historia humana. La sangre de uno se esparce ante el altar y el propiciatorio del templo. Al otro chivo se le expulsa/destierra al desierto de Azazel.

Este es el día de la gran *expiación y expulsión*: el pueblo tiene que "lavarse" con sangre ante Dios, limpiar sus manchas propias y expulsar al desierto de la muerte a los otros culpables, que la vida en el mundo pueda seguir existiendo. Esta celebración de sangre y expulsión nos sitúa ante la gran alternativa del Dios de Sangre (Yahvé) y el Dios enigmático/diabólico Azazel (a quien debemos comparar con Al-Uzza, uno de los tres dioses adversos de los Versos Satánicos del Corán 53, 19-20b). Así dice el texto:

a. (El santuario). *Yahvé habló a Moisés…: Aarón recibirá de la asamblea (´adat) israelita dos machos cabríos (= chivos) para la expiación y un carnero para el holocausto… Tomará los dos chivos y los presentará ante Yahvé, a la entrada de la tienda del encuentro. Y echará Aarón las suertes sobre los dos chivos: una suerte para Yahvé, otra suerte para Azazel. Tomará Aarón el chivo que haya tocado en suerte para Yahvé y lo ofrecerá en expiación. Y el chivo que haya tocado en suerte para Azazel lo presentará vivo ante Yahvé para hacer sobre él la propiciación, para enviarlo a Azazel, al desierto... (Lv 16:7-10).*

b. (El chivo de Yahvé). *Aarón, degollará el chivo de la expiación por el pueblo e introducirá su sangre detrás de la cortina y hará con su sangre lo que hizo con la sangre del novillo: la salpicará sobre el propiciatorio y delante del propiciatorio. Y hará la propiciación por el santuario, por las impurezas de los hijos de Israel, por sus delitos, por todos sus pecados. Lo mismo hará en la tienda del encuentro que está con ellos, en medio de sus impurezas... Después irá al altar que está delante de Yahvé y hará la propiciación por él: tomará del novillo y del chivo y la pondrá alrededor, sobre los cuernos del altar. Salpicará sobre el altar siete veces con la sangre de su dedo. Así lo purifica y santifica de los delitos de los israelitas (Lv 16:15-19).*

c. (El chivo de Azazel). *Acababa la propiciación del santuario, de la tienda del encuentro y del altar, hará aproximar el chivo vivo. Y pondrá Aarón sus dos manos sobre la cabeza del chivo vivo y confesará sobre él todos los delitos sobre la cabeza del chivo y lo enviará al desierto, por medio del encargado. El chivo llevará sobre él todos los*

*delitos a una tierra solitaria; y el encargado soltará el chivo en el
desierto (Lv 16:20-22).*

d. (Conclusión). *Después, Aarón entrará en la tienda del encuentro,
se quitará los vestidos de lino... Y el que ha llevado el chivo para
Azazel lavará sus vestidos, se bañará... Las víctimas expiatorias, el
chivo y el carnero, cuya sangre se introdujo para la propiciación en
el santuario, se sacarán fuera del campamento y se quemarán... Es
ley perpetua. El día diez del séptimo mes haréis penitencia... Ese día
se hace la propiciación por vosotros a fin de purificaros: quedareis
limpios de todos vuestros pecados ante Yahvé... (Lv 16:23-30).* [14]

Este pasaje forma parte de la última redacción sacerdotal del Pentateuco; tiene elementos anteriores, pero recoge una visión de conjunto posterior al exilio, en un momento en que los israelitas asumen
elementos iranios y griegos (oposición bien-mal, aunque sin dualismo estricto), dentro de una visión sacral de la creación y de la
historia, en línea de expiación, reparación y restitución divina del
mundo. Es un texto sacerdotal, no profético, un texto de fondo apocalíptico, que ha determinado la conciencia del judaísmo de tiempo
de Jesús, hasta el día de hoy.

a) ¡Que Aarón no entre en cualquier tiempo! (Lv 16:1-6). Israel ha
construido un templo de Dios, con un patio externo donde está el altar, al aire libre, a la vista de los fieles, una tienda o lugar de encuentro, que podemos llamar *Santo*, propio de los sacerdotes oficiantes, y
finalmente un *Qodes* o Santísimo, más allá de la cortina, donde solo
penetra una vez al año el Sumo Sacerdote (cf. 16:34).

En ese templo, Dios se ha reservado un espacio donde habita de
un modo especial, sosteniendo la vida de sus fieles, pero recibiendo también los pecados e impurezas que ensucian su nombre y su
presencia. Por eso se establecen unos ritos de purificación que le
devuelvan la pureza, permitiendo que el pueblo vuelva también a
ser puro.

14. Sobre el origen y contexto histórico, cf. G. A. Andersen, *Sacrifices and Offerings
in Ancient Israel*, HSM 41 Atlanta, 1987; G. Deiana, *Il giorno dell' Espiazione. Il "kippur"
nella tradizione biblica*, ABI 30, EDB, Bologna, 1995; F. H. Gorman, *The Ideology of Ritual*,
JSOT SuppSer, Sheffield, 1990,61-102; H. Tawil, *'Azazel the Prince of the Steppe: A compa-
rative Study*, ZAW 92 (1980) 43-59; R. de Vaux, *Instituciones AT*, Herder, Barcelona ,1985,
528-577.

Como signo que indica la unidad y separación entre Dios y el pueblo se ha establecido una *Cortina* (*Paroket*: 16, 2.12.15), un *velo* de misterio que separara *el Santo* (tienda del encuentro) y el *Santísimo* o lugar del gran silencio donde solo entra una vez al año el Sumo Sacerdote, revestido de ornamentos oficiales, con la sangre de propiciación. En el centro del Santísimo se encuentra el *Kapporet, propiciatorio* o *placa* que recubre el arca de la alianza, como *escabel* donde Yahvé pone sus pies, al sentarse en el trono invisible de su templo. El texto empieza recordando el misterio del lugar: Quien entre allí sin causa morirá.[15] Como seguiré indicando, este pasaje forma parte de la liturgia y función de los sacerdotes, no a la de Jesús, para quien Dios se revela especialmente como misericordia y perdón creador, en los excluidos, enfermos y pobres.

b) Dos chivos ante el Sumo Sacerdote (16:7-10). En torno al *espacio sagrado del* templo se abre un círculo de vida para el pueblo; más allá queda el desierto de Azazel. Pues bien, cuando llega el *tiempo* sagrado de la expiación quedan enfrentados de forma especial Dios y pueblo, emergiendo también Azazel, amenaza de terror y muerte frente a Dios... En el centro como mediador litúrgico actúa el Sacerdote, representante de Dios en la tierra, encargado de realizar la expiación ante Dios y de mantener alejado a Azazel, el riesgo antidivino.

De esa manera se formula el rito básico de los sacerdotes que garantizan el orden de Dios sobre la tierra, manteniendo alejado a Azazel. Mientras se celebra año tras año este rito de expiación, el mundo seguirá existiendo, la vida seguirá triunfando de la muerte.

– *Dios* está definido como *Santidad*, según indica el lugar donde habita (*Qodes, lugar santo*). Ciertamente es dueño universal del cosmos y tiene su morada sobre el cielo (cf. 1 R 8), pero ha elegido el templo de Israel como lugar de su presencia.

---

15. El texto actúa *despertando el miedo*: nos pone ante el pavor sagrado que emana de un Dios escondido, al que nadie puede contemplar o acercarse, tocarlo. Se marca así *la distancia de Dios*, estableciendo simbólicamente su diferencia respecto de los hombres. Está separado y, sin embargo, atrae, centrando las miradas del conjunto de los israelitas. Solo uno entrará en nombre de todos, para así tocar a Dios, el día de mayor sacralidad del año, en la gran fiesta del perdón.

– *Azazel* es la antítesis de Dios, signo del terror/terrorismo que habita en el desierto, es decir, en los lugares alejados de la vida. El texto no teoriza: no se esfuerza por fijar su rostro, definirle o presentarle (pues es un texto de rito, no de mito). Sabe, sin embargo, que Azazel habita fuera, al margen de nuestra morada, al exterior de la frontera que separa lo puro de lo impuro.

El pueblo se encuentra entre la pureza de Yahvé (que es la vida, la vegetación, el alimento) y el pecado de Azazel. Aquí no se citan otras instituciones sociales o sacrales del pueblo, ni sus rasgos familiares, económicos, sociales. Lo que importa es la mancha o pecado (violencia) de la humanidad, que debe purificarse, pues de lo contrario se podrá destruir el mismo pueblo.

En este contexto se entienden *los dos chivos,* que empiezan siendo *ambivalentes:* pueden significar el bien (sangre de Dios), pero también el mal (son portadores de pecado). Están en el límite entre Dios y Azazel, en la frontera donde bien y mal se tocan. Son, sin duda, una expresión del pueblo: Las dos caras de una misma humanidad violenta que puede ser perdonada sobre el templo (sangre purificadora) o destruida en el desierto. Son ambivalentes y por eso se deben sortear, en gesto que recuerda viejos ritos sagrados, conocidos dentro de Israel por los Urim y Tummim (cf. Éx 28:30; Lv 8:8; Nm 27:21; Dt 28:8, 10). Es como si, llegando al límite, en principio, no se distinguieran bien y mal, Dios y Azazel, violencia buena y mala.[16]

c) Chivo de Yahvé, víctima expiatoria (16:15-19). Con el chivo de Dios y un novillo se realiza el rito de propiciación, esparciendo la sangre de los animales sacrificados sobre el Altar externo que está en el atrio de los sacerdotes, en el Santo interior (donde penetra cada día un sacerdote, con la ofrenda perpetua/tamid del cordero), y el Santísimo interior o Santo de los Santos donde solo este día (el Yom Kippur) penetra el sacerdote, con la sangre que sirve para *expiar* (cf. Lv 17:11), esto es, para reconciliar a los hombres con Dios y, al

---

16. Sobre Lv 16 y el chivo expiatorio ha fundado R. Girard su teoría de la religión y el sacrificio (cf. *El misterio de nuestro mundo,* Sígueme, Salamanca, 1982; *El chivo emisario,* Anagrama, Barcelona, 1992). Pero su visión, siendo luminosa, no logra captar la diferencia y complementariedad bíblica (sacrificial y salvadora) entre los dos chivos, cosa que tampoco hace, en general, la ingente bibliografía sobre el tema.

mismo tiempo, entre sí. Esa sangre ritual limpia los tres lugares centrales del gran santuario.

El texto supone que los hombres necesitan "víctimas" para presentarlas ante Dios y reconciliarse con él. Ellos se enfrentan entre sí, se injurian y se matan, en proceso de oscurecimiento creciente: Olvidan la santidad del Señor y llenan todo el mundo de impureza. Pero *Dios* les ofrece un medio de purificación: la sangre del chivo sacrificado y la del toro con la que el Sumo Sacerdote asperge y limpia el Santísimo, el Santo y el Altar.

Todos los israelitas se han unido sobre la explanada del templo como poniendo sus manchas en manos del Gran Sacerdote que lleva la sangre del chivo y del toro más allá de la cortina, limpiando con ella (en ella) el espacio de Dios, el mismo templo y el altar. Esta es la fiesta del perdón, el *sacramento de la sangre,* el gran signo de la sangre ritual del chivo y del toro expiatorio que permite que los hombres superen la violencia social y se reconcilien, purificados ante Dios.

La sangre del toro y el macho cabrío se sigue situando así en una línea del talión: Es sangre sagrada (ofrecida a Dios), que sirve para superar el pecado de la sangre de todos los asesinos, es violencia ritualizada, que se expresa por el sacrificio de unos animales sagrados, que nos permiten superar el riesgo de violencia social que nos amenaza. De esa forma se expresa y actúa una violencia que vence a otra violencia, la "sangre del chivo de Dios" que es más fuerte que la mancha pecadora de los hombres.

En un sentido, esta sangre nos sigue situando en la línea de la sangre expiatoria de los sacrificios de los aztecas, una sangre humana que servía para reconciliar a los hombres ante Dios, para expiar por los pecados del pueblo y, en el fondo, para dar fuerza al mismo Dios, de manera que él pudiera seguir habitando entre los hombres y ofreciéndoles su vida.

Esta sangre expiatoria era el mayor "capital" de la humanidad. Con esa sangre, a través de Israel, la humanidad podía "pagar" a Dios sus "deudas/pecados", devolverle lo recibido, en una especie de comercio superior, de rito de expiación por los delitos cometidos. Por esa sangre, Dios podía reconciliarse y se reconciliaba con los hombres, que habían logrado "merecer" su perdón, pagarle por sus culpas. Significativamente, Jesús enseñará a sus seguidores una oración que dice "perdona nuestras deudas, como nosotros perdonamos a nuestros deudores, Mt 6:12; para él, el verdadero Yom Kippur es el perdón interhumano.

d) Chivo de Azazel, víctima emisaria expulsada al desierto externo (16:20-22). Pero el sacrificio expiatorio, ofrecido a Dios no basta. Queda el otro chivo, que no se mata, ni se esparce su sangre sobre el altar, sino que es desterrado, expulsado, al desierto, para que lleve/entregue los pecados a Azazel, que aparece así, en paralelo a Dios, pero como figura de contraste, un tipo de Anti-Dios (que puede vincularse con Al-Uzza, la Fuerte, una de las tres diosas de los "versos satánicos" del Corán). Según eso, por una parte, la sangre del chivo expiatorio se ofrece a Dios por el perdón de los pecados, y, por otra parte, al otro chivo (chivo emisario) se envía vivo, con los pecados del pueblo, al desierto, que es la zona de muerte, donde habita Azazel, "dios satánico".

No todo en el mundo es templo y lugar de santidad. No hay sangre que pueda limpiar toda mancha, ni hay sacrificio que aplaque hasta el final toda violencia. Fuera del altar y del Santísimo del templo donde se aplica Dios a través de la sangre del sacrificio purificatorio, queda el ancho desierto que no puede ser purificado ni convertido en tierra buena y habitable. A ese desierto hay que expulsar de algún modo a todos los que destruyen la paz del pueblo, con el chivo de Azazel. De esa forma se establecen los dos polos simbólicos de esta densa geografía sacral, abierta al mundo entero y no solo a Israel y a sus creyentes.

1. *Hay un centro sagrado*, un lugar de pureza en el que Dios habita, un santuario donde los hombres pueden expiar sus pecados, de manera que expulsan lo malo y quedan limpios, para comenzar de nuevo su vida de purificados. En este contexto se enmarcan los pecados que pueden perdonarse de forma que pueda surgir y surja la comunidad de los reconciliados por la sangre, es decir, por la violencia del chivo expiatorio de Dios que es más poderoso que la violencia de los hombres.

2. *Hay una periferia impura*, un desierto donde ni la sangre puede ya purificar los pecados de los hombres. Este es el *campo desolado de Azazel*, al que se expulsa el segundo chivo, que es chivo emisario, que lleva los pecados que no pueden perdonarse,

de manera que ellos queden así en el lugar-del-no-perdón, espacio de violencia duradera, infierno permanente, fuera del campo sagrado de Israel.

El texto no define más las funciones de Azazel y las de su chivo emisario, de manera que se ha interpretado de diversas formas. Pero nos permite decir que los dos chivos son complementarios: todo aquello que Dios ha limpiado al lavarnos (al purificar el lugar de su presencia, con el chivo expiatorio) hace que surja a la luz, como por contraste un nuevo tipo de suciedad, que ya no se puede expiar y purificar desde dentro, de manera que hay que enviarla fuera, con el mal chivo emisario, al desierto externo. Desde aquí se ven las diferencias.

– *El sacerdote sacrifica al primer chivo,* de manera que su sangre se vuelve expiatoria y se emplea, con la del toro, como fuente de purificación para los creyentes, a fin de que ellos puedan vivir así liberados sobre un mundo habitable, es decir, sobre un espacio ecológico de reconciliación.

– En otra línea, *el sacerdote expulsa al chivo de Azazel,* mandándolo vivo al desierto, sin limpiar sus pecados, sin superar sus violencias, sin matarlo. Ese chivo representa, por tanto, la exterioridad impura, aquello que no puede redimirse y que así queda, entregado en manos de un tipo de diablo, en un desierto de falta de vida, esto es, de muerte, para siempre, un chivo emisario, pero no para Dios, sino para Azazel.

Este pasaje nos sitúa, según eso, ante una ecología doble o, mejor dicho, un espacio ecológico (un campo/mundo purificado en el que habitan los que, año tras año reciben el perdón que purifica) y un desierto anti/ecológico, esto es, un desierto de pecado en el que malviven y mueren los no purificados. En este fondo se entiende y enmarcan los dos signos:

– *La sangre expiatoria del chivo expiatorio* nos limpia y purifica hacia dentro; la misma violencia, ritualizada y canalizada por los sacerdotes, nos permite superar año tras años los pecados (no cada 49 años, como en el jubileo de Lv 25), creando así un espacio de paz resguardada en torno al templo. Este es el chivo/cordero que quita, borra, los pecados del mundo, conforme a la confesión solemne de Jn 1:25-34, fuera del entorno de tierra-desierto impuro donde habita Azazel.

– *Por el contrario, el chivo emisario, cargado con los pecados del pueblo*, no expía ante Dios por los pecados, sino que los lleva al desierto de Azazel. Este chivo no puede purificarnos con su sangre, pues no es sagrada para Dios. Por eso se envía (se expulsa) al desierto exterior, que sigue estando dominado por pecados y pecados de gentes, de pueblos, de animales no purificados. Es como si nosotros, los buenos, los purificados necesitáramos un desierto externo donde "arrojar" nuestra violencia.

Este relato nos sitúa, según eso, ante los dos rostros de Dios, el Dios de los dos chivos. *(a) El Dios del chivo expiatorio, de la cultura y de la historia "buena"*, que unifica a los justos y les permite sentirse limpios en torno al templo de la buena sangre, de los buenos sacrificios, en el centro de una comunidad justa y santificada. (b) *El Dios del chivo emisario*, que no puede perdonar y unificar a todos en amor, sino que exige la expulsión de aquellos a quienes no puede salvar, mandándolos al desierto exterior, bajo el dominio de Azazel, una especie de gran diablo antidivino.

Este ritual de sacrificio y expulsión va en contra del evangelio cristiano, que Jesús ha formulado en Mt 5:43-44: no hay dos chivos, dos morales (amar a los amigos y odiar a los enemigos), sino un único Dios de amor para todos. Donde se olvida o se niega este evangelio se corre el riesgo de quedar prendidos (perdidos) entre los dos chivos, en contra de lo que ha querido y quiere un judaísmo posterior abierto al perdón de Dios para todos.[17]

---

17. Los grandes protagonistas de la Biblia (Job y el siervo sufriente, el justo perseguido y Jesús) han superado este relato y liturgia de la fiesta de los dos chivos, desenmascarando la violencia sacrificial de la religión y haciendo posible una vida que ya no se funda en sacrificios internos y expulsiones externas. *La religión sacrificial tiende a ocultar la verdad* y nos hace creer que el «chivo de Dios» ha sido justamente sacrificado y que el «chivo de Azazel» es culpable, de manera que pueden descargarse en él todos los pecados del pueblo. Pero la *Biblia* en su conjunto nos ha permitido abrir los ojos para que podamos descubrir la mentira de un sistema de violencia como este.

GN 1-11. PRINCIPIO ECOLÓGICO DE LA BIBLIA

Al final del apartado anterior, para "resolver" el tema de los dos chivos del Yom Kippur, he remitido ya a Jesús con su mensaje de no violencia activa y de perdón al enemigo. Pero antes de llegar a Jesús debo exponer el tema inicial y central del A. T., es decir, el de la creación del mundo según Gn 1-11. Posiblemente, los dos textos, Lv 16 y Gn 1-11 han surgido en el mismo tiempo (siglo IV a. C.), pero ofrecen respuestas en parte diferentes.

En el A. T., y especialmente en el Pentateuco hay diversas tendencias. Lv 16 proviene de una tradición sacerdotal, como también gran parte de Gn 1-11; pero Lv 16 es un texto unitario, aunque abierto a lecturas distintas. Por el contrario, Gn 1-11 es un texto que recoge y presenta en forma de mosaico de tradiciones distintas, conforme al genio hebreo de la composición plural vinculando textos y tradiciones distintas para que se iluminen entre sí.

De todas formas, recogiendo tradiciones distintas Gn 1-11 es un texto básicamente unitario, que presenta y vincula, de un modo coherente, grandes temas del origen y sentido de la humanidad (Dios y hombre, varón y mujer, paz y violencia, con un fondo de pecado y promesa de vida). A continuación, quiero releer ese texto desde una perspectiva de relación de los hombres entre sí, en un fondo ecológico, pasando así del plano de los sacrificios (Yom Kippur) al de la creación y la vida del hombre como imagen/presencia de Dios.

A pesar de ser un texto antiguo, Gn 1-11 responde a los problemas de nuestra humanidad, abriendo caminos que no hemos recorrido plenamente todavía. Solo al final de una larga experiencia de fe (hacia el final del siglo IV a. C.), los israelitas fueron capaces de plasmar en estos capítulos el origen y sentido de la vida humana, como revelación positiva (aunque arriesgada y muy frágil) de Dios.

Gn 1:1-2, 4a. Siete días (seis de creación, uno de "descanso"), ocho obras de Dios

El texto presupone que *hay un solo Dios,* que existe sin necesidad de cosmos, siendo por tanto transcendente (sin teogonía ni cosmogonía); no *es masculino ni femenino,* está por encima de la dualidad sexual (no hay por tanto dios y diosa); *no cambia, no crece,* ha creado por bondad e inteligencia todo lo que existe; *por eso, el mundo no es divino, ni tampoco perverso,* sino criatura buena que deriva de la mente y voluntad de Dios, formando un orden y armonía originaria.[18]

Día 1: Dios separa la luz de las tinieblas (1:3-5): Obra 1: Las tinieblas ya existían, al menos de un modo simbólico, como fondo de caos que rodea al ser divino (1:2). No son "dios", no hay por lo tanto un dios bueno y otro malo. Dios es solo bueno y signo suyo es la que él crea, dando sentido (campo de existencia y visibilidad) a todo lo que existe. Quizá pudiéramos decir que Dios es uno y no hay en él ninguna división, pero todo lo que él crea se halla dividido pues se apoya y existe sobre la *dualidad originaria que forman luz y tinieblas.*

Día 2: Dios separa las aguas superiores e inferiores, surge el cielo/firmamento (1:6-8). Obra 2: el cielo es la bóveda firme que se abre, instaura, como separación, techo duro o semiesfera que mantiene divididas las aguas del gran caos originario. Arriba, por encima de la bóveda, quedan las aguas superiores, de las que desciende la lluvia. Abajo quedan las aguas inferiores de los mares. En el hueco así formado, como en el interior de una matriz u horno, surge el aire. Así ha vencido Dios al *caos no divino,* es decir, al *tohu wabohu* que forman la tiniebla con las aguas. Es claro que todo ha surgido de la voz creadora de Dios, siendo así bueno, pero todo se encuentra igualmente fundado y rodeado por el caos de tiniebla y aguas. Caos organizado y amansado por la voz de Dios, es el mundo en que vivimos, como nicho ecológico lleno de aire para que podamos respirar.

Día 3: Tierra firme y plantas (1:9-13). Dos obras distintas, pero vinculadas:

Obra 3: Dios retira y junta en la tierra las aguas del mar (1:9-10). Antes era todo informe bajo la bóveda del cielo, las aguas del caos dominando sobre la superficie de la tierra. Dios divide ahora las aguas no divinas de abajo, las retira y encierra en un espacio que se llama el mar, haciendo así que brote la tierra seca. Este relato nos sitúa en una *cosmogonía húmeda*: partimos de las aguas (caos puro, unido a la oscuridad) para llegar hasta una tierra buena, envuelta en la luz del

18. Para un estudio de conjunto cf. P. Beauchamp, *Création et séparation,* DDB, Paris, 1969.

mismo Dios. Agua y tierras son, por tanto, obra de Dios, no dioses como supone el mito del oriente antiguo y Grecia.

Obra 4: Dios hace que broten las plantas de la tierra (1:11-12). Por cuarta vez eleva Dios su voz creadora para hacer que la tierra se separe de las aguas y sea lo que debe ser: madre fecunda de la vida que empieza expresándose en forma de hierbas y árboles. Las plantas son algo nuevo y brotan de la nueva voz creadora de Dios; pero, en otro sentido, ellas *emergen de la misma tierra*. Pasamos así del plano antecedente de *separación* al nivel de *surgimiento o emanación vital*: Dios no tiene que crear las plantas como diferentes sino hacer que broten de la tierra diciendo *que germinen o surjan*. Eso significa que las plantas (árboles y yerbas) pertenecen a esa misma tierra que no es dios ni diosa pero que aparece como "madre" de la vida cósmica. Conforme a la visión de nuestro texto, una tierra sin plantas, una tierra a la que el hombre quita su capacidad engendradora sería un absurdo, algo contrario a la voluntad de Dios. Una acción humana que mate las plantas iría en contra de la creación ecológica divina.

Día 4: Lumbreras del cielo (1:14-19). Obra 5: siete días dura la obra de Dios: estamos en el centro, con la *creación del tiempo*. Dios había separado luz y tiniebla, distinguiendo así día y noche (día 1: Gn 1:4-5); había separado las aguas superiores e inferiores, retirando a los mares las de abajo y formando así la tierra con las plantas (día 2° y 3°). Había dispuesto ya *el espacio habitable,* pero no había creado (organizado, separado) el tiempo. Ahora lo hace, reasumiendo lo que había quedado pendiente el primer día: crea *el sol* para regir el día/luz y *la luna* para regir la noche/oscuridad y con ellos las estrellas, par*a separar los tiempos* y ofrecer las *señales de las asambleas (= fiestas), los días y los años.*

Los astros no son Dios (contra del paganismo antiguo, tanto mesopotamio como cananeo y griego); pero expresan la presencia de Dios, dando sentido y relieve a los diversos *tiempos* que se alternan de manera significativa, empezando por el día/noche y siguiendo por los *días de asamblea* litúrgica y social. El mismo Dios conversa con el hombre a través de la alternancia de los tiempos, convertidos en signo de trabajo y fiesta, como indica el sábado final (día 7), anunciado desde ahora con la creación de los astros y del tiempo profano y sagrado. La bóveda del cielo se convierte de esa forma en templo: un espacio abierto hacia *los tiempos* de la realización humana y del descubrimiento del misterio.

Día 5: peces y aves (1:20-23). Obra 6: animales del agua y del aire. La misma tierra había germinado antes las plantas, en proceso de fecunda emanación. Ahora Dios tiene que *crear* de un modo nuevo y especial los diversos animales. El texto parte de una *división tripartita* del espacio de la vida (mar, aire, tierra) y comienza por aquello que parece más lejano para el hombre: las aguas, habitadas por los *peces,* y el aire que está sobre la tierra, lugar de *las aves.* Estos animales están divididos, igual que las plantas, *según sus especies.* No se nombra su finalidad; simplemente aparecen como obra del *poder creador*: ha culminado Dios la obra de separación cósmica (días 1-3), han sido fijados los tiempos (día 4).

Ha llegado el tiempo de los vivientes propiamente dichos. Su novedad viene marcada sobre todo por el hecho de que ellos reciben ya la **bendición** de Dios que dice: *creced, multiplicaos...* Bendición es aquí fecundidad y poder, es principio de multiplicación y dominio sobre el propio espacio: *los peces* son dueños del mar que llenan con su vida; *las aves* son dueñas del aire que está sobre la tierra. Como receptores de bendición, peces y aves son *vivientes sagrados,* tienen su propia realidad, poseen un valor u autonomía que el hombre no puede quitarles. Veremos después (día 6°, obra 7ª) que ellos están al servicio del hombre, rey de lo creado, igual que los restantes vivientes de la tierra, pero es evidente que el hombre no puede utilizarlos a capricho o destruirlos, pues no son su propiedad (llevan en sí la bendición de Dios).[19]

Día 6: animales terrestres y seres humanos hombres (1:24-31). Dos obras (7 y 8), vinculadas por un mismo espacio (tierra) a diferencia de peces y aves que tenían espacios diferentes:

Obra 7: animales de la tierra (1:24-25). Por tierra (como en Gn 1:1) se entiende aquí el espacio seco en cuanto distinto del mar y del aire. Ella tiene sus propios vivientes. De ella surgen y a ella pertenecen, como indica con toda precisión la palabra: *haga surgir, haga brotar*

---

19. Cf. C. Westermann, *Blessing in the Bible and the Life of the Church, Fortress,* Philadelphia, 1978.

(= *produzca*). Pero, al mismo tiempo, ellos proceden (igual que los peces/aves) de la nueva palabra creadora de Dios, que los divide en *cuadrúpedos* (andan sobre piernas) y *reptiles*. Ellos comparten con el hombre un mismo espacio: son *vivientes de la tierra*, aunque no reciban bendición, en contra de lo que hemos visto en los peces/aves. Ello se debe probablemente al hecho de que la bendición de la tierra será propia del hombre, de tal forma (que al menos en plano general) no pueden compartirla los otros animales.

Obra 8: creación del hombre, tres palabras (1:26-31). Está vinculada por un lado con la obra anterior, pues los hombres comparten el mismo espacio de los cuadrúpedos/reptiles, pero al mismo tiempo ellos poseen una novedad muy grande que se expresa por la *semejanza con Dios* (los hizo a su imagen), la insistencia en la *dualidad sexual* (los creó macho y hembra) y el *dominio que tienen sobre los animales* (en los que se incluyen aves/peces y reptiles-cuadrúpedos). El hecho de que coman plantas (1:29-30) no constituye un dato diferencial, pues de ellas se alimentan igualmente los pájaros/cuadrúpedos/reptiles. Dios, que había realizado cada una de las obras anteriores con una sola palabra, realiza aquí la creación del hombre con tres palabras (1:26, *creación;* 1:28, *bendición;* 1:29, *dominio sobre las plantas*), como indicando de esa forma que su obra ha culminado. Se cumplen así las *diez palabras divinas de la creación. La* obra de Dios ha culminado en el ser humano: aquí llega a su verdad, aquí se expresa plenamente. Pero en otro sentido, la creación culmina en Dios y en su descanso. Por eso hay un día séptimo día (sin obra de Dios, las obras culminaron) y debemos estudiarlo.

Día 7: Sábado (2:1-3). Descanso de Dios. Como he señalado, *las obras de Dios son ocho* (culminan con la creación y bendición del hombre) y *sus palabras diez* (siete dirigidas a los otros seres, tres al hombre). Solo ahora, cuando la creación ha culminado (llena de sentido, porque todo lo que existe es bueno, muy bueno, 1:31) *Dios puede descansar* (*shabat*) de forma que así viene a vincularse de un modo especial con todo lo que existe, especialmente con el hombre (israelita) que también observa y cumple el sábado. Hemos dicho que *el hombre es imagen de Dios* (obra 8, día 6), pero debemos añadir que el sábado es tiempo de Dios en un mundo hermoso, bendito, consagrado:

- *Todo es bueno (hermoso y útil)*, tal como el texto ha señalado de forma constante en los momentos fundamentales de la obra creadora (1:10, 12, 18, 25, 31). Todo lo que existe produce intensa admiración y gratitud, porque tiene un orden y un sentido, no solo en relación al ser humano sino en sí mismo, como efecto de la obra creadora de Dios.
- *Dios bendice de un modo especial a los animales (1:22), al ser humano (1:28) y al sábado (2:3)*, ofreciéndoles la fecundidad de la vida que se expande (animales), de la persona que domina sobre el mundo (hombres) y de la santidad en que todo se sostiene y culmina (sábado).
- *Dios consagra solamente al sábado, haciéndolo, santo (2:3)*. En este primer momento no hace falta templo, porque todo el mundo es templo de Dios; ni se requieren personas especiales (sacerdotes), pues la sacralidad de Dios, la religión, se encuentra condensada en el mismo ritmo cósmico y humano del tiempo.

Nada en el mundo es divino (ni el caos, ni la tierra, ni los animales, ni las plantas), pero todo es bueno (bendito) y sagrado. Lo que el texto así dice se encuadra en la cultura de su tiempo: la forma de entender las aguas, la bóveda del cielo que separa aguas de arriba y abajo, el mundo plano... Pero todo aparece, al mismo tiempo, como expresión de profunda novedad: el Dios transcendente ha creado un mundo bueno, para servicio de los hombres, de manera que ellos (los creyentes) pueden contemplarlo y habitarlo con respeto, cuidado y reverencia. En un primer plano el texto es *fácil* de entender: no hace falta gran cultura cósmico/teológica para interpretarlo. Pero al mismo tiempo es enigmáticamente profundo, abierto al nivel de la contemplación y, sobre todo, del compromiso ecológico del hombre.

- *Este es un texto construido en forma de quiasmo, pasando de la luz primera* (día 1) que todo lo alumbra a la gloria final *del sábado de Dios* (día 7), desplegando su sacralidad sobre todo lo que existe. En el centro, como lugar de condensación de la luz y signo de las "fiestas" (y del mismo sábado), emergen *los astros del cielo* (día 4). El hombre no está hecho para "hacer cosas", trabajando locamente para justificarse ante sí mismo ante los demás, sino para participar de la santidad del conjunto cósmico, que es obra y presencia de Dios.

– *Pero también podemos acentuar la línea humana del conjunto*, tal como aparece expresada en el día 6, con las tres grandes palabras que Dios dirige al hombre: *hagamos* (1:26), *creced, dominad…* (1:28) y *os entrego para comer…* (1:29). Es evidente que esta línea sigue abierta, de manera que el texto solo puede entenderse como introducción de un relato más extenso sobre el hombre.[20]

Gn 1:26 – 2:4a. "Hagamos". Novedad del hombre, imagen de Dios

El texto introduce al ser humano de un modo sencillo, como si continuara la serie anterior de las obras de Dios. Pero, sobre ese conjunto ordenado, surge una novedad, marcada por la palabra *hagamos* (1:26). Es como si el mismo Dios tuviera que pararse y pensar, tomando consejo consigo o consultando con los ángeles que forman su corte sagrada o quizá con el mismo ser humano.

El texto comienza diciendo: *hagamos al ser humano (ha-adam)*, con artículo: en sentido inclusivo de varón/mujer, *a nuestra imagen, según nuestra semejanza* (1:26). *Imagen* evoca una estatua o representación, como si se tratara de una efigie que nos permite recordar el original. *Semejanza* implica un parecido en perspectiva más general, de tal forma que su matiz concreto se deberá precisar en cada caso.[21]

– *El hombre es más que mundo*: no se puede entender solo desde aquello que Dios ya había realizado. Es presencia de Dios más que un *microcosmos*, puro/pequeño ser de mundo.

– *El ser humano se define desde aquello que realiza Dios* (habla y actúa, organizando el mundo entero). En esa línea debe actuar el humano como *lugarteniente de Dios* sobre el mundo. Quizá "hagamos" significa que Dios tiene que colaborar con los hombres para realizar su tarea.

– *La semejanza divina ha de entenderse desde cada una de las palabras posteriores*. Así lo indicaremos, de manera sobria, analizando los temas principales del pasaje.

---

20. He presentado el tema en *Antropología Bíblica*, Sígueme, Salamanca, 1993, 58-70.
21. Cf. C. Westermann, *Génesis I*, 144-155. Da la impresión de que hay al fondo una posible *lucha*, pues hombres y animales que comparten un mismo espacio vital. Los animales tienen derecho a ese espacio, no por condescendencia humana, sino por creación de Dios. Por eso, los hombres solo pueden habitar en ese espacio respetando el derecho anterior de los animales.

– *Señorío sobre los animales.* Dios dice a los hombres *que dominen sobre los peces y aves, cuadrúpedos y reptiles* (1:26) los cuatro tipos de animales ya indicados (1:20-22, 24-25). La palabra empleada (*yirdu*), igual en el pasaje correspondiente de 1:28, significa *dirigir, adquirir autoridad, tener poder,* como un rey que "dirige" y protege un territorio. No ejerce un poder arbitrario, ni puede actuar a nivel de capricho o sadismo. El hombre es una especie de "animal privilegiado" que puede organizar la vida de otros animales, pero no les puede oprimir, utilizar o matar a capricho.

– *El ser humano cumple la función de Dios para los animales,* en la línea de las representaciones de Grecia que hablan de Artemisa como *Potnia Therôn,* dirigente, Señora divina, que les humaniza.[22] En una perspectiva semejante suele presentarse Orfeo, amansando con su lira a las bestias salvajes de los campos. En esa línea, el hombre es *Rey de los animales, aunque el texto incluye un matiz que puede resultarnos duro pues añade* וּרְדוּ (y tenga dominio). El hombre está en un plano superior al de los animales, de manera que (al pervertirse) en vez de ayudarles a vivir puede esclavizarles. El hombre aparece así como una "oportunidad" para los animales, en línea de destrucción o de potenciación.

– *En ese sentido, los seres humanos pueden y deben humanizar a los animales,* es decir, introducirlos en el espacio de su "reino", en el campo de su acción, bajo el influjo de su autoridad. Así lo resaltará 2:19-20 al afirmar que Adam les "puso nombre". Solo Dios es Señor pleno de todas las cosas del mundo, de las plantas y animales. Pero el hombre puede y debe expresar y ejercer ese señorío de Dios sobre plantas y animales.

– *Macho y hembra los creó* (1:27). Antes, el hombre aparecía, al mismo tiempo, como individuo y colectividad (pues en plural se le decía: *que dominen...). Esa dualidad del Adam es de tipo sexual (corporal), tal como aparece ya en los animales superiores.* Pero texto no lo dice, no afirma que en ellos hay también machos y hembras, sino que se limite a decir que Dios los ha creado "según sus especies" (como vacas, leones o elefantes). Solo en el caso del hombre se indica "macho y hembra los creó".

22. Cf. E. Neumann, *La Grande Madre,* Astrolabio, Roma, 1981, 268-280.

— *Esta dualidad sexual ha de entenderse como imagen expresa de Dios* (introduciendo así un elemento común de las teogonías paganas que apelan al dios y diosa como fundamento de la creación). El texto se construye en claro paralelismo: *a imagen de Elohim lo creó / macho y hembra los creó.* El Dios bíblico no tiene sexo (no es Diosa/Dios), pero la dualidad humana aparece como una imagen suya; no es simple recuerdo o pervivencia de la animalidad sino expresión fuerte de corporalidad (personalidad) dialogal del ser humano, a imagen de Dios. Adam empieza siendo desde el principio macho y hembra, es decir, varón y mujer y solo en esa condición dual (abierto al diálogo) es imagen de Dios y puede ser rey de los animales.

— *Creced, multiplicaos, llenad la tierra y sometedla.* Da la impresión de que hay al fondo una posible *lucha*, pues hombres y animales comparten un mismo espacio vital. Los animales tienen derecho a ese espacio, no por condescendencia humana, sino por creación de Dios. Por eso, los hombres solo pueden habitar en ese espacio respetando el derecho de los animales anterior. Pero, al mismo tiempo, respetando ese derecho, los hombres pueden y deben dirigir la vida del conjunto de los animales, no para bien exclusivo de los hombres, sino para bien de los mismos animales y de la misma vida de la tierra, para que no se destruya a sí misma. Dios bendice al hombre, dándole fecundidad, como se la había dado a los animales del agua y del aire (1:22). Esa bendición suscita *la abundancia de vida, pero no solamente de los hombres, sino de los mismos animales.* Pues bien, al ser humano se le añade que *someta la tierra*, en dominio que recuerda el señorío sobre los vivientes.

Este pasaje puede entenderse en sentido histórico y escatológico. Como el buen dueño ha de vivir para "bien" del esclavo y el rey para bien de su reino, así el hombre, como delegado de Dios, ha de ejercer su dominio al servicio de las cosas y, en especial, de los animales. Este pasaje no alude solo a lo que somos, en este tiempo de duro conflicto sobre el mundo, sino a lo que seremos cuando llegue la plena reconciliación y seamos nuevamente señores pacíficos de los animales también pacificados, conforme a los hondos textos proféticos de la tradición de Isaías 11:6-9.

– *Hombres y animales: ideal vegetariano* (1:29-30). En el contexto anterior ha de entenderse el alimento. Recordemos que el autor es (parece) un sacerdote interesado en el ritual de sacrificios de su templo (probablemente de Jerusalén), donde día a día se ofrece a Dios la sangre de animales muertos. Pues bien, aquí, en la base de su libro no hay lugar para sacrificios. Al principio de los tiempos, el hombre vivía en un contexto de paz mesiánica, cercana a la del fin del tiempo *en que habitarán unidos y pacificados el lobo y el cordero, alimentándose de hierba sobre el campo* (cf. Is 11:2-9; 65:25; Ez 34:25). De esa forma, sin mudar la voz, sin cambiar el tono de su discurso, nuestro autor eleva la más honda protesta contra un mundo en que hombres y animales viven de la muerte (matando animales y matándose entre sí, unos a otros).

– *Dieta vegetariana, alimento ecológico: Os entrego como alimento toda hierba que produzca semilla y todo árbol que produzca semilla.* En su origen fundante la Biblia concibe al ser humano como vegetariano: se alimenta de semilla (trigo, centeno...) o frutas (de olivo, palmera, higuera, manzano...). De esa forma vive en paz sobre la tierra, recogiendo lo que ella le da, sin forzarla, como hijo agradecido de una madre (cf 1:11). Es evidente que el autor no intenta recordar un tiempo concreto de la historia, pues el hombre que él conoce no ha sido jamás vegetariano. Pero sabe que la comida de carne (derramamiento de sangre de animales terrestres) lleva en sí violencia: no implica señorío sino dictadura, no es señorío humanizador sino esclavitud. En ese sentido, este pasaje se halla cerca de muchos mitos y símbolos de pueblos de oriente y occidente que postulan una *edad de oro (no violenta)* en el origen de la humanidad: *no arrebatar nada a la fuerza; solo el fruto, sin forzar más* (Tao 30b).

– *Ecología universal: Y todos los animales (cuadrúpedos, aves, reptiles) tendrán como alimento la hierba verde* (1:30). También ellos son en su raíz vegetarianos (excluidos los peces, pues de ellos nada sabe o quiere decir nuestro autor). Los animales son también vegetarianos: lobos y corderos, palomas y águilas, serpientes y osos... En gesto de paz, acompañan al hombre, comiendo aquello que la tierra produce de forma espontánea, generosa, sin matar para alimentarse. Del hombre se dice que come semillas (de cereales, de árboles frutales). Los animales, en cambio, comen hierba verde, plantas, a las que no matan al comerlas, sino que se limitan a comer sus tallos o frutos, sin que ellas mueran. El texto evoca así un tiempo feliz, una edad de oro en que todos los animales eran "hermanos".

– *Nuestro autor eleva así su protesta frente al mundo actual* que es campo de lucha en que se matan hombres y animales. Esta es una protesta utópica (el autor sabe que el hombre actual no puede cambiar la dieta alimenticia de los animales) pero en sentido más profundo es también realista y exigente: una vida donde el hombre se alimenta de la muerte de animales es injusta. Esta *es una profecía en sentido radical*: al decir que e*n el principio no fue así* (no había sacrificio de animales), Gn 1 ha ofrecido la esperanza de un final distinto. Lo que ahora existe solo puede interpretarse como promesa de un futuro sin sangre, de una humanidad reconciliada.

– *Poder para crear, no para imponerse.* Hombres y animales se alimentan de aquello que las plantas ofrecen, pero sin matarlas: comen semillas que "sobran" a la planta, cortan la hierba que vuelve a crecer otra vez. Así mirado, el *señorío del hombre sobre los animales resulta creador, no destructivo.* El hombre es un rey bueno que mantiene la estabilidad de su reino y extiende la vida de sus súbditos, sin aprovecharse de ellos o matarlos.

– *Sábado de Dios, liturgia pacífica* (2:1-3). En el contexto anterior alcanza su sentido la liturgia cósmica, regulada por los astros y centrada en el sábado. Esta es la liturgia de la aceptación gozosa del tiempo, como revelación y presencia de Dios. Este es el único rito religioso: no hay templos, ni sacrificio de animales, Dios no necesita ofrendas vegetales. Culto de Dios es la armonía del cosmos, reasumida y celebrada por el hombre cada sábado. Parece claro que el texto proyecta sobre el hombre el ideal de la armonía de Dios (y viceversa): no hace falta un paraíso fuera de este mundo interpretado como cielo; no hay un culto por encima de este sábado supremo. El mismo mundo de los hombres reconciliados es cielo y culto de Dios para nuestro pasaje.

Este pasaje no centra su religión en los sacrificios animales. No celebra la muerte sacrificial, ni la violencia de sangre sobre el altar. A su juicio, Dios no necesita que le aplaquen con sangre, porque no se encuentra airado o enojado. Tampoco los hombres necesitan descargar su violencia con sangre de las víctimas, pues no existen violencias que deben vencerse (o reprimirse) con otra violencia sobre el mundo.

– *Dios se revela aquí como principio ecológico de paz, en un mundo armónico y pacificado*. Le llamo utopía, pues la paz que pide el texto no ha existido, no existe en ningún lugar que conozcamos. Pero no es un sueño falso, ni un vacío sino todo lo contrario: sobre la realidad de lo que hoy somos y tenemos proyecta Gn 1 el ideal de lo que ha de ser un mundo en el que Dios se expresa, aceptando por un lado lo que existe, pero tendiendo por otro hacia el futuro de reconciliación humana. Culmina así la creación como *armonía del hombre con un mundo pacificado*.

– *El mundo actual es distinto de aquel que Dios quiso crear en el principio*, pues ahora hay desorden y lucha, no somos ya vegetarianos. Eso está indicando que existe un desfase, una ruptura entre aquello que ahora somos y aquello que Dios quiso al principio y que quiere que seamos en la culminación del tiempo.

Gn 2:4b-25. Un mundo para el ser humano: un paraíso ecológico

Normalmente se separa Gn 1:1-2, 4a del nuevo texto (Gn 2:4b – 3:24) y con razón, porque este nuevo pasaje (atribuido al Yahvista) ofrece rasgos distintos: acentúa más la diferencia específica del hombre, su libertad frente al mundo, su moralidad, en un contexto más cercano al de la tradición deuteronomista... Pero aquí, en una lectura de conjunto, hemos preferido vincular este nuevo relato (2:4b-24) con el anterior (Gn 1:1 –2:4a).

El nuevo capítulo (Gn 2) mantiene la Edad de oro y en algún sentido la acentúa pues presenta el mundo originario como paraíso. Pero el sentido de conjunto cambia: Dios aparece como agricultor que se arriesga a construir un jardín sobre la estepa; por su parte, el ser humano viene a presentarse como *viviente cuya esencia no ha sido fijada de antemano*. Por eso, en el centro del pasaje ha venido a ponerse de relieve *la libertad creadora del ser humano con su valor y con riesgo*.[23]

Se ha solido decir que este nuevo relato (Gn 2 o Gn 2-3) es más antiguo que Gn 1, pues incluye elementos que parecen mitológicos (paraíso, serpiente, etc.). Pero mirado en otra perspectiva puede ser más moderno, pues destaca rasgos de tipo profético que han ido surgiendo a lo largo de la historia israelita: El riesgo de la vida, el

---

23. He planteado el tema en *Antropología bíblica* 57-111.

origen de la historia, el sentido de la ley y de la voluntad humana, como seguiré indicando.[24]

– *En tierra árida, un hombre para "ecologizar" la tierra (2:4b-6)*. El narrador se complace en los contrastes. *El relato anterior (1:1–2:4a)* suponía que todo lo que existe brota de las aguas: era necesario dominarlas, dividirlas, retirarlas a su sitio, para que así surgiera la tierra de la vida de los hombres en un orden donde todo tiene espacio resguardado y un sentido en el conjunto. *Ahora*, en cambio, nos lleva al desierto o, mejor dicho, a la estepa: tierra seca donde nada brota *porque Yahvé Elohim no ha llovido todavía ni hay humanos que horaden en la tierra, descubriendo y canalizando el agua de las fuentes interiores para cultivar el campo* (2:4b-6).

Este relato parte de la dureza caos de la estepa: cerca de Jerusalén (o de otra zona de tierra palestina) se extiende el desierto, como recuerdo del origen de la vida, como expresión de constante amenaza. De allí venimos, allí podemos volver, si no cuidamos (ecologizamos) la tierra. Dos cosas faltan en la estepa y las dos se han vinculado: *el agua de Dios* que viene por la lluvia y *el trabajo del hombre* que consigue que el mismo duro suelo produzca frutos buenos, sacando el agua de la hondura de la tierra. Visto de esa forma, *el ser humano no supone una amenaza para el mundo* sino todo lo contrario:

– *En el principio el campo estaba yermo*; no tenía ni siquiera matorrales, de esos que brotan por doquier, incluso en el desierto. No había hierbas, nada que pudiera embellecer la tierra u ofrecer comida a los vivientes. Conforme a este pasaje, en el origen de la vida no está el agua (como suponía Gn 1:1–2:4b con Tales de Mileto y otros mitos del oriente), sino el desierto: la devastación de una tierra muerta y seca donde ya han cesado (o nunca han existido) los ciclos de la vida.

– *Dios es gracia primera y así lo presupone el texto llamándole Yahvé Elohim, con nombre que recoge y vincula el aspecto general de Gn 1 (Elohim: lo divino, como El/Ilu de los cananeos y Allah de los árabes) y el nombre propio del Dios israelita de la alianza*. Este simple cambio de nombre supone que entramos en un tiempo de gracia

---

24. Cf. A. de Pury (ed.), *Le Pentateuque en Question*, Labor et Fides, Genève, 1989.

definido (enriquecido) por la historia profética del hombre que debe cuidar la tierra para sanarla y hacerla productiva.

En este contexto, la primera acción de *Yahvé Elohim* será llover fertilizando el campo yermo. *¡Solo el Dios verdadero es quien puede hacer que llueva!* Así han argumentado por siglos los israelitas, así aparece de forma dramática en el *Juicio de Elías* donde es Yahvé y no Baal/ Ba'lu el dueño del agua y dador de lluvia para el pueblo (cf. 1 R 18). Hay un Dios misterioso que planea por encima de la tierra ofreciendo para ella el don de la fertilidad (el agua). Así lo han visto los mitos hierogámicos de Babilonia y Canaán, de Egipto y Grecia. Pero al lado de ese Dios que llueve (hace llover) ha de estar el hombre que cuida, riega y mejora la vida de la tierra.

– *De manera especial se vinculan Dios y el hombre. Dios* no había llovido todavía; pero tampoco había *ser humano* para trabajar y regenerar el campo yermo. Pues bien, ahora aparece como un *colaborador de Dios*: alguien que puede *trabajar, servir* sobre la tierra. Una *Adamah* (tierra) sin Adam (terroso, ser humano) que la cultive se hace desierto. Colaboran Dios y el hombre sobre la misma tierra: Dios lloviendo, el ser humano trabajando. Dos son los aspectos principales de ese trabajo de agricultor de estepa: *sacar el agua* de la hondura de los pozos y *regar con ella* el campo, convirtiendo así el erial en huerto.

Frente a las ilusiones de una *madre tierra buena* que es hermosa por sí misma y ofrece de forma espontánea sus frutos, el autor presenta aquí la visión de un *yermo* que solo florece (ofrece frutos) allí donde el don del cielo (lluvia) va unido al trabajo del hombre que saca el agua y riega el campo, introduciendo *utilidad y belleza* en los eriales. En esta perspectiva, podemos y debemos afirmar que el hombre no ha sido (ni es) un puro destructor (depredador de animales y plantas) sino colaborador de Dios en el cultivo de la tierra.

– *Dios y el ser humano (2:7),* compañeros y ecólogos. Antes actuaba Dios, no había ser humano (*Adam*) para trabajar la *Adamah* y lograr que el yermo (*shadeh*) diera frutos. Pero ahora, en ese campo yermo de la estepa quiere Dios un *Jardín* y para ello necesita crear al ser humano como guardián del jardín:

- *El ser humano es Adam de la Adamah:* arcilloso/rojo de la arcilla, terroso de la tierra... No brota por generación espontánea como las plantas en Gn 1:11. Ha sido necesario el *trabajo* de Yahvé Elohim para sacarle del *barro* de la *adamah.* ¿Cómo lo hace Dios si no hay agua? El texto nos responde, aunque podemos suponer que Dios "ha llovido" para modelar el barro. Así ha logrado que haya hombre: un ser arcilloso, *estepa de la estepa, tierra de la tierra.*

- *El ser humano es aliento de Dios creador.* Yahvé Elohim infunde en el hombre su aliento vital, su poder creador, introduciéndole en su misteriosa identidad divina. Ese aliento de Dios se llamaba en 1:2 *espíritu (ruah);* se le llama simplemente *neshama* (respiro: el soplo de Dios que el hombre sea "imagen y semejanza", guardián del jardín, para cultivarlo y conservarlo lleno de vida.

- *Y plantó Yahvé Elohim un parque... (2:8-14)* en el Oriente, en la tierra donde nace el sol y la existencia empieza. Sobre los pies frágiles del barro, de la arcilla sin vida, sin agua, plantó Dios *un/el jardín,* en gesto de creación hermosa. El jardín/tierra es don de Dios, pero Dios necesita un amigo/compañero hombre para que lo cultive y mantenga. Dios quiere, según eso, una ecología compartida con los hombres.

Del *Dios alfarero* pasamos al *Dios ecólogo,* campesino o jardinero que prepara cuidadosamente el *hábitat* humano. El hombre puede habitar en casi todo tipo de tierras (desierto o montaña, bosque o estepa…) pero siempre, de modo directo o indirecto, en un espacio de naturaleza. El Génesis le presenta ante todo como habitante de un campo cultivado (jardín, parque o paraíso), esto es, como ser ecológico:

- *Plantó Yahvé Elohim un Gan o parque en la tierra de Edén,* que significa delicias o placeres. Para descanso y gozo ha creado Dios al ser humano, para ponerle en el *Gan/*jardín donde puede vivir y realizarse como humano. Frente a la dureza de la estepa anterior (sin plantas y sin agua) emerge la delicia de un lugar fecundo donde la vida se expande en abundancia de árboles y río. No sabemos si llueve, aunque puede suponerse que sí, por los árboles que crecen, por los ríos que lo cruzan, por su inmensa riqueza del oro y piedras preciosas. Todo lo que el hombre puede desear es el jardín: un *parque ecológico* extendido sin límite sobre el espacio de la tierra... Fuera, muy lejos, sigue quedando la estepa.

– *Hizo brotar en el Gan de Edén todos los árboles.* Antes no había hierba ni arbustos. Ahora crecen por doquier bosques de abundancia y de belleza. El texto dice expresamente que son *nehmad*, codiciables, deseables a la vista. Adam, el ser humano, se define antes que nada por sus ojos: quiere ver y gozarse en lo que mira. Estos árboles del jardín sacian su ansia de felicidad y ternura: son objeto del deseo interior de quien mira. Al mismo tiempo, ellos son *buenos* para comer. Dios mismo veía que las cosas eran buenas (Gn 1); ahora son los hombres los que miran y descubren que los árboles resultan *deseables/buenos*, saciando así la urgencia de belleza y alimento de los hombres.

– *Hay en el jardín dos árboles distintos que condensan el misterio de la vida.* En la línea de lo codiciable (*nehmad*) está *el árbol del conocimiento del bien/mal*; en la línea de lo comestible el *de la vida*. De ellos tendremos que hablar con detención (al ocuparnos de la gran crisis de Gn 3). Ahora sabemos que están allí, en el centro del jardín, abriendo la vida a todo lo deseable y comestible: dirigiendo al ser humano hacia un nivel de transcendencia, en línea de gozo y de vida.

– *Del jardín nacen cuatro ríos grandes que riegan toda la tierra.* Son ríos físicos (evocan las corrientes de agua que conocen los lectores del texto) y simbólicos (son los ríos primigenios, condensación y origen de todas las aguas buenas, dulces, fecundantes, de la tierra). El relato antiguo había colocado el *jardín de Dios* en el origen de las aguas (de los dos o cuatro grandes torrentes). El símbolo bíblico coloca al ser humano en ese mismo origen. Quizá pudiéramos decir que en algún sentido *el mismo Dios viene a mostrarse como fuente de las aguas*: sobre la tierra desierta del gran yermo ha suscitado Dios las aguas de la vida, ofreciendo al ser humano su deleite (Edén). En la raíz y origen de las aguas, allí donde la vida se hace fuente de abundancia habita el ser humano.

– *Finalmente, el Edén es campo de riqueza*, especialmente al referirse a Havilá, que está hacia Arabia. De allí proceden los tres grandes dones (cf Mt 2:11: oro, incienso y mirra) de la tierra: *el oro* bueno que es riqueza; el *bedelio* que es un tipo de resina olorosa y curativa, como el ámbar; y también el *onix o piedra preciosa* llamada *shoham*, que adorna y es bella, ofreciendo a los hombres color y dureza. El Edén viene a expresarse así como espacio de abundancia: lugar donde los hombres tienen todo aquello que desean, en gozo desbordante: la riqueza, el perfume, la belleza.[25]

Este es evidentemente un *jardín ecológico*, propio de trabajadores directos de la tierra, que pueden ser contemplativos y vegetarianos: seres que han nacido para disfrutar, *saciando sus deseos* de conocimiento (belleza de los árboles), comida (fruto) y riqueza (oro, piedras preciosas). Es evidente que aquí no hay lugar para la muerte: no se matan animales; tampoco han de matarse los hombres entre sí.

El ser humano depende del jardín donde Dios le ha colocado. Es como si el mismo jardín debiera sostenerle, dándole espacio de existencia. No está perdido o arrojado sobre el duro suelo de la estepa; no se pierde errante sin camino por la vida sin senderos, pues ha sido encomendado al mundo bueno, al paraíso que Dios mismo le ha creado. Hay al fondo de esta experiencia la certeza de que estamos asentados en las manos (en el seno) de la vida buena. Pero hay también una advertencia: no somos *dueños* del jardín; no podemos manejarlo a capricho como si existiera por sí mismo, independiente de aquello que nosotros seamos y hagamos. Por su parte, el *Edén o jardín depende también del ser humano que debe cultivarlo y guardarlo*. En ese sentido, podemos decir que el hombre es un trabajador "ecológico", al servicio del orden, belleza y producción del jardín. Hizo Dios al hombre *trabajador* agrícola y le hizo *vigilante*, como un soldado al servicio del jardín, con la responsabilidad de mantenerlo productivo, cuidado, resguardado.

– *Puedes comer... Mandato de Dios (2:16-17)*. El hombre es *guardián*, pero no dueño absoluto *del jardín*. Podemos afirmar en algún sentido que la vida, siendo suya, le desborda. Puede hacerlo todo, en sentido físico... pero *no todo es bueno*. Por eso, desde el centro de sí mismo, el agricultor y guardián del gran parque viene a definirse

25. Además del comentario ya citado de Westermann, cf. U. Cassuto, *Genesis I*, Jerusalem 1961; H. Gunkel, *Genesis*, Göttingen 1922; U. Neri, *Genesis*, Gribaudi, Torino 1986, A. Soggin, *Genesi I-11*, CSANT, Torino 1991; H.N. Wallace, *The Eden Narratives*, HSM 32, Atlanta 1985. En perspectiva psicológica E. Drewermann, *Strukturen des Bösen I*, Schöningh, Paderborn 1989.

como *oyente de la palabra:* alguien que escucha una voz superior que le define: (¡*puedes comer todo... de esto no comas!*

Llegamos así al centro del pasaje. Dios se había limitado a crear un espacio de vida para el hombre, indicándole aquello que puede mirar (desear con los ojos como apetecible) y comer (convertirlo en alimento). *Ahora* le revela con amor el verdadero sentido de la vida. La Palabra que le dice puede recibir y ha recibido muchos sentidos en la historia de la interpretación del texto, pero hay uno primario: ella define al Adam como *ser religioso:* dialoga con Dios desde el mismo centro de la vida, escuchando *la palabra del mandato,* para así realizarse como humano:

- *Palabra positiva: De todo árbol comerás (= puedes comer).* El principio vital (despliegue de existencia) se define a partir de la comida. Recordemos que los árboles eran apetecibles para los ojos, buenos para comer (2:9). El mandato elude el primer rasgo, se centra en el segundo, como si el *comer* constituyera el primer significante simbólico de Adam. El hombre se distingue así por lo que come, es decir, por lo que asume en forma posesiva. No hay todavía división de varón/mujer, no hay posible disputa entre individuos... y sin embargo hay *deseo de comida o posesión.*

- *Palabra negativa es, ¡no comerás del árbol del conocimiento del bien/ mal!* Ella pone un límite al deseo antes abierto, recordando al ser humano su propia finitud (no es Dios, no puede todo...) y dirigiéndole a la vez a lo infinito (recordándole que por encima de los árboles del jardín está Dios...). El Adam no se cierra en el jardín, no se puede *instalar perfectamente entre las cosas finitas (árboles, ríos, piedras preciosas...).* Hay en su vida algo más grande, vinculado a la Palabra de Dios que, al ponerle un límite en el mundo, le invita a transcenderlo de manera positiva.

- *Palabra ecológica:* solo reconociendo sus límites el ser humano puede mantener su equilibrio en (y con) el mundo. Un Adam que intenta *comer* (probar, poseer, dominar...) todo lo que existe acaba destruyendo su mundo. Hay cosas que el hombre *puede* pero no *debe* hacer, para bien de sí mismo y de su tierra. Por eso, el *no comas* (que pone un límite al poder humano) puede y debe interpretarse como mandato ecológico de no destruir las plantas para comerlo todo.

El ser humano aquí expresado es evidentemente vegetariano, en la línea de 1:29-30. No mata aún animales, come de las plantas. No hay violencia de sangre, ni celo entre el varón y la mujer; no hay disputa entre hermanos... Los árboles del parque dan comida abundante, ilimitada, para el Adam que los cultiva y guarda. Antes de toda división ulterior (ser humano y animal, varón y mujer, hermano y hermano...) está el deseo abierto y, al mismo tiempo, limitado por la palabra de Dios. Dios mismo suscita *el deseo positivo* de las cosas simbolizadas en los árboles del jardín; no hay aún animales o personas que ofrezcan compañía al Adam; pero ya hay un deseo fuerte, abierto hacia el jardín de las delicias (Edén significa lugar de deseos cumplidos). Pues bien, la misma limitación (¡no comas...!) tensa el deseo hacia lo infinito en el mismo centro de la vida humana.[26]

- *Hombre y los animales (2:18-25).* El tema aparecía en 1:26-30. La perspectiva es ahora convergente: los animales constituyen para el hombre una compañía limitada, pero no son su alimento: Adam les organiza y pone nombre, introduciéndolos de alguna forma en su espacio de existencia, pero no los puede dominar a su capricho.

- *Los animales emergen sobre el hueco de la soledad humana.* Dios se dice: *no es bueno que Adam esté solo* esto es, *aparte (separado) o solo.* Adam habla con Dios y es dueño de un inmenso jardín en el que vive, pero en sentido profundo sigue estando solitario. Por eso, Dios decide darle un auxiliar o amigo (un compañero) semejante a él. Dios no es para Adam *otro como él*, pero puede ofrecerle uno: otro ser humano con quien pueda mantener comunicación (encuentro) de manera que supere así su soledad. Pues bien, antes de que surja otro humano, en hueco de esa soledad, Dios va creando los diversos animales que ofrecen para Adam una compañía buena, aunque limitada.

- *Adam va nombrando a los diversos animales* (nombrar, no matar ni comer). *Los crea* Dios, pero Adam *los recrea* al darles un nombre que implica señorío y comunicación, en gesto que evoca todo un

---

26. El problema del surgimiento y sentido del deseo ha sido estudiado con gran rigor por R. Girard, en su extensa obra antropológica. Ofrezco una visión general del tema, que completa lo aquí dicho, en J. de S. Lucas, *Nuevas Antropologías del siglo XX*, Sígueme, Salamanca, 1994, 223-258C. M. Deguy y J. P. Dupuy (ed.), *René Girard et le problème du mal*, Grasset, Paris, 1982.

proceso de domesticación. Los animales no son compañía plena, ni sacian la soledad del Adam, pero se encuentran cerca de él, de forma que Adam puede llamarles y ellos de algún modo le responden. *Poner un nombre* es más que clasificar animales (en la serie de Linneo); es llamarles de manera que nos puedan responder y acompañar en un trecho de la vida (como hará el camello o perro, la oveja o vaca).

Gn 1:26-30 había vinculado a hombres y animales, separándolos de las plantas que les sirven de alimento. Nuestro texto refleja la misma experiencia: los animales no son árboles de un jardín que el hombre cultiva para su provecho (para comer sus frutos) sino sus compañeros. Por eso el hombre les puede *llamar,* iniciando con ellos un diálogo que culminará en la relación interhumana que sigue.

– *Ser humano acompañado: varón y mujer (2:21-25).* En el relato anterior (1:27) Dios había creado al ser humano (Adam) como varón y mujer, empleando para ello unas palabras que corrían el riesgo de centrarnos en el plano de la dualidad sexual (animal), como ya hemos indicado. Ahora ese riesgo queda totalmente superado: la nueva dualidad transciende el plano del deseo/comida (árboles) y del puro sexo, con la imposición de nombre/dominio (animales). Hasta ahora, el término Adam se refería al ser humano, que incluye varones y mujeres. Ahora se distinguen los dos géneros, masculino y femenino, de forma que el Adán varón, contemplando a Eva mujer, exclama:

> *¡Esta es hueso de mis huesos, carne de mi carne! Su nombre es Hembra, pues ha sido tomada del Hombre. Por eso el Hombre abandona padre y madre y se junta a su mujer y se hacen una sola carne (2:23 24).*

Esta es la primera palabra del Adán convertido en varón: palabra de encuentro personal que resume y da sentido a nuestra historia. Ciertamente, está al fondo Dios, está el campo con los árboles y ríos, están los animales... Pero al centro de todo han pasado dos parejas:

– *Una es la pareja de la generación, formada por el padre y madre que el varón ha de dejar y deja para unirse a la mujer.* Esta será en perspectiva israelita posterior (genealógica) la pareja primordial, la que se encuentra integrada por los padres y los hijos.

– *Otra es la pareja de relación personal entre el varón y la mujer que ahora viene a presentarse como sentido y culmen del proceso creador.* Todo encuentro de un varón y una mujer constituye una especie de regeneración del paraíso.

Nuestro texto ha contado este proceso desde la perspectiva del varón que debe romper (superar) su tendencia posesiva (expresada en la línea genealógica y en la casa), para unirse de esa forma a la mujer. Solo ahora, cuando el viejo Adam está dispuesto a dejar todo e iniciar (reiniciar y definir) su vida desde la unión con la mujer surge el verdadero ser humano sobre el mundo. No es *ella* la que debe cambiar más. Es *él, el varón*, quien ha de hallarse dispuesto a perder su propia identidad para encontrarla en la mujer. Ha estado solo, se ha buscado a sí mismo siempre en vano (en el diálogo con Dios, en el dominio sobre los animales). Solo ahora, cuando deja todo para unirse a la mujer, recibiendo vida de ella, realizándola con ella, se puede afirmar que ha encontrado su verdad, su ser humano.

Lo que el texto cuenta no es algo que ha pasado una vez y para siempre. Esta es la genealogía del varón y la mujer que descubren su verdad al hallarla cada uno en el otro. Dios no era varón ni mujer; no había en lo divino hierogamia. Pero el ser humano se define como imagen de Dios allí donde se realiza como encuentro de varón y mujer. Antes de ese encuentro no existía ni existe ser humano.[27]

Gn 3. Árbol del bien y del mal, árbol del deseo. La mujer y la serpiente

Gn 2 describía el paraíso desde el punto de vista del Dios creador, presentando los momentos fundamentales del surgimiento humano, sellado por una palabra del *varón* que deja padre y madre para unirse a la mujer. *Ahora (Gn 3)*[28] emerge la *mujer* como aquella que realiza la travesía de la palabra, apareciendo como protagonista de la nueva historia humana, de riesgo y de muerte.

---

27. Cf. W. Brueggermann, *Of the same Flesh and Bone (Gn 2:23a)*, CBQ 32 (1970) 532-542; M. Gilbert, *Une sole chair (Gn 2:24)*, NRT 110 (1978) 66-89; J. L. Ska, *Je vais lui faire un allié (Gn 2:18)*, Bibl 65 (1984) 233-238.
28. Cf. E. Van Wolde, *A Semiotic Analysis of Gn 2-3*, Assen 1989; H.N. Wallace, *The Eden Narrative*, HSM 32, Atlanta, 1985.

En contra de lo que suponen textos y comentarios posteriores (desde Rm 5), el argumento de la historia original está centrado en Eva. Ella aparece como centro y sentido de lo humano, como humanidad completa. Adán realiza un papel secundario. Es lógico que sea así. En Eva ha culminado el surgimiento; a partir de ella comienza la ruptura y creatividad humana.

– *Serpiente. Origen y sentido de la "prueba" (3:1-5)*. El Adam anterior, todavía pre-sexuado había puesto nombre a los animales y luego el Adán masculino había acogido con gozo a la mujer. Ambos se hallaban desnudos, *'arumim* sobre el ancho paraíso, integrados en la inocencia cósmica de los deseos que se cumplen sin violencia. Pero en hebreo *desnudo* significa también *astuto*. Por eso el texto continúa diciendo, de manera natural, que *la serpiente* era la más *desnuda/astuta* de los animales que Dios había hecho.

Ciertamente está *desnuda* (carece de pelo o plumas) y es *astuta* (simboliza las potencias subterráneas de la vida, la sabiduría creadora y el poder del sexo). Muchos mitos la presentan vinculada con la sabiduría, muerte y la vida (es fármaco y veneno) y con la fuerza original del caos (dragón que debe ser vencido por los dioses creadores...).[29] Dentro del pasaje, la serpiente será un signo ambivalente. Por un lado, ella aparece como *positiva*: abre los ojos, da capacidad para entender las cosas, hacen que los seres humanos culminen su camino de sabiduría. Pero, al mismo tiempo, ella presenta rasgos *negativos*: es signo de envidia, deseo de poder y tener todo, rechazo de Dios.

– *No es una serpiente/animal, un poder externo u objetivo que impone su fuerza sobre víctimas inermes*. Esta es, más bien, una serpiente humana, convertida en sabiduría insinuante, pensamiento que se abre a todos los deseos. Actúa en forma de símbolo animal; pero en el fondo actúa de forma intensamente humana: la serpiente es de algún modo la otra cara del "paraíso". Dios permite que los hombres se realicen en libertad; por eso, su misma palabra abre un

---

29. Cf. K.R. Joines, *Serpent Symbolism in the OT*, Haddonfield 1974; C. Westermann, *Genesis 1-11* 236-252. Cf. L. Alonso Schökel, *Motivos sapienciales en Gn 2-3*, en *Hermenéutica de la palabra* III, Ega, Bilbao, 1991, 17-36.

espacio de búsqueda y duda (ignorancia y sabiduría) donde anida la serpiente que se vuelve pensamiento.

– La serpiente *es el mismo pensamiento humano que puede dudar y duda al interior de la palabra de Dios, interpretando el don/ ley de Dios (¡comed, no comáis...!) como prohibición.* Dios prohíbe que comamos del árbol del conocimiento del bien/ mal pero lo hace gracia: para que podamos mantenernos en el plano de la buena humanidad y sigamos recibiendo y desplegando la vida como regalo del creador.

– *En esa línea, la serpiente es el mismo pensamiento de la envidia.* Ella nos hace suponer que Dios nos teme: nos prohíbe comer para tenernos sometidos. Ella dice, en el fondo le dice a la mujer: *¿Por qué no te haces Dios? ¿Por qué no ocupas su lugar y encuentras que tú misma eres divina, sin necesidad de recibir vida de nadie, sin limitaciones?*

Este es *riesgo y grandeza de Dios*: haber creado alguien que pueda *competir con él*, al menos en un plano de deseos. Nada le sacia a esta mujer. No quiere centrarse en ninguna cosa que pueda darle el mundo (el gran jardín de las delicias). Lo tiene casi todo, solo una cosa le falta: no es Dios, ni tiene el poder sobre el bien/mal. Precisamente es eso lo que quiere ella tener (ser) para vivir de esa manera por sí misma y no por gracia. Este es el pensamiento originario de la envidia. Esta es *la serpiente, el falso imitador de Dios* que quiere crear su propio mundo con poder.

Este intento de conocer el bien y el mal y de ser como Dios aparece así expresado de forma ecológica: comer la manzana, esto es, romper el orden de la creación, poner el mundo entero al servicio del propio poder… Dominar todo, comer todo, hacerse dueño absoluto de la tierra. Este sigue siendo nuestro pecado, uno teológico y otro antropológico, pero con un elemento ecológico (de destrucción de la vida).

La opresión de la mujer está al principio de la historia humana, pero debe interpretarse como intento fracasado; sobre su fracaso se eleva una larga historia de pecado entendido como destrucción ecológica de la vida.[30] En perspectiva religiosa se podría añadir que tiene un aspecto de tragedia, aunque en sentido estricto *no es tragedia*:

---

30. M. Navarro, *Barro y aliento*, 169-294 interpreta *el conocimiento del bien/mal* en clave de iniciación sapiencial (antropogénesis) y *el pecado* en línea de descubrimiento de la propia finitud. Cf. M. Gimbutas, *The Language of the Goddess,* Harper, San Francisco 1989

no es algo que ha sucedido así por necesidad; no es resultado de ningún destino de los dioses o los hombres. Los humanos son así porque así han ido realizando su existencia, pero podrían haber sido de manera diferente; por eso, el ideal de la Edad de Oro o Paraíso de que hablaban Gn 1-2 sigue siendo posible: abre un futuro de esperanza, de redención humana.[31]

- *Pecado y maldición de la serpiente* (3:11-15). Conforme al relato, Adán le echa la culpa a Eva, y Eva se la echa a la serpiente, de forma que quedan así enfrentados, Eva como signo de la humanidad (no Adán), desde una perspectiva materna (madre y símbolo de toda la humanidad) la serpiente como símbolo del mal (un tema que volveremos a encontrar en Ap 12). La serpiente forma parte de la libertad humana. Ambos, serpiente (= dragón de Ap 12) y mujer se enfrentan desde ahora, en una historia de enemistad y enfrentamiento que se resolverá en el Apocalipsis con la victoria de la mujer (y de su hijo Jesús) sobre la serpiente. Es lógico que los israelitas hayan personificado el "mal" en la serpiente, pues así lo han hecho otros pueblos.

- *Pongo enemistades... Descendencia de serpiente, descendencia de mujer* (3:15).[32] Adán llama a su mujer Eva (*Jawah*, vivir, dar vida: 3:20), en palabra que está relacionada con *jayah* (ser, estar presente), situándola cerca de aquello que Éx 3:14 ha dicho de Yahvé. En esa línea podemos y debemos relacionar *el poder materno, dador de vida, de la mujer* con la *asistencia salvadora de Yahvé que se define como 'ehyeh*: aquel que está presente.[33] Adán es más pasivo: ha reconocido a la mujer como pareja con quien puede mantener un encuentro personal (cf. 2:23-24), pero después queda en silencio y deja que ella actúe y defina el sentido de la humanidad,

---

y R. R. Ruether, *Gaia y Dios. Una teología ecofeminista para la recuperación de la tierra*, DEMAC, México, 1993.

31. Sobre la tragedia en relación con pecado original y violencia cf. P. Ricoeur, *Finitud y culpabilidad*, Taurus, Madrid, 1969. Cf. R. Girard, reinterpretado desde L. Scubla, *Contribution à la thèorie du sacrifice*, en M. Deguy y J.-P. Dupuy (eds.), *René Girard et le Problème du Mal*, Grasset, Paris, 1982, 103-168.

32. Cf. *María: de la historia al símbolo en el NT*, EphMar 45 (1995) 9-42.

33. Sobre el sentido de Eva como *Vitalidad y Madre de todos los vivientes* cf. A. Bonora, *La creazione: il respiro della vita e la madre dei viventi in Gen 2-3*, PSV 5 (1982) 9-22; H. N. Wallace, *Eve* ABD II,676-677. Sobre la etimología y sentido originario de Yahvé cf. E. Jenni, DTMAT, 967-975; H. O. Thompson, *Yahweh*, ABD VI,1010-1011; E.A. Knauf, *Yahwe*, VT (1984) 467-472.

queriendo apoderarse del poder de la vida (= comer el fruto del árbol de la vida). Ella seguirá engendrando vida, pero en medio del dolor y dominada por el varón. De esa forma continua el diálogo comenzado en Gn 3:1-6. Pero ya no es diálogo de *engaño*, definido por la astucia seductora (cf 3:13), sino de *lucha abierta*, en gran batalla en que se enfrentan como antagonistas (enemigos casi gemelos, muy distintos y cercanos), la mujer (*'ishah,*) y la serpiente (*najash*).

> [13] *Entonces Yahvé Dios dijo a la mujer: ¿Qué es lo que has hecho? Y dijo la mujer: La serpiente me engañó, y comí.*
>
> [14] *Y Yahvé Dios dijo a la serpiente: Por cuanto esto hiciste, maldita serás entre todas las bestias y entre todos los animales del campo; sobre tu pecho andarás, y polvo comerás todos los días de tu vida.* [15] *Y pondré enemistad entre ti y la mujer, y entre tu simiente y la simiente suya; esta te herirá en la cabeza, y tú le herirás en el calcañar.*
>
> [16] *A la mujer dijo: Multiplicaré en gran manera los dolores en tus preñeces; con dolor darás a luz los hijos; y tu deseo será para tu marido, y él se enseñoreará de ti.* [17] *Y al hombre dijo: Por cuanto obedeciste a la voz de tu mujer, y comiste del árbol de que te mandé diciendo: No comerás de él; maldita será la tierra por tu causa; con dolor comerás de ella todos los días de tu vida.* [18] *Espinos y cardos te producirá, y comerás plantas del campo.* [19] *Con el sudor de tu rostro comerás el pan hasta que vuelvas a la tierra, porque de ella fuiste tomado; pues polvo eres, y al polvo volverás.*
>
> [20] *Y llamó Adán el nombre de su mujer, Eva, por cuanto ella era madre de todos los vivientes.* [21] *Y Yahvé Dios hizo al hombre y a su mujer túnicas de pieles, y los vistió.*

Ellos, *mujer y serpiente*, determinan o definen la existencia humana, en el principio y camino de la historia de una forma cosmológica y ecológica. Por eso, este pasaje se suele llamar *protoevangelio* (3:15), con un rasgo inicial de *proto-guerra*: en el principio de la historia actualmente conocida no está la unión del varón y la mujer (como expresaba Gn 2:23-24) sino la lucha entre la mujer (que es símbolo de toda la humanidad) y la serpiente que es el signo del engaño, destrucción y muerte.

Este es un tema que aquí, en el Génesis queda abierto, pero que ha sido retomado por el Apocalipsis, situándonos de nuevo ante la lucha del Dragón/serpiente y la mujer madre de la vida.

Ambas, serpiente y mujer, aparecen como madres: son principio y signo de dos tipos de existencia. *La serpiente* (*najash*) aparece como *animal que se arrastra por tierra* y se alimenta de polvo, como signo de maldición extrema, vida pervertida, convertida en muerte. Pero ella es, al mismo tiempo *antimujer:* la vida hecha envidia, deseo al servicio de la muerte.

– *Mujer y madre: identidad y descendencia (3:15-16, 20).*[34] En ese enfrentamiento entre la mujer y la serpiente triunfa (= triunfará) la mujer, es decir la humanidad. No hay por ahora lugar para el varón, no hay sitio para el macho en el principio de la historia. Todo se juega y decide entre una mujer y una serpiente, desde el fondo de la palabra de Dios. Por eso, cuando la tradición posterior habla de Adam-varón como principio de la humanidad (y del pecado) malentiende este pasaje: el verdadero ser humano es la mujer: en ella se define el deseo, el dolor y la esperanza del conjunto de la humanidad.

Parirás hijos con dolor (3:16a). La primera nota y acción de la mujer es aquí la *maternidad,* superando así la perspectiva de 2:23-24 (canto original de admiración), donde Adam varón había saludado a la mujer como fuente de atracción y gozo humano, por encima de la misma paternidad/maternidad que luego han exaltado los varones (*abandonará el varón al padre/madre y se unirá a su mujer y serán una sola carne...*). Pues bien, la nueva palabra de Dios descubre ahora a la mujer como *maternidad doliente:* su gestación y alumbramiento aparece vinculado al dolor más intenso de la vida (al *'atsab,* por dos veces repetido).

– *La vida se convierte para ella en sufrimiento* que ella acepta y en algún sentido desea: quiere ser madre (comer de forma humana el árbol del conocimiento/vida) y solo puede serlo en las fronteras de dolor más grande, en los límites del riesgo (allí donde los niños nacen de la sangre de la madre). Para la mujer, dar la vida significa situarse en las cercanías de la muerte.

34. Cf. R. Schwager, *Brauchen wir eninen Sündenbock?*, Kösel, München 1978, 64-91.

– *Desearás a tu marido y él te dominará... (3:16 b).* Había comenzado el varón deseando en gozo e igualdad a la mujer (2:23-24). Ahora sigue siendo ella la que quiere apoderarse de la vida… pero la única forma que tiene de hacerlo será deseando al marido, que así se impone sobre ella y la domina. Así viene a imponerse sobre el mundo el *pensamiento instrumental o posesivo* del varón que utiliza en favor propio el deseo y debilidad maternal de la mujer (su afecto condensado en el engendramiento de los hijos) para dominarla o regularla.

– *El varón (Adán) descubre y confiesa la supremacía de la mujer, poniéndole un nombre: Eva, Jawah (חַוָּה), fuente de vitalidad.* Para ser lo que es (madre, engendradora de vida), la mujer tiene que dejar que el varón la domine. Ella *había estado buscando su identidad* en un camino conflictivo queriendo hacerse diosa. Pues bien, ahora, ella tiene que dejar que sea el varón quien le ponga su nombre verdadero: *Eva, viviente, madre de todos los vivientes humanos de la tierra.*[35]

– *Sufrimiento de varón. Maldita la tierra (3:17-19).* Adam aparece ahora personalizado como varón: ya no es *Ha-Adám* (הָאָדָם), ser humano en general, sino *Adam* (אָדָם) sin artículo, un individuo de sexo masculino, una persona. Es persona, un varón, pero representante de todos los varones y mujeres, tal como Pablo lo pondrá de relieve en Rm 5. Así le dice Dios:

– *Maldita la adamah (tierra cultivable) por tu culpa... (3:17-18).* A la lógica anterior de la armonía ha sucedido una estructura de sometimiento. El varón se impone ahora sobre la mujer, y la domina, pero no puede dominar el mundo: *Con el sudor de tu frente comerás... (3:19).* Lo que era trabajo gozoso en el jardín se vuelve esclavitud y cansancio. El varón domina a la mujer, pero se encuentra dominado por su propio trabajo fatigoso sobre el mundo. El paraíso de delicias (Edén) se vuelve campo de fatiga para los humanos.

35. Cf. H.N. Wallace, *Eve*, ABD II, 676-677; J. Bergman, *Hayah*, ThDOT III, 369- 371. *El varón reconoce y expresa la identidad de la mujer,* en juego de palabras que resulta intraducible: ella es Eva, *Jawah,* madre de la vida, es decir, de vivientes que es/son *Jayah.* Esto hace que Eva aparezca especialmente vinculada con Yahvé, pues los dos nombres están relacionados (*jawah/jayah*). Ciertamente, Eva no es Dios, ni madre tierra... divina y fecundante. Pero está cerca de serlo, como madre de los seres, principio y meta de la de la historia (Ap 22).

– *Hasta que retornes a la tierra, pues de ella has sido tomado...* (3:19). El paraíso había sido camino abierto hacia la gratuidad y hacia la vida: como un ideal de plenitud que el hombre había descubierto en el principio de su historia (protología) y que proyectaba hacia el final (escatología). Pero ahora el humano vuelve a quedar sometido a la dureza del suelo: de la seca *adamah* ha provenido y a la inexorable *adamah* ha de tornar, porque *polvo eres* (= *del polvo fuiste formado: 2:7) y al polvo has de volver (3:19).* El paraíso era posibilidad (camino) ilusionado (ecológico de vida) pero la mujer y el hombre lo han herido, lo convertido en lugar de esclavitud, como dirá Pablo en Rm 8.

– *Les hizo Dios unas túnicas....* (3:21). Habían empezado a cubrirse ellos mismos (3:7-10). Dios asume y ratifica ese gesto, confeccionando para ellos uno vestidos de piel de animal sacrificado. Adán y Eva dejan de ser "hermanos" de los animales, desnudos como ellos, sobre el ancho campo bueno del gozoso paraíso. Ha comenzado la historia de la muerte en la tierra, de forma que para para cubrir su desnudez, tapar sus vergüenzas (y vencer el frío) ellos tienen que vestirse con la piel de animales sacrificados. Ellos no pueden vestirse por sí mismo, ni con plantas (hojas de higuera), sino que el mismo Dios los viste con la piel de animales sacrificados. El mundo, que era paraíso ecológico, se ha vuelto lugar de lucha y muerte de animales, para que los hombres puedan vestirse. La misma cultura humana, que empieza por el vestido, viene a presentarse así como signo de violencia ecológica, de muerte de animales.

– *Expulsados de paraíso* (3:22-23). Estos hombres violentos y engañosos (Eva y Adán) ya no pueden vivir en el paraíso. Dios tiene que vestirles y expulsarles del paraíso de la inocencia ecológica. En esta perspectiva se comprende el signo del querub*ín* que guarda la puerta del parque. Con su espada de fuego, el querub*ín* sagrado defiende el camino y la puerta que lleva que lleva al paraíso (en contra de lo que sucederá al final (Ap 21-22), cuando las doce puertas de la ciudad/paraíso estén siempre abiertas, con ángeles guías que ayuden a entrar a todos los que vienen.

Gn 4-5. Despliegue de violencia

Ha empezado la violencia, ahora sigue, fuera ya del paraíso, donde al lado del hombre y la mujer, procediendo de ellos, encontramos a dos hermanos, con los que empieza la historia de la vida, luchando entre sí y matando uno al otro.

– *Caín.* Eva engendró al primer humano y le llama *Caín* pues *caniti, conseguido/engendrado un hijo con/de Yahvé (no de Adán).*[36] Es *la mujer* la que crea con Dios (o desde Dios) a un hijo que después será asesino de su hermano. Esta es la tragedia de la madre (el padre no dice nada, no tiene palabra, no participa en este misterio de generación y muerte).

– *Abel (Habel)* Eva sigue engendrando, pero ya no pone nombre a su hijo. Simplemente se le llama Abel, que significa vanidad o suspiro, engaño o soplo, como de forma impresionante ha precisado Ecl 1:2: *Habel Habalim, vanidad de vanidades,* todo lo que existe sobre el mundo es un suspiro de mentira y muerte.[37]

Los dos hermanos (Caín y Abel, 4:3-16) representan al conjunto de la humanidad, aunque el padre no cuenta, no ha cumplido aquí función ninguna. La madre dice el principio su palabra (*Caín:* lo he conseguido). Pero después no dice ya nada, pues todo lo que sigue naciendo es destino de muerte.

Los hermanos se distinguen por su oficio. *Abel,* Soplo Débil, aparece como pastor de ganado menor (*tson,* las *ovejas/cabras),* es decir, de los animales domésticos típicos de la zona mediterránea. *Caín,* Engendrado de Yahvé, aparece en cambio como agricultor (servidor de la dura *adamah* no del Parque Edén de delicias).

Evidentemente estamos al origen de la diferencia. Los hijos del Adán/Eva, expulsados del *paraíso* (naturaleza virgen y fecunda, que da frutos por sí misma), se distinguen ya por sus *trabajos productivos:* doma de animales y cultivo de la tierra. Son muchos los que han visto en esta división de trabajos (*Abel,* pastor *bueno; Caín, agricultor*

36. Entre *Caín* y *kaniti* hay una clara relación *fonética* (no etimológica en el sentido moderno). Prov 8:22 dice que *Dios ha engendrado/creado* a la sabiduría en el principio (cf. también uso de *qanah* con Yahvé como sujeto, en Éx 15:16; Sal 74:2; 139:13).

37. Pero hay una diferencia fundamental: para Gn 4:1-16 el hombre es Habel/Abel porque le mata su hermano por envidia; para el *Qohelet* (Ecl) el ser humano es vanidad por su misma constitución dura y frágil sobre el mundo.

malo) el prejuicio normal de los semi-nómadas, *los pastores de ganado* que serían buenos, pues viven sobre campos abiertos, mientras *los agricultores sedentarios*, constructores de ciudades, que rodean de vallas sus campos, aparecen desde antiguo como malos.

Ese antagonismo por oficios o trabajos mostraría la primera lucha social, la guerra entre agricultores y pastores, con la victoria final (injusta y violenta) de los primeros. El texto reflejaría así un ideal arcádico y bucólico, de retorno a la naturaleza, de vida frugal y simple de pastores. Es posible que al fondo haya algo de eso, pero ese motivo resulta insuficiente para explicar el antagonismo de los dos hermanos.

El texto nos sigue diciendo que los dos hermanos mantienen relaciones con Dios, en clave de agradecimiento y violencia. No se ha dicho que Dios les pida algo, pero ellos se lo ofrecen, en gesto de rivalidad, como si cada uno quisiera *comprar* (conseguir) el favor de Dios. Lógicamente, Caín le ofrece una *minja*: un fruto vegetal al Dios del campo, en gesto de agradecimiento. Por su parte, Abel presenta el sacrificio de los primogénitos del rebaño, quemando ante el altar la grasa de las ovejas/cabras.

Así aparecen y se configuran los dos tipos de culto: uno vegetal y otro animal, uno de agricultores y otro de pastores. El texto afirma que *Dios aceptó la ofrenda de Abel, no la de Caín*. La razón parece evidente en perspectiva de historia de las religiones: al Dios de oriente le agradaban los corderos/cabritos, es decir, los sacrificios de animales, con la grasa que se quema en su honor sobre el altar, como podremos descubrir en Gn 8:15-22. De una forma brusca, sin ningún tipo de vacilación, el texto supone que los hombres han roto la dieta vegetariana que se hallaba al fondo de Gn 1-2: matan animales para Dios, se alimentan de la carne sacrificada.

De manera significativa, el texto afirma que a Dios le gustó más *el sacrificio de animales*. No se dice que Abel sea mejor, no se añade que Caín sea perverso. Simplemente se afirma, en lenguaje de gran sobriedad, que a Dios *le agrada* (sha'a) la ofrenda de Abel. De esa manera, con su aceptación/rechazo, Dios ratifica la primera diferencia entre los hombres. Las cosas no son iguales, las respuestas de Dios (del cielo) son diversas.

- *Diferencia antropológica*. En medio de la semejanza (hijos de la misma madre) los humanos somos diferentes. La verdadera humanidad empieza allí donde un individuo acepta el hecho de que el otro sea distinto. Donde esa distinción se niega, donde la alteridad se vuelve fuente de envidia, se destruye el ser humano.

- *¿Por qué es Abel pacífico?* El texto no lo dice, pero quizá indica que ha podido descargar su agresividad en los sacrificios. Ha canalizado su violencia sobre los animales: las ovejas/cabras que sacrifica y quema sobre el altar le han servido de *terapia* (de chivo expiatorio); ellas le pacifican, ya no necesita descargar su furor contra su hermano. Caín en cambio ha desarrollado una religión pacífica (de ofrendas vegetales). No expresa su agresión hacia animales, la debe descargar sobre su hermano.

- *Humanidad enferma.* El texto no indica la causa de la agresividad, pero si las cosas son como hemos dicho (Abel pastor dirige su violencia sobre los animales, Caín vegetariano contra Abel) nos hallamos ante una humanidad enferma. No hay aquí inocentes y culpables. Todos son (somos) violentos y descargamos nuestra violencia sobres otros seres del mundo y, al mismo tiempo, sobre otros seres humanos, nuestros hermanos. Ha empezado así la guerra ecológica.

Así empezamos a vivir sobre una tierra maldita, regada por la sangre de animales sacrificados y de hombres asesinados. Posiblemente hay relación entre ambos gestos. No dice el texto que Abel sea justo. No alude a su posible bondad moral. Pero afirma que su vida (sangre) ha sido derramada, en gesto de inmensa densidad antropológica (ecológica) que se expresa como maldición para la misma tierra.

- *La sangre grita a Dios desde la tierra,* en gesto teológico de gran importancia. Tierra y humanidad se encuentran vinculadas para el ser humano de una forma inseparable. Por eso dice el texto la *voz de la sangre (qol dam)* de los asesinados se eleva a Dios desde la tierra. El paraíso de paz para hombres y animales se ha convertido en signo de maldades (4:10). La ecología como paz de la tierra se destruye allí donde se derrama la sangre de los hombres.

- *Maldita la tierra que ha abierto su boca pare recibir la sangre de tu hermano...* (4:11). Estaba ya maldita por culpa del pecado de Adán/Eva que habían pretendido hacerse dioses (3:17). Pero ahora empieza a ser maldita a nivel superlativo: ha sido regada por sangre de hombres sacrificados. Eso significa que no existe salvación posible ni descanso (ecología) con asesinatos.

- *Andarás errante. (4:12-14).* Lo que podría haber sido casa para el hombre (*oikos*, lugar de ecología) se ha convertido para todos nosotros, *caines* (descendientes de asesinos), en destierro irreparable. No tenemos remedio; no hallaremos sosiego, ni tranquilidad en un mundo de asesinatos. La sangre nos ha hecho prófugos constantes dentro de una tierra maldita por la sangre derramada por el asesinato de un hermano.

Hijos de Caín (¡cultura de violencia! (4:17-24). La estirpe de Caín se ha propagado tal como ella era, de forma violenta. Desde ese fondo han de entenderse las primeras creaciones de nuestra cultura. Pecador es Caín y pecadores sus hijos, ellos han puesto en marcha un camino que está en la base de la historia posterior:

- *La ciudad, estructura social de violencia.* Caín, el asesino, tiene nuevos hijos y construye para ellos una *ciudad ('yr)*. El jardín anterior abierto al ancho espacio de la tierra (Edén. Gn 2-3) se ha transformado en espacio compacto de vida jurídicamente reglamentada. Ahora ya no está para el autor la vida errante de los hombres perdidos sobre el campo sino el orden social de una violencia reglamentada en ciudad simbólica de *Henoc*, héroe de leyenda (4:17; cf 5:21-24).
- *Lamec, portador y garante de la ley violenta.* Es hijo de asesino y padre de los tres grandes grupos culturales de la historia humana: los *pastores nómadas, los músicos y los forjadores de armas (de hierro y bronce)*. De la agricultura, a través de la ciudad, han nacido las agrupaciones sociales de manera que el mismo pastoreo aparece como derivado, en relación con la ciudad, que es fuente y núcleo de cultura (4:18-22). Lamec, creador de nuestra historia, es el violento por excelencia: conoce y triunfa a través de la ley del dominio impositivo y la venganza, no solo sobre sus mujeres (tiene ya varias) sino contra los hombres que quieren apoderarse de ellas.

Gn 6:1-12. Inundación de mal: violación de las mujeres

El *pecado original,* se vuelve *pecado final:* expresión completa de una lógica de muerte, que implica destrucción ecológica de la vida en el planeta. Sigue amenazando la sentencia de 2:17: *el día en que comas del fruto del conocimiento del bien/mal morirás...* Los hombres han comido y se mantienen en vida precaria, pues algo contiene la ira de Dios (cf. 2 Ts 2:6-7), sin que alcance su máxima maldad, pero en sí mismo conduce a la muerte de la vida animal y humana en la tierra.

Al llegar aquí, el autor se atreve a dejar, al menos en parte, su lenguaje de parábola sencilla de tipo antropológico y se atreve a utilizar un estilo más cercano al mito para decir lo humanamente indecible, llegando hasta el subsuelo del pecado, para descubrir otra vez la misericordia creadora de Dios, el nuevo nacimiento de los hombres. Por eso emplea un *tono crudo*, centrado en la unión de ángeles/dioses (Hijos de Dios) con mujeres, hijas de los hombres (6:1-4). Desde su monoteísmo estricto, los israelitas echan la culpa del mal a unos *perversos invasores*, causantes del pecado universal antiecológico, que lleva al diluvio:

> *Cuando los hombres se fueron multiplicando sobre la tierra y engendraron hijas, los hijos de Dios vieron que las hijas de los hombres eran bellas; escogieron algunas como esposas y se las llevaron... En aquel tiempo, es decir, cuando los hijos de Dios se unieron a las hijas de los hombres y engendraron hijos, habitaban en la tierra los gigantes... (Gn 6:1-4).*

El texto es reservado y no define a esos *hijos de Dios*: parecen ángeles, seres de tipo titánico, pero pueden ser varones poderosos de la tierra, guerreros violentos, hijos de los grandes jefes de este mundo. No dice quiénes son, más en concreto, pero afirma que *tomaron para sí mujeres*, en gesto de violación, aunque la palabra que emplea (*laqah*) tiene sentido más amplio y puede aplicarse a todo tipo de unión matrimonial, entendida en sentido patriarcal (= el varón toma a la mujer, la posee o hace suya). Se dice finalmente que entonces *habitaban en la tierra gigantes*, seres monstruosos, descendientes (hijos híbridos) de aquella unión sacrílega.[38]

Esa violación "astral" que Gn 6 no hace más que evocar, la expone en forma descarnada y violenta 1 Henoc, ofreciendo un testimonio hiriente del mito de violación divina, astral, de las mujeres.

---

38. Cf. C. Westermann, *Genesis 1-11*, Augsburg PH, Minneapolis 1987, 363-383. Cf. P. Grelot, *La Légende d'Enoch dans les Apocryphes et dans la bible*, RSR 46 (1958) 5-26; 181-210; J. L. Cunchillos, *Los bene ha-'Elohim en Gen 6, 1-4*, EstBib 28 (1969) 5-31.

Gn 6 afirmaba que las mujeres eran *buenas/hermosas* (*tobot*) para ser tomadas, como era *tob* para comer el fruto del paraíso (cf. Gn 3:6). *1 Henoc* añade que son bellas/hermosas: cuerpo deseable para los varones, Hijos (angélicos) de Dios:

> *En aquellos días, cuando se multiplicaron los hijos de los hombres, sucedió que les nacieron hijas bellas y hermosas. Las vieron los ángeles, los hijos de los cielos, las desearon y se dijeron: ¡Ea, escojámonos de entre los humanos y engendremos hijos!... Entonces juraron todos de consuno y se comprometieron a ello bajo anatema. Eran doscientos los que bajaron... Estos eran los nombres de sus jefes: Semyaza, que era su jefe supremo; Urakiva, Rameel, Kokabiel, Tamiel... Y tomaron mujeres, cada uno se escogió la suya (1 Hen 6:1-7:1).*[39]

Conforme a este mito, *los primeros varones* del mundo son espíritus violentos. *Las primeras mujeres* son violadas: ellas constituyen el capital fundacional, la *moneda de cambio* más antigua de la tierra. Solo así permiten definirse a los *varones* que se sienten importantes porque las poseen (pueden dominarlas) y porque por ellas consiguen descendencia. La humanidad ha nacido a través de la colonización del sexo femenino. Por eso sigue el mito y cuenta lo que ha ido sucediendo. El varón es *violador* (posee a la mujer) y *patriarca* (se realiza por los hijos). Ambos aspectos se encuentran vinculados, y resultan de algún modo inseparables. *Eros y thanatos*, posesión sexual y violencia, se implican como rasgos polares (complementarios) de una misma humanización en clave masculina.[40]

> *Y comenzaron a convivir y unirse con ellas, enseñándoles ensalmos y conjuros y adiestrándolas a recoger raíces y plantas. Quedaron encintas y engendraron enormes gigantes de tres mil codos de talla cada uno. Consumían todo el producto de los hombres, hasta que fue imposible a estos alimentarlos. Entonces, los gigantes se volvieron contra ellos y se comían a los hombres... (1 Hen 7:1-4).*

Esta violación ha sido (¿sigue siendo?) *el pecado original*, el mal supremo. Las mujeres son víctimas, pero el texto mítico las hace pronto

---

39. Texto en A. Díez Macho (ed.), *Apócrifos del AT IV*, Cristiandad, Madrid, 1984, 13-143. Cf. *Antropología Bíblica*, Sígueme, Salamanca, 1993, 131-182.

40. He desarrollado el tema en *R. Girard, Nuevas antropologías del siglo XX*, Sígueme, Salamanca, 1994, 223-258.

colaboradoras: en el fondo, ellas se dejan violar y así aprenden las primeras "artes" de la humanidad, la magia (ensalmos y conjuros) y la medicina sacral (vinculada a raíces y plantas). Se vuelven así las primeras portadoras de cultura dentro de una tierra desquiciada donde luchan los híbridos monstruosos y los hombres.

> *Azazel enseñó a los hombres a fabricar espadas, cuchillos, escudos, petos, los metales y sus técnicas, brazaletes y adornos; cómo alcoholar los ojos y embellecer las cejas; y de entre las piedras las que son preciosas y selectas, todos los colorantes y la metalurgia. Hubo gran impiedad y mucha fornicación; erraron y se corrompieron sus costumbres (1 Hen 8:1).*

Por doquier se extiende la amenaza: las guerras se suceden; son muchos los que buscan salvación en un tipo de magia impotente. Son muchos los que piensan que la historia ha terminado y que no existe ya posible salvación. El sabio Henoc, escriba de altas ciencias, ha sido convocado al palacio de Dios para escuchar sentencia de condena contra los ángeles lascivos y violentos que son signo de la sangre (violación y guerra) de la historia:

> *¿Por qué habéis dejado el cielo alto, santo y eterno, habéis yacido con mujeres...? Vosotros, santos espirituales, vivos con vida eterna, os habéis hecho impuros con la sangre de las mujeres, en sangre mortal habéis engendrado, sangre humana habéis deseado, produciendo carne y sangre como hacen los que son mortales y perecederos. Por eso le di mujeres, para que en ellas planten (sus semillas) y les nazcan hijos de ellas, para que así no falte creatura sobre la tierra. Vosotros, por el contrario, erais al principio espirituales, vivos con vida eterna, inmortales por todas las generaciones del universo. Por eso no os di mujeres, pues los seres espirituales del cielo tienen en él su morada (1 Hen 15:3-8).*

Las mujeres son aquí ambivalentes: por un lado, despiertan el deseo de los varones y les permiten tener hijos; por otro, aparecen como impuras, pues su sangre es peligrosa. En esta perspectiva ellas no son personas: no valen por sí o para sí. Valen y existen para que deseen los varones. Ellas habían comenzado siendo *víctimas.* Pero a medida que avanza el mismo texto las va haciendo responsables, no por elección (acción positiva) sino *por naturaleza,* es decir, por su forma de ser.

Conforme a este mito, hay en la mujer algo enigmático, más allá y más acá de lo humano (interpretado en perspectiva masculina), de forma que ellas pueden ser habitadas (poseídas) por poderes demoníacos. En esa línea, este mito evoca un apareamiento antinatural (ángeles y mujeres); pues bien, allí donde su tema se vincule a Gn 2-3, se acabará diciendo que la misma Eva ha deseado al diablo, para cohabitar con ella, formando una pareja monstruosa (mujer con serpiente). Según eso los humanos seríamos hijos de una profanación sexual y sacral,[41] que ha hecho que Dios mismo descargue su ira contra la humanidad.

Hemos insistido en la versión mítica del pecado de Gn 6:1-5 que ha ofrecido el libro apócrifo de 1 Henoc. El texto canónico (Gn 6) no ha podido aceptar esa versión: no atribuye el pecado a los ángeles violadores, ni interpreta la existencia femenina en clave de provocación y violación. Pero a su juicio, siendo un (el) pecado de la humanidad, el hecho de la "violación" universal de las mujeres aparece como pecado horrendo, como perversión suprema de la violencia de la historia humana:

– *Vio Dios que crecía la maldad sobre la tierra (6:5-6).* Él había prohibido al ser humano el *árbol del conocimiento del bien/mal (tob wera').* Pero el hombre lo ha comido y ahora su existencia es puramente mala (solo *ra',* sin *tob* o bien alguno). Esta es la inversión de la obra creadora: frente al Dios que todo lo hace bueno emerge el ser humano que lo hace malo, pervirtiendo los deseos de su pensamiento, volviéndose una especie de árbol podrido, *con una yetser,* o tendencia mala.

– *La maldad se traduce en forma de violencia destructora de la misma vida del mundo (Gn 6:11-12).* El pecado de Caín y Lamec (Gn 4:1-25) se ha vuelto universal: no existe un lugar resguardado donde el hombre pueda mantener su vida. Así se cumple la amenaza de Gn 2:17: *si coméis del fruto malo moriréis,* pues el mismo pecado

41. Comprensión sexual de la serpiente y del pecado de Gn 2-3 cf C. Westermann, O.c. 244. Sobre la serpiente como signo religioso y fálico, c. L. K. Handy, *Serpent (Religious Symbol), Bible Dic.* V, 1113-1116. Interpretación no sexual sino cognoscitiva (iniciática del tema en M. Navarro, *O.c.* 184-192.

lleva muerte, no solo del hombre, sino de la misma vida de plantas y animales sobre el mundo, que así se corrompe, por causa
del hombre (como ratifica el mismo Pablo en Rm 8).[42]

- *En esa línea se añade que Dios mismo se arrepiente (najam) de haber
  creado al ser humano sobre el mundo.* Hay en el fondo una experiencia de fracaso y de dolor divino pues se dice: *Dios se dolió en
  su corazón ('atsab),* como se duele y sufre la mujer en parto, como
  sufre el varón en el trabajo duro de la tierra (cf. Gn 3:16-18). De
  ese "arrepentimiento" de Dios brota el diluvio.

- *Dios dice así: Borraré al ser humano de la superficie de la tierra...* (6:7).
  Es como si el hombre fuera una "mancha" que hay que lavar,
  para que la tierra (*'adamah*), quedara limpia. Para ello Dios debe
  destruir con el hombre a todos sus acompañantes, a los animales
  no acuáticos (cuadrúpedos, reptiles y aves). Han sido compañeros del hombre en su raíz o nacimiento, compañeros serán en
  su muerte.

Así debía terminar el "episodio" de la vida humana. El orden de
Gn 1, eternamente estable, se ha quebrado y pervertido por obra de
los hombres cf. Gn 2) que lo pervierten. *El mundo era una casa que los
hombres debían guardar con cuidado.* Pero ellos la han pervertido, de
forma que el mundo se destruye. Esta es la *antítesis humana*: frente al
orden bueno del buen mundo de Dios (creación), que aparece en el
principio como Edad de Oro o Paraíso (Gn 1-2), ha venido a elevarse
el gran desorden del hombre que destruye no solo su vida humana,
sino la misma vida de la tierra (Gn 3:1 – 6:12).

Gn 6:13 – 11:32. Noé, diluvio universal, la humanidad violenta

Por misericordia de Dios (= Noe), algunos hombres y animales han
podido sobrevivir al diluvio, pero ya no son iguales. A pesar del
perdón (parcial) de Dios, ellos forman una humanidad de muerte,
ansiosa de sangre, proclive a la violencia. Para regularla y mante-
nerla sometida empiezan a ser necesarios los sacrificios de animales,
que contienen de algún modo (no totalmente) la violencia de sangre,

---

42. *La misma tierra se corrompe, es decir, se destruye (shajat:* Gn 6:11-12). Por eso, lo que en
otra perspectiva aparece como efecto de la acción positiva de Dios que enviar su diluvio
para destruir a los vivientes, aparece como efecto de la acción de los mismos pecadores
que pervierten, todo lo que existe.

el deseo de matar de los hombres, haciendo así posible que ellos vivan sin matarse del todo, pero siempre en peligro de matarse y de destruir la vida del mundo. Viven, pero enfrentados, sobre un tabú de sangre amenazante.

La vida de los hombres se define ahora como una obsesión de sangre, un deseo de destrucción que solo se detiene parcialmente por el miedo (es decir, por los sacrificios). Esta es la vida "de muerte" de la humanidad. Lógicamente, este mundo tendría que haber desaparecido en las aguas del gran diluvio que suscita el pecado de los hombres, conforme al tema anterior: Los hombres pecan, Dios se arrepiente de haber creado, el mundo vuelve a quedar anegado por el caos de las aguas (en contra de la obra de contención que Dios había realizado el día 2°).

Pero en el fondo de su *arrepentimiento* (*najam*) viene a desvelarse su misericordia, expresada en *Noé* (*Noaj*, en juego de palabras con *najam*). Lógicamente teníamos que haber muerto para siempre en el diluvio del pecado, pero Dios ha querido ofrecer un nuevo comienzo que se funda en su misericordia, poniendo un doble remedio al diluvio:

– *Un remedio proviene de Dios: Las compuertas del cielo se abren solo durante cuarenta días,* que son el tiempo simbólico del castigo y de la destrucción. A los cuarenta días cesa la lluvia, se detiene la inundación. Cuarenta días son un tiempo suficiente de aviso y de amonestación. En el fondo de su ira, Dios mantiene su misericordia.

– *Otro remedio proviene de la sabiduría de un hombre, llamado "Noé" (aquel de quien Dios ha tenido compasión),* que construye un arca/nave inmensa, donde caben no solo él y su familia, sino una pareja de animales de todas las especies. Tiene que tratarse de una nave/arca de inmensas dimensiones, donde caben vivientes de todas las especies, sin matarse entre sí.

En ese trasfondo desarrolla nuestro autor algunas imágenes muy significativas: *el ramo de olivo* que verdece tras la lluvia, *la paloma* que vuelve al arca para anunciar que las aguas han bajado... y sobre todo la imagen misma del *arca*, entendida como casa de salvación para los hombres, señal que 1 P 3:20-21 toma *imagen del bautismo* y que Juan la tomará como momento final de la transformación del hombre, como indicaremos al final del capítulo siguiente.

1. Sacrificio fundador, pacto ecológico (8:15-22)

Noé ha salvado a los animales puros (= comestibles para Dios y para los hombres) en el arca para sacrificarlos después, descargando sobre ellos su agresividad y violencia. Estamos lejos de Gn 1-2 donde todos los animales eran puros y acompañaban al hombre en el camino de la vida. Ahora se distinguen unos *animales que son puros (tehora) y otros que no lo son*. Los primeros valen para comida y sacrificios; los otros no se pueden ofrecer a Dios ni tomar en alimento.[43]

En un tiempo anterior, la vida era *profana*: los hombres veneraban a Dios con su existencia agradecida (en el paraíso). Ahora resulta necesaria una religión de sacrificios, como la del Yom Kippur. Lo primero que construye el hombre nuevo (el Noé liberado) es un altar, para mostrar de esa forma su sometimiento sagrado. *Antes no había necesidad de sacrificios*: los humanos habitaban en gesto de absoluta libertad, en transparencia ante Dios y ante los animales. Pero el pecado ha roto ese equilibrio, llevando al ser humano hasta el riesgo de su propia destrucción (diluvio).

Por eso, saliendo de ese riesgo, *en el comienzo de la nueva historia*, Noé ofrece sobre el altar de Dios un sacrificio de animales. Para impedir que Caín se eleve contra Abel, para cortar la espiral de muerte, Noé ha tenido que *"inventar"* los *sacrificios*. Ellos ofrecen el mejor testimonio de eso que pudiéramos llamar la *ley de sangre*, aquella en que dominan sobre el mundo los dioses de violencia, como muestra 8:21-22:

- *Yahvé olió (= aceptó con agrado) el aroma aplacador*, conforme a una visión usual en la literatura de los sacrificios. Hemos visto ya que estaba airado, descargando su violencia en el diluvio. Por eso, Noé quema ante él la grasa y carne de animales, en gesto de sumisión violenta; sube el aroma del humo aplacador (*reaj hanijoaj*) a que aluden las tradiciones sacerdotales (cf. Éx 29:18; Lv 1:9;

43. He desarrollado el tema en *Violencia y religión en la historia de occidente*, Tirant, Valencia, 2006.

3:16, etc.). El Dios de gracia, dador de vida es un poder ansioso de sangre y olor sacrificial.

– *Este es un Dios que necesita que los hombres descarguen su violencia* para controlarlos, para conseguir que no se maten. Por eso, tanto Dios como los hombres buscan "chivos expiatorios", animales sacrificados donde puedan expulsar la violencia. Así se introduce en la vida una fuerte disociación entre el interior y el exterior, entre el corazón perverso y la pureza externa de los sacrificios, en gesto que puede interpretarse como compasivo e hipócrita al mismo tiempo.

– *Los sacrificios avalan de algún modo la existencia violenta la nueva humanidad.* Dios acepta a los hombres como son, es decir, como seres que tienen pervertido el deseo más profundo de su corazón (*yetser leb*) desde su misma juventud. De esa forma, al aceptar a los humanos como son, al no exigir que cambien para protegerles, Dios se muestra como tolerante y bondadoso.

Este *cambio de Dios* se realiza en clave religiosa: está vinculado al *holocausto fundador* por el que Noé, nuevo patriarca de una humanidad violenta, quema ante el Señor Yahvé animales de todas las especies puras, de cuadrúpedos y aves (los reptiles no se sacrifican). El autor está pensando de una forma especial en los toros y carneros, en los machos cabríos y palomas... Desde la tierra recién amanecida del diluvio se eleva hasta la altura el humo del sacrificio animal (y humano) que durará por los siglos. Esta es la *paradoja* sangrante del Dios que necesita sacrificios para así aplacarse. Esta es la ley la violencia sagrada que solo se vence (se aplasta o domina) con nueva violencia.

> *Noé construyó un altar a Yahvé, y tomando de todo animal puro y ave pura, los ofreció en holocausto* («sobre el altar» (Gn 8:20).

El autor de estos relatos (Gn 6-9) confiesa que Dios ha perdonado y perdona, pero que seguimos viviendo en un tiempo amenazado por los miedos de la destrucción final (como sabemos por Henoc y por gran parte de la apocalíptica). En ese contexto ha querido destacar el poder de la gracia, afirmando que la vida de los hombres se encuentra fundada en la promesa de Dios, de manera que la humanidad tiene un futuro, como seguirá mostrando la historia posterior del

Génesis y del conjunto de la Biblia.[44] En este sentido, Gn 6-9 constituye un texto *antiapocalíptico*, pues no amenaza a los hombres con un diluvio futuro, sino que sitúa ese diluvio en un tiempo anterior y le quita sus rasgos míticos o teomáquicos, vinculados a la intervención (violación y pecado) de unos poderes celestiales, como hacen los libros de Henoc.

En esa línea, este pasaje indica que el gran peligro de destrucción universal, de la que hablan muchos textos, como los de Henoc) ya ha sucedido en un tiempo pasado: no tenemos que seguir ahora pendientes de la ira amenazante de poderes perversos que pretenden destruirnos, pues el Dios verdadero ha venido a revelarse como creador y garante de la vida, después de haber aspirado el olor del sacrificio:

> *No volveré jamás a maldecir a la tierra por causa del hombre,*
> *porque la tendencia del corazón del hombre es mala desde su juventud,*
> *pero no volveré a destruir a todo ser viviente, como he hecho.*
> *Mientras haya tierra habrá siembra y cosecha,*
> *frío y calor, verano e invierno, día y noche (Gn 8:21-22).*

Esta palabra clave de la historia bíblica marca el nuevo comienzo de la humanidad, que se encuentra definida por dos principios que definen toda la historia. Un principio es el riesgo de la maldad o fragilidad del hombre; el otro es la bondad de Dios.

– *Maldad del hombre.* Hemos visto que Dios había hecho todas las cosas «buenas», como iba repitiendo Gn 1, hasta afirmar que el hombre era «muy bueno» (Gn 1:31). Dios dijo después a los hombres que no comieran del fruto del conocimiento del bien/mal (cf. Gn 2:17). Pues bien, ahora descubrimos que el corazón del hombre no es bueno como le hizo Dios, ni siquiera bueno y malo como había podido seguir suponiendo nuestro texto, sino simplemente malo o inclinado al mal desde su juventud, en la línea de Rm 5. Pues bien, a pesar de ellos, Dios le perdona y la ofrece un futuro de vida.

---

44. Cf. V. Fritz, «Solange díe Welt steht» in Gn 6-8»: *ZAW* 94 (1982) 599-614; G. J. Wenham, «The Coherence of the Flood Narrative»: VT 28 (1978) 336-348.

— *Pero Dios es bueno.* Pues bien, sobre esa tendencia mala del hombre ha venido a revelarse la bondad de Dios (¡mientras haya tierra, habrá siembra y cosecha...!), que se sitúa «más allá del árbol del bien y del mal», iniciando un camino que culmina en el mensaje de Jesús, cuando nos habla del «Padre que está en los cielos, que hace salir su sol sobre malos y buenos, y hace llover sobre justos e injustos» (Mt 5:45). Ciertamente, Gn 8:21-22 no ha sacado aún las consecuencias que sacará Mt 5:45 (donde se pide amar al enemigo), pero abre un camino en esa línea. Dios ofrece a todos los hombres (buenos y malos) la bendición de la vida, el sol y el agua, el día y la noche. Por eso no podemos aplicarle nuestros principios legales.

Esta promesa noáquica (ofrecida por Dios a Noé y a sus sucesores, salvados del diluvio) es "categórica" (Dios promete mantener en orden del mundo: mientras haya tierra habrá *siembra y cosecha, frío y calor, verano e invierno, día y noche*), pero no es "absoluta", pues está ligada al mantenimiento de los sacrificios y puede interpretarse en dos líneas:

— *Como expresión de sacralidad sacrificial.* Dios sostiene al mundo, el orden de las cosas se mantiene, porque los hombres ofrecen sacrificios y porque se abstienen de matar (y de comer sangre). Dios no deja el mundo en manos de la "elección" de los humanos, como había hecho en Gn 2-3 sino que lo condiciona a la ofrenda de los sacrificios que le aplacan día tras día, recordándole por un lado la pequeñez del hombre (su violencia) y por otro su sumisión (expresada en la ofrenda de animales).

— *Como expresión de la misericordia de Dios, en la línea de Mt 5:45-47: Dios eleva su sol y ofrece su lluvia sobre justos y pecadores*: ha renunciado al talión, ya no castiga a los perversos con catástrofes de tipo cósmico; signo de su amor permanente y gratuito es la vida (sol y lluvia, ritmo de los tiempos) que ofrece por igual a todos los humanos.[45] Sea como fuere, por encima de su violencia, superando el riesgo de una historia volcada sin cesar hacia la muerte, Dios ofrece a los humanos un signo de amor que siempre permanece: la estabilidad del cosmos.

---

45. Sigo apoyándome en lo dicho en *Antropología Bíblica, 112-130.*

2. Bendición y pacto de Dios tras el diluvio. El arcoíris (9:1-17)

Dios había bendecido a los hombres al crearles (Gn 1:27-31). Ahora les bendice tras el diluvio. Su bendición (*barak*) *implica multiplicación y dominio del hombre sobre el mundo (9:1)*, conforme a los motivos de Gn 1:28, con las palabras centrales: *creced (= sed fecundos), multiplicaos y llenad la tierra* (*parah, rabah, mala*). La vida humana es el primero de todos los valores; por bendición ha surgido, en la bendición se mantiene.

Esa bendición se expresa en forma de pacto (berit) de Dios y abarca por igual a hombres y animales: todos son destinatarios de la misma protección divina. Así hemos pasado del *mandato anterior* (Gn 2-3), que ponía la vida animal y cósmica en manos de los hombres (de forma que ellos decidían su futuro, a este *pacto de bendición de Dios* que garantiza por sí mismo la existencia de hombres y animales, pero con la condición de que los hombres no se maten entre sí ni beban sangre de animales:

> *Bendijo Dios a Noé y a sus hijos, y les dijo: Fructificad y multiplicaos, y llenad la tierra. El temor y el miedo de vosotros estarán sobre todo animal de la tierra, y sobre toda ave de los cielos, en todo lo que se mueva sobre la tierra, y en todos los peces del mar; en vuestra mano son entregados.*
>
> *Todo lo que se mueve y vive, os será para mantenimiento: así como las legumbres y plantas verdes, os lo he dado todo. Pero carne con su vida, que es su sangre, no comeréis. Porque ciertamente demandaré la sangre de vuestras vidas; de mano de todo animal la demandaré, y de mano del hombre; de mano del varón su hermano demandaré la vida del hombre. El que derramare sangre de hombre, por el hombre su sangre será derramada; porque a imagen de Dios es hecho el hombre. Mas vosotros fructificad y multiplicaos; procread abundantemente en la tierra, y multiplicaos en ella (Gn 9:1-7).*

Este es el pacto de la nueva *alianza ecológica* de Dios tras el diluvio. Dios mantendrá la vida de la tierra a pesar del pecado de los hombres: El arcoíris sobre las nubes del cielo, en tiempo de lluvia, ante la posible amenaza de un nuevo diluvio, es *signo de paz*, como sigue poniendo de relieve el texto:

> *Y dijo Dios: Esta es la señal del pacto que yo establezco entre mí y vosotros y todo ser viviente que está con vosotros, por siglos perpetuos: Mi arco he puesto en las nubes, el cual será por señal del pacto entre mí y la tierra. Y sucederá que cuando haga venir nubes sobre la tierra, se dejará ver entonces mi arco en las nubes. Y me acordaré del pacto mío, que hay entre mí y vosotros y todo ser viviente de toda carne; y no habrá más diluvio de aguas para destruir toda carne* (Gn 9:12-15).

Cada vez que se enciende la tormenta y explota la lluvia será como si el mundo se pusiera en trance de muerte, descubriendo de nuevo su fragilidad; por eso Dios ha de acordarse (*zakar*) del pacto y detener la lluvia de su ira destructora. No olvidemos la misma palabra, *arco, queset,* קֶשֶׁת, que es signo de paz en el cielo (arcoíris) es para la Biblia Hebrea (y para todo el oriente antiguo) el signo del arma militar por excelencia. Los arqueros eran los más diestros guerreros de aquel tiempo.

Este es un signo ambivalente. Por un lado, el arco del cielo (arcoíris) está evocando y anunciando la promesa de un cielo y una tierra nueva, sin guerra ni violencia sobre el mundo. Pero, al mismo tiempo, ese "arco" superior nos recuerda que seguimos estando bajo la amenaza de los arcos militares de la tierra. Es como si el arco del cielo (arco de bendición cósmica) pudiera convertirse en principio de amenaza más alta, en el caso de que los hombres no nos convirtamos (en la línea de Is 2:2-4). A partir de aquí se entiende la ley ecológica de Dios en relación con los animales.

Talión de sangre. La limitación de la violencia (9:4-7). La sangre no tiene fronteras: una vez que los hombres empiezan a matar para vivir corren el riesgo de seguir matando de una forma indiscriminada y fatal, en gesto que lleva de nuevo al diluvio. Por eso ha sido necesaria una *ley de represión o limitación de la violencia*, escrita aquí de manera sorprendente, condensada. En ella se incluyen elementos anteriores (el hombre imagen de Dios, dominador sobre la tierra), pero se interpretan en el nuevo contexto de la limitación de la violencia, tanto en relación con los animales (no comer su sangre) como en relación a los hombres (no matar, no derramar sangre).

Esta ley es culminación de la historia anterior: aquí desembocan y adquieren sentido los elementos de la creación. *Esta es la ley sacral y social de nuestro tiempo*. Ahora y solo ahora tenemos verdadera humanidad histórica, tanto en sus rasgos positivos (todo lo que es fundante se encuentra aquí expresado) como en sus rasgos negativos. Al llegar a este nivel, el texto ya no cita la ley del matrimonio.

El problema de la mujer ya no existe, pues ella ha quedado relegada como persona, no es más que un elemento necesario para la procreación. El problema son los "hombres", los varones que luchan sin cesar, corriendo de esa forma el riesgo de matarse. Aquí emerge la nueva y única ley necesaria: la limitación de sangre. Estamos en las antípodas de Gn 2-3 donde la mujer aparecía como madre y garante de vida. Ella ha desaparecido (está sometida) y la vida queda en manos de la pura violencia, de la ley salvaje de la guerra:[46]

– *No podéis comer la carne con su vida, que es su sangre (9:4)*. Se separa así la carne (basar) de la sangre (dam) interpretada como vida o *alma (nephesh)* de los animales. Esta ley pertenece a la estructura fundante de la sacralidad israelita, tal como se encuentra atestiguada en Lv 7:26-27; 17:1-16. La sangre se concibe como *vida o alma* del animal y esa vida pertenece solo a Dios, por eso hay que respetarla.

– *Esta ley de sangre tiene un sentido sagrado:* ella nos recuerda que en el fondo toda muerte de animal es un *sacrificio*, un tipo de *delito* que solo puede expiarse ofreciendo esa sangre para Dios, reconociéndole a él como Señor de toda vida. Pero es también claro que esa ley actúa como medio para *detener la violencia* del ser humano interpretado como *violento y carnicero*, ávido de sangre, deseoso de comer (de apoderarse) de la vida de los animales.

– *El Dios que así aparece es Dios de sangre*. Cierra el camino de la violencia porque él mismo aparece de algún modo como dueño y gestor (garante) de toda violencia. No hay más Señor de la vida que Dios; en nombre de Dios ha de verterse sobre el suelo (en las entrañas de la madre tierra) la sangre de la vida, en gesto de fuerte autolimitación. Cada vez que mata a un animal para comerlo,

---

46. Desde aquí se explica eso que pudiéramos llamar la *invisibilidad* de la mujer en ciertas visiones antropológicas modernas: ella no influye casi nada (a no ser como objeto de deseo y disputa) en diversas perspectivas sabias de nuestra cultura. Todo mi análisis quiere mostrar la importancia antropológica y religiosa de la mujer, tanto en línea antigua (de diosa) como moderna (antropología feminista o integral).

el hombre debe reconocer su violencia (deseo de sangre) y limitarla, imponiéndose la moderación del deseo.[47]

No matarás, la vida humana (9:5). A los animales se les podía matar, con tal de respetar (no comer) su sangre vital que es de Dios. Dios protege en cambio la misma vida entera del hombre como absoluto dueño de ella, en gesto soberano de *dominio teológico* que se extiende a todos los vivientes. Así dice: *pediré (darash) cuentas de la sangre/ vida humana a los hombres y animales.* Queda claro que Dios permite que matemos animales para alimentarnos (con tal de respetar su sangre), y permite, al mismo tiempo, que matemos (para comerlos o no) a los animales que son amenaza real para nuestra vida, a través de un tipo de guerra de defensa propia. Estamos en un plano de principios generales y así en forma de ley fundante expone Dios esta palabra:

– *Porque Dios hizo al Adam (ser humano) a su imagen (tselem).* Es evidente que el texto retorna en 1:26-27: el hombre es representante (presencia) de Dios; por eso Dios lo protege como suyo (9:6b). Esta es la base de toda antropología: Proteger la vida de los hombres, en contra (por encima) de una naturaleza que puede amenazarle y de unos animales que podrían "devorarle". La ley fundamental se formula por lo tanto como ley de defensa de la vida humana

– *Afirmación de fe.* En medio de su violencia, sometido al riesgo constante de la muerte que proviene de hombres o animales, perseguido o amenazado sobre el mundo, el ser humano aparece imagen de Dios. Por eso es inviolable. *Eva* deseaba hacerse fuente de la vida. *El hombre posterior* pretende adueñarse con violencia fuerte de la vida. Por eso, se eleva la ley como muralla que impide la muerte. Solo hay un deseo: matar. Solo una ley: no mates.

A quien derrame la sangre de un hombre otro hombre derramará la suya (9:6a). Esta es la formulación primera de la ley del talión, presupuesta

47. Sobre el tema de la sangre cf. F. Vattioni (ed.), *Sangue e Antropologia biblica I-II*, Centro Studi Sanguis Christi, Roma, 1981 (especialmente trabajos de U. Bianchi, D. J. McCarthy y A. Penna). Los primeros cristianos han vivido con fuerza este problema, como indica la legislación del llamado *Concilio de Jerusalén (Hch 15),* de tal forma que en un primer momento han asumido, al menos parcialmente, este "tabú" judío de la sangre.

de algún modo en las historias anteriores de Caín y de Lamec (4:10-16, 23-24). Pero más que ley aquí encontramos una sentencia sapiencial. Dios no necesita actuar y matar, pero él avala con su autoridad esta forma de vida dominada por la muerte: la existencia humana se despliega con miedo y solo con miedo (nueva violencia) se defiende. Estamos en las antípodas del deseo de vida de Eva; hemos caído bajo el dominio de la muerte (*el día en que comas morirás... ¡vivirás de la muerte!*). Todo lo que aquí se dice es un vivir de muerte, un regularla en forma de violencia:

– *El texto no manda matar al asesino, pero supone que se le puede (y debe) matar*, conforme a los principios de una *justicia que es talión de violencia*. Esta es la *justicia sacrificial* expresada en forma genérica: no se dice quien "vengará" la sangre derramada, de manera que el pasaje puede aplicarse en plano de *justicia familiar* (un miembro del propio clan está obligado a matar al asesino) o de *justicia estatal* (el propio estado el control de la violencia y castiga/mata al asesino).

– *Dios mismo es talión.* Hemos dicho que *está arriba*, pidiendo cuentas de la sangre humana derramada (tanto a los hombres como a los animales "asesinos", 9:5). Ahora se añade que él *avala* la venganza del *talión humano (otro hombre matará a quien mate a un hombre*, 9:6a), en palabra luminosa y ambigua (*porque el hombre es imagen de Dios*, 9:6b).

– *¿Cómo detener la sangre?* Este es el problema: parar el derramamiento (*shaphak,*). En el caso de los animales hay que *evitar su sangre concreta* (no comerla). En el caso del hombre se instituye una *ley de venganza de sangre.* Lo que antes era *miedo vital (¡os temerán los animales...!* 9:2) se convierte ahora en *ley del miedo humano*: al hombre le impide matar *el temor a la muerte.* Ha entrado en la historia la lógica de sometimiento. La misma religión se vuelve miedo, pues solo con el miedo de Dios (castigo o muerte) se puede controlar la violencia, como suponía 8:21.

¡Y vosotros sed fecundos multiplicaos...! (9:7a). En medio de ese miedo *es posible y buena la existencia*, conforme a las palabras ahora repetidas de 9:1. Ambas (*parah y rabah*) evocan y suponen la dualidad sexual, expresamente destacada en 1:27 y 5:1-2. La evocan, pero no la resaltan; la suponen, pero no la destacan. Da la impresión de que

en adelante el ser humano se expresa y realiza básicamente en perspectiva masculina.

- *Eva*, madre de la vida, Gn 3, ha quedado esclavizada bajo la fuerza del *pecado de violencia que han impuesto los varones*. Esta es la *tragedia*: quiso hacerse diosa través del camino positivo del conocimiento; ha terminado sometida al reino de los dioses masculinos de la muerte.

- *El nuevo Adán*, el hombre salvador que es Jesucristo debe abrirse a los principios de vida que ha simbolizado Eva en el principio. A Jesús le ha matado básicamente la ley de violencia masculina, de modo que el pecado de la humanidad culmina en su asesinato. Aquí se cierra (culmina y fracasa) el círculo de muerte de la historia masculina; por eso puede comenzar de otra manera aquello que había deseado Eva: el imperio de la vida eterna, el reino de la humanidad reconciliada.[48]

48. Cf. P. Ricoeur, *Finitud y culpabilidad*, Taurus, Madrid 1969; W. H. Schmidt, *Die Schöpfungsgeschichte der P.*, WMANT 17, Neukirchen 1964; W. J. Van Wolde, *A Semiotic Analysis of Genesis 1-2*, Assen 1982; Varios, *La création dans l'Orient ancien*, LD, Cerf, Paris, 1987, donde se ponen de relieve los ideales de una humanidad no violenta. En ese aspecto, siendo verdadero Adán, Jesús puede presentarse como *Eva verdadera*, es decir, como principio y fuente de humanidad reconciliada que recibe como don de Dios (no como resultado de un deseo posesivo) el árbol de la vida. Este es el tema que está al fondo de mis trabajos teológicos sobre el relato bíblico de los orígenes.

3

Hijo de hombre, fin de este mundo.
Ecología de Jesús

Pero en aquellos días, después de aquella tribulación, el sol se oscurecerá y la luna no dará resplandor; las estrellas caerán del cielo y las fuerzas celestes se tambalearán; y entonces verán al Hijo del Hombre viniendo en las nubes con gran poder y gloria. Y enviará a los ángeles y reunirá de los cuatro vientos a sus elegidos, desde el extremo de la tierra al extremo del cielo (Mc 13:24-27).

He presentado en diversos lugares la enseñanza y compromiso mesiánico de Jesús desde una perspectiva "ecológica" de transformación personal y social que culmina por la muerte y resurrección con el surgimiento de un mundo abierto a la vida. Estos son algunos de sus rasgos principales.[1]

– Fue un hombre de futuro, esto es, de Reino de Dios, de nueva humanidad, Hijo del hombre, esto es, de resurrección. Se acabará este mundo, todo lo que nace acaba, de forma que los mismos astros podrán dislocarse y hundirse en el abismo, pero se cumplirá el designio del amor de Dios para el universo, humanidad de Dios.

– Fue radicalmente judío y, sin embargo, vivió de tal forma en contacto con los hombres y mujeres de su entorno, en la zona israelita de Galilea, en la orilla del Jordán y del lago de Genesaret, que su vida y mensaje superó las diferencias entre judíos y gentiles. Por eso, su palabra fue un mensaje de ecología universal, y su proyecto de nueva humanidad abrió un camino de encuentro en la vida para todos los pueblos de la tierra, en esperanza y compromiso de transformación, en camino de Reino.

1. Cf. *Historia de Jesús*, VD, Estella, 2012; *Antropología Bíblica*, Sígueme, Salamanca, 2005; *Gran diccionario de la Biblia*, VD, Estella, 2017, y *Comentarios a Mc y Mt*, VD, Estella, 2012 y 2017.

- Fue un hombre de intensa tradición y, conforme a ella, escogió a doce compañeros para que fueran un signo de la llegada de las doce tribus de Israel; pero, al llegar hasta la fuente del mensaje de Israel, abrió el camino y esperanza para todas las tribus y naciones de la humanidad (no para los imperios opresores), en forma de evangelio universal, poniendo su vida en manos de Dios (aceptando la muerte) para que ese evangelio se cumpliera. En esa línea interpretamos su mensaje y camino como evangelio ecológico de resurrección.

Cuervos y lirios (Lc 12:22-32 par.)

Su maestro, Juan Bautista había roto con el mundo y con lo que el mundo significa de honores, riquezas y poderes, a fin de volver a la naturaleza, en contra de una cultura hecha de opresión y muerte. En esa línea, había rechazado los vestidos de lujo y clase, propios de sacerdotes, terratenientes o sabios; se puso una túnica tejida de pelo de camello y tomó alimentos producidos de manera directa por la tierra (insectos, saltamontes, miel silvestre), no de venta de mercado (cf. Mt 11:18). Más que promotor de transformación, fue hombre de la negación del mundo. Por el contrario, Jesús comía y bebía; fue un hombre de transformación más que de negación de un mundo básicamente positivo, pesar de sus injusticias.

- *Juan pensaba que este mundo acaba, de* forma de la vida actual de hombres y mujeres ha de entenderse como despedida (por bautismo, inmersión y muerte en el agua). Por eso anunciaba la gran destrucción, simbolizada por el huracán, el fuego, el terremoto, con el hacha que tala los árboles antiguos, para que Dios suscite, desde el otro lado, un mundo distinto (cf. Mt 3:7-12; Lc 3:15-17). Por eso, era difícil trazar una ecología desde el mensaje y camino del Bautista.
- *Jesús,* en cambio, decía que este mundo es básicamente bueno, mundo para ser sanado, camino de resurrección. No ayunaba para morir, sino que comía y bebía para vivir, integrándose así este mundo entendido como espacio y presencia de Dios, promesa y camino de resurrección para los hombres:

No os agobiéis por la vida, qué comeréis, ni por el cuerpo, cómo os vestiréis. Pues la vida es más que la comida y el cuerpo más que el vestido.

Mirad a los cuervos: no siembran ni siegan; no tienen despensa ni granero; y sin embargo Dios los alimenta. ¡Cuánto más valéis vosotros que esas aves! ¿Quién de vosotros podrá alargar una hora al tiempo de su vida a fuerza de agobiarse? Si no podéis hacer lo que es más simple, ¿cómo os preocupáis por otras cosas?

Mirad a los lirios: cómo crecen. No hilan ni tejen y os digo que ni siquiera Salomón en toda su gloria se vistió como uno de ellos. Pues si Dios viste así a la hierba que hoy florece y mañana se quema, ¡cuánto más hará por vosotros, hombres de poca fe! Y vosotros no os preocupéis buscando qué comeréis o qué beberéis; por todas estas cosas se preocupan los gentiles, pero vuestro Padre sabe lo que necesitáis; buscad, pues, su reino y todo esto se os dará por añadidura (Lc 12:22-31; cf. Mt 6:25-33).[2]

Apoyándose en el principio de la Biblia (Gn 1), supo que este mundo es bueno y ese descubrimiento fundamentó su visión del hombre y de la vida. No fue sacerdote centrado en la liturgia del Yom Kippur, con el chivo expiatorio (sacrificio de muerte en Dios) y el chivo emisario (sometimiento bajo Azazel en el desierto). No anunció la llegada de un Dios de sometimiento sacrificial ni de expulsión, que arroja a los hombres fuera del mundo y los deja en manos del diablo destructor, sino de un Dios que sana (no sacrifica), que cura/libera a los posesos, no les deja en manos de Satán.

La mirada de Dios (Gn 1:31), le enseñó a mirar a las cosas con amor, buscando el Reino, en equilibrio con la naturaleza (Lc 12:31). Esa mirada (*vio que todas las cosas eran buenas* (Gn 1:31) abre un espacio de *sabiduría*, que consiste en contemplar confiadamente el mundo sin que la inquietud por lo inmediato nos agobie, sin que los problemas de la lucha violenta por la vida (comida y vestido) nos destruyan, sin el sacrificio de expiación y expulsión del Yom Kippur.

---

2. El paralelo de Mateo apenas tiene cambios: donde Lucas dice Padre (Lc 12:30), Mt 6:32 añade «celestial», conforme a su costumbre; y en vez de *cuervos* (que suelen tomarse como impuros, por carroñeros) pone *pájaros del cielo* (Mt 6:26)... Cf. S. Schulz, *Q. Die Spruchquelle der Evangelisten*, TV, Zürich 1972, 149-176; H. Merklein, *Die Gottesherrschaft als Handlungsprinzip*, FB 34, Würzburg 1981, 174-184; J. S. Fitzmyer, *Lucas* III, Cristiandad, Madrid 1986, 458-470.

Katanoêsate, contemplad. Así dice Jesús (cf. Lc 12:24): mirad con ojos de Dios de manera que podáis convertir y transformar no solo vuestro pensamiento, sino incluso la forma de ser del mundo. En esa línea, la ecología no empieza con el cambio del mundo, sino de la mirada de los hombres, viendo todo en clave de transformación y comunión. Mirar no es solo ver y separarse, sino ver en gesto de comunicación, de participación.

También nosotros, los hombres, somos como lirios y cuervos, en manos de la vida que es Dios, siendo, sin embargo, distintos, pues tenemos que hilar para vestirnos y sembrar para comer, mientras ellos no siembran ni hilan. De esa manera, formamos parte de la providencia ecológica de Dios, que sigue creando este mundo, no para que nos agobiemos en él y por él (por nosotros), sino para vivir en comunión amorosa con Dios y unos con otros. De esa forma nos sitúa Jesús en el principio de la creación, simbolizada en el lirio, que es hermoso a pesar de que su vida es corta y del cuervo/pájaro, que es transmisor de la gloria de Dios, a pesar de su pequeño valor.

Su visión ecológica no comienza con la transformación del mundo externo, en clave de poder o dinero, de conquista y dominio (en esa línea carecen de valor lirios y cuervos), sino con un cambio personal de los hombres y mujeres, que han de crecer en comunión con todas las cosas. No sacralizaba ni comía la carne de animales terrestres (con sangre), ofreciéndolos a Dios como sacrificio de expiación o de expulsión de este mundo.

No parece que comiera carne sacrificada de animales (ni siquiera la del cordero pascual), pues el texto de Jn 1:29-34 tiene un sentido distinto). Frente a todos los chivos que se matan, comen o expulsan, Jesús aparece como "cordero de Dios" porque no mata ni expulsa, sino porque pone su vida en manos de Dios, a favor de los hombres, para quitar/borrar el pecado, en camino de ascenso celeste (de resurrección), como sabe y ratifica Hebreos (Hb 9).

No se unió con Dios a través del cordero preceptivo de pascua (matando, ofreciendo y comiendo animales), sino que superó toda forma de liturgia sacrificial, convirtiendo su vida en ejercicio y camino de amor/comunión, a favor de los demás, celebrando así la pascua con verduras, pan y vino. Comía plantas y frutas, y también peces del lago, no carne de animales. Tomaba también vino, que es un alimento vegetal, signo de fiesta, banquete y alegría. Fue representante de una ecología mesiánica, de pan y peces, de frutas y vino, como seguiré indicando.

En contra del signo del Yom Kippur. Jesús no quiso reconciliarse con Dios expulsando a los "malos" (posesos, pecadores) al desierto externo de Azazel (chivo emisario), sino abriendo un camino de vida y comunión de Reino para todos, acogiendo a los enfermos, perdonando a los pecadores. De esa forma proclamó un proyecto opuesto al Yom Kippur de manera que, en vez de expulsar a los pecadores/posesos al desierto de Satán, los acogió en el centro de la casa de Dios, que no quiere sangre de animales, ni imposición de poderosos, sino misericordia (Mt 9:10-13; 12:1-8; cita de Os 6:6-7).

A su juicio, Dios no se aleja en un oscuro y difícil más allá, abandonando el mundo actual bajo poderes adversos, como suponía 1 Hen 6-36, sino que está presente en la vida de los hombres, a quienes habla, cura e impulsa en un camino de vida. Dios no se separa de los hombres, ni les abandona, ni ha dejado que triunfen los violentos y lo manchen todo. Al contrario, él sabe que el mismo Dios alienta en la raíz de nuestra vida, como verdad y amor que llena todo lo que somos y podemos.

Esta es la experiencia base de su ecología: Dios ha creado y sigue sustentando amorosamente la vida de los hombres y mujeres, especialmente la de aquellos que parecen más amenazados. El mundo es espacio y presencia de Dios, siendo profano: no está cargado de demonios, ni necesita signos religiosos especiales, pues todas las cosas son señal de su presencia: *los cuervos* que buscan comida (¡carroña!) y *los lirios* que despliegan su hermosura, aunque solo florezcan por un día (cf. Is 40:8).

La vida del hombre en el mundo no es preocupación, sino gratuidad. Sin duda, el hombre ha de asumir un riesgo, a fin de que la siembra de Dios en su vida produzca frutos, pero no frutos de comercio monetario, de ganancia convertida en capital, sino de humanidad, esto es, de gracia en amor y de esperanza de futuro. Como el trigo que se siembra y ha de morir (transformarse) para producir fruto, así es la vida de los hombres, como ha destacado Pablo en 1 Cor 15, poniendo las bases de la ecología de la siembra y de la transformación de la vida (del grano de trigo que muere para hacerse espiga abundante).

- *Dios* cuida a los hombres, dentro de un mundo y de un proceso de vida que es signo y presencia de su amor, pues el "sabe" incluso aquello que las plantas y los animales necesitan; su cuidado por la naturaleza (cuervos, lirios) es la expresión de su cuidado mayor por los hombres (Lc 12:28). El mundo es, según eso, expresión y presencia de vida.

- *Los hombres* deben apoyarse en el amor de Dios: no están perdidos o arrojados, no están abandonados en las cosas, sino que el Dios de la creación, de los lirios y los cuervos, del trigo y de la viña les acoge en su desvelo y cuidado, de manera que así pueden confiar y buscar el reino (Lc 12:28, 31).

- *La naturaleza*, incluso allí donde es más frágil (lirios) y más ambigua (cuervos), es para el creyente un signo de Dios. Por eso, la primera actitud del hombre ante la vida (incluso ante la más pequeña) ha de expresarse en forma de confianza, en la línea que había destacado ya el libro de la Sabiduría: «Amas a todos los seres y no aborreces nada de lo que has hecho; si hubieras odiado alguna cosa no las habrías creado» (cf. Sab 12:16-18).[3]

Este pensamiento no puede interpretarse de un modo sacrificial (desde la perspectiva del Yom Kippur), ni en un contexto de economía impositiva y monetaria (Mt 6:24). Dios no es una empresa productora, una fábrica de objetos de consumo, un "banco" de gran capital, ni un mercado monetario. Ni los cuervos ni los lirios valen como capital o como objeto de mercado.

Lógicamente, en este mundo donde Dios se ocupa de los cuervos y los lirios, los hombres deben superar las dos preocupaciones que les agobian: *la ansiedad por la comida* (supervivencia) y *la ambición por el vestido* (apariencia). Por encima de esa doble preocupación, propone Jesús la *búsqueda positiva del* Reino, que se funda en Dios y que libera al hombre para la gracia, conforme a la palabra clave de Mt 4:4: No solo de pan material vive el hombre, no solo de aquello que se almacena como capital y se compra y vende. La vida de los hombres no se juega en un mercado monetario, ni el mundo es un capital

---

3. Ahora que el Reino de Satán ha sido superado, puede comenzar el Reino de Dios, de un modo escondido (cf. Mc 3:24-26). Signo de ello son los exorcismos: "Allí donde yo expulso a los demonios con el Espíritu de Dios el Reino de Dios ha llegado ya a vosotros" (Mt 12:28)». Cf. G. Theissen, *La fe bíblica. Una perspectiva evolucionista*, Verbo Divino, Estella, 2002, 153.

para invertir, en contra de una lectura superficial de la parábola de los "talentos" (cf. Mt 25:14-30, par.).

Nos ha sembrado Dios en la tierra de la vida, para ser, para entregar lo que somos (morir) y para así esperar, iniciar, la gran transformación. En esa línea de la siembra del trigo que somos, para vivir dando vida y para morir resucitando, nos sitúa también el evangelio de Juan: *Si el grano de trigo no muere* (Jn 12:23- 24), este es el tema clave: saber vivir muriendo (=amando) y dando de esa forma vida.

Los *cuervos* no siembran ni siegan, los *lirios* no hilan ni tejen y, sin embargo, son y su vida, su forma de existencia merece la pena... Pero los *hombres,* siendo también naturaleza, como los lirios y los cuervos, deben sembrar y segar, hilar y tejer si quieren comer y vestirse (cf. Gn 2); pero han de hacerlo sin el agobio que les vuelve esclavos de la producción y del consumo, impidiéndoles vivir desde la gracia, sabiendo que el mismo Dios, principio de toda vida, está presente en ellos. Más aún, siendo lirios de belleza y cuervos de comida, los hombres y mujeres somos trigo (cereal) de siembra y de resurrección (cf. Mc 4, par.). Nos ha sembrado Dios en la tierra de la vida, para que seamos "muriendo" (es decir, dando nuestra vida), para así multiplicarnos.

Jesús, ecología cristiana. La "parábola" del trigo que se siembra, "muere" y produce mucho fruto (Mc 4, par.), siendo triturado, hecho harina, amasado y fermentado por mano experta de mujer (Mt 13:33), está en el centro del evangelio de Jesús, que reaparece de manera temática en el relato de las "multiplicaciones" (Mc 6:38, par.) en el signo y realidad final de la eucaristía (Mc 14:22-25, par.).

Pero Jesús no solo come (se alimenta) como indican las multiplicaciones de pan y pescado, sino que "come y bebe", esto es, celebra la vida con vino, como expresa de forma ejemplar la parábola del gran banquete (Lc 14:15-24; Mt 22:1-14). Ecología no es solo alimentarse para vivir, sino vivir para celebrar, dando gracias a Dios y sintiendo su "aliento" en la bebida. En contra de un texto sesgado como Is 25:6, este banquete final de plenitud no es comida de carnes y grasas de sacrificios animales, sino de "pan y vino", esto es, de pan multiplicado, de vegetales y bebidas sabrosas, de zumos y vino de diverso tipo, como saben los grupos judíos más cercanos a Jesús, los terapeutas helenistas del entorno de Alejandría y los esenios palestinos del mar Muerto, bajo Jerusalén.[4]

La tradición del Yom Kippur, con el chivo expiatorio y emisario, sigue admitiendo el sacrificio y comida de animales, pero la celebración ecológica cristiana de la eucaristía se centra y condensa en el pan (comidas vegetales) y en el vino (bebidas también vegetales, pero sin sangre de animales). Jesús puede bendecir y bendice a Dios por la vida (esto es, por el pan y el vino, incluso por el pan y los peces, que no se conciben como animales de sangre), pero en ningún momento puede por animales sacrificados. En esa línea, el banquete final no es comida de carne animal (¡Jesús no puede decir "te doy gracias, oh Padre, por este cordero sacrificado"!), sino banquete vegetariano, inscrito en el camino de elevación y transformación de la vida.

Hombres y mujeres hemos superado la armonía natural de las plantas y el equilibrio vital de los animales. Hemos surgido en libertad, sobre la naturaleza de manera que, podemos sentir y sentimos la angustia por la vida. No estamos ya ajustados desde fuera al despliegue de la naturaleza, sino que debemos encontrar por nosotros mismos un nuevo y más alto ajuste, en libertad, en comunicación gratuita de vida, sin tener que matar a los animales.

De manera consecuente, en un primer momento, la *angustia por la producción y posesión de bienes* que Jesús supone y afirma al advertirnos diciendo "no os preocupéis", mirad los pájaros, mirad los lirios…, nos recuerda que la búsqueda del Reino nos vincula en amor, pues las cosas de Dios no se ganan matando animales (o enemigos humanos), ni expulsando a los adversarios al desierto exterior (chivo emisario), sino que solo se tienen y gozan cuando se comparten, en un plano de gratuidad amorosa. De esa forma se distinguen el plano de la ley y el de la gracia.[5]

---

4. Cf. *Fiesta del pan, Fiesta del vino. Mesa común y eucaristía*, VD, Estella, 2000.

5. Pan y vino son comidas vegetales elaboradas… El banquete/comida escatológica de muchos esenios judíos no era de carne, sino de pan y vino. En esa línea se sitúa la "eucaristía" (cena) de Jesús, lo mismo que los relatos de las multiplicaciones de panes y peces (que según la visión de entonces no tenían sangre). Pablo y la iglesia paulina (cf. 1 Cor 10:25-30) suponen que los cristianos pueden comer también carne, es decir, todo lo que se come en los pueblos del entorno. Así lo ratifica expresamente Lc 10:5-9 (comed todo lo que os pongan) y Mc 7:14-23 de un modo implícito. El tema de la "comida de carne" ofrecida a los ídolos (*idolocitos*) y de la carne no desangrada sigue estando en el fondo de las condiciones de integración eclesial del "concilio" de Jerusalén, según la

Inciso. Una forma de ser y de vivir, en contra de M. Heidegger

En el contexto anterior, para situar la propuesta de Jesús, podemos compararla con la de M. Heidegger (1889-1976),[6] que quiso sustituir la visión ingenua de Jesús por otra que, a su juicio, define mejor la "verdad" del hombre, desde una perspectiva griega (pagana), que insiste en la tragedia y angustia de una vida dominada por la muerte.

Heidegger describe al hombre como *Sorge:* en latín *cura*, en castellano cuidado/angustia o preocupación. La tierra dio a los hombres un cuerpo que a la tierra vuelve por la muerte, como sabe Gn 1-2. El principio divino (Zeus) le dio aliento *(spiritus)* para que pudiera aspirar a lo divino, pero sin nunca alcanzarlo (como ha formulado de un modo impresionante el Kohelet). De esa forma, entre la tierra y la apertura a lo divino, el hombre quedó en manos de la *cura* (el cuidado, la preocupación, la *Sorge*) que vino a modelarle poniéndole bajo su dominio sobre el mundo.

Este motivo había sido planteado por los *Ketubim* o sapienciales del Antiguo Testamento, de Job a Proverbios, de Kohelet a Sabiduría. El hombre es un viviente, estando distendido entre cielo y tierra, se descubre a la vez agobiado (angustiado) entre las cosas, amenazado por la muerte inevitable y enfrentado por otros seres humanos.

---

versión de Hch 15, que no ha sido aceptada por Pablo, conforme a su versión (Gá 2), donde se supone que los cristianos pueden comer todo tipo de comidas, siempre que sean "comidas compartidas" (con *synesthiein*, comer juntos).

El concilio de Jerusalén nos sitúa ante dos formas de entender "comida". (a) Una da prioridad a comer juntos, sin insistir en aquello que se come (carne sí, carne no: Pablo, Lucas y probablemente Marcos). (b) La otra (Hch 15; Ap ¿?) insiste también en aquello que se come (condena los *idolocitos* o carnes ofrecidas a los ídolos, con la carne no desangrada, cf. Gn 8-9: pacto de Noé). A mi juicio, ese tema no ha sido resuelto todavía en las iglesias. Conforme a la visión del Apocalipsis, el mercado/comida del imperio (capital divinizado) destruye la vida del planeta y sirve para oprimir a los pobres.

Sea como fuere, el "desafío" de la ecología sigue estando vinculado a la "comida" (es decir, al pan/capital del Diablo), conforme al relato de las tentaciones de Mt 4 y Lc 4. Conforme al evangelio de Juan el tema de las comidas constituye la clave del evangelio, como muestra el hecho de que Jn 6 (discurso de Cafarnaúm) presenta a Jesús como carne/sangre (*sarks, haima*) y no como *sôma*, que puede espiritualizarse con más facilidad, olvidando el sentido carnal del evangelio, diciendo que el logos/Dios se hace carne/sarks, no simplemente *sôma/cuerpo en general*.

6. *Sein und Zeit*, 42 (*Ser y el tiempo*. FCE, México, 1962, 218). Sobre el fondo gnóstico-apocalíptico de M. Heidegger, cf. M. E. Sacchi, *The Esoteric Gnosis of Martin Heidegger*, St. Augustine, Press, South Bend, Indiana, 2002; J. Macquarrie, *Heidegger and Christianity*, Continuum, New York, 1994. En contra de Heidegger, planteo mi propuesta en la línea del pensamiento de X. Zubiri, tal como fue formulado por primera vez en *Naturaleza, historia, Dios*, Ed. Nacional, Madrid, 1944.

Este es, según M. Heidegger y muchos antropólogos, el destino del hombre que, en su inquietud inevitable, quiere resolver su vida y superar su angustia fabricando bienes de consumo (cosas), divinizando de esa forma un "capital", siempre disputado con otros, en una línea que puede llevarle a destruir el mismo mundo, convirtiendo su vida en objeto de lucha y de conquista que desemboca siempre en la muerte.

Este "hombre de angustia", sin seguridad personal, en lucha con otros, fabricante impulsivo de objetos de consumo (un capital que no puede asegurar su vida), y condenado a la muerte, se encuentra "arrojado" en el mundo y perdido en un bosque o desierto sin caminos (como el chivo emisario del Yom Kippur, como el alma caída de la gnosis, con la que empalma el "gnóstico" M. Heidegger). Pues bien, en contra de esa visión Jesús dice: "No os preocupéis, no estáis arrojados/perdidos en el mundo", no tenéis que construir/asegurar vuestra vida en lo que hacéis, construyendo un capital, ganando en un mercado, pues ella viene de Dios, es signo y presencia de su misericordia.

El hombre no está arrojado, sino implantado en el mundo, que es presencia de Dios. No está condenado a la angustia, sino llamado a la vida, en comunión con los demás, en este mundo que es "casa y camino", en un sentido profundamente ecológico, religado (vinculado) a Dios, que se va revelando como apertura a un futuro de resurrección. Según eso, en contra de M. Heidegger, el hombre no está simplemente arrojado a un mundo de muerte, condenado a buscar vanamente a Dios como "capital" sin fondo ni garantía de vida, luchando siempre en contra de otros seres humanos, igualmente condenados a la muerte, sino abierto (llamado) a la vida en comunión con otros seres humanos, llamados por Dios.

El hombre "habita" *en la casa-madre tierra* (el mismo Dios le ha llamado a vivir partiendo de ella, dándole inteligencia para entender las cosas, los caminos de la vida). Pues bien, esa inteligencia (*katanoêsate*, contemplad) no se expresa (= no ha de expresarse) en forma "monetaria" de producción material, es decir, de empresa, capital y mercado, donde todo se compra y se vende, sino de fidelidad a la abundancia y belleza de la vida, simbolizada por lirios y cuervos.

El hombre mercantil, de empresa que fabrica bienes de consumo, que diviniza el capital y que todo lo resuelve por un tipo de mercado (que compra/vende por interés las obras de los hombres) se encuentra lejos de un Dios que pueda ofrecerles sosiego, condenado a la muerte en una tierra que él mismo va matando al "degradarla", consumiendo sus fuentes de energía, envenenando las aguas, contaminando el aire que respira.

Según Heidegger, el hombre moderno se angustia y afana entre una tierra madrastra y un cielo cerrado, lejos de su naturaleza madre y siempre separado de Dios padre. Ese hombre no "habita" de verdad, sino que merodea como ser errante sobre una tierra maldita (donde la mala fortuna le ha arrojado), con la falsa tarea de fabricar sin fin y sin descanso, cosas y más cosas, bienes de puro consumo de muerte. Este es el hombre instrumental, vendido al capital, entregado a su preocupación o «cura/cuidado» por su pan y su vestido, condenado a enfrentarse con aquellos que tienen la misma preocupación. Esta es la antropología de la muerte, vinculada con una ecología que no puede ofrecernos una "casa" de verdad, ni responder a nuestro deseo de vida.

En contra de esa antropología/ecología de fabricación de utensilios, de capital y mercado, Jesús nos invita a mirar a los cuervos y los lirios, diciendo "no os preocupéis". De esa forma nos invita la angustia que se funda en la preocupación o lucha por los bienes limitados de la vida que nos llevan al enfrentamiento mutuo y culminan en la muerte. *De esa forma nos enseña a descubrir el camino de vida entre las cosas (en el mundo),* con los cuervos y los lirios, que no son signo de muerte, sino de *Reino de Dios.*

El *Dios* de Jesús no es el de Heidegger, que no tiene más remedio que entregarnos a la angustia y a la lucha de la muerte, sino Padre que conoce lo que necesitamos y nos encamina con amor y cuidado superior hacia el futuro ya presente de su Reino. No estamos en manos de una fortuna/destino, entregados a la angustia y a la muerte, sino en manos de Dios-Padre, que nos libera de esa angustia, abriéndonos a un presente y futuro más hondo de paz (de resurrección gratuita). En el principio de la antropología/ecología de Jesús está el agradecimiento y la confianza por la vida.

- *Heidegger* supone que existimos en un mundo sin gracia, sobre una tierra extraña e inhóspita, como si estuviéramos cerrados en un arca de Noé, sobre la tempestad del mundo, condenados a una lucha sin fin y sin salida, que desemboca en la supervivencia de aquellos que son más fuertes o se adaptan mejor al entorno (como en las teorías biológicas del *Struggle of life)*, acabando al fin en la muerte inquietante, como la que ha narrado Kohelet al final de su libro.

– *Jesús,* en cambio, sabe y dice que el mundo no es cárcel: no es caverna donde sufrimos lejos de la luz (Platón), ni exilio donde estamos castigados (gnosticismo), ni campo de batalla donde todos luchamos contra todos, para acabar al fin en la misma muerte (Kohelet) sino espacio abierto donde Dios nos alumbra y llama con las luces de su Reino.

Ciertamente, Jesús sabe que el mundo es espacio de riesgo y que, si olvidamos el Reino, podemos convertirlo en campo de batalla angustiosa de todos contra todos («Se levantará nación contra nación y reino contra reino», Mc 13:8). Pero, en sí mismo, como lugar donde se expresa el cuidado de Dios y puede buscarse su Reino, *este mundo es* como presencia y camino de una realidad superior, donde la vida que se da no se pierde, sino que se recupera en un plano superior de gratuidad.

Hombre en el mundo, camino de Reino. El mundo no es lugar donde tenemos que morar como extranjeros, sino lugar y casa de Dios donde podemos amar y trabajar, en un gesto en el que pueden distinguirse (pero no escindirse o separarse) estos niveles:

– *Admiración cósmica, contemplación.* El primer gesto del hombre ante (en) el mundo no es la preocupación, sino la admiración agradecida, como han sabido las religiones de la naturaleza, lo mismo que la filosofía griega (Platón, Aristóteles) y la religión israelita, empezando por Gn 1-2 y numerosos salmos. Ese es el primer gesto de Jesús: Mirad y contemplad los cuervos y lirios, con las plantas y animales que fueron y siguen siendo para Job la respuesta más honda de Dios,[7] pues perecen en un día, pero el mismo Dios se manifiesta en ellos: alimenta a las aves, viste a las flores.

---

7. Cf. *Lectura de Job,* Paulinas, Madrid 2019 y *Lectura cristiana de los salmos,* VD, Estella, 2023.

– *Trabajo agradecido, al servicio de la vida*, no fabricación angustiosa y fracasada de más y más objetos de consumo, que no logran responder nunca a nuestras necesidades. A diferencia de los cuerpos y los lirios, los hombres trabajan para vivir: siembran y siegan (cosa que no hacen los cuervos), hilan y tejen (cosa que no hacen los lirios); pero su trabajo no es ya esclavitud y agobio, sino expresión y expansión peculiar de la gratuidad de Dios. El trabajo del hombre se integra en la naturaleza, en la línea de Gn 1-2, y no tiene como finalidad el dominio de la naturaleza, sino su transformación en una línea de humanización.

– *Búsqueda y presencia de Reino.* La certeza de Dios nos impulsa no solo a contemplar el mundo, en gesto de gozosa admiración, sino que nos lleva también al compromiso agradecido y gozoso de la búsqueda del Reino, que está ya presente, en medio de nosotros, en el amor de unos a otros. No estamos separados de Dios, condenados a la eterna soledad de la muerte, sino "religados a Él, compartiendo a desde ahí, desde ahora, su experiencia de vida, que se revela como amor, en el mismo fondo de la muerte.[8]

No se trata, pues, de dominar el mundo en una línea que puede conducir (y está conduciendo) a su destrucción (por calentamiento global, contaminación de las aguas, agotamiento de las fuentes de energía fósil), sino de elevarlo de nivel, en una línea de contemplación y gozo, que desemboca (según los cristianos) en la resurrección, esto es, en la creación/surgimiento de un mundo espiritualizado, pero no en contra de esta naturaleza (en una línea espiritualista de

---

8. La confianza en la naturaleza, creada por Dios, está en el fondo del mensaje de Jesús y es componente radical de su evangelio. Así debemos destacarlo frente a todas las posibles tentaciones de evasión, de falsa mística o gnosis negadora de la vida, poniendo de relieve la exigencia y gracia del trabajo sobre el mundo. Pero *el trabajo ha de encontrarse abierto al Reino, pues el* equilibrio del mundo resulta insuficiente, como suponen las dos comparaciones del pasaje: mueren las flores de un día, se alimentan los cuervos de carroña.

  – Lc 12:22-31 insiste en la confianza radical: «No temas, pequeño rebaño, porque a vuestro Padre le ha placido daros el Reino» (12:32). Pero luego, de manera paradójica, traduce esa confianza como entrega a favor de los demás (12:33-34).

  – Mt 6:25-32 sitúa este pasaje en un contexto marcado por el riesgo de la idolatría económica y por la exigencia de superación del juicio. Ciertamente, incluye un dicho de sabiduría popular ("no os preocupéis por el mañana…" 6:34), pero lo matiza a través de la sentencia anterior (no podéis servir a Dios y a la mamona, 6:24: cf. … no juzguéis, y no seréis juzgados: 7:1). C. H.-Th. Wrege, *Üherlieferungsgeschichte der Bergpredigt*, WUNT 9, Tübingen, 1968, 116-124.

evasión), sino en forma de recreación de la misma naturaleza, como seguirá mostrando en los capítulos que siguen culminando en el comentario del Apocalipsis. Desde ese fondo podemos volver a leer el texto base de Mt 6:31-33:

– *Y vosotros no os preocupéis buscando qué comeréis o qué beberéis; por todas estas cosas se preocupan los gentiles.* Gentiles son aquellos que se sitúan fuera del ámbito del Reino, no por haber sido expulsados al mundo exterior del "desierto", como el chivo emisario del Yom Kippur, sino aquellos que voluntariamente se niegan a ver la otra cara (de vida en gratuidad) de la realidad (cf. Mt 5:17). Son aquellos que buscan solo la seguridad material de este mundo, tal como se expresa en el dinero.

– *Pero vuestro Padre sabe lo que necesitáis; buscad, pues, su reino y todo esto se os dará por añadidura.* Hay un Dios que es Padre más allá del mundo de los gentiles… Ante ese Dios, desde ese Dios, por encima de la preocupación del mundo *está la búsqueda del reino,* que se expresa en forma de amor a los necesitados, de búsqueda del bien de los hombres.

En este contexto, Jesús dice "buscad el Reino de Dios y su justicia, y lo demás se os dará por añadidura" (Mt 6:33 y Lc 12:31). Jesús sigue diciendo "buscad y hallaréis" (Mt 7:7-11), buscad porque ya habéis encontrado o, mejor dicho, habéis sido encontrados por aquel en quien vivís, el Dios padre del mundo (en el mundo). El principio de la ecología es, por tanto, la búsqueda del reino de Dios, que se expresa como gratuidad y amor-servicio a los necesitados. Buscar se dice *zetein*, en línea de oración y acción gratuita (cf. 7:7-12). Frente al trabajo para tener y poseer en forma de capital (Mt 6:24), Jesús destaca la búsqueda en gratuidad, como acción y servicio generoso, para bien de los demás, en línea de justicia (*dikaiosynê*: servicio de amor).[9]

La *preocupación ecológica* (entendida en forma de búsqueda (zetein) no ha de centrarse, por tanto, en fabricar más cosas, ni en tener más capital de comercio, sino en buscar y encontrar la justicia de Dios, unos con otros, en forma de amor/misericordia. Lo que vale

---

9. La búsqueda del Reino de Dios, que se expresa en forma de justicia entre los hombres, como he puesto de relieve en *Evangelio de Mateo*, VD, Estella, 2017.

no es por tanto el capital externo, el poder de dominio (tener, almacenar a costa de los otros), sino el despliegue de la vida de todos, empezando por los pobres y excluidos sociales.[10]

La antropología de Jesús se funda en una experiencia ecológica fundante, expresada en el valor y la belleza, en el gozo y la sacralidad de los hombres, a cuyo servicio se pone el mismo Dios y han de ponerse los bienes de la tierra. La finalidad y sentido de toda ecología está en saber que estamos "habitando en Dios", descubriendo como gracia la realidad más honda, que se expresa en forma de superación de la muerte y como resurrección en el Dios que "muere" (se entrega en amor por nosotros), para que tengamos de esa forma vida amor y confianza, diciéndonos: ¡no os preocupéis!

El principio no es por tanto el trabajo, el capital, el mercado donde todo se compra y vende, sino el gozo y belleza de la vida, en sus formas y realidades que parecen más efímeras: los lirios del campo, los cuervos de las peñas. Esta es la *belleza de aquello que pareciendo puramente efímero* (de un día que pasa y muere) nos vincula con el mundo que Dios ha creado para siempre, en el seno de su eternidad pascual. [11]

Llueve para todos. Amor universal (Mt 5:45 par.)

La reflexión anterior ha de ser completada e interpretada desde un texto que nos lleva al amor universal, superando el nivel del juicio (cf. Mt 7:1-3), esto es, de una justicia donde todo se define como lucha entre poderosos y oprimidos, ricos y pobres, en la línea de un tipo de falsa ley (no la verdadera Torá israelita), conforme a la cual Dios se define como capital y la vida como mercado donde todo se compra y se vende, hasta cuerpos y almas de hombres (Ap 18:13), incluyendo prebendas eclesiales e indulgencias del purgatorio.

Jesús supera así en clave de misericordia; no rechaza el valor de la justicia, pero la trasciende, en perspectiva de gracia, como indica

---

10. Esta es la inversión cristiana, pues no es el hombre para el templo/sábado/capital, sino el sábado/templo/capital para los hombres (cf. Mc 2:23-28), como he mostrado en *No podéis servir a Dios y al dinero*, Sal Terrae, Santander, 2020.

11. Esta belleza y gozo de la presencia humana en Dios (de Dios) se expresa a través de la mirada (rostro), la conversación (palabra) y todo el cuerpo (tacto, presencia compartida). Cf. Mc 9:33-37; 10:13-16 par.

Mateo en la sexta antítesis (5:44-48) y Lucas en el centro del sermón de la llanura (Lc 6:35-36).[12]

Lc 6:34. No prestáis esperando devolución… También los pecadores se prestan entre sí.	Mt 5:43. Habéis oído que se ha dicho: Amarás a tu prójimo y odiarás a tu enemigo
6:35. Pero vosotros *amad a vuestros enemigos*, haced el bien... sin pedir nada a cambio.	5:44. *Amad a vuestros enemigos*... y orad por los que os persiguen...
Y vuestra recompensa será grande y seréis hijos del Altísimo, pues también Él es bondadoso con los desagradecidos y malos. 6:36. Sed *misericordiosos* como vuestro Padre es misericordioso.	5:45. Para que seáis hijos de vuestro Padre celeste que envía su sol sobre malos y buenos y llueve sobre justos e injustos. 5:48. ¡Sed *perfectos* como vuestro Padre celestial es perfecto!

Lucas quiere que seamos imitadores de Dios (Lc 6:35-36), Padre de *misericordia* como hijos del Altísimo que es bueno con los que rechazan su gracia. Desde ese fondo insiste en la novedad paradójica y fundante del amor al enemigo (cf. Lc 6:27-35), interpretado como base de trasformación de un mundo previamente dominado por una ley de equivalencia: amar a quienes nos aman, prestar a los que pueden devolvernos lo prestado, como en un contrato de dinero: *do ut des* (doy para que me des). En ese fondo pueden distinguirse dos niveles de conducta:

– *La justicia de la ley* traza una exigencia de reciprocidad regulable y sancionable entre acción y reacción, dentro de un mundo en el que son privilegiados los que tienen, creando de esa forma un

12. Para situar el texto, cf. H. Merklein, *Die Gottesherrschaft als Handlungsprinzip*, FB 34, Würzburg 1981, 228-237. La función del tema en cada evangelio ha sido estudiada por G. Theissen, *Estudios de sociología del cristianismo primitivo*, Sígueme, Salamanca 1985, 103-148.

"capital", utilizando para su servicio el mundo entero y la vida de los hombres, poniendo así en riesgo la vida del planeta.

– Por el contrario, *la gracia de Dios* nos lleva a poner todo al servicio de la vida de los hombres, pues lo que importa no es el capital, el dominio sobre el mundo, sino que los hombres vivan, empezando por los más pobres.

Para superar la ley, el Jesús de Lucas apela a un Dios que no actúa por reciprocidad regulable (doy para que me des) y por afán de posesión (trabajo para tener, aunque sea en contra y a costa de los otros), sino que expresa y regala su vida como gracia, en plano de bondad misericordiosa (Lc 6:36). En esa línea, Jesús ha podido fundar su evangelio en el deseo de felicidad del hombre, un deseo de gracia, que no se cumple en el tener/dominar, sino en el dar: Que los hombres y mujeres vivan, que amen (se amen) que gocen.

Normalmente, el deseo se suele interpretar como egoísmo. Queremos que los demás nos sirvan para así tenerlo todo, en forma de capital. Pero el gozo más grande no está en tener y lograr que otros nos sirvan, pues por mucho que tengamos y muchos que nos sirvan, nunca estaremos satisfechos, como puso de relieve el libro del Kohelet, que, de alguna forma, está en el fondo de toda la experiencia y mensaje de Jesús. El gozo verdadero solo puede conseguirse a través del amor gratuito, *que no se compra ni se impone, sino que se regala y se recibe de una forma generosa.*

Esta es la experiencia fundante de Jesús. Solo por amor de gratuidad, regalando vida a los demás y recibiendo la que ellos nos ofrecen podremos ser felices, tendremos un "tesoro" de amor (vida) que no se compra ni vende, sino que se comparte, podemos hablar del amor divino, que es pura gratuidad. La única empresa del hombre es regalar vida/amor, el único capital que él tiene son los otros, esto es, aquellos en quienes puede apoyarse pues lo aman, el único "mercado" es la gracia generosa de la vida compartida.[13]

Mateo (5:45) trasmite ese mismo mensaje desde una perspectiva más teológica y más estructurada, en contraste con un tipo de ley que corre el riesgo de sancionar el equilibrio del poder establecido.

13. Kant pensaba que esta máxima (haced con los demás lo que queréis que ellos os hagan) era poco racional. Pero, en contra de eso, ella nos sitúa en las «raíces humanas» del evangelio, entendido como inversión del egoísmo infantil, que no desemboca en la pura reciprocidad legal, sino en una generosidad materna universalizada.

Por eso Dios empieza mostrándose como principio creador que ofrece su ayuda gratuitamente a todos, no solo a los buenos/amigos, sino a los que parecen enemigos suyos. En esa línea, el evangelio apela a la «lógica de la creación», que es presencia y resultado de un amor que se expande y ofrece por encima de todo mecanismo de compensación, de todo mérito entendido como exigencia de pago. Por eso, la perfección, que la ley había vinculado a la pureza (Lv 19:2; Dt 18:13), se interpreta desde la perspectiva del amor al enemigo, que brota del amor de Dios y que lo expresa.

En este contexto ya no bastan los ejemplos de los cuervos y los lirios. El evangelio de Mateo nos conduce más allá, hasta la fuente de la creación, hasta el lugar del que brota toda vida y sustento para el hombre: Dios hace salir su sol y hace llover sobre justos y pecadores, sobre amigos y enemigos, superando así los esquemas judiciales, tal como ha destacado el paralelo de Lc 6:35: «Es bondadoso con los desagradecidos y malos».[14] De este principio derivan dos grandes consecuencias:

– *Generosidad.* Normalmente suponemos que el mundo ha de ser bueno para los buenos y malo para los malos y así rogamos a Dios, para que «se porte bien con nosotros»: le pedimos la lluvia y queremos que nos libre de las enfermedades y desgracias. Pues bien, el texto dice que Dios cuida por igual a unos y otros, en afirmación que rompe nuestros presupuestos religiosos: ¡Llueve también sobre aquellos que no rezan!

– *Invitación al amor de los hombres (a los enemigos).* En vez de conducir al desinterés intra-cósmico (da lo mismo ser bueno que malo), este descubrimiento de la gratuidad universal de Dios (ofrece sus bienes a todos, buenos y malos, amigos y enemigos), nos invita a ser también universalmente generosos: ¡Para ser hijo de Dios debemos amar de igual manera a todos, especialmente a los enemigos!

Esta presencia cósmica del Dios amoroso, como el sol y la lluvia, va en contra de gran parte de la religiosidad apocalíptica (que habla de castigos

---

14. De sol y agua vivimos: no hay luz-calor sin sol, ni alimento sin agua. El mismo relato de la creación (Gn 1) se ha condensado así en estos poderes de la naturaleza, a los que podría añadirse un tercero: la tierra sobre la que alumbra el sol y cae el agua de la lluvia. Lógicamente, muchos pueblos antiguos habían sacralizado el *sol* (Inti en Perú, Atón en Egipto) lo mismo que la *lluvia* o la tormenta (desde el Yahvé que cabalga sobre nubes hasta Zeus en Grecia). Pues bien, sol y lluvia son en nuestro texto criaturas de un Dios trascendente que ofrece sus bienes a todos.

cósmicos de Dios para los pecadores); ella se opone también a las antítesis del libro de la Sabiduría, centradas en un tipo de talión cósmico: «Porque la creación, sirviéndote a ti, su hacedor, se tensa para castigar a los malvados y se distiende para beneficiar a los que confían en ti (Sab 16:24; cf. Sab 5:21-22).

La *justicia inmanente* del libro de la Sabiduría supone que cada hombre encuentra aquello que merece: enferma quien busca enfermedad con su conducta; se angustia o deprime aquel que merece angustiarse o deprimirse por su tipo de vida. Es evidente que en un plano esa visión de la justicia inmanente resulta verdadera, como supone Gn 2-3, cuando afirma que el pecado engendra muerte (entendida incluso en sentido físico). Pero, en otro plano, esa visión es falsa, como sabe Gn 1 y Gn 8:22, que ponen de relieve la bondad universal de la creación de Dios, con independencia de las obras de los hombres.[15]

La gracia creadora y supra-judicial de Dios nos libera del ansia del juicio (de la esclavitud de la ley) y nos permite vivir en actitud de gracia, amando a los enemigos. No tenemos que pensar ya en el mal de los demás, ni en la venganza de Dios, pues Dios es gracia universal y así debemos serlo también nosotros. *Dios ofrece su amor a todos*, de una forma positiva, por encima de culturas y razas, de visiones religiosas y conductas moralistas, pues su amor se identifica con la misma vida, con el sol y con la lluvia.

Pero, al decir que Dios «alumbra a todos con su sol», podemos añadir también que manda oscuridad (sequía o hambre) sobre justos y pecadores. Su mano está presente en cada una de las cosas que existen sobre el mundo, aunque no podamos entenderlo. Dios no es talión, pero tampoco es indiferencia, sino camino fuerte de generosidad, llamada intensa a la transformación.

Dios emerge sobre nuestras pequeñas divisiones sociales o morales como principio de una existencia que también tiene sus sombras. Todo viene de Dios: sol y oscuridad, lluvia y sequía, salud y

---

15. Dios supera el ámbito del juicio, pero sin negarlo, como trascendencia de amor, más allá de los equilibrios «judiciales» que solemos emplear en nuestra historia, diciendo que «premia a los buenos y castiga a los malos». Volvemos así cerca del Gn 1, pero con una diferencia. *Gn 1-2 ofrece un fuerte matiz celebrativo* en un mundo donde parece que todos son buenos (no ha entrado aún en el mundo el pecado de Gn 2-2). Por el contrario, *Mt 5:45* abre un espacio de vida donde habitan al mismo tiempo justos y pecadores (cf. Mt 13, parábola de la cizaña).

enfermedad... Pero no todo resulta equivalente, no todo da lo mismo: la vida es más valiosa que la muerte, el sol vale más que la tiniebla, el agua más que las arenas del desierto. El mundo es bueno en su pluralidad, en un nivel de ley, pero no puede cerrarse en sí mismo, pues el agua que riega los campos y el sol que alumbra la tierra son signo de un Dios que se sitúa por encima de la ley, como fuente gratuita de vida y principio de perdón y amor para los hombres. De esa forma, el mismo mundo de Dios viene a presentarse como signo de un amor gratuito y positivo, que supera los estrechos cauces de la ley, para mostrarse como fuente de vida universal, gratuita.[16]

Juan Bautista (con 1 Hen 6-36) presuponía que este mundo es malo y añadía que Dios resolverá su desajuste en el juicio final; también las antítesis de *Sab* nos situaban ante el juicio. *Jesús,* en cambio, nos conduce hasta el principio de la creación, para que así participemos en el surgimiento de la vida (Gn 1), superando el riesgo de caer bajo el poder de la muerte ante el árbol del conocimiento del bien y el mal.

Jesús sabe que en un plano hay justos/injustos, buenos/malos, como dice expresamente el texto, aceptando la escisión moral y judicial de nuestra vida. Pero al añadir que Dios llueve sobre todos y al pedir que amemos a los enemigos, él se niega a tomar esa división como fundamento de conducta legal (que se expresa en el amor a los amigos y el odio a los enemigos). Por eso nos conduce hasta el principio de la creación, poniéndonos al servicio del árbol de la vida, es decir, de la gracia que se abre y nos abre hacia todos los hombres.[17]

En un mundo frágil. Torres que caen, soldados que matan (Lc 13:1-5)

El texto anterior presentaba el mundo (sol y lluvia) como gracia que desborda las barreras del bien/mal, en línea de generosidad

16. Allí donde el evangelio dice «todo es bueno», algunos (quizá budistas) podrían responder que *todo es malo,* añadiendo que debemos superar todo deseo para llegar al nirvana. Esta afirmación (todo es bueno) no puede probarse, pero podemos y debemos tomarla como punto de partida de nuestra conducta: no hemos venido al mundo para juzgar sino para crear vida, como Dios.

17. El talión, que divide a buenos y malos, es propia de aquellos que se piensan dueños del árbol del juicio y se creen capaces de juzgar a los demás. Pero nuestro texto desborda el plano del talión (de ley y juicio), para situarnos de nuevo ante el árbol de la vida, que es árbol de creación y de gracia.

original. Pues bien, desde esa perspectiva han de entenderse también las aparentes calamidades, que sobrevienen por igual sobre justos y pecadores (como si no hubiera lugar para la gracia).

> *¿Pensáis que aquellos galileos que perecieron de esa forma [asesinados por Pilato...] eran más culpables que todos los restantes galileos? Yo os digo que no. Y si no os convertís, pereceréis igualmente todos. Y aquellos dieciocho a los que aplastó y mató la torre de Siloé, ¿pensáis que eran más culpables que los otros habitantes de Jerusalén? Yo os digo que no. Y si no os convertís, pereceréis todos igualmente (Lc 13:2-5).*

El texto habla de dos tipos de calamidades. (1) *La caída de la torre* es una catástrofe «natural», como el desbordamiento de un río, la erupción de un volcán o la sacudida de un terremoto. (2) *Los galileos* a quienes mandó matar Pilato fueron víctimas de una represión político/social.

Los dos casos aparecen sin ningún comentario: no se dice si la torre estaba mal construida, ni se añade si Pilato era un perverso. En ambos planos, cósmico y social, todos, justos y pecadores, se encuentran igualmente amenazados en el interior de un mundo peligroso y frágil. Muchos políticos y jueces de la actualidad observarían que la afirmación de Jesús, que sitúa la caída de la torre junto a la matanza de Pilato, resulta desafortunada: ellos no tratan por igual a justos y a pecadores, sino que solo castigan o matan, por violencia legal o legítima, a los culpables demostrados. Pero Jesús daría menos importancia a ese argumento, propio de los defensores de la violencia legal, de manera que, sin distinguir a este nivel entre justos y culpables, sitúa a todos por igual ante la desgracia o la muerte, en un mundo que sigue amenazado por violencias naturales (torres que caen) y sociales (tiranos o gobernantes que matan).

En este contexto añade Lucas una frase que nos sitúa ante la exigencia de cambio radical que implica el evangelio (cf. Mc 1:15): *Si no os convertís, pereceréis igualmente todos* (Lc 13:5). Jesús no ha sido profeta de penitencia sino heraldo de Dios, mensajero de Reino. Pero podemos y debemos añadir que su mensaje de gracia de Dios exige una respuesta de fe. Eso significa que si no buscamos el Reino, si no nos convertimos, en línea de gratuidad, todos acabaremos muriendo como dice un tipo de crítica ecológica.

La novedad de Jesús consiste en que, a su juicio, la conversión se vuelve posible y real: la misma llamada del Reino puede y debe hacer que los hombres se trasformen. Jesús no les convierte para el juicio, preparándoles así para que escapen de la ira venidera, como hacía Juan Bautista (cf. Mt 3:7-12), sino desde la gracia, que es fuente de creatividad, y para el Reino, entendido como don supremo de Dios.[18]

– Hay una *conversión moralista,* que se sitúa y despliega dentro del mismo sistema del bien/mal: solo en esta línea, donde sigue teniendo vigencia la ley del talión, se puede afirmar que el convertido se vuelve mejor de lo que era, ganando unos méritos que antes no tenía. A partir de ese principio se debería decir que las torres no caen sobre los convertidos, ni los poderosos aplican sobre los convertidos su justicia punitiva o su venganza; pero todos sabemos que eso no es cierto, pues las torres y los poderosos caen de igual forma sobre inocentes y culpables, sobre convertidos y no convertidos, como Jesús supone claramente en el pasaje.

– Pero nuestro texto habla de una *conversión supramoralista,* que consiste precisamente en trascender las dualidades anteriores (vinculadas al bien y al mal, a la vida y a la muerte en este mundo. El convertido no es un hombre moralmente mejor, sino alguien que quiere situarse y se sitúa por encima del nivel del juicio, del premio y del castigo, buscando el bien de todos. Por eso, cuando Jesús afirma *si no os convertís, todos igualmente pereceréis,* no está hablando de una conversión moralista (para que podamos cumplir mejor la ley), sino a una conversión radical de gratuidad.

La conversión de Jesús nos introduce en una forma más alta de vida, más allá de la ley, en el nivel de la gratuidad del Reino de Dios, más allá de las retribuciones a intercambio mercantiles. Dios da sin pedir nada, salva sin condiciones, capacitándonos para superar la escisión entre el bien y el mal (la vida y muerte en el cosmos), situándonos ante una lógica superior de gratuidad, que se podría formular de esta manera: «Si impedimos que la gracia de

---

18. Al negar la *culpabilidad* especial de los que mueren, Jesús está diciendo: ¡No por mucha conversión lograréis que la torre no caiga y no mate o que no vengan nuevos Pilatos a matar a los inocentes! Pero, al mismo tiempo, *pide conversión...* La conversión ha de entenderse de un modo *supramoral,* en línea de gracia y no de ley (como Mc 1:15). Cf. B. R. Gaventa, *From Darkness to Light: Aspects of Conversion in the New Testament,* Fortress, Philadelphia, 1986.

Dios nos trasfigure, terminamos pereciendo todos sobre un campo de juicio»;[19] pero si nos convertimos y vivimos en gratuidad habremos superado el juicio, introduciéndonos (siendo introducidos en la vida de Dios, que es resurrección).

Se ha cumplido el tiempo, anuncio y camino de Reino

Los profetas antiguos culminaban en Juan, mensajero del juicio. Pero, a diferencia de Juan Bautista, Jesús ha sabido que el juicio se ha cumplido, de manera que puede y debe pregonarse ya el Reino, como nuevo orden social (humano), presidido directamente por Dios. Jesús se sintió así profeta del Reino (profeta mesiánico), con la tarea de promover en concreto, a contracorriente, los caminos de la vida de Dios, precisamente en medio de una sociedad que parecía rota y sin salida, como aquella de la mayoría de los campesinos y artesanos galileos.

Juan había proclamado la llegada del Más Fuerte, en la parte oriental del Jordán, preparando a sus discípulos para el juicio y la «entrada en la tierra prometida» (cf. Mc 1:1-8 par.), a través de la catástrofe (hacha contra el árbol, huracán en la era, fuego en la paja): no había más salida que esconderse de ese Dios de terror, y eso se hacía a través del bautismo, entendido como rito de purificación y muerte (cf. Mt 3:1-12). Lo que vendría después y que podría llamarse quizá "Reino de Dios" sería algo exterior y posterior, impuesto desde fuera a la vida de los hombres.

En un primer momento, Jesús asumió el mensaje del Bautista y cumplió su rito de bautismo (cf. Mc 1:9-11), con los pecadores de su pueblo. Pero él tuvo una experiencia más honda de Dios como padre de gracia y, tras ahondar un tiempo en ella, superando una posible tentación o prueba (cf. Mc 1:12-13 par.), quizá después de haber bautizado con otros discípulos, al lado de Juan (cf. Jn 3:23-26), vino a la tierra prometida (Galilea, no Jerusalén), proclamando allí la llegada de la gracia y del perdón de Dios sobre el pecado y

---

19. Hay una muerte intra-cósmica que llega por igual a unos y otros: cae la torre o se abalanza el huracán sobre justos y pecadores. Todos nos hallamos igualmente amenazados. Por eso, la conversión «para que no perezcamos» debe situarse en el camino de juicio de este mundo, en apertura al reino de la gracia universal Cf. E. Jüngel, *Paulus und Jesús*, HUTh 2, Tübingen 1967, 263.284 y W. Pannenberg, *Fundamentos de cristología*, Sígueme, Salamanca 1973.

la violencia anterior (Mc 1:15 par.). Jesús supo y dijo que el Reino es don de Dios (¡todo es gracia!) y sin embargo exige una "opción" radical, de manera que es mejor perder un ojo para entrar en el reino que tener dos y quedar fuera.

– *El reino es don de Dios, no resultado de un juicio,* esto es, algo que los hombres logran ganar con sus méritos. *El reino es don, es gracia,* y por eso los privilegiados de un Dios de amor son los pequeños y los pobres. En otro tiempo, podía parecer que triunfaban desde Dios los más fuertes, como si Dios fuera diablo que sacralizaba el dominio biológico, social o militar de los grandes de este mundo. Jesús dice ahora (cf. Lc 6:20-45; Mt 5:21-48) que Dios actúa y triunfa (es Rey) a través de aquello que parece más débil, menos importante, ofreciendo su vida a los pobres y expulsados del sistema.

– *El Reino no llega a través de una victoria militar,* no es un premio para aquellos que se lo merezcan, sino un don original de Dios. Antes de todo lo que hallamos querido, pedido o realizado, Dios nos ofrece su reino, porque es bueno, y no porque nosotros podamos merecerlo, sin más obligación que acoger su gracia, dejándose amar. El Reino es Dios mismo en la vida (¡como vida!) de los hombres, pero no de un modo abstracto, como una idea, sino a partir de la realidad concreta de los pobres, desde la marginación de los campesinos y artesanos de Galilea, donde muchos podían pensar que Dios no existe (no actúa).

– *Jesús no es un "filósofo" que habla del Reino en teoría, ni un político que quiere instaurarlo a la fuerza, sino alguien que lo anuncia y comienza a construirlo ya,* aquí mismo, desde la periferia de los campesinos-artesanos de Galilea, recreando así la experiencia israelita, no a solas, sino con aquellos que quieran seguirle. Precisamente por ser de Dios, el Reino depende de los hombres, pues Dios no es algo fuera de ellos, sino Alguien, Aquel que les hace vivir, actuar y ser (Hch 17:28).

– *En esa línea, el Reino es pan de vida: que los hombres vivan, amándose y dándose vida unos a otros (Sermón Cafarnaúm, Jn 6).* El Reino es salud, es vida abierta a la vida total, por encima de la muerte, no para negarla, sino para alcanzar por medio de ella la gracia ilimitada de la vida. En ese contexto, Jesús se ha sentido enviado por Dios para ofrecer la invitación de Dios a los "cojos, mancos, ciegos", a los expulsados por razones económicas, sociales y/o religiosas (a los que vagan por plazas y caminos: cf. Lc 14:21-23). Precisamente ellos, oprimidos y expulsados del sistema social (prescindibles), son los privilegiados de Dios, según Jesús.

Desde ese fondo podemos distinguir la estrategia "ecológica" de Reino de Jesús, en gratuidad de amor, y la estrategia de poder de un mundo (de un tipo de humanidad) que quiere imponer por la fuerza su ideal y camino de reino entendido como imposición, condensado en forma de riqueza (Mammón) y extendido por el mundo a través de un mercado en el que todo se compra y se vende. En contra de eso, el Reino de Dios no se impone ni realiza por fuerza, desde arriba (a través de una victoria militar), ni se logra con más producción (bienes de consumo), sino que "está viniendo" como gracia (desde Dios), partiendo de los expulsados de la sociedad, allí donde ellos se acogen y aman entre sí y con todos, compartiendo de esa forma su propia vida.

El Reino de Dios no llega a través de una toma de poder de los pobres (como han querido algunas revoluciones de occidente), pues Dios no es toma de poder, sino impulso de amor que proviene de los más pobres (de aquellos que no tienen más "cosa" que la vida) y que puede cambiar/sanar a los más ricos, es decir, a los propietarios y productores, de manera que la misma propiedad/producción puede ponerse al servicio de todos. Según eso, el Reino de Dios no se expresa en el triunfo de una clase sacerdotal más perfecta (como estructura de poder religioso), ni por el surgimiento de un sistema económico más eficaz (de producción capitalista, vinculada a las grandes empresas y al mercado), ni por la fuerza de las armas (por la victoria de los "buenos", que serían los representantes de Dios, sobre los "malos").

– *Anuncio del juicio, llegada del Reino.* Desde la tradición de Israel, Jesús habla del juicio de Dios, entendido como cumplimiento de su obra creadora. En una línea, todo su mensaje tiende hacia ese juicio, que viene a expresarse como destrucción del mundo viejo (de Israel y de la humanidad). Pero, en otra línea más profunda, Jesús sabe y señala que la verdad de ese juicio es el Reino, de manera que el anuncio profético tiene que desembocar en el mesianismo, entendido como experiencia radical de gratuidad. En esa línea, la llegada del Reino aparece no como negación, sino como cumplimiento y superación del juicio.

– *Camino de gracia.* El juicio no es un gesto de reivindicación israelita y de condena general de los gentiles (triunfo propio y destrucción ajena), sino un mensaje y camino de gracia que se abre a todos, a partir de los más pobres. Desde el momento en que interpreta el Reino de Dios desde los pobres, superando así un modelo de enfrentamiento o lucha de poderes, Jesús no puede entenderse ya como un profeta de puro juicio, sino como mensajero del Reino. El "juicio de la ira" (centro del mensaje del Bautista) ha venido a transformarse en "revelación de gracia", como pondrá de relieve más tarde san Pablo, interpretando la muerte y resurrección de Jesús (cf. Rm 1-3).

Como artesano campesino de la periferia galilea, Jesús pensaba que la situación marcada por el Imperio romano no era buena ni podía ser definitiva, pues estaba llena de enfermedad y miseria, de hambre y opresión para los pobres. Pero él no se contenta con la solución apocalíptica de Juan Bautista (tiene que venir primero el juicio), ni con una solución más "farisea" (mantenerse en el cumplimiento nacional de la Ley), porque, de hecho, en contra de su intención, esa Ley abandonaba en la miseria a los pobres. En esa línea, después de haber estado con Juan Bautista, Jesús tuvo la certeza de que llegaba el tiempo mesiánico en forma de salvación desde los pobres y así proclamó (propuso) dos afirmaciones complementarias:

– *Ha llegado el gran mal.* Jesús piensa o, mejor dicho, sabe por experiencia que el mal supremo ha llegado, pues los pobres son expulsados de la sociedad y mueren. Por esa razón, según justicia, lógicamente, el mundo debería haber acabado (como decía Juan Bautista): más allá de la situación de miseria en que malviven los campesinos galileos no podía haber ya nada, sino solo la muerte.

– *Está llegando el bien más grande.* Jesús sabe que, por encima del mal supremo, ha llegado el Reino de Dios que será el fin de la historia, pero dentro de ella, no al modo del Imperio romano, sacralizando lo que existe, sino transformándolo desde los pobres. No vendrá "después", sino que llega, está llegando "ya", en medio de un mundo dominado por otros reinos (como Roma). Lógicamente, ese Reino va en *contra del templo* de Jerusalén y *del ara de paz* de Roma.

El Reino que viene no es una teoría social o religiosa, sino un acontecimiento y un proceso que se va realizando en la vida y mensaje de Jesús, entre los campesinos galileos que le escuchan y que reciben por su palabra un nuevo impulso para resistir y vivir a la luz de Dios. Este es el centro del mensaje de Jesús, su aportación más alta: él ha proclamado e iniciado el despliegue del Reino de Dios, precisamente en Galilea. Pero, al mismo tiempo, esta es su afirmación más discutible (¿de verdad que llega el Reino en estas circunstancias?). Sea como fuera, aquí está la palabra más novedosa de Jesús: el Reino llega precisamente en Galilea, allí donde campesinos y artesanos "prescindibles" parecían condenados a muerte.[20]

El Reino es un regalo, que solo Dios puede conceder, porque solo Dios es "casa de vida" (*oikos: en el vivimos*, Hch 17:28); pero, al mismo tiempo, *es un camino (en él nos movemos…)*, una manera más alta de vivir (en él somos: Hch 17:28) que empieza a extenderse desde Galilea. Llegará pronto, en esta misma generación (Mc 9:1); está muy cerca, "en medio de vosotros" (cf. Lc 17:21); será mesa abundante de pan, con Abraham, Isaac y Jacob (Mt 8:10 s.), para todas las naciones. Ciertamente, será un don de Dios, pero deberá expresarse en la vida de aquellos que creen y lo anuncian.[21]

Aquí se sitúa la novedad de Jesús: precisamente aquellos que no tienen cosa alguna, ni pueden nada por sí mismos (ni conquistar imperios, ni elevar ciudades, ni amasar fortunas…), son ya signo y presencia del amor de Dios, transformando a los más ricos. No tienen nada que defender ni conquistar y precisamente por eso pueden ser portadores y representantes de un Reino que ellos mismos expresan y expanden, con su palabra y ejemplo (sus "milagros"), trasformando a los que tienen "casa" y pueden acogerles.[22]

Sigue estando al fondo el anuncio del juicio inminente (Juan Bautista), un anuncio que se ha trasformado y convertido en experiencia presente de Reino, precisamente aquí, en el contexto social de Galilea. Esa presencia del Reino se instaura a través de la Palabra, pero no en forma de simple "anuncio" de algo que vendrá después,

---

20. Si le preguntáramos a Jesús "cuándo llegará el Reino", él nos respondería: «No te preocupes; vive desde ahora, ya, a la luz de Dios, comparte lo que tienes, cura a los demás, acoge… No hagas la guerra, pues el Reino no viene con armas, pero Dios triunfará, de manera que, muy pronto, cesarán las guerras».

21. Cf. G. Theissen, *El movimiento de Jesús,* Sígueme, Salamanca, 2005, 204.

22. Esta es la misión que Jesús ha iniciado en Galilea, trazando, a pequeña escala, en los márgenes de la sociedad establecida, un *experimento de Reino,* un proyecto humilde y fascinante de trasformación interior y social. Este es el *milagro*: Jesús ha empezado a encarnar, con un grupo de discípulos y amigos, de forma amorosa y gratuita, la vida de Dios sobre el mundo, curando a los enfermos y liberando a los posesos…

desde fuera, sino como expresión de la nueva realidad que se expresa en el anuncio y en la vida de Jesús y de sus mensajeros. [23] *Por eso, la pregunta no es "cuándo", sino "qué" hago para que llegue el Reino.* Más que el "tiempo" externo importa el "cómo" personal, materno y amistoso: que los niños vivan, que puedan nacer y crecer en esperanza, que los pobres sean acogidos.[24]

Por eso debemos puntualizar que el Reino es un futuro que ha empezado a realizarse ya: un futuro que marca y define el presente, un presente que se abre al futuro de Dios. El Reino nos sitúa, por tanto, ante una nueva visión del tiempo, que *no es cíclico* (todo vuelve, en eterno retorno), *ni puramente lineal* (vendrá cuando pase lo que ahora existe), *ni trascendencia pura* (Dios está más arriba y debemos salir de este mundo para hallarle). El tiempo del Reino vincula pasado, presente y futuro, uniendo así la vida de Dios y el camino de los hombres.

- *Viene del pasado,* pues lo habían "anunciado" los profetas, de manera que Jesús no quiso ni pudo inventarlo, sino que asumió y llevó hasta el fin la marcha del camino israelita (y del conjunto de los hombres). Por eso, el presente de su Reino es verdad y cumplimiento de algo ya iniciado, de manera que viene a cumplirse aquello que iniciaron los "patriarcas" (Abraham, Moisés, David…) y anunciaron de algún modo los profetas (Elías, Isaías, Jeremías…). Por eso hemos dicho en el capítulo primero de este libro que la historia de Jesús y de su Reino se hallaba escrita de antemano.

- *No es una eternidad separada que planea por arriba*, como pura trascendencia, que podemos y debemos imitar desde aquí abajo, de un modo siempre igual y repetido, sino principio y fuerza de salvación que viene a instaurarse en este mundo. Ni Jesús ni los evangelios canónicos han planteado el tema de manera "idea" como harán después algunos gnósticos, diciendo que el Reino es arriba y abajo, dentro y fuera, pero dejando que las cosas sigan como estaban o para resolverlas (o entenderlas) en un plano de

---

23. La historia se ha venido moviendo por impulsos y poderes de violencia, como espiral de muerte, que desemboca en la pobreza y marginación suma de los campesinos galileos. Pues bien, Jesús cree que ha llegado el tiempo de que cese esa espiral y por eso ha comenzado su tarea.

24. Cf. *Historia de Jesús*, VD, Estella, 2013.

conocimiento interior. Conforme a la visión de Jesús, el Reino es presente porque está abierto al futuro de Dios que actúa ya en la vida de los hombres.

Se suele decir que el anuncio y urgencia del Reino de Dios ha tendido a diluirse o apagarse en tiempos posteriores (al comienzo de la Iglesia). En vez de la esperanza del Reino, parece que los cristianos han destacado el carácter divino de Jesús. Así han dejado de formar una religión profética, movida por la urgencia del Reino, y han tendido a crear una religión centrada en la identidad divina de Jesús, una religión donde lo que importa no es el compromiso mesiánico a favor de los hombres, sino la fe en el Cristo sagrado, destacando así la divinidad de Jesús más que la urgencia del Reino.[25] En contra de eso, Jesús sabe y dice que el Reino está empezando en la misma historia de este mundo, como seguirá diciendo Pablo.

– *Jesús insiste en el aquí y ahora del reino* (curación, perdón, amor al enemigo…), más que en aquello que pasará en el futuro o en el fin del mundo. Ciertamente, el Reino es algo que vendrá (es futuro), abriendo el horizonte de la historia. Pero, en un sentido más profundo, el auténtico futuro está ya dado, aquí y ahora, en el mismo mensaje de Jesús y en la vida de la gente que le escucha y responde a su llamada. Jesús anuncia y prepara el Reino en Galilea, pero sube a Jerusalén, porque espera y cree que debe proclamarlo allí, para que Dios los instaure, como habían anunciado muchas profecías.

– *Jesús sube a Jerusalén esperando que Dios instaure el Reino*, aunque sin saber de antemano la forma en que vendrá. Probablemente piensa que empezará a expresarse en la misma ciudad de las profecías: será el Reino "de Israel", pero abierto desde los pobres a todos los hombres y mujeres de la tierra. Jesús conoce la grandeza (y perversión) de Roma (aunque no la ataca como hará el Apocalipsis), pero está convencido de que los problemas y tareas del Reino se deciden en Jerusalén, donde puede y debe iniciarse la nueva etapa de la humanidad. El Reino no comienza

---

25. En esta línea algunos han podido hablar de un cristianismo sin Cristo (sin Mesías), de una Iglesia sin Reino. En contra de eso, pensamos que tanto el mesianismo de Jesús como su mensaje Reino siguen siendo esenciales para entender su movimiento.

con la destrucción de los gentiles, ni supone un tipo de guerra apocalíptica, como dirán otros judíos, sino que implica y exige la llegada del Hijo del Hombre, es decir, de la nueva humanidad, desde Jerusalén.

– *No dice cómo vendrá*, pero sabe que el Reino surgirá aquí mismo, en torno a Jerusalén, como plenitud de la obra de Dios. Ciertamente, él sabe que puede haber y habrá un "después", una resurrección, de manera que los muertos del pasado volverán de alguna forma a la vida, pero el Reino de Dios se sitúa básicamente en la línea del momento actual, aunque "trasformado" (abierto a la resurrección de los muertos). Sea como fuere, debemos añadir que no ha querido ni podido resolver o definir expresamente todos los temas vinculados con el Reino, pues no sabe de antemano cómo se irán desarrollando, pero él ha iniciado un camino en esa línea.

Jesús murió (fue condenado por lo que hacía y decía) y parece que no vino "su reino". ¿Podríamos decir que se equivocó? En un sentido sí: el reino no ha llegado (por ahora) del todo como él afirmaba, pues los representantes de Jerusalén (sacerdotes y soldados) no creyeron en Jesús, sino que le mataron. Pero la Iglesia responderá que Jesús no se ha equivocado, porque en lugar (y como inicio y corazón) del Reino se ha venido a revelar el mismo Jesús (que ha resucitado), ratificando así la verdad de lo que había anunciado.

En una perspectiva, podemos afirmar que la Iglesia es el resultado de un fracaso, pues ella ha venido en vez del Reino de Dios. Pero, en otra perspectiva, para aquellos que han dado prioridad al mensaje y vida de Jesús como experiencia y tarea actual, su muerte y resurrección no ha sido una experiencia de fracaso, sino de plenitud: el mismo Jesús resucitado es principio y garantía del Reino. Por eso seguidores de Jesús confiesan que el Reino de Jesús está viniendo, que es el Reino verdadero.

Misión de Jesús. Visión de conjunto

La subida de Jesús a Jerusalén forma parte de su estrategia mesiánica, una estrategia cuyo final externo él no conocía de antemano (cf. Mc 13:32), aunque estaba convencido de que le esperaba el Reino de Dios, como experiencia de amor ofrecido a los pobres y compartido con ellos. Desde este fondo, recogiendo la historia anterior, quiero ofrecer algunas consideraciones, compartidas por gran parte de la exégesis moderna, que pueden ayudarnos a entender mejor las implicaciones y sentido del camino de Jesús, a quien no apresaron en el lugar de su actividad normal (Galilea), sino en Jerusalén, donde subió con sus discípulos, para poner su vida y mensaje en manos de Dios sabiendo que podía ser condenado (como lo fue de hecho).

1. *Subió como aspirante mesiánico.* No subió para morir en el sentido sacrificial de la palabra, sino para ratificar con su vida la llegada del Reino de Dios, para los hombres y mujeres de su pueblo, partiendo de los pobres (hambrientos, impuros, expulsados del sistema israelita y romano), a quienes había ofrecido su mensaje en Galilea. Como buen judío, subió a Jerusalén, ciudad de David (del Mesías), en nombre de los pobres, con un grupo de galileos, para anunciar y preparar el Reino, poniendo en manos de Dios su vida.[26]

2. *Vino de un modo público,* pues quería la trasformación o conversión de Jerusalén. No vino para realizar una tarea privada, sino como pionero y representante de aquellos que esperaban el Reino y así entró abiertamente en la ciudad, por el Monte de los Olivos (cf. Mc 11:1 ss). Subió a Jerusalén como creyente, porque era momento propicio (hora del Reino), tiempo para que los hombres y mujeres empezaran a comunicarse, en gesto de paz, desde los más pobres, sin prepotencia o dominio (religioso, militar, económico) de unos sobre otros.

3. *No pactó con los sacerdotes,* haciendo que ellos fueran testigos del Reino. Sabemos por la Biblia que el pacto es una señal de Dios, de tal forma que toda la historia de Israel y el mismo texto de la Ley o Pentateuco había sido expresión y consecuencia de unos pactos (entre profetas, sacerdotes y representantes de la tradición deuteronomista). Pero Jesús no pudo asumir el pacto de los sacerdotes, pues ellos habían pactado ya con Roma, que nombraba al Sumo Sacerdote y defendía las instituciones sacrales de Jerusalén, en un contexto de equilibrio

---

26. Sus discípulos apoyarían en principio su proyecto, aunque tenían sus propias opiniones e intereses sobre el Reino. No llevó consigo a todos sus amigos, ni a todos los itinerantes que le habían seguido en Galilea; pero vino con un grupo significativo, centrado en sus Doce, que eran un signo y anuncio de las doce tribus de Israel que empezarían a reunirse desde Jerusalén, abriéndose a todas las naciones.

de poder, compartido por unos y por otros. Pues bien, Jesús no aceptó ese pacto sacerdotal pues no admitía su sacerdocio, sino que proclamó ante ellos el Reino de Dios, como alianza universal, desde los pobres, un pacto simplemente "humano" (de vida compartida) que la Iglesia posterior centrará en la sangre de Jesús (cf. Mc 14:24 par.).[27]

4. *No negoció con Roma*. Desde una perspectiva eclesiástica moderna, Jesús podría, y quizá debería, haberlo hecho, enviando delegados a Pilato, para decirle que venía desarmado, que no quería (ni podía) tomar la ciudad, ni provocar desórdenes externos: que solo intentaba cambiar la identidad y misión del judaísmo, de manera que no iba directamente en contra de los intereses de Roma. Sea como fuere, Jesús no quiso provocar directamente a Roma, de manera que su entrada en Jerusalén, aunque cargada de pretensiones mesiánicas (¡todos los judíos peregrinos en Jerusalén por Pascua celebraban la liberación de Egipto, soñaban en el Reino de David!), fue radicalmente pacífica.

5. *Roma no podía aceptar a un "rey" como Jesús*. Roma no podría haber aceptado la existencia de dos "reinos": uno para las cosas de Dios y otro para las cosas del César de Roma (cf. Mc 12:17), como han querido siglos más tarde muchos cristianos defensores de la teoría de las "dos espadas" (una del Papa y otra del Emperador o príncipe de este mundo. Ciertamente, él acepta de hecho el "reino del César" (no es un guerrillero celote), pero no al lado del reino de Dios (como dos entidades homogéneas y sumables), sino que subordina ese reino cerrado en este mundo (como violencia militar y dinero: denario, Mc 12:17, y Mammón, Mt 6:24) al reino de Dios que vine.

6. *Jesús proclamó el reino de Dios*. Así subió Jesús a Jerusalén anunciando y esperando (preparando) la llegada del Reino de Dios a pesar de que, humanamente hablando, parecía imposible conseguir lo que quería (ni los sacerdotes judíos, ni los

---

27. Lógicamente, los sacerdotes no podrían aceptar el pacto de Jesús, pues eso implicaría la superación (y abandono) del culto del templo que ellos realizaban. En caso de aceptar a Jesús, ellos deberían disolverse y perder sus poderes, para vivir simplemente como hijos de Dios y hermanos de los pobres, renunciando a sus beneficios, cosa que no estaban dispuestos a hacer. Por su parte, Jesús no podía ofrecerles más pacto que el signo de su vida (el pan compartido) al servicio de los pobres, sin violencia, sin venganza, un "pan universal", de forma que ellos, sacerdotes particulares, perderían sus poderes.

soldados romanos podrían aceptar su pretensión, al menos en aquel momento y en aquellas circunstancias). Subió precisamente porque se lo pedía el Dios de los profetas, en cuyo nombre había preparado e iniciado el Reino entre los pobres y excluidos de Israel, empezando por Galilea. No podía emplear violencia externa, ni poder político, ni sacralidad sacerdotal para extenderlo, porque el Reino de Dios no se logra con violencia, ni se mantiene por medios de poder o sacralidad sacerdotal.

7. *Subió para esperar la respuesta de Dios, pero fue ajusticiado*, sin que nadie le defendiera en un plano externo. Subió en nombre de Dios y culminó la tarea mesiánica, en obediencia creyente, esperando la intervención de Dios, que podía defenderse de una forma histórica o escatológica. De forma significativa, sus discípulos varones (incluidos los doce) pues Jesús no había cumplido sus expectativas "nacionalistas". Cada uno a su manera, los dos poderes, el religioso-nacional judío y el religioso-imperial romano colaboraron en su ejecución. Murió rodeado por dos "lêstai" o insurgentes políticos/militares, contrarios a Roma. No fue necesario matar o perseguir a sus Doce discípulos, pues no parecieron peligrosos (en contra de lo que había sucedido en otros casos, en los que hubo que matar al líder con su grupo.

Así acabó la historia de Jesús galileo. Todo parecía terminado, pero todo estaba abierto, pues Dios no avalaba a los jueces y/o asesinos, sino al crucificado (y a los crucificados con él). No era Dios quien le había matado, pues Dios no es muerte ni mata, sino que es *vida* y da vida a los hombres que mueren, y en especial a Jesús, muerto por él, como enviado suyo, por defender su causa, la causa de los pobres. Por eso, todo seguía abierto desde Dios, que quiso seguir realizando su historia (expresada en el mensaje y vida de Jesús) a través de sus discípulos.[28]

---

28. En este contexto se inscribe la experiencia de la pascua cristiana (cf. *Compañeros y amigos de Jesús. La iglesia antes de Pablo*, Sal Terrae, Santander 2024). Pilato no mató a los compañeros de Jesús. Eso significa que vio una distinción entre Jesús (¡peligroso!) y sus compañeros (¡inofensivos!). Bastaba condenar a su líder, como había hecho Antipas con Juan Bautista. Por otra parte, parece que los compañeros de Jesús le habían abandonado o traicionado y es muy posible que ese dato haya influido en la sentencia de Pilato, que

Mensaje apocalíptico. Mc 13

Así murió Jesús y en un sentido, su proyecto de Reino de Dios fracasó. Pero, de una manera muy significativa, al cabo de pocos días, algunos discípulos, empezando por unas mujeres (cf. Mc 16:1-8) y/o por Pedro (1 Cor 15:2-8) tuvieron una profunda experiencia, que marcó sus vidas y la historia de sus seguidores hasta el día de hoy: Se les apareció Jesús resucitado, mostrando así que él estaba vivo, inmerso en la vida más alta de Dios confiándoles la misión de anunciar su vida (su pascua) en Israel y en todas las naciones.

Desde esta nueva situación, algunos de sus discípulos, empezando por unas mujeres (las primeras en proclamar la buena noticia de su resurrección) y siguiendo por Pedro y por los Once (los doce sin Judas) mantuvieron el mensaje de Jesús, "recibiendo" su Espíritu y manteniendo y reinterpretando su doctrina, y de un modo especial lo relativo a la llegada del Reino de Dios, como recuerda el conjunto del N. T., partiendo del capítulo "escatológico" de Marcos (Mc 13).

Principio de los dolores (Mc 13:5-13). Este capítulo ha sido reformulado por la tradición posterior (y su contenido debe compararse y reinterpretarse desde otros capítulos y textos del N. T. (1 Ts 4; 1 Cor 15; Mt 23; Lc 21; 2 Ts; Ap, etc.), pero su visión de conjunto nos sitúa ante el mensaje de Jesús, que, por un lado, proclamó la presencia del reino de Dios en su vida y mensaje y, por otro, anunció la llegada final del reino, en un contexto de crisis y de persecuciones:

> (a. Principio de los dolores). [5] *Jesús comenzó a decirles: Mirad que nadie os engañe,* [6] *pues muchos vendrán en mi Nombre diciendo: ¡Yo soy!, y engañarán a muchos.* [7] *Cuando oigáis hablar de guerras y de rumores de guerras, no os alarméis, pues debe suceder, pero aún no es el fin.* [8] *Pues se levantará pueblo contra pueblo y reino contra reino, habrá terremotos en diversos lugares, habrá hambres. Estas cosas son el principio de los dolores.*
>
> (b. Entrega y misión). [9] *Mirad vosotros mismos. Os entregarán a los sanedrines, seréis azotados en las sinagogas y compareceréis ante gobernadores y reyes por mi causa para testimonio de ellos;* [10] *pero el evangelio debe ser proclamado primero en todos los pueblos.* [11] *Y*

---

debía saber por los sacerdotes que Jesús podía ser un pretendiente mesiánico peligroso, pero que su grupo en cuanto tal no implicaba peligro.

cuando os lleven para entregaros, no os preocupéis de lo que vais a decir, sino que aquello que se os dé en aquella hora eso decid, pues no sois vosotros los que habláis, sino el Espíritu Santo. [12] Y el hermano entregará a la muerte al hermano y el padre al hijo y se levantarán hijos contra padres para matarlos [13] y seréis odiaos por todos a causa de mi nombre; pero el que resista hasta el fin, ese será salvado.

Estas palabras nos sitúan ante un escenario de culminación del mundo que no ha sido exclusivo de Jesús, sino de un conjunto de profetas y apocalípticos judíos que nos sitúan ante la certeza (amenaza) del fin de los tiempos desde una perspectiva de enfrentamientos militares, de persecuciones y luchas que anuncian y trazan el fin de este mundo. Hemos aludido ya y seguiremos aludiendo a las diversas amenazas de "bomba" de ruina y destrucción de este mundo: bomba atómica, la lucha universal de pueblo contra pueblo, nueva bomba genética... y finalmente amenaza económica (hambre).

Compartiendo parte de su lenguaje con otros apocalípticos judíos, Jesús vino a situarnos ante el terror de grandes amenazas de guerras, enfrentamientos, engaños de muerte. Su mensaje evoca de un modo especial a personas que dicen *Yo Soy* (*egô eimi*), como si fueran representantes de Dios, engañando a muchos y llevando con su vida y doctrina (política, militar, económica...) la muerte sobre el mundo. Pues bien, en contra de esos que dicen "yo soy" como dioses falsos (en contra de Éx 3:14, según Marcos (6:50), solo Jesús puede decir esa palabra y presentarse así, como revelador, porque entrega su vida a favor de los demás, de manera que al decirla abre el camino del Hijo de Hombre, esto es, la revelación definitiva de la gracia (cf. Mc 14:62).[29]

– *Guerras, terremotos, hambre. Confrontación universal* (Mc 13:7-8a). A la advertencia anterior (¡que nadie os engañe...!) sigue otra igualmente importante: ¡No os alarméis! (*mê throeisthe*), pues esto debe suceder (con *dei*), que hallaremos en un contexto semejante, aunque más tardío en 2 Ts 2. El egoísmo orgulloso de aquellos que

29. Por eso, Jesús advierte a sus oyentes/lectores y les dice que no crean a ninguno de los que dirán (¡han dicho y dicen!) "yo soy", sino solo a Jesús. Estos que dicen *yo soy*, queriendo hablar en nombre de Dios, son personajes y principios pseudo-mesiánicos que, en vez de salvar a los hombres, les destruyen. Se creen *enviados de Dios*, mensajeros de un tipo de vida triunfal, pero son portadores de muerte.

afirmaban *yo soy* (falsos mesías de quienes habla también Flavio Josefo) se expresa y expande igualmente en un tipo de guerra universal (¡pueblo contra pueblo, reino contra reino...!). De esa forma relaciona Marcos la violencia mesiánica, propia de los falsos cristos-profetas (13:22), con el estallido de las guerras finales, que la tradición apocalíptica judía ha venido poniendo de relieve (en las tradiciones de Henoc o Daniel).

Allí donde cada uno defiende con violencia su razón particular emerge la disputa de todos contra todos (*¡se alzará pueblo contra pueblo...!*: 13:8). Solo el que entrega la vida por los otros puede afirmar "Yo Soy", en verdad, a fin de que los otros sean. Allí donde alguien dice "yo soy" por sí mismo (y no porque Dios le ha dicho "tú eres", dándole su Espíritu, cf. 1:11), oponiéndose de esa manera a los otros, puede estallar la guerra de todos contra todos, de manera que unos y otros quedan condenados a la lucha: viven de muerte, se mantienen combatiendo entre sí, para acabar destruyéndose a sí mismos sin remedio, tal como evoca este pasaje refiriéndose a la guerra judía del 66-70 d. C.

Junto a las guerras, el texto evoca otros males: *terremotos en varios lugares, hambres*. Marcos supone que Dios ha creado el mundo con orden, pero allí donde los hombres lo destruyen (se enfrentan entre sí) el orden cósmico puede romperse y todo vuelve al caos del que había provenido (cf. Gn 1:2). Es como si el mismo mundo perdiera su estabilidad por culpa del pecado de los hombres y se quebrara por dentro (terremotos), negándose a dar fruto (hambre).

El texto incluye rasgos que hoy podríamos llamar míticos, pues parece vincular las guerras, que provienen del egoísmo humano, con los terremotos (cuyo origen no depende de los hombres) y con hambrunas (que pueden nacer del egoísmo, pero también de otras causas cósmicas). Esa vinculación directa había sido de hecho superada por Gn 8:21-22 y por el mismo Jesús (al menos, según Lc 13:4). Pero Mc 13:6-7a sabe que entre el terror cósmico y los terrores humanos de muerte hay una profunda relación.[30]

---

30. Este Jesús de Marcos está presentando un esquema de males que parece haber sido habitual en su tiempo y lo aplica de hecho a las guerras-terremotos-hambres que hubo en los años fatídicos de la guerra del 66-70 d. C. He reflexionado sobre el tema en *Antropología Bíblica* (BEB 80), Salamanca, 2006, 135-152, 237-239, 1993. Esa trilogía, que aparece en 2 S 24 (peste, hambre, guerra), relaciona el plano social y cósmico, de

El Jesús de Marcos supone que, en un plano, la suerte final de los seguidores de Jesús será la derrota o muerte (como en el caso de Jesús), no su triunfo externo, de manera que él no espera ni busca una implantación política o social del Reino de Dios en este mundo, en la línea de lo que ha podido buscar o encontrar cierta Iglesia posterior. Pues bien, mirada en profundidad, esa misma derrota se convierte en triunfo, como en el caso de Jesús, pues, a través de ella, por encima de los riesgos y males del mundo, ha de cumplirse la gran siembra: «El evangelio debe ser proclamado primero entre todas las gentes» (13:10).

El Jesús de Marcos sigue sabiendo que el final se acerca, pues su mensaje de Reino ha de cumplirse. Pero él añade que antes de que todo acabe, y que el rechazo llegue a su fin (*prôton*), el evangelio "debe" ser anunciado al conjunto de los pueblos, no "a pesar", sino "a través" de la persecución. En este contexto se puede trazar un símil. (a) Antes que hubiera culminado la persecución contra Jesús, él había proclamado el Reino en Galilea, culminando su misión en Jerusalén. (b) Antes de que acabe la persecución contra los cristianos, ellos proclamarán el evangelio en todas las naciones.

Jesús cumplió su tarea de Reino, de manera que su muerte no fue impedimento para ello, sino ratificación de que el mensaje había culminado. De un modo semejante, los mensajeros de Jesús deberán proclamar su evangelio en todo el mundo, antes de que todo acabe, pues Dios no puede dejar desamparados a los hombres.

– *Prôton: Antes* que la violencia destructora se extienda totalmente y llegue el fin del tiempo, ha de anunciarse por doquier el evangelio. Eso significa que las persecuciones, opresiones, amenazas de muerte no pueden acallar la "palabra" (cf. Mc 4), sino que la extienden y despliegan con más fuerza. Marcos ha utilizado varias veces ese término (*prôton, primero*): antes de que llegue la destrucción ecológica, militar, genética o "astral" de este mundo, Jesús sabe y dice en este mensaje de afirma que el evangelio debe

---

una forma que ha seguido estando presente en las letanías penitenciales de la liturgia medieval que pedía: *a peste, fame et bello, libera nos Domine* (Ritual Romano, *Letanía de los Santos*). En esa línea, sustituyendo peste por terremoto, Mc 13:5-8 ha integrado aspectos de violencia religiosa (mesías falsos), social (guerras) y cósmica (terremotos...).

proclamarse no solo en occidente, sino en todas las gentes, antes del fin de las persecuciones.

– *Dei: debe,* en sentido apocalíptico. Esta palabra marca la voluntad de Dios, que se ha manifestado también en la entrega y muerte de Jesús (8:31; 9:11), mostrando así que el mismo Dios que ha dirigido la vida de Jesús es quien quiere y decide que el evangelio se proclame a todas las naciones. Esta palabra no indica una obligación moral (en el sentido del *tú debes* kantiano), ni una exigencia legal (como el Decálogo), sino el Designio del Evangelio, que se expresa como voluntad universal de salvación. Esta es la "profecía" principal del evangelio de Marcos, una profecía que aparece como ampliación y despliegue de los anuncios de entrega de Jesús (también con *dei*: 8:31; 9:11).[31]

– *El evangelio (debe) ser proclamado (kêrykhthênai to euangelion) a todas las gentes.* No se dice quien proclama este evangelio (las mujeres de la tumba vacía, los Doce, otros apóstoles como Pablo, los grandes misiones y reformadores cristianos, sino que "será proclamado" (con pasivo divino, como indicando que es Dios quien actúa), cumpliendo y ampliando lo que Jesús empezó en Mc 1:14-15). De un modo significativo, Marcos no incluye al final de su texto un pasaje donde Jesús envíe a sus discípulos, diciendo que "proclamen el evangelio a todas la naciones" (como Mt 28:16-20 y el final canónico de Mc 16:15), sino que les dice, a través de las mujeres, que vayan a Galilea, donde le verán (16:6-8), sin confirmar si lo han hecho, pero supone y afirma que el evangelio debe ser proclamado a todas las naciones/gentes, antes de que llegue el fin del mundo, por bomba atómica, por guerra, por cansancio vital y/o por crisis ecológica.[32]

- *Abominación de la desolación* (Mc 13:14-23). Marcos recoge aquí una imagen judía de gran perversión, simbolizada por la profanación del templo (cf. Dn 11:31; 12:11 y 1 Mac 1:54) y la transfiere

---

31. Por eso, la "historia de Jesús" que Marcos despliega en su libro es solo el "comienzo del evangelio", cuyo despliegue ha de continuar (como hemos visto en 1:1). En esta misma línea, debemos añadir que Dios "no quiere" las persecuciones (sino que ellas acontecen por destino y por maldad humana), pues lo que él quiere de verdad (*dei*) es que el evangelio se proclame a todas las naciones.

32. Los misioneros de Jesús no son testigos (mártires) a través de aquello que dicen o realizan por sí mismos, sino por su debilidad activa, por quedar en manos de una sociedad (de unas sociedades) que les rechazan, pero ofreciendo en ellas el testimonio de su comunión de casa, mesa y palabra (es decir, de humanidad Universal).

a la visión cristiana del cumplimiento del mensaje de Jesús. En el nuevo contexto de Marcos, esta abominación desoladora se produce en la "persecución" final contra los cristianos, es decir, contra los pobres de Jesús.

> *(a. Señal y mandato).* ¹⁴ *Pues cuando veáis la abominación de la desolación estando allí donde no debe (quien lea entienda), entonces los que estén en Judea que huyan a los montes;* ¹⁵ *el que esté en la azotea, que no baje ni entre a tomar nada de su casa;* ¹⁶ *el que esté en el campo, que no regrese en busca de su manto.* ¹⁷ *¡Ay de las que estén encinta o criando en aquellos días!* ¹⁸ *Orad para que no ocurra en invierno.*
>
> *(b. Explicación).* ¹⁹ *Porque aquellos días serán de tribulación como no la ha habido igual hasta ahora desde el principio de la creación que Dios creó, ni la volverá a haber.* ²⁰ *Si el Señor no acortase aquellos días, nadie se salvaría. Pero, en atención a los elegidos que él escogió, ha acortado los días.*

Estas palabras deben interpretarse de una forma simbólica, desde el contexto de la crisis (gran guerra judeo-romana) de los años 67-70. Se trató de una guerra concreta y millones de judíos, cristianos y romanos pensaron que entonces (en torno al año 70) llegaría el fin del mundo (como en otra línea siguió diciendo el Apocalipsis de Juan). Pues bien, el fin no llegó externamente, sino al contrario, el mundo siguió, la vida se mantuvo... Pero lo que entonces pasó fue y sigue siendo una señal no solo para los judíos y cristianos posteriores, sino para todos los hombres y mujeres de la tierra, hasta nuestro tiempo (año 2024), lleno de señales de la llegada del fin de este mundo antiguo, señales militares, ecológicas, económicas, sociales.

El texto en sí es simbólico, y así, en sentido simbólico, puede y debe interpretarse, sin olvidar las claves científicas, históricas, ecológicas, apocalípticas que estaban y siguen estando en su fondo, como ha puesto de relieve el redactor (autor) de Marcos, entrando en la escena y diciendo: *¡quien lea entienda!* (*ho anagignôakô noeitô*). Es evidente que los miembros de la comunidad de Marcos están "leyendo" un libro con autoridad (posiblemente Daniel) y deben interpretarlo a la luz del mensaje de Jesús y de la situación en la que viven.

Desde esa perspectiva se puede y debe afirmar que, en un nivel, esa abominación (ese Abominable) es el mismo Diablo (Satán), entendido como Anti-Cristo, que quiere ocupar el lugar de Dios y asentarse (estar en pie) en el templo, que Jesús ha querido purificar. Esa "abominación desoladora tiene un sentido simbólico. Pienso que, en un plano, no se puede excluir la interpretación "satánica" del Abominable, pero el texto sigue abierto a otras interpretaciones, como ponen de relieve, 2 Ts 2 y Ap 19-20, con el enigmático 666 de Ap 13:18.[33]

Marcos supone que alguien (*ho anagignoskôn*) está leyendo en voz alta, delante de la comunidad, un texto que puede ser Dn 9:27, pero también puede ser el pasaje actual de Marcos. Sea como fuere, el lector (que no es un simple recitador, sino un intérprete) debe entender bien lo que lee (*noeitô*), para discernir de esa manera el signo, y para declararlo a sus oyentes (como debemos nosotros, lectores e intérpretes modernos).

– *¿Será un Satán quién se exprese en los últimos conflictos de guerras mundiales?* Es muy posible que Marcos no haya querido precisar mejor la identidad de esa Abominación (de ese Abominable Desolador), de manera que no podemos ni debemos ofrecer una interpretación unívoca a su figura. En sentido radical, el/lo Abominable es aquel/aquello que va en contra del mensaje de evangelio de Jesús, dirigido a los pobres, oprimidos y excluidos del mundo.

– *Un mensaje para hoy* (2024), y en especial para las iglesias, pues a ellas se les advierte "quien lee entienda". El fin de este mundo concreto en que hoy vivimos puede venir, como dicen muchos científicos actuales, dentro de pocas generaciones, por agotamiento, contaminación y destrucción vital de la tierra. Nosotros mismos seríamos, según eso, portadores de la destrucción satánica y militar del mundo. Pero esa misma destrucción (si en un sentido llega) está al servicio de la manifestación plena del Reino.[34]

---

33. En esa línea ha desarrollado 2 Ts el drama (mito) apocalíptico, diciendo que antes del fin debe revelarse "el hombre de la iniquidad", el hijo de la perdición, aquel que se opone a todo lo que es santo o divino, hasta llegar a sentarse en el templo, llamándose Dios (2 Ts 2:3-4). Ese símbolo mito (revelación y lucha de Satán contra Cristo, con victoria de Cristo) puede estar al fondo del relato que sigue. Pero Marcos lo ha transformado de manera poderosa, interpretándolo desde el contexto de la misión cristiana.
34. He tratado con cierta detención de este motivo en *Apocalipsis*, VD, Estella, 2001.

Venida del Hijo del hombre (Mc 13:24-27). La señal que los cuatro apóstoles (Pedro, Santiago, Andrés y Juan) habían pedido a Jesús en Mc 13:4) era la Abominación de 13:14… Pues bien, ahora, en gesto de inversión salvadora, Jesús promete, por encima de esa señal de destrucción, la llegada de la salvación simbolizada por el Hijo del Hombres, es decir, por la nueva humanidad elevada, liberada (tema clave de Ap 21-22):

> *(a. Tiempo)* [24] *Pero en aquellos días, después de aquella tribulación, el sol se oscurecerá y la luna no dará resplandor;* [25] *las estrellas caerán del cielo y las fuerzas celestes se tambalearán;*
> *(b. Hijo del hombre)* [26] *y entonces verán al Hijo del humano viniendo en nubes con gran poder y gloria.* [27] *Y entonces enviará a los ángeles y reunirá de los cuatro vientos a sus elegidos, desde el extremo de la tierra al extremo del cielo (Mc 13:24-27).*

Significativamente, este Hijo de Hombre viene "después de aquella tribulación", de manera que no tiene que combatir directamente contra el Anticristo, contra el Diablo y la muerte ecológica del mundo (o contra alguna otra figura de destrucción). Este Hijo de Hombre tiene rasgos guerreros, no vence luchando a sus enemigos. Por eso, su venida no puede entenderse en forma de violencia, como resultado de algún tipo de guerra, sino como triunfo de la gracia sobre la violencia. Este es el centro de la "teodicea" cristiana, la defensa de Dios, la manifestación suprema de su poder y gloria, como salvación de los elegidos.[35]

> *El sol se oscurecerá y la luna no dará resplandor;*
> *las estrellas caerán y las fuerzas celestes trepidarán (Mc 13:24-25).*

Interpreto esta palabra como "des-astre", destrucción del orden astral donde se sustenta (o refleja) la vida de la tierra y la historia de los hombres. Como he mostrado en el comentario a Gn 1-11 en el centro de la Semana creadora, Dios ha fijado el orden de la bóveda celeste, con el sol, luna y estrellas, por "encima" de la tierra, para

---

35. Cf. F. H. Borsch, *The son of Man in Myth and History*, SCM, London 1967; C. Colpe, *Ho Huios tou Anthrôpou*, TDNT: 8, 400-478; F. Hahn, *Christologische Hoheitstitel*, FRLANT, 83, Vandenhoek, Göttingen 1962; B. Lindars, *Jesus, Son of Man*, SPCK, London 1983; H. E. Tödt, *Der Menschensohn in der synoptischen Ueberlieferung*, Güterloher V., Gütersloh, 1959.

iluminarla y hacer así posible que exista vida en ella. Por eso, el fin de la historia actual viene marcado con la destrucción de ese orden, es decir, con el gran "des-astre", algo que solo Dios puede realizar.

Los fenómenos anteriores, incluidos en la gran tribulación, sucedían antes en el plano de la tierra (terremotos, hambre), y en el plano de la historia de los hombres (guerras, persecuciones, abominación, engaños, huida…), aunque en ella viniera a proyectarse la sombra de Satán. Ahora, al final, interviene otro agente, que es Dios, causando el gran "des-astre", con sus dos vertientes. (a) Destrucción del orden cósmico actual. (b) La creación de un orden nuevo de salvación, centrado en el Hijo del hombre (y no en este sol, luna y estrellas).

El primer motivo (destrucción del orden astral) aparece en la Biblia desde antiguo y puede vislumbrarse ya su "riesgo" en Gn 7, cuando se supone que Dios abrió las "compuertas" que cierran y regulan la caída de las aguas del gran mar que se extiende sobre la bóveda celeste, amenazando con inundar y ahogar toda forma de vida sobre la tierra. Pero Dios se "arrepintió", cerró luego las compuertas, dejó que se secara el agua e inicio un nuevo camino de historia prometiendo a los hombres que "mientras dure la tierra" seguirá habiendo frío y calor, verano e invierno, noche y día, con los astros regulando la vida desde arriba (cf. Gn 8:1, 20-22). Pues bien, Mc 13:24 supone que el orden de la tierra ha terminado.

En esa línea, siguiendo una antigua tradición, que no solo es judía sino que aparece en relatos míticos (cosmogónicos) de muchos pueblos, desde la India hasta Grecia (e incluso en la América precolombina), 2 P 3:6-7 asegura que el primer mundo fue destruido por el agua (en tiempos de Noé) y que este mundo actual (el último) lo será por el fuego, a través de una gran conflagración o incendio cósmico. Pero este pasaje de Marcos no evoca esos motivos (del agua y del fuego). Aquí, al final de todo, no hay fuego ninguno ni incendio, sino solo apagamiento del orden astral.

Este "des-astre" ha sido evocado, de un modo más poético que "científico", en diversos textos del Antiguo Testamento (Is 13:10; 34:4; Joel 2:10, 31; 3:15), donde se supone un gran oscurecimiento (y un derrumbamiento). Según la cosmología de aquel tiempo, el orden actual de la tierra (y la historia humana) existe porque hay luz de sol y de luna, y porque las estrellas están "fijadas" en el cielo, sin caerse. La manera más sencilla de imaginarse el fin es un gran "apagamiento" del sol y de la luna, que dejan de emitir su luz, quedando todo a oscuras, con los astros cayendo como meteoritos sobre la faz de la tierra.

En esa línea, Marcos ha compuesto un texto apocalíptico de gran sobriedad y de profundo efecto simbólico, sin apelar a otro tipo de terrores, limitándose a recordar la fragilidad de un orden cósmico que surge de Dios y que Dios puede abandonar. Marcos no ha vinculado de un modo más preciso esos momentos (maldad de los hombres, abominación, oscurecimiento de los astros), aunque supone que están relacionados. Pero más que esa relación destructora (que algunos han visto en Ap, Jn), Marcos ha destacado la relación positiva que existe entre el fin de este mundo y la reunión salvadora de los elegidos.

Marcos es el primero que ha escrito de un modo conjunto la historia humana de Jesús Hijo del Hombre, cuya figura se centra en tres momentos. (a) Es sembrador de reino: perdona pecados, cura enfermos y a los pobres y perdidos de la tierra (2:10, 28). b) Entrega su vida y muere por el reino (8:31; 9:31; 10:33). (c) Ha de venir en la gloria final (8:31; 13:26; 14:62), en gesto de culminación que asume y lleva a su pleno desarrollo los rasgos anteriores.

Esos momentos ofrecen el perfil mesiánico de Jesús, como implícitamente indica Marcos cuando reinterpreta el título de Cristo en términos de Hijo del Hombre, tanto en 8:29-31 como en 14:61-62 (como veremos en su lugar). Por eso, este pasaje (Mc 13:26-27) que anuncia la venida final del Hijo del Hombre, que envía a los ángeles y reúne a los elegidos, ha de verse a partir de todo el evangelio y no en la línea de talión apocalíptico de Daniel, 1 Henoc o 4 Esdras

Venida final. Estos son sus rasgos. Entonces, tras la caída de los astros del cielo, como final del mundo anterior y principio del mundo nuevo le verán todos los salvados, no solo los cuatro testigos de Mc 13:2 y los jueces de Mc 14:61-62, sino todos los salvados, de manera gloriosa, definitiva, inapelable.

– *Verán al Hijo del Hombre viniendo en las nubes con gran poder y gloria.* Este pasaje es una cita de Dn 7:13-14, pero ahora ya no es solo el profeta el que "ve" al Hijo del Hombre, sino que le verán (*opsontai*) un grupo abierto de personas, que son todos los hombres y mujeres de la historia final (y quizá, de un modo más preciso, con aquellos que han perseguido a los cristianos). No se dice más, simplemente que "le verán", en medio de la gran noche (pues sol y luna se han oscurecido y los astros han caído). Eso significa que él viene como gran luz, nuevo "cielo de Dios", realizando de manera más alta (salvadora) la función que antes realizaban sol y luna.

– *Este Hijo del Hombre aparecerá así como Luz Salvadora de Dios*, con gran "poder y gloria" (*meta dynameôs pollês kai doxês*), como revelación visible del Dios invisible. Marcos sabe, como buen judío, que Dios es invisible (en la línea de lo que dirá Jn 1:18), pero sabe también que Jesús (Hijo del hombre) es la luz de la revelación de Dios, que se mostrará gloriosa tras el fin de este tiempo (este sol y esta luna), como principio y centro de un mundo nuevo, reelaborando desde Cristo y desde los perseguidos de la historia el tema de fondo de Dn 7.

Este Hijo del Hombre no es guerrero, distinguiéndose así de otras figuras en parte paralelas, como la del Hombre (*ipse homo*) de 4 Esdras, un libro de gran densidad teológica, escrito tras la caída de Jerusalén (tras el 70 d. C.) por un judío (no cristiano) de tendencia apocalíptica, aunque conservado y editado por cristianos (incluso en la Vulgata). Según 4 Esdras, el vidente mira y descubre en las nubes del cielo a un *Hombre* que lucha contra sus enemigos, a los que vence, con el fuego que sale de su boca, para reunir después, en torno a sí, a una multitud pacífica que le sigue (4 Es 13:1-12).[36] En esa línea, muchos relatos judíos (y quizá cristianos) vinculaban la venida del salvador de Dios con un tipo de guerra santa (con la victoria de los sanos sobre los perversos). Pues bien, en contra de eso, Mc 13, ha

36. También tiene un aspecto guerrero el Cristo final de 2 Ts, que luchará contra «el Hombre de iniquidad, el hijo de perdición, el que se opone y se alza contra todo lo que es Dios o es adorado... El Señor Jesús le matará con el soplo (= espíritu) de su boca y le destruirá con la epifanía (= resplandor) de su parusía» (cf. 2 Ts 2:1, 3-4, 6-9). Cf. También Ap 19:21. A diferencia de lo que dice 4 Esdras, el Hijo del Hombre de Mc 13:27 no lucha, ni vence, directamente a nadie, ni tiene los rasgos guerreros del Jinete de Ap 19:11-21, sino que viene después que el mundo viejo ha sido destruido (ha terminado). Pero no baja simplemente de la Altura divina, donde ha estado escondido, sino desde su historia humana, porque es Jesús, que ha perdonado los pecados, ha proclamado la dignidad del hombre sobre el sábado y ha muerto en cruz, por fidelidad a su mensaje de Reino (Mc 14-16).

vinculado la esperanza del tiempo final con la historia liberadora de Jesús (con su entrega como Hijo del Hombre):

Y entonces enviará a los ángeles y reunirá de los cuatro vientos a sus elegidos, desde el extremo de la tierra al extremo del cielo (13:27).

La escena culmina con esta "obra final" del Hijo del Hombre, que envía a los (sus) ángeles para reunir a los (sus) elegidos de los cuatro vientos de la tierra. No dice nada de una posible condena de los "otros" (los posibles "no elegidos"), no alude a ningún infierno (rechazo de los perversos), sino solo a una reunión de los "elegidos", en torno al Hijo del Hombre, representante y presencia de Dios, nueva creación o cielo para los salvados.

Marcos ofrece aquí un "signo", no un discurso teórico sobre los problemas que pueden suscitarse en torno al fin del mundo o a la "salvación" de los elegidos. No dice qué pasa con los otros, si es que hay "otros", es decir, no-elegidos (condenados), al fin de los tiempos, o si el Hijo del Hombre salvará entonces a "muchos-todos" (como parece suponer Mc 10:45). Sea como fuere, según este Jesús de Marcos, la condena de los "no elegidos" consistiría en quedar para siempre en la tierra oscura y fría (sin sol y sin luna, cf. 13:24), condenados al frío de la oscuridad perpetua.[37]

37. El texto es sobrio, no resuelve la suerte de aquellos que miran desde fuera la venida del Hijo del humano: no habla de condenas, no presenta ningún tipo de terrores. Del conjunto de la humanidad en cuanto tal nuestro texto no ha querido decir nada, aunque parece razonable pensar que hay esperanza para todos (cf. 10:45; 14:24).

4

Mi amado, las montañas.
Espiritualidad ecológica

Las montañas tienen alturas, son abundantes, anchas, hermosas, graciosas, floridas y olorosas. Esas montañas es mi Amado para mí (Juan de la Cruz: Cántico Espiritual (CE) 14-15, 6). Los valles solitarios son quietos, amenos, frescos, umbrosos, de dulces aguas llenos, y en la variedad de sus arboledas y suave canto de aves hacen gran recreación y deleite al sentido, dan refrigerio y descanso en su soledad y silencio. Esos valles es mi Amado para mí (CE 14-15, 7).

INTRODUCCIÓN. PAPA FRANCISCO, *Laudato si'*

A los dos años de su elección (2015), el Papa Francisco de Roma publicó una encíclica o "carta circular", tomando como título las primeras palabras del "canto de las creaturas de Francisco de Asís (1181-1226), titulado *Laudato si'*". Por la fuerza de su mensaje ético, al servicio de la alternativa ecológica, ese documento, al que ha seguido otro más fuerte aún (*Laudate Deum*), ha causado gran impacto entre cristianos y no cristianos.

Francisco acepta y valora el desarrollo de la modernidad, en la línea de Pablo VI (*Populorum Progressio*, 1967), aunque añade que un tipo de progreso industrial y técnico, político y económico en la actualidad lleva el germen de su propia destrucción, si no se humaniza ese despliegue y no se pone al servicio de los valores reales de la vida del hombre en la tierra.

Los hombres tenemos hoy más medios para vivir, pero también para matarnos, como sabía Dt 30 al decirnos: *Pongo en vuestras manos la vida y la muerte.* Situándose en esa perspectiva, el Papa asume y reelabora no solo algunas aportaciones de la doctrina social católica y del impulso humanista de los grandes teólogos protestantes del siglo XX (de K. Barth a J. Moltmann), sino también las directrices de la Escuela de Fráncfort, dirigida básicamente por pensadores judíos (1950-1980).

En esa línea, el Papa condena a los "poderes económicos que siguen justificando un sistema mundial, donde priman una especulación y una búsqueda de la renta financiera que tienden a ignorar todo el contexto" humano, con "efectos destructores sobre la dignidad humana y el medio ambiente", pues "la degradación ambiental y la degradación humana y ética están íntimamente unidas".

Una política esclava de la economía capitalista. Francisco valora la política al servicio del ser humano y la juzga necesaria… pero condena de forma tajante su "dejación" actual pues muchas veces ella está renunciando a buscar el bien de los hombres concretos y la fraternidad de los pueblos, para ponerse al servicio de una economía impersonal (financiera) y de un ejercicio de poder que se torna valioso en sí mismo (el poder por el poder, antes que el bien del hombre). Esa política ha dejado de ser una acción social al servicio del hombre, y se ha hecho esclava de una economía in-humana y mentirosa.

En este contexto, quizá por vez primera en un documento importante de las iglesias cristianas el Papa interpreta y defiende la ecología como valor central del cristianismo. Es evidente que no todos aceptan su análisis socioeconómico y sus propuestas pastorales, incluso dentro de la Iglesia católica, pero ellas son muy significativas y pueden ser acogidas o (al menos analizadas).

De manera especial, el Papa ha condenado una extracción y utilización egoísta de los "combustibles fósiles", al servicio de poderes político/económicos, actualmente aliados, que, avanzando en esa línea, terminarán envenenando la atmósfera y reduciendo las posibilidades de vida de la madre tierra (*Laudato si'*, 165). En esa línea, él se atreve a condenar la actitud de muchos políticos, que se han vuelto esclavos de los poderes económicos, y así mienten a las poblaciones (como en la Conferencia de Río, 2012), defendiendo de hecho los intereses de un tipo de capital, en contra de las personas concretas, pues "como siempre, el hilo se corta por lo más débil" (*Laudato si'*, 170). Por eso, sigue diciendo el Papa:

> *La política no debe someterse a la economía y esta no debe someterse a los dictámenes y al paradigma eficientista de la tecnocracia. Hoy, pensando en el bien común, necesitamos imperiosamente que*

la política y la economía, en diálogo, se coloquen decididamente al servicio de la vida, especialmente de la vida humana. La salvación de los bancos a toda costa, haciendo pagar el precio a la población, sin la firme decisión de revisar y reformar el entero sistema, reafirma un dominio absoluto de las finanzas que no tiene futuro y que solo podrá generar nuevas crisis después de una larga, costosa y aparente curación (Laudato si', 189).

Eso significa que sin la transformación de algunos estamentos de "poder político, económico y social, la vida del hombre en la tierra terminará haciéndose imposible: "Es insostenible el comportamiento de aquellos que consumen y destruyen más y más, mientras otros todavía no pueden vivir de acuerdo con su dignidad humana. Por eso ha llegado la hora de aceptar cierto decrecimiento en algunas partes del mundo aportando recursos para que se pueda crecer sanamente en otras partes" (*Laudato si'*, 193).

Lógicamente, para que surjan nuevos modelos de progreso, necesitamos cambiar el modelo de desarrollo tecno-crático, lo cual implica reflexionar responsablemente «sobre el sentido de la economía y su finalidad, para corregir sus disfunciones y distorsiones»... Un desarrollo tecnológico y económico que no deja un mundo mejor y una calidad de vida integralmente superior no puede considerarse progreso (*Laudato si'*, 194).

Ante un gran cambio (= tercera revolución). Sobre esos niveles de "crítica" económica y política avanza el pensamiento y propuesta de Francisco, vinculando su voz con aquellos que afirman que la humanidad se encuentra ante su riesgo y oportunidad definitiva, ante una tercera ola, ante un tercer reino que puede ser de vida o de muerte, en la línea de la gran propuesta de Dt 30:15-16, 19: Pongo ante ti la vida y la muerte, el bien y el mal, escoge...

Algunos pensadores "ilustrados" habían insistido en el cambio de "paradigma" de la modernidad, diciendo que se trataba de un "giro copernicano". Ese cambio, marcado por el paso de la teoría a la práctica, del sometimiento a la autonomía creadora del hombre, puede ofrecernos un tipo de ayuda, pues hasta ahora los hombres habrían estado al servicio del mundo (para contemplarlo como algo exterior, para someterse a ello) y ha llegado el tiempo en que se vuelvan conscientes de su dignidad, como dueños del mundo, de manera que no se limiten a comprenderlo, sino que lo cambien, configurarlo a su imagen y semejanza, para bien de todos. Pero, cerrado en sí mismo, ese giro puede llevarnos a la destrucción del equilibrio de la vida de los hombres sobre el mundo.

El lema de la modernidad había sido "atrévete a saber" (*sapere aude*), añadiéndole "atrévete a hacer", no solo en un plano intelectual, sino técnico, político y económico. Es como si nos dijeran: Atrévete a cambiar a tu favor todas las cosas, dominando todo lo que puedas, en un plano racional y moral, político y económico... Atrévete, sin más, en el plano del átomo y la bomba, la combustión de carburantes fósiles y la especulación financiera, con plena libertad, sin cuidarte de la vida de los otros, pues tu libertad y progreso está por encima de ellos.

Ese principio, que estaba latente en un tipo de Ilustración del XVIII-XIX, ha desembocado en la economía liberal del siglo XXI, que busca un tipo de libertad y progreso económico, sin tener en cuentas las necesidades y valores del conjunto de los hombres, poniendo en riesgo nuestra misma vida. Hemos logrado dominio sobre el mundo, hemos (= han) amasado, mucho capital financiero, pero podemos envenenar las fuentes de vida de la tierra y la fraternidad entre los hombres. Hemos creído que éramos eternos y que nuestro poder era "divino" en un plano material, pero olvidando que la tierra es limitada, que de ella venimos y en ella somos, de manera que si la destruimos nos destruimos a nosotros mismos.

Una ecología integral. Ante esa situación, con la autoridad ética que le concede el ser representante de una importante iglesia cristiana, volviendo a las raíces de la experiencia bíblica y de la Palabra de Jesús, Francisco se atreve a dirigir a todo el mundo (no solo a los cristianos) su palabra de juicio y su exigencia de cambio, para que el mundo de los hombres pueda ser espacio y tiempo de celebración gozosa.

De esa forma se sitúa y nos sitúa ante una "tercera revolución", no en línea de dominio técnico, de desarrollo científico o de acumulación de capital, sino de respeto a la vida, justicia social y gozo en el mundo. Superado el largo tiempo en que los hombres se hallaban "esclavizados" por la tierra (antigüedad), y los dos siglos de desarrollo esclavizador del hombre sobre la tierra (XVIII-XX), tiene que llegar la tercera etapa de una política nueva, al servicio de los hombres y los pueblos en cuanto tales (*Laudato si'*, 196), una política que se ponga al servicio real de todos los hombres y los pueblos, sobre la tierra común (*Laudato si'*, 197), reconociendo errores pasados y poniendo su poder al servicio de la vida (de la resurrección de los "muertos" (*Laudato si'*, 198).

Francisco valora, evidentemente, la religión y el pensamiento, citando no solo a maestros cristianos como Francisco de Asís y Juan de la Cruz (con R. Guardini, y otros pensadores protestantes y ortodoxos de la actualidad), sino a musulmanes como el sufí Ali Al-Kawwas, que no separa el "cielo" de la tierra, sino que lo busca y prepara desde esta misma tierra. Así dice que la mayor fidelidad al Cielo (que se identifica de Dios) se convierte en gozo y exigencia de mayor fidelidad a la tierra (que es revelación de Dios):

— *Francisco tiene un fondo apocalíptico*, en el sentido fuerte de la palabra. A su juicio, la vida del hombre en el mundo está en peligro: La atmósfera se sigue envenenando y aumenta la temperatura de los mares, mientras las negociaciones de los poderes (estados) fracasan en las cumbres políticas, sometidos al dictado de una economía injusta (54)[*], y de esa manera crece la degradación ambiental y la opresión humana sobre el mundo (56)[*]. Estamos ante el riesgo de unas guerras ecológicas: "Es previsible que, ante el agotamiento de algunos recursos, se vaya creando un escenario favorable para nuevas guerras, disfrazadas detrás de nobles reivindicaciones" (57)[*]. Y mientras tanto crece "una ecología superficial o aparente que consolida un cierto adormecimiento y una alegre irresponsabilidad" (59)[*].

— *Pero más fuerte que fondo negativo es su esperanza.* Francisco cree en el valor positivo de la vida de los hombres, capaces de superar el riesgo de la destrucción. En esa línea sorprende su esfuerzo por superar toda retórica (de un lado o del otro) y toda ideología, al servicio de la justicia social, el reconocimiento mutuo y del despliegue de los valores de la vida, sabiendo que formamos parte de una biosfera, que es presencia y revelación de Dios. Esa propuesta puede doler a ciertos representantes de un sistema económico/político, que quieren mantener por encima de todo

---

[*] Los números hacen referencia a la obra del Papa Francisco, *Laudato si'*.

237

su "libertad" de producción, sin preocuparse de la justicia social y de la fraternidad de todos inter-humana (no solo de los de su país), pero ella está al servicio de la maduración personal y de la comunión de hombres y pueblos.

En esa línea, Francisco apela a una mística ecológica, tal como aparece fundada no solo en Francisco de Asís sino también en otros místicos, no solo católicos, sino ortodoxos (cf. Isaac de Nínive, 640-700, y Serafín de Sarov, 1754-1833), protestantes (cf. Böhme, 1576-1624) y musulmanes (cf. Ali Al-Kawwas, siglo IX d. C.), entre los que, en el contexto de la cultura hispana destaca Juan de la Cruz.

La visión ecológica de *Laudato si'* (*Laudato si'*, 233). se sitúa en la línea de Hch 17:28, donde san Pablo cita una experiencia de la filosofía griega: nuestra casa verdadera es Dios, nuestro camino, nuestra realidad profunda, en la línea del maestro Ali Al-Kawwas, sufí musulmán, quien afirmaba que no se pueden desligar las criaturas del mundo exterior de la experiencia de Dios en el interior de nuestra propia vida humana:

> No hace falta criticar prejuiciosamente a los que buscan el éxtasis en la música o en la poesía. Hay un secreto sutil en cada uno de los movimientos y sonidos de este mundo. Los iniciados llegan a captar lo que dicen el viento que sopla, los árboles que se doblan, el agua que corre, las moscas que zumban, las puertas que crujen, el canto de los pájaros, el sonido de las cuerdas o las flautas, el suspiro de los enfermos, el gemido de los afligidos...[1]

El ideal no es solo pasar de lo exterior a lo interior para descubrir la acción de Dios en el alma, sino también llegar a encontrarlo en todas las cosas, como enseñaba san Buenaventura: «La contemplación es tanto más eminente cuanto más siente en sí el hombre el efecto de la divina gracia o también cuanto mejor sabe encontrar a Dios en las criaturas exteriores» (*In II Sent.*, 23, 2, 3).[2]

---

1. Cf. Eva De Vitray-Meyerovitch [ed.], *Anthologie du soufisme*, Paris, 1978, 200)).
2. Juan de la Cruz enseñaba, en esa línea, que todo lo bueno que hay en las cosas y experiencias del mundo «está en Dios eminentemente en infinita manera, o, por mejor decir, cada una de estas grandezas que se dicen es Dios» (*Cántico espiritual*, XIV-XV, 5). Cf. Papa Francisco, *Laudato si'*, 234.

FRANCISCO DE ASÍS (1181-2016). ECOLOGÍA FRATERNA

La tradición le reconoce como representante de la mística ecológica no solo por su vida de renuncia (pobreza al servicio de la fraternidad y la alegría cristiana), sino por su descubrimiento ejemplar del carácter "divino" del mundo, vinculando la experiencia clásica (greco-romana) del mundo occidental con el mensaje de la cruz-resurrección cristiana. Así lo ha mostrado en el "cántico de las creaturas" donde recoge y recrea la mística de muchos salmos (cf. Sal 8; 19; 90; 104; 118; 136-148)[3], vinculándola con la mística cristiana de la muerte y resurrección de Jesús.

Loado seas, mi Señor

Altísimo y omnipotente buen Señor,
tuyas son las alabanzas, la gloria y el honor y toda bendición.
A ti solo, Altísimo, te convienen
y ningún hombre es digno de nombrarte.

Estas palabras expresan el principio paradójico de toda experiencia religiosa: El orante se levanta, eleva manos y mirada y tiende en movimiento irresistible hacia la altura de Dios que se desvela como Altísimo. Ciertamente, Dios es también omnipotente y buen Señor: es el poder que guía cuidadosamente la existencia de los hombres. Pero su atributo original, repetido por la estrofa, es Altísimo: elevado, grande, lleno de sentido.

Ante ese Dios, en paradoja primigenia, el hombre siente la necesidad de la palabra y el silencio. Surge por un lado la palabra, en forma de alabanza, gloria, honor y bendición: la palabra desbordante del que ha visto la presencia de Dios y le responde con la voz gozosa, creadora, de su canto. Pero, al mismo tiempo, esa palabra conduce hacia el silencio: pues no hay hombre que pueda hacer de ti mención.

Este silencio, cuajado de deseos de alabanza, constituye la teología negativa: conocemos lo que Dios no es; a Dios mismo le ignoramos. Por eso guardamos silencio en su presencia, a fin de mirar siempre en más hondura. El hombre de la praxis y a veces también

---

3. He desarrollado el tema *en Lectura cristiana de los salmos*, VD, Estella, 2023.

el de la estética parece que le tiene pavor a los silencios: debe hablar, llenarlo todo con sus voces, ahuyentar de esa manera el espejismo de su miedo. Pues bien, en contra de eso, Francisco nos invita primero al silencio. Por eso, en gesto de increíble respeto, no se atreve ni siquiera a dar a Dios el nombre de Padre: le ofrece su alabanza-gloria-honor-bendición y queda silencioso ante sus manos de Altísimo-omnipotente-buen-Señor.

Creaturas celestes: sol, luna y estrellas

Loado seas con toda creatura, mi Señor,
y en especial loado por mosén hermano sol,
el cual es día y por el cual nos iluminas;
él es bello y radiante, con gran esplendor,
y lleva la noticia de ti, que eres Altísimo.
Loado seas, mi Señor, por la hermana luna y las estrellas;
en el cielo las formaste luminosas, preciosas y bellas.

El silencio ante Dios se vuelve alabanza por las creaturas, empezando por las del "cielo superior", entendido conforme a la experiencia de la Biblia (Gn 1) y de otras por muchas culturas de la tierra. Como sigue diciendo E. Kant, en la conclusión de su *Crítica de la razón práctica*, al final de todos los estudios, tareas y experiencias de la humanidad, quedan (emergen) ante el hombre dos testigos del misterio: La inmensidad del cielo estrellado de luces en la noche, y la profundidad de la conciencia "dentro de nosotros", la voz del "dios" interior que nos llama al cumplimiento del deber, a la admiración ante el misterio.

De esa forma, la teología negativa (no sabemos nada de Dios), se convierte en la más poderosa de las teologías positivas, abiertas a la admiración y al agradecimiento por la presencia de Dios en el mundo. Para alabar a Dios, en la línea del A. T., pero sostenido ya por Cristo, Francisco de Asís, gran orante va nombrando y descubriendo cada una de las cosas que aparecen primero condensadas en su propia condición de creaturas: no son Dios, pero reflejan su misterio, como revelación pascual del Altísimo presente en todo el mundo.

En el principio, como pareja que ilumina y preside la vida de la tierra, destacan el hermano-sol y la hermana-luna (como día y noche, luz y oscuridad), con su séquito de estrellas, que están ahí, solo se ven en la noche, cuando dejamos que emerja la luz desde el fondo de la oscuridad presidida por la luna y las estrellas). Sol, luna y estrellas son hermanos/hermanas del orante, pertenecen a su misma condición de creatura, forman parte del conjunto de sus constelaciones.

Este parentesco del hombre con el cosmos no es producto de especulación intelectual, no es signo de algún tipo de panteísmo físico, sino consecuencia de la misma creación, pues como dice Gn 1, Dios nos hizo a todos con su misma palabra y con su espíritu de vida. Esta es una fraternidad gloriosa que vincula nuestra vida a los poderes más altos del cosmos (sol, luna-estrellas). Pero es también fraternidad humilde que confirma nuestra condición de creaturas de Dios sobre la tierra. Somos seres en *constelaciones*, en grupos de familias, todos vinculados por la poderosa luz de los astros, en la noche.

El canto nos hace hermanos del sol que alumbra en su belleza. El sol es día y nosotros lo somos también: formamos parte de su brillo, podemos ver y vernos, en gesto de belleza luminosa y de compromiso de amor (de vinculación vital). Este no es un modo de ver para conquistar y vencer a los demás, sino para compartir la vida con ellos. Por eso, porque estamos en el día, recibimos por el sol noticia del Altísimo.

En actitud de gozo conmovido, Francisco ha personificado al sol, llamándole *messer lo frate sole, monseñor hermano sol*. El sol es hermano mayor (monseñor-obispo), pero no para imponerse sobre nosotros, sino para signo, para que podamos dirigir nuestra mirada al Padre Dios, que, unido con la hermana madre tierra de la última estrofa cósmica del himno, constituye el espacio de totalidad (amor y bodas) en que Dios ha querido sustentarnos.

Al mismo tiempo, somos hermanos de la luna que, simbólicamente, aparece en su rostro femenino, presidiendo el orden de la noche. Dios es luz y oscuridad, es día y noche, y nosotros somos también día y noche, vida que solo se alcanza y descubre en su totalidad por la noche de la entrega mutua, del amor hasta la muerte.

Francisco nos invita a mirar en la noche, descubriendo en ella un signo de la propia realidad humana, arraigada en Dios: somos cambiantes como la luna, amenazados por la muerte, en el centro de una oscuridad donde las cosas pierden sus contornos y se difuminan en un sentido, de manera que solo podemos caminar si mantenemos la vista en las estrellas. Esta segunda estrofa del canto nos enseña a descubrir de nuevo el ritmo del día y de la noche, que muchos hemos olvidado entre las prisas y tareas de una sociedad tecnificada. La naturaleza superior, simbolizada por la dualidad de sol y luna-estrellas, nos permite asumir los dos aspectos de nuestra propia realidad luminosa y oscura, cambiante y eterna.

Este parentesco del hombre con el cosmos no es producto de especulación intelectual, no es signo de algún tipo de panteísmo físico. Es consecuencia de la misma creación, pues como dice Gn 1, Dios nos hizo a todos con su misma palabra y con su espíritu de vida. Esta fraternidad gloriosa vincula nuestra vida a los poderes más altos del cosmos (sol, luna-estrellas). Pero es también fraternidad humilde que confirma nuestra condición de creaturas de Dios sobre la tierra.

El canto nos hace hermanos del sol que nos alumbra en su belleza. El sol es día y nosotros somos día: formamos parte de su luz, en gesto de belleza luminosa. Por eso, porque estamos en el día, recibimos por el sol noticia del Altísimo. Como he dicho, en actitud de gozo conmovido, Francisco ha visto en el sol la presencia de Dios, es luz, llamándole por eso *messor lo fratre sole*, mi Señor el hermano sol. De un modo consecuente, algunos grupos de orantes, como los terapeutas judíos de Egipto, de los que habló Filón de Alejandría (*De vita contemplativa*) se levantaban por la madrugada para saludar al sol en su amanecer gozoso.

Todavía hoy (año 2024) son muchos los hombres y mujeres, judíos, cristianos y "paganos" que se levantan por la mañana para saludar al sol que nace, admirándole cuando nade, rompiendo con su luz roja la oscuridad de la noche. Estos hombres y mujeres siguen levantándose por la mañana (*ad matutinum*, por maitines) para venerar con su vida y con su canto al Dios del cosmos, representado para los cristianos por el Sol Jesucristo de la celebración de la Vigilia de Pascua.

Cuatro elementos: viento y agua, fuego y tierra

En segundo lugar, el Cántico presenta y exalta a los cuatro elementos del mundo, aire-agua-fuego-tierra que nos hacen vivir, siendo lo que somos. Ciertamente, en Dios vivimos, nos movemos y somos

(Hch 17:28), pero en un Dios que empieza a revelarse y ofrecernos su presencia por los cuatro elementos simbólicos de la creación. Creatura de Dios somos: Aire por la respiración, agua por el alimento, fuego por la combustión interna, tierra por nuestro nacimiento y muerte, como he destacado en comentario del Génesis. Somos naturaleza hermana, tierra de la que brotamos, fuego en el que ardemos, agua que bebemos y aire que respiramos:

> *Loado seas, mi Señor, por el hermano* **viento,**
> *y por el aire y el nublado, el sereno y todo tiempo,*
> *por el cual a tus creaturas das sustentamiento.*
> *Loado seas, mi Señor, por la hermana* **agua,**
> *Que es muy útil y humilde, preciosa y casta.*
> *Loado seas, mi Señor, por el hermano* **fuego,**
> *por el cual iluminas la noche;*
> *él es bello y alegre, robusto y fuerte.*
> *Loado seas, mi Señor, por nuestra hermana madre* **tierra**
> *que nos sustenta y nos gobierna;*
> *ella produce diferentes frutos, con flores de colores y con hierbas*

Así aparecen unidos, en canto ante Dios, los cuatro elementos primeros que, conforme a una tradición antigua casi universal, forman la esencia de este mundo sublunar. Estos elementos aparecen también personificados, de dos en dos, formando parejas de unidad fecunda, esponsal y fraterna. Así, el aire-viento es masculino, el agua femenina, con todo el valor simbólico que ello presupone. Después vienen el fuego masculino y la tierra femenina.

1. Viento y agua. El aire/viento se presenta como hermano fecundante: es el aire que nosotros respiramos y respiran todos los vivientes. En ese sentido, el aire es la vida, que se identifica con la respiración (inspirar/expirar, en unión constante con el aire de la biosfera). Es claro que Francisco, según la tradición cristiana, ha interpretado el viento en perspectiva de Espíritu Santo: es aire de Dios que fecunda las aguas del caos primero (Gn 1:2); aire que eleva y da vida a los huesos que estaban ya muertos (Ez 37); espíritu, aliento que vuelve sagrado el bautismo. Pero, quedando eso bien firme, Francisco busca un simbolismo todavía más extenso: el aire es sustento de vida para todas las plantas y animales.

Esta experiencia del aire de la respiración ha sido y sigue siendo uno de los signos más hondos de la oración mística. Casi toda la tradición religiosa de oriente (India, China; hinduismo y budismo) se funda en la experiencia *del yoga de la respiración,* inspiro el aire de la vida, lo introduzco en los pulmones, me lleno de lo "divino", y lo espiro (= expiro) después, poniendo así mi vida en manos del Dios del universal. En esa línea avanza *la oración del corazón* de la tradición *hesicasta* (de sosiego interior) que ha sido desarrollada no solo por los grandes maestros antiguos de la iglesia ortodoxa, desde el siglo IX d. C. en adelante, sino por los nuevos orantes de oriente y occidente, que interpretan la vinculación con Dios en forma de respiración vital, que puede estar acompañada por un tipo de palabra originaria (om), o por una jaculatoria (Jesús, Hijo de David, ten piedad de mí) que se repite con cada respiración.

Pero, avanzando en esa línea, Francisco ha destacado no solo el carácter tranquilizador del aire de Dios en la respiración, sino también movedizo, voluble, cambiante, tal como se expresa en la tormenta fiera, repitiendo un elemento clave de muchos salmos de Israel (cf. Sal 18; 29; 77; 97; 144) y del conjunto del libro de Job, donde una y otra vez se eleva la tormenta como signo divino (con el rayo y trueno, con la inundación de las aguas torrenciales"[4]) de los signos meteorológicos.

En este contexto resulta admirable el verso de Francisco: *Loado seas, mi Señor, por el hermano viento, por el aire y el nublado, el sereno y todo tiempo.* El aire que es la respiración del mundo, se vincula al "nublado", que es la niebla y oscuridad repentina, vinculada a la tormenta (huracán, tornado), que estalla especialmente al comienzo y fin del verano, inundando los campos, destruyendo la cosecha, derribando puentes, destruyendo casas... Esa palabra "nublado" (en italiano *nubilo,* cf. *et per aere et nubilo et sereno* es señal de destrucción), tormenta fuerte, huracán, tornado. El sereno es calma, sol radiante que enriquece con su luz los campos. El *nublado* evoca la oscuridad negra de la tormenta, de fuego (rayo), de aire, de agua... Para los campesinos ha sido signo de la máxima destrucción del mal viento, de la "noche" interior y exterior, que ha destacado, en perspectiva de oración, de forma clásica, Juan de la Cruz.

---

4. He desarrollado este motivo en *Lectura cristiana de los Salmos,* VD, Estell 2023 y en, *Lectura cristiana de Job,* Paulinas, Madrid 2019.

Hermana y compañero del viento/aire es el agua. El viento la lleva en sus nubes y luego la deja caer, de manera que empape y fecunde la tierra. Sin embargo, Francisco no quiere mostrar las acciones negativas del agua (vinculada al diluvio universal de Gn 7, que hemos estudiado ya como signo de máxima destrucción ecológica), sino que deja en silencio ese aspecto, en silencio, a fin de evocar de manera central su presencia y acción positiva: es "útil y humilde, preciosa y casta": agua para beber/vivir, agua para renacer (bautismo, agua para limpiarse, por dentro y por fuera, el agua que Dios separó al principio de los tiempos, agua de la altura (lluvia), agua de los males.

De la mística del agua está llena la Biblia: Aguas de vida que brotan del templo (cf. Ez 47), agua que brota de Jesús (quien tenga sed que venga a mí y que ve, pues de su seno brotarán torrentes de agua viva: Jn 7:37-39). De la "mística del agua" de Dios, de la forma de entenderla, sentirla y cantarla está llena no solo la Biblia (cf. Sal 42, sino de un modo muy hondo la experiencia de Teresa de Ávila, orante castellana, que desarrolla con profundidad el sentido y rasgos místicos del agua de sus antepasados judíos y cristianos, vinculados a la tradición de la cábala.

En esta evocación, influyen los aspectos femeninos de la vida que Francisco ha descubierto en Clara (mujer) y en el agua, la hermana universal de los vivientes. El agua es humilde-casta: es límpida, gozosa transparente. Pero, al mismo tiempo, es útil-preciosa: como signo de la gracia de Dios (de su bautismo) en la vida de los hombres. Esto es oración: descubrimiento del misterio de Dios en los signos del aire y el agua. Son los signos del bautismo que la tradición cristiana ha destacado desde el mismo comienzo de la iglesia: si no naces del agua y el espíritu (= del viento), no puedes heredar el reino de los ciclos (cf. Jn 3:5). Agua y viento unidos son para Francisco signo de la nueva vida del creyente. Por eso, orar es descubrirse lleno de Dios, como vida que renace en Cristo.

2. Fuego y tierra. El fuego masculino es alegre-fuerte y aparece como signo del sol entre los hombres. Por su parte, la tierra femenina es signo de maternidad de Dios en el principio y fin de nuestra historia. El fuego es la luz que se mantiene y vigoriza destruyendo, transformando a su paso la existencia de las cosas. Por eso cambia sin cesar, como poder de alegría y belleza que se despliega consumando y consumiendo lo que existe.

Resulta significativo que Francisco se sienta unido al fuego, llamándole "fuerte y robusto". Se trata, evidentemente, del fuego de una vida que se consume en favor de los demás, conforme al Dios de Jesucristo. Muchas veces, seducidos por un ideal de quietud como signo de poder y permanencia, hemos interpretado la vida a partir de aquellos seres que perduran siempre idénticos, sin cambio: metal, roca, montaña. Pues bien, en contra de eso, Francisco nos conduce hasta el hermano fuego, que es signo del sol, signo de Cristo que muere y resucita. Así también la vida es para todos nosotros un camino de pascua que se expresa y alimenta en la señal del fuego masculino y fuerte, alegre y bello, de la entrega de sí mismo.

Pero el fuego, como hemos visto y seguiremos viendo, puede ser también signo de destrucción, como aparece en el signo del incendio cósmico final de algunas representaciones bíblicas (condensadas en 2 P 3:6-9), que culminan en el fuego del "infierno". Finalmente está la tierra donde viene a descansar todo el camino precedente. Es la tierra femenina que recibe la luz-calor del sol, la fuerza y robustez del fuego, y de esa forma puede presentarse como madre de todos los vivientes. Su maternidad se entiende aquí en clave de origen y de ley: ella nos sostiene (sustenta) y nos dirige, gobernando nuestra vida. Ciertamente, la tierra es útil: produce las hierbas y los frutos. Pero, al mismo tiempo, se presenta como hermosa en el despliegue de colores de las flores.

A través de este canto, Francisco nos quiere arraigar en la tierra. El orgullo del hombre pretende borrar este origen, negando así la propia condición de creaturas terrenas, limitadas. En contra de eso, Francisco nos sitúa nuevamente sobre el surco de la madre tierra: en ella hemos nacido y allí estamos, como hermanos del sol y las estrellas, como familiares del viento y de las aguas.

Somos ciertamente fuego y tierra, luz y oscuridad; llevamos la gloria de Dios en unos vasos frágiles de barro que se quiebran. Por eso es necesaria la humildad, que es el realismo del agua y de la tierra, como dicen las palabras finales de este canto: "Load y bendecid a mi Señor, y dadle gracias y servidle con gran humildad". Son palabras que recuerdan nuestra condición: somos polvo, pero polvo del que Dios se ha enamorado por su Cristo; por eso le podemos cantar, le hemos cantado con las voces de las creaturas.

Canto a la vida y a la muerte salvadora

En un momento posterior, movido por la misma lógica de su canto, Francisco ha añadido a las estrofas anteriores unas nuevas estrofas de carácter diferente que alaban a Dios por el perdón y sufrimiento de los hombres y por el gran misterio de la muerte. Esta es una parte menos desarrollada, por su carácter misterioso y nuevo del "nuevo testamento" de Jesús, centrado en el perdón y en la transformación de la "muerte corporal" en esperanza de vida (de resurrección).

> *Alabado seas, mi Señor, por aquellos que perdonan por tu amor,*
> *y sufren enfermedad y tribulación;*
> *bienaventurados los que las sufran en paz,*
> *porque de ti, Altísimo, coronados serán.*
> *Alabado seas, mi Señor, por nuestra hermana muerte corporal,*
> *de la cual ningún hombre viviente puede escapar.*
> *Ay de aquellos que mueran en pecado mortal.*
> *Bienaventurados a los que encontrará*
> *en tu santísima voluntad*
> *porque la muerte segunda no les hará mal.*
> *Alaben y bendigan a mi Señor*
> *y denle gracias y sírvanle con gran humildad...*

Francisco ha trabajado y quiere que también trabajen sus hermanos menores, compartiendo sus bienes con los pobres. Pero, elevándose sobre ese nivel y para fundamentarlo, ha interpretado el mundo como espacio de fraternidad y de alabanza: por eso ha mirado hacia las cosas, descubriendo en ellas la hermosura de Dios; por eso las admira, como mensajeras de perdón, fraternidad y de esperanza.

No ha pedido por el pan, porque ha sabido convertir las cosas de este mundo en pan de fraternidad y alabanza en un camino que conduce al reino. Por eso se ha fijado de una forma especial en el perdón: bendice a Dios por aquellos que perdonan, convirtiendo así la tierra en campo de encuentro fraterno, lugar donde se pueden compartir todas las cosas: posesiones y trabajos, gozos y dolores. De esa forma indica que la luz de Dios y su belleza solo pueden desvelarse entre las cosas allí donde los hombres saben cultivar la gratuidad, el amor fraterno, la alabanza. *Sin perdón no existe ecología, no puede darse vida sobre el mundo.* El perdón implica aceptación, pero también transformación del mundo.

Resulta así patente que Francisco no ha compuesto el canto de las creaturas de una forma ingenua, en una especie de entusiasmo infantil, alejado de la lucha y problemas de la tierra, sino que ha conocido y ha sufrido los conflictos más fuertes de su tiempo: la codicia de los nuevos comerciantes y burgueses que destruyen la hermandad entre los hombres; la violencia de una guerra en que se enfrentan, por dineros, intereses e ideales falsos, las ciudades y los grupos sociales de su tiempo. Fue a la guerra, en ella fue cautivo. Vivió y sufrió el afán de las riquezas. Pero un día, al encontrar a Cristo, supo que debía abandonarlo todo: poder, prestigio, posesiones. De esa forma, en libertad muy honda, con aquellos hermanos que Dios quiso concederle en el camino, descubrió el misterio y la belleza de Dios entre las cosas.

Francisco supo que los hombres eran sus hermanos. Por eso pudo extender palabra y experiencia de fraternidad hacia el conjunto de las creaturas: sol y luz, viento y agua, fuego y tierra. Esta ha sido la fraternidad de la belleza que solo puede contemplarse con los ojos de Dios, más allá de los trabajos e ideales de la tierra, en actitud orante, esto es, perfectamente humana.

JUAN DE LA CRUZ, ECOLOGÍA ENAMORADA

Tras la de Francisco se eleva la ecología de Juan de la Cruz (= SJC), cristiano universal, cuya obra está siendo acogida y estudiada por "místicos" de todas las tradiciones, budistas e hindúes, musulmanes y judíos. Nadie como él ha desarrollado una "evocación ecológica" del amor como experiencia y camino de enamoramiento, en la línea de Francisco de Asís, pero pasando de la fraternidad al enamoramiento cósmico.

Juan de la Cruz, poeta y místico católico de Castilla, España, ha sido, heredero de una intensa tradición judía y musulmana, bíblica y renacentista, en diálogo interior con las mejores intuiciones de la patrística cristiana (en la línea de Gregorio de Nisa, Evagrio Póntico y Dionisio Areopagita), en comunión de espíritu con los grandes reformadores, desde Lutero hasta Karl Barth.[5] Esta espiritualidad ecológica depende de tres principios:

– *El relato de la creación: Gn 1-3.* El Cántico de Juan de la Cruz sitúa a los creyentes ante el relato básico de la creación, reinterpretada y recreada desde una experiencia de amor, entendido como retorno al paraíso, en línea de "reparación" cósmica y personal, esto es, de vida de los hombres en el mundo, en contra de destrucción-violación cósmica y personal que amenaza a los hombres desde Gn 6–8.

– *Los motivos centrales del Cantar de los Cantares (Ct),* de manera que se ha podido afirmar que Cántico Espiritual (= CE) de Juan de la Cruz es una actualización cristiana de Cantar bíblico. En esa línea he querido insistir también en la novedad poético-religiosa (ecológica) de ambos textos.

– *La Pascua de Jesús.* Bajo un barniz de A. T., el CE ha sido elaborado y escrito desde una perspectiva de N. T., marcada esencialmente por la Pascua (vida-muerte-resurrección de Jesús). En esa línea, el CE ofrece una versión ecológica de la resurrección de Jesús, que no se define como simple anticipación de la vida futura (tras la muerte), sino como experiencia de resurrección en esta misma vida.

Al lado de esos tres motivos bíblicos Juan de la Cruz asume otros de tipo *filosófico-religiosos que provienen del platonismo antiguo y de la experiencia poética del renacimiento.* Juan de la Cruz ha recuperado y recreado poderosamente, desde su situación de poeta y pensador cristiano, los símbolos de amor del platonismo antiguo y renacentista, con evocaciones de tipo poético que pertenecen a la cultura universal de oriente y occidente, en un trasfondo ecológico. En esa línea, aunque muchos han podido afirmar que el CE es más platónico y renacentista que cristiano, su experiencia básica ha sido de tipo bíblico y cristiano, reinterpretando el amor de bodas y banquete de

---

5. Ct es el Cantar de los Cantares (Biblia) y CE, el *Cántico Espiritual* de SJC (= San Juan de la Cruz), refiriéndose con un número al poema y con dos al comentario en prosa. Cf. *El "Cántico Espiritual" de San Juan de la Cruz. Poesía, Biblia, Teología,* Paulinas, Madrid 1992; *Amor de Dios, Dios enamorado: San Juan de la Cruz, una alternativa,* Desclée de B., Bilbao 2004; *Ejercicios de amor. Recorrido por el Cántico Espiritual de San Juan* de la Cruz, Paulinas, Madrid 2017.

Jesús en un contexto ecológico como descubrimiento y celebración de los principios de amor del mundo entero.

Cantar de los Cantares, fondo israelita. Una mención especial merece la relación del CE con Ct, pues (como he dicho) casi todos sus motivos dependen de ese libro, que ha sido y sigue siendo la base de toda interpretación ecológica del amor en la Biblia. En esa línea, casi todos los motivos del CE (= Cántico espiritual) dependen de Ct, entendido como expresión de una experiencia de amor que sitúa nuevamente a los hombres ante el principio de la creación, entendida desde la base de Gn 1–3, es decir, como recuperación del amor original del paraíso, superando así el riesgo de lo que se ha venido llamando el pecado original. Pero entre los motivos del Ct y los del CE hay tres diferencias fundamentales:

– *El Cantar es una "colección de cinco o seis cantares/poemas de amor"* que presentan y despliegan, desde diversas perspectivas, los rasgos más hondos de la creación del Dios de amor profundo. La unidad de esos cantares viene dada por un mismo tema de fondo (el camino de encuentro de un hombre y una mujer, dos personas, como experiencia original de vida).

– A diferencia del Cantar, *el CE ofrece un poema unitario de amor…* Ciertamente, puede dividirse en tres o cuatro momentos, pero todos ellos ofrecen un mismo y único despliegue de amor humano y divino, entendido como experiencia fundante de la vida.

– *El Cantar despliega el sentido del amor humano* (como despliegue del amor divino) a lo largo de varios cantos, *y en su desarrollo intervienen, por lo menos, tres mujeres,* que marcan las diferencias, con tres varones que son también distintos, aunque sus diferencias resultan menos precisas. (a) Una mujer es *pastora,* y aparece situada en un contexto de pastores y rebaños, en el campo; ella será la figura dominante del CE, que nos sitúa de principio a fin en un contexto de campo, más que en un contexto de corte o de ciudad. (b) Otra mujer es *reina,* y así viene a mostrarse en un entorno de palacio, vinculada a la corte de Salomón; por eso, ella es la única que recibe el nombre de Sulamitis (= Salomona), esposa simbólica del Gran Rey israelita, a quien se atribuye el cantar. (c) La *tercera mujer* aparece como menos definida (no es pastora, ni reina), pero está vinculada claramente a la vida urbana: Tiene una casa, habita en una ciudad donde hay guardias que vigilan las calles, etc.

Esas tres mujeres expresan el sentido del amor más hondo entre un varón y una mujer, que recibe rasgos de tres mujeres; es como si el amor de fondo vinculara a todas las clases sociales (pastores, reyes, ciudadanos…). A diferencia del Cantar, en el *Cántico* de SJC *solo aparece una mu*jer, que es básicamente "pastora" (aunque a veces pueda aparecer con rasgos de mujer de corte o de ciudad) y que recorre un camino de fidelidad y despliegue de amor como experiencia de encuentra con el "amado", que simbólicamente recibe rasgos divinos. Pues bien, ese amor de dos seres humanos y del hombre con Dios aparece expresado en claves de admiración y amor de hombre/mundo, es decir, en una línea ecológica.

El mundo del CE (= Cántico Espiritual) tiene un carácter poético/afectivo, y en esa línea todo lo que dice y siente, lo que canta y describe lo hace desde una perspectiva de intensa unión inter-humana. Ciertamente, el Cántico no responde a los problemas físico/económicos y político/sociales de la ecología moderna, pero nos ayuda a entenderlos desde una profunda base antropológica. La relación del hombre con el mundo (es decir, la ecología) no es de tipo puramente físico/económico, sino antropológico, en sentido integral. Así lo ha visto Juan de la Cruz, en la línea de Francisco de Asís, desde una perspectiva nueva, en el comienzo de la modernidad y así quiero estudiar su obra desde una perspectiva bíblica y universal, en diálogo con la nueva cultura de la modernidad, que estaba surgiendo en tiempos de Juan de la Cruz.

Tanto el Cantar de la Biblia como el Cántico de Juan de la Cruz suponen y desarrollan una intensa ecología simbólica al situar el amor en un espacio cósmico de belleza y de vida. Solo en esa conexión con el mundo entendido como belleza y fuente de vida se expresa y es posible el despliegue de la existencia humana entendido en sentido integral, desde varias perspectivas.

1. *Relación entre estética (belleza) y ética (realización humana).* Se trata de conocer el sentido del mundo no como signo de belleza en general, sino como expresión de una experiencia de belleza enamorada, con un fuerte elemento ético: Se trata de saber si

el hombre es fiel a Dios y a su propia verdad humana en un plano de experiencia exclusivamente cósmica o si resulta necesario de pasar de la belleza cósmica (sin negarla) al compromiso de fidelidad ética ante la creación y especialmente ante la vida de los otros, en comunicación personal de vida, insistiendo en el hecho de que los seres humanos (varones y mujeres) son (encuentran su verdad) existiendo unos en otros.

2. *Distinción y vinculación de la experiencia "cósmica de Dios" (en línea de belleza) con la responsabilidad ética y la comunicación interpersonal de amor,* que se expresaría en la superación de una actitud puramente utilitaria ante el mundo para elaborar una experiencia de compromiso a favor del mundo como espacio de encuentro con Dios y de vinculación con otros hombres. Se trata de precisar el sentido de la *fuga mundi* (huida del mundo) en clave de fidelidad más alta al mundo, en relación con los hermanos.

3. *Esta espiritualidad quiere llegar a la raíz ética, estética y mística de la relación del hombre con la naturaleza,* radical, en un contexto en que el mundo sigue siendo creación y presencia de Dios, en una perspectiva de amor y de fidelidad a los demás, en un "universo" personal donde emergen y reciben su sentido más profundo las diversas realidades y momentos del encuentro del hombre con Dios en un mundo que no es objeto de consumo, entendido en claves de capital monetario y mercado, sino campo de amor.

He comentado todo el CE (Cántico Espiritual, conforme al texto B, es decir, CB) en clave ecológica en obras citadas en la nota anterior, especialmente en *Amor de Dios, hombre enamorado,* 2004, en una línea más filosófica, y en *Ejercicio de amor* (2017), en una línea más bíblica, de forma que quien quiera conocer de un modo más completo el tema pueda puede acudir a ellas. Aquí me limito a presentar y comentar los cantos que, a mi juicio, son más significativos en una línea ecológica, sin más introducción ni justificación. Son innumerables los libros escritos sobre el tema, en línea antropológica, filosófica y teológica, Aquí me limito a trazar un camino ecológico a través de algunas estrofas del poema.[6]

---

6. Cf. J. Baruzi, *San Juan de la Cruz y la experiencia mística,* Valladolid, 1993); G. Morel, *Le sens de l'existence selon Saint Jean de la Croix* I-III, Aubier, Paris, 1960-1961; F. Ruiz

CE 1. Como ciervo huiste, habiéndome herido

¿Adónde te escondiste, Amado, y me dejaste con gemido?
Como ciervo huiste, habiéndome herido; salí tras ti clamando, y eras ido.

En el principio está el Amor, esto es, el Amado, que aparece rápido en el bosque, imprimiendo su herida de amor en el hombre (varón o mujer), poniendo así en marcha un proceso de encuentro de amor en el mundo que marcará toda su vida, en un contexto de ecología espiritual de amor interhumano, expresado en forma de amor divino. En la línea del Adam de Gn 1-2 (desde ahora le presentaré como mujer- amante, no como varón, recreando de esa forma el simbolismo del Génesis que vivía previamente en un paraíso inmediato, de plantas y animales, con otros hombres y mujeres que se movían a su lado, pero sin conocerse de verdad unos a otros, ni conocerse a sí mismos.

Pero entonces pasó el Amado (él, aunque puede suponerse que es también ella) y le miró para mostrarle aquello que era, de manera que despertó y se supo viva (para la vida), con otros hombres o mujeres, caminantes, como el primer Adán cuando encontró a su vera a la Mujer (o viceversa) y dijo: "Esta sí que es carne de mi carne y hueso de mis huesos…; por eso dejará el hombre a su madre y su padre y se unirá a su esposa" (Gn 2:23-24). Todos somos esa Amante (varón o mujer) a quien el Amado ha despertado para que le amemos y vivamos en plenitud. De esa manera, conforme al despliegue del verso, se vincula en su mismo movimiento la revelación del amor / amado (como ciervo), con su *ocultamiento* (adónde te escondiste) y el *deseo de encontrarle* (salí tras ti clamando…).

El Ciervo desaparece y es bueno que así sea, no porque otros lo hagan desaparecer, sino porque de esa forma nos conmueve más, nos llama con más fuerza. Es como si tuviera cosas y tareas que ignoramos, como viviente imprevisible y raudo, al interior de un bosque lleno de oscuridades y luces, de misterios y promesas. Ese

---

Salvador, *Introducción a San Juan de la Cruz. El escritor, los escritos, el sistema*, BAC, Madrid, 1968; *Místico y maestro. San Juan de la Cruz*, EDE, Madrid, 1986. En perspectiva anglicana, cf. C. P. Thompson, *San Juan de la Cruz. El poeta y el místico*, Swan, Escorial, 1985. En línea protestante, cf. J. C. Nieto, *Místico, poeta, rebelde, santo. En torno a S. Juan de la Cruz*. México-Madrid, 1982. En perspectiva católica, cf. E. Pacho, *San Juan de la Cruz y sus escritos*, Cristiandad, Madrid, 1969; M. Ofilada, *San Juan de la Cruz. El sentido experiencial del conocimiento de Dios*, Monte Carmelo, Burgos, 2003.

amor no es capricho fácil, que se consigue a la primera, un juguete con el que nos divertimos un momento y luego lo dejamos, para buscar otros juguetes, sino que es la tarea de la vida, y si queremos conseguirlo debemos dejar otras cosas y buscarlo. Este amor es por esencia fugitivo, le gusta esconderse, como los amantes se esconden (y parecen huir) para ser así mejor buscados.[7]

CE 2. Allá por las majadas al otero

Pastores, los que fuerdes allá por las majadas al otero,
si por ventura vierdes aquel que yo más quiero, decidle que adolezco,
peno y muero.

Esta Amante pastora, que en el Cantar formaba parte de un modo pastoril (de fondo bucólico griego), comienza revelando su amor a los pastores, pidiéndoles ayuda. Del amor del Amado ha nacido la Amante, y, para encontrarle y conocerle, ella comienza pidiendo ayuda a los "pastores" que van de las majadas al otero…

– *Había en tiempos de Juan de la Cruz pastores bucólicos,* cumpliendo una función literaria, desde los clásicos grecolatinos (Teócrito, Virgilio), con la poesía toscana o castellana del XV-XVI, hasta *Don Quijote,* caballero de justicia y pastor enamorado. Con amigas y zagales, en la limpia campiña, estos pastores representan una protesta frente a la cultura urbana. Pues bien, si se quedara a gemir entre ellos, nuestra Amante vendría a colocarse y colocarnos en un mundo utópico antiguo, fuera de las ciudades, donde la vida se complica en relaciones de poder o de apariencia, pero sin poder iniciar un verdadero camino de amor.[8]

7. La tradición religiosa y profana suele hablar de un amor de Cordero amoroso y de Bodas del Cordero (cf. Ap 19:7; 21:9). Sin embargo, asumiendo una imagen de los Salmos, que aparecerá en CE 12-13 (cf. Sal 42:1: "como busca la cierva corrientes de agua…") y en el mismo Cantar (cf. 2:8-17), este verso habla más bien de un Ciervo Amado, extraño, que corre en libertad sobre los montes, rápido y hermoso, deslumbrante de misterio, que salta y se escapa ante el primer golpe de voz, ante el primer movimiento. Un ciervo, lo más frágil, que no puede ser domado, como ovejas y cabras, que sale veloz y entra en el bosque, sin dejarnos más que la visión fugaz de su paso en espesura.

8. Algunos pensadores como Heidegger toman a los sabios como *pastores del Ser,* que no deben ocuparse de las cosas/entes vulgares de este mundo, sino de la presencia sagrada que está al fondo de todo lo que existe. Pero hay grandes diferencias. Heidegger supone que los hombres más profundos son pastores que guardan el Ser entre las cosas,

– *Pastores ministros de Iglesia.* La experiencia cristiana ha recogido la tradición israelita del Mesías pastor como David, elaborando en esa línea una fuerte visión de Iglesia, donde los pastores (papa, obispos, presbíteros) no guardan el Ser, como el filósofo Heidegger decía, ni despliegan su vida en libertad de amor, como la Amante de CE 28-29 (y el Buen Pastor de Jn 10), sino que custodian y cuidan ovejas que deben ponerse en sus manos, para ser así dirigidas y cuidadas (como parece supone Jn 21, cuando Jesús dice a Pedro por tres veces que guarde a sus ovejas). Pues bien, en contra de eso, el Amado del Cántico no es pastor, sino Ciervo en libertad, y, a su vez, la Amante dejará de ser pastora cuando le encuentre, (¡ya no guardo ganado, ni ya tengo otro oficio…! CE 28).

La Amante pregunta a los pastores (jerarcas de rebaño), pero no queda con ellos, ni siquiera para conversar calmadamente (como en *Don Quijote;* cf. I, 11-13), sino que *les sitúa* sobre un mundo hipotético de afanes y caminos (los que fuerdes...), ante una exigencia irreal (si por ventura vierdes...), ofreciéndoles al fin solo un *encargo* (decidle...). Toda la escena, construida con formas verbales arcaicas (fuerdes, vierdes...), traza la distancia entre la Amante nueva y los pastores antiguos (bucólicos o ministeriales) a quienes no importa el Amado Ciervo, sino las mansas ovejas. Por eso, ella les deja, sin esperar que cumplan y transmitan su encargo al Amado.[9]

La Amante pregunta a los pastores que recorren el camino que va *por las majadas al otero* fuera de los pueblos y ciudades. Ella traza así una primera geografía de amor, que es buena pero insuficiente, pues su ciervo amado va más allá de las majadas al otero, por montes y espesuras, por ínsulas extrañas (cf. CE 14, 37).[10]

---

pero no Amantes, pues el Ser no puede tomarse como Amado (a pesar de Aristóteles, *Metafísica* XII, ôs *eromênos:*). Nuestra Amante no es pastora de un Ser evanescente, sino buscadora apasionada del Amado Dios de Cristo). La Amante supone que Ser es Amar y así supera el nivel de los cuidados pastoriles, como dirá en CE 28: "Ya no guardo ganado..., que ya solo en amor es mi ejercicio".

9. Desde el momento en que inicia su ejercicio de amor, la Amante no es pastora que guarda ganado, sino amiga enamorada que busca a su "ciervo" Amado. La tradición bíblica hablaba de pastores que abandonan o maltratan el rebaño (cf. Ez 34, 1 Henoc 82-90; Jn 10). Nuestra pastora es, en cambio, pastora de amor enamorada.

10. Los pastores *metafísicos* del Ser (tipo Heidegger) no se arriesgan ante el fuerte amor, como quiere nuestra *Amante.* Tampoco los *jerarcas pastorales,* que se mueven entre majadas y oteros, pueden responder a las preguntas de la amante, ni amar a campo libre,

CE 3-4. Buscando mis amores... Bosques y espesuras

Buscando mis amores iré por esos montes y riberas;
ni cogeré las flores, ni temeré las fieras y pasaré los fuertes y fronteras
(CE 3)

Así se compromete a salir de los límites estrechos de una geografía de rebaño de pastores (entre majadas y oteros), sabiendo que más allá de esas fronteras hay mundos de amor, nuevos montes y riberas, una geografía de totalidad ilimitada, que se define por lo alto (montañas) y lo bajo (riberas). La tierra entera es camino de amor, por el que, superando todos sus miedos ha de avanzar el alma enamorada sin parar hacia el Amado, como el Hijo del Hombre que no tiene ni una piedra donde reclinar su cabeza, pues solo la puede reclinar en el Amado (Mt 8:20).

No va por caminos trillados de romeros, peregrinos o palmeros (hacia Roma, Compostela o Jerusalén). No busca en lo buscado, sino más allá de lo que puede hallarse sobre el mundo. El orbe entero, con sus montes y riberas, se vuelve para ella signo y dirección de Amado, sin pararse en ningún lugar, sin conquistar ningún reinado, pues en línea de Amor todos los montes y ríos son suyos, siendo del Amado (cf. CE 14).[11]

– *El camino de búsqueda se vuelve tentación de flores,* con sirenas (cf. CE 21) que cantan, que atraen, nos llaman, diciendo que paremos, que dejemos por un rato nuestra marcha, que esperemos, descansemos, respiremos. Quien quiere amor sabe que debe renunciar a todo lo que no sea amor. "Y así, es como si dijera: no pondré mi corazón en las riquezas y bienes que ofrece el mundo, ni admitiré los contentamientos y deleites de mi carne, ni repararé en los gustos y consuelos de mi espíritu" (CE 3,5). Así pidió

---

como el Ciervo Amado. Es claro que SJC no rechaza a los jerarcas eclesiales o sociales; pero le parecen secundarios, pues su Amado ciervo, no habita entre ellos.

11. No hay monte elevado que pueda detenerle en su búsqueda del Amado. Ningún lugar del mundo es su morada; en ninguno parará, pero en todos puede y debe ir haciendo camino, tras las huellas del Amado. La Amante abandona así sendas trilladas y pisadas de pastores con rebaños, para recorrer a solas su universo bello y grande, de alturas y abismos, con su encanto no hollado de amor. No lo hace para lograr fama o dinero, como navegantes y conquistadores, soldados de Italia o Flandes o ricos comerciantes de mercados, sino como Amante en busca de Amado.

Jesús al hombre rico, al que miró con amor y le dijo: "Vende todo lo que tienes, dáselo a los pobres, ven y sigue" (Mc 10:21).

- *Por el contrario, las fieras* reflejan el miedo de aquello que destruye al ser humano, son los grandes peligros, la dureza de los desiertos (selvas, éremos) terribles. Ellas despiertan el miedo ancestral de los hombres y mujeres, atemorizados por una batería de poderes y terrores cósmicos de tipo físico y simbólico (bestias exteriores e interiores). Pero el amor *amansará las fieras,* como se dice de Orfeo y como ha proclamado Isaías cuando afirma que pacerán juntos el oso y el cabrito Este motivo volverá en CE 16 (raposas) y CE 20 (leones), con un sentido diferente.[12]

- *Los fuertes* son castillos y fortalezas militares. En ese sentido se emplea todavía esa palabra en diversos lugares España y América. Ellos nos sitúan en un plano militar y evocan la amenaza de los enemigos, contra quienes debemos defendernos.

- *Las fronteras* dividen a los pueblos y separan a los hombres, siempre en guerra, y así se entendían, sobre todo en tiempos de Juan de la Cruz en sentido armado. Eran fronteras militares, defendidas por murallas (grandes muros), custodiadas por soldados. Eran lugar de *enfrentamiento* entre ejércitos y pueblos, como signo de una humanidad que se divide entre grupos de combate.[13]

¡Oh bosques y espesuras, plantadas por la mano del Amado!
¡Oh prado de verduras de flores esmaltado! Decid si por vosotros
ha pasado (CE 4).

El amor le ha dado ojos para mirar y admirar, descubriendo las huellas de Dios (su Amado) en todo lo que mira (bosques-espesuras-flores). Por vez primera, ella puede hacerlo, mirando y viendo todo sin más interés que el del Amado, en perspectiva de gozo y belleza.

---

12. Entre la fascinación de las flores y el pavor de las fieras se mueve gran parte de la historia. Pero la Amante no quiere pequeños amoríos, ni se detiene ante los miedos más grandes, pues solo le importa y le sacia el Amado. Ese es su objetivo, ese es su itinerario, sin pararse en breves fascinaciones (flores) ni detenerse por miedos (fieras), superando temores y atracciones inmediatas. Más que a las fieras teme quizá a *las flores,* que son el signo de la finitud hermosa y placentera. ¿Por qué seguir buscando aquello que parece inasequible, si en el entretiempo perdemos los pequeños goces de la tierra?

13. Al decir que pasará fuertes y fronteras, SJC está afirmando que el amor vence a la guerra, y supera todo enfrentamiento de religiones, estados y razas.

La amante pregunta a la "gran naturaleza", tal como se muestra en los bosques y espesuras, es decir en la naturaleza que ha sido plantada por el Amado. El mundo es para ella casa de Dios, no para quedar allí parado, sino para descubrir y venerar en ella el paso de Dios. Esta es nuevamente la gran *paradoja*. Por un lado, parece que la Amante ya no mira: ha perdido el gusto de las cosas, pues solo le gusta el Amado. Pero, al mismo tiempo (tras decir nada, nada, nada ¡ni esto ni es otro!), ella descubre que los ojos presentidos del Amor en la espesura le han capacitado para ver aquello que antes no veía.

De esa forma, por los caminos ansiados del Ciervo, la Amante recupera el amor y la belleza de todas las cosas existentes, y así mira y dice: oh bosques y espesuras. Antes no había tenido ni tiempo de fijarse en ellas, o pensaba que eran madriguera de las fieras. Ahora se ha fijado, mira y pregunta, pidiendo a las mismas realidades naturales algo que es mayor que todas ellas: una noticia de amor: Decid si por vosotras ha pasado.[14]

Su mundo no es simple lugar de trabajo, ni medio para ganar dinero, sino espacio y camino de amor, pues el mismo Amado que enciende sus deseos ha llenado de belleza los bosques y espesuras que ha plantado (cf. CE 14-15). Nuestra cultura moderna ha buscado a su Dios (¡un ídolo creado por los hombres!) en la ciudad del pensamiento racional, de la producción y el dinero, sin poder así encontrarle. En contra de eso, la Amante de Juan de la Cruz ha vuelto "al alba primera" de la naturaleza, para seguir el camino del Ciervo, en Amor enamorado:

Una parábola moderna habla de dos exploradores que, andando por la selva virgen, encontraron un jardín que parecía cuidado por un hábil jardinero. Le buscaron, pero no le hallaron, por más que utilizaron todos los medios de técnica a su alcance, sacando al fin conclusiones diferentes. Uno afirmó que no había jardinero: las flores brotaban por sí mismas. Otro, en cambio, opinó, que debía existir un jardinero, amigo de flores, aunque no pudiéramos verle con los instrumentos de visión con que contamos. Por más que discutieron, no lograron resolver el tema, pues buscaban al Amado (Dios) allí

14. Juan de la Cruz buscaba al amor a través de la naturaleza. La ciencia moderna busca en la naturaleza bienes de consumo, mensurables, según leyes precisas, que se organizan de un modo matemático y se aplican de modo técnico. La naturaleza ha respondido y sigue respondiendo en esa línea, quedando de esa forma esclavizada por el hombre.

donde, por principio, no puede encontrarse. Pues bien, a diferencia de ellos, nuestra Amante sabía de antemano que el Amado le había mirado, poniéndose en camino y descubriendo así que lo todo lo que existe es señal de su presencia y paso (CE 14).[15]

Oh bosques y espesuras... La amante no empieza llamando a los astros infinitos, ni a las rocas enormes de altura, ni a los mares lejanos, sino a los bosques y espesuras, para decirles si por ellas ha pasado, lugares que están cerca del camino que va de las majadas al otero, pero sin ser propiedad o mansión de pastores, pues ellos no pueden penetrar allí con sus rebaños.[16] La Amante sospecha que más que en los caminos que van de las majadas al otero, el Ciervo Amado se mueve entre los bosques y barrancos de la fraga inexplorable, no para esconderse allí, sino al contrario, para revelarse mejor. De esa forma le busca ahora la Amante, mirando y admirando la belleza que esconde y se despliegan en árboles y ramas, como Juan de la Cruz ha comentado, en una línea espiritual, que no se puede separar de la ecológica:

> *Llama bosques a los elementos que son tierra, agua, aire y fuego... a las cuales aquí llama espesuras por el grande número y mucha diferencia que hay de ellas en cada elemento; en la tierra, innumerables variedades de animales y plantas; en el agua, innumerables diferencias de peces; y en el aire, mucha diversidad de aves; y el elemento del fuego, que concurre con todos para la animación y conservación de ellos (CE 4,2).*

Plantadas por la mano del Amado. Esta inmediata del Amado que ha plantado con su mano bosques y espesuras, donde él mismo salta como Ciervo y así desaparece, para aparecer de nuevo, marcará el resto del *Cántico.* Solo el *amor* permite contemplar la vida y belleza de las cosas. Esta es la experiencia propia de la Amante, a quien el

---

15. Cf *Fenómeno religioso*, Trotta, Madrid 1999, 73-76. A diferencia de esos exploradores, nuestra Amante busca al Ciervo Jardinero, porque está llena de amor. La Amante no distingue a ese nivel entre bosque y jardín, prado y selva, pues todas las "creaturas" forman un continuo de amor, un Todo de vida y movimiento, que el mismo Amado planta y cuida, de forma que ella puede cantar al fin: Mi amado, las montañas, los valles solitarios...".

16. La pregunta de los exploradores que distinguían entre el bosque (que no necesitaría jardinero) y el jardín (que lo necesita), carece de sentido en nuestro caso, pues todo es signo y presencia del Amado.

mismo amor concede ojos para ver y gracia para emocionarse ante las cosas, buscando al amado. Ojos da el amor para admirar e interpretar el mundo, en gesto de belleza y gracia enamorada.

¡Oh prado de verduras, de flores esmaltado! De pronto, la perspectiva cambia: *bosque* era el lugar donde se alzaban los árboles gigantes, selva de sombras, enramada de troncos donde se cierra la mirada y el rastro de los hombres; *prado* es, al contrario, un campo abierto a las familias de yerba y a las flores, como un jardín de transparencia y armonía donde antes guardaba la pastora a los rebaños, sin cuidarse del ciervo esquivo, sin saber que un día sería su Amado. Bosque y prado forman un espacio de totalidad, lo oculto y lo patente, lo cerrado y abierto. Significativamente, poniéndose en camino, la mujer enamorada no se encuentra con las fieras que temía, ni descubre las fronteras militares... Al contrario, ella comienza descubriendo una armonía de bosques y de flores, camino del Amado.

La Amante empezaba diciendo, ¿adónde te escondiste? (CE 1). Ahora siente y dice que el Amado se esconde y manifiesta en todo lo que existe. De esa forma empieza a recorrer el mundo con admiración emocionada, preguntando, ¡decid si por vosotros ha pasado!, de manera que la misma pregunta abre sus ojos y le capacita para seguir preguntando y descubrir lo inesperado, mientras añade: *Decid si por vosotros ha pasado.*

- Pasa por el mundo *el hombre manipulador,* arrollándolo todo. Pasa y no pregunta en amor por el Amado, sino por la producción y renta de dinero. Le interesa el rendimiento: minas de metales, campos de cultivo, espacios de recreo y gozo inmediato, para seguir produciendo y consumiendo (mientras miles de pobres no tienen quizá nada).
- Pasa *el filósofo,* y se interesa por los elementos de la naturaleza, buscando quizá el significado del todo sagrado de la vida, el manantial del que nacemos, la meta a la que luego volveremos. De esa forma pregunta en el fondo por sí mismo: ¿Quién soy en el centro de esta gran inmensidad? Pero no da gracias al Amado (ni le encuentra en su mundo).
- Pues bien, *el hombre enamorado de Juan de la Cruz* no se interesa por la riqueza material en sí, ni quiere conocer en clave filosófica los temas del origen y destino en el gran "todo", sino que busca los ojos del Amado que vino a

despertarle un día. No le inquieta el todo como tal, sino el Amor infinito de Aquel que le ha mirado.[17]

CE 5. Mil gracias derramando pasó por estos sotos

Mil gracias derramando pasó por estos sotos con presura,
y, yéndolos mirando, con sola su figura vestidos los dejó de hermosura.

Este pasaje ofrece rasgos de fábula (los mismos bosques hablan), pero, a diferencia de las fábulas, ofrece una *revelación de Dios por la naturaleza,* en la línea de muchos salmos del A. T., como ratifica el libro de Sabiduría o Rm 1-3. La Biblia sabe que "cielo y tierra proclaman la gloria de Dios" (Sal 19) y que el mismo cosmos actúa así como mensajero de su voz, señal de su misterio. A diferencia de Francisco, Juan de la Cruz no empieza preguntando a los astros del alto (sol, luna y estrellas…), sino a "sotos", lugares bajos de Dios por los que pasan los pastores…

> *Las criaturas son como un rastro del paso de Dios, por el cual se rastrea su grandeza, potencia y sabiduría. Según dice san Pablo, el Hijo de Dios es resplandor de su gloria y figura de su sustancia (Hb 1:3). Es, pues, de saber que con sola esta figura de su Hijo miró Dios todas las cosas, que fue darles el ser natural… El mirarlas mucho buenas (cf. Gn 1:31) era hacerlas mucho buenas en el Verbo, su Hijo (CE 5, 3.4).*

De este *paso de amor* (Dios) por el mundo trata nuestro texto, hablando así de la *creación,* por la que Dios refleja su gloria y hermosura en todo lo creado, de manera que ellas, las creaturas del mundo, son positivas, buenas, amorosas, aunque no sean sin más el Amado en contra de lo que sucede en algunos dualismos extremos, que

---

17. La Amante andariega busca las huellas y signos de su Ciervo en libertad de amor, que corre por los bosques de la primavera, como saben poetas y mitos antiguos y de un modo especial los enamorados. Sin esta experiencia de transformación cósmica no existe amor; sin amor profundo se destruye el mundo, convertido en puro espacio y tiempo de consumo (cf. CE 25). El amor abre nuestros ojos, de manera que podemos mirar y preguntar a la naturaleza. El amor libera nuestros oídos, de manera que seamos capaces de escuchar la voz de las diversas realidades, que nos hablan del paso del Amado.

condenan el mundo como malo. En contra de ellos, Juan de la Cruz interpreta el mundo como *encarnación* y presencia de Dios.[18]

Esta es una ecología de la mirada. Las ovejas, que ella había guardado en su tiempo de pastora, no causaban sobresaltos ni problemas: estaban quietas, domesticadas, dóciles a perros y pastores y podíamos hallarlas siempre que quisiéramos, entre las majadas al otero. Pero ahora, al iniciar su *ejercicio de amor*, alejándose de los caminos trillados del trabajo de la tierra, la Amante ha preguntado a bosques, flores y espesuras, y ellos han podido y querido responderle, recogiendo así la voz del Amado. [19]

El paso del Amado, Dios excelso, presencia de Belleza, por los *sotos* o espacios inferiores, define y establece todo lo que existe, como experiencia primordial de *hermosura*, que solo en amor logra conocerse. La tarea primordial del hombre, el gozo que marca y configura su existencia, consiste en vincularse a la *hermosura del paso del Amado Dios* entre las cosas.

– *Mil gracias derramando*. En el fondo de este verso, parece reflejarse el signo del sol-fuego que expande sin cesar sus rayos, como fuente de vida que mana y derrama el agua por los campos, de manera desbordada, generosa, estando en todo, siendo, al mismo tiempo, lejana y esquiva. Es como un foco o manadero múltiple de gracia, que es totalmente nuestro, pero se evade y desaparece tan pronto como intentamos poseerle por la fuerza. Es nuestro, todo nuestro, y sin embargo ya no está si queremos agarrarle.[20]

– *Pasó por estos sotos con presura*. El Amado va cruzando y derramando gracia, porque ser es crear en amor, como saben los que aman.

18. El mundo es presencia del Amado (Dios), pues los hombres no han sido criados para servir y someterse a Dios, como han dicho algunos moralistas ilustrados, sino para acoger y gozar su belleza enamorada en todas las cosas (bosques, prados…; cf. Jn 1:1-3).

19. Bosques y praderas han escuchado a la Amante y le responden. No hablan de ovejas que pastan en rebaños, sino del Ciervo de Amor que pasa y penetra en la espesura, sin que podamos aferrarle o encerrarles en los cortijos o majadas que vamos construyendo. Para la Amante enamorada, el mundo entero habla del Ciervo de amor, que aparece ante ella como fuente de todas las palabras, manantial de creación (Jn 1:1-14, cf. Col 1:15), multiforme Amor, Amado.

20. El Dios Amado de SJC no es una simple efusión de bondad impersonal, sino Alguien a quien queremos amar, una persona, que desea ser buscada y que así se va y se oculta cuando pensamos haberla poseído, de manera que debemos dejar todo y salir a buscarle, hasta que él quiera respondernos.

De esa forma actúa Dios: Lo hace todo, pero no se impone sobre nada, ni exige cosa alguna. De esa forma "es", haciendo que las cosas sean. Lo enriquece todo, pero nada se reserva; todo lo puede, de nada se apodera. Por eso va pasando raudo, abriendo sendas con su propia vida.

> *Pasar por los sotos es criar los elementos, que aquí llama sotos; por los cuales dice que derramando mil gracias pasaba, porque de todas las criaturas los adornaba que son graciosas... Y dice que este paso fue con presura, porque las criaturas son las obras menores de Dios –que las hizo como de paso–, porque las mayores... eran las de la Encarnación del Verbo y misterios de la fe cristiana... (CE 5, 3).*

El Amado es Pascua, paso y presencia de amor, como ciervo que aparece y lo ilumina todo con su rayo y después desaparece, a fin de que podamos buscarle mejor, de manera que buscándole seamos, pues si no pudiéramos hacerlo moriríamos. Más tarde, cuando la Amante vaya encontrando al Amado (al final del itinerario), el tiempo podrá retardarse, de modo que la presura del paso se vuelva eternidad y la rapidez se vuelva calma amorosa, como evoca otro poema: "Quedéme y olvidéme /el rostro recliné sobre el Amado; / cesó todo y dejéme /dejando mi cuidado / entre las azucenas olvidado" (*Noche* 8).[21]

– *Y, yéndolos mirando, con sola su figura.* Todo lo que existe es mirada de Amado, de forma que la misma hermosura de montes y prados es reflejo de sus ojos que nos miran, haciendo así que todo sea hermoso y todo bueno porque *miró Dios y descubrió que las cosas eran buenas,* haciéndolas buenas, como dice Juan de la Cruz (CE 5,4; cr. Gn 1:31). El Amado miró y con sus ojos fue llenando todo de hermosura, para que pudiéramos ser al responderle también con nuestros ojos.[22]

---

21. Este paso parece estar marcado por la prisa, es decir, por el deseo de que Dios se encarne del todo. Pero esa prisa no es signo de la imperfección del mundo (y mucho menos de Dios), sino expresión de nuestra propia imperfección en el amor, pues no hemos penetrado todavía en las "subidas cavernas" de su misterio (cf. CE 37). De esa forma, aquello que pudiera parecer impotencia (el Amado se va tan de prisa que parece que jamás le alcanzaremos) se vuelve estímulo, aguijón que nos impulsa para seguirle raudos en la marcha hacia su amor, en inquietud amorosa.

22. En este momento, el Amado es ante todo una mirada que nos saca de la oscuridad para que existamos, una conversación de ojos que nos provoca y eleva, tras despertarnos cuando estábamos dormidos, un brillo de Pasión que nos alza, nos enciende y nos

– *Con sola su figura*. Los científicos del siglo XVII y XVIII decían que Dios era matemático, pues todo lo había construido con números, leyes y signos de geometría (o álgebra). Juan de la Cruz ha penetrado en un nivel más hondo pues sabe que Dios no ha creado las cosas con leyes de ciencia, sino con la luz de su mirada. La realidad menos perfecta, de tipo material, puede empezar a medirse con leyes sobre átomos y fuerzas que están ante nosotros, pero la misma física sabe que la realidad más honda es luz, un cruce misterioso de miradas.

La mirada posesiva viola, desnuda y destruye al mirado. Al contrario, la mirada gratuita del Amado viste de gracia y enriquece a quienes mira.[23] Conforme a Gn 3, los hombres caídos se vieron desnudos, tuvieron vergüenza y debieron vestirse con ropas externas (de fibra de higuera). El deseo posesivo nos desnuda de manera que debemos revestirnos de materia opaca (ropas), pues no somos ya capaces de vivir en un espacio de miradas transparentes. Pero aquí se ha invertido ese proceso de recubrimiento, porque el amor, cuando es profundo y verdadero, no tiene ya necesidad de trajes exteriores, pues viste y reviste de hermosura a personas y a cosas.[24]

CE 12-13. Oh cristalina fuente... Apártalos amado

> *¡Oh cristalina fuente, si en esos tus semblantes plateados*
> *formases de repente los ojos deseados que tengo en mis*
> *entrañas dibujados! (CE 12)*

La Amante mira a las aguas (se mira en las aguas...) y habla consigo misma, deseando descubrir en ellas al Amado, para lanzarse a su encuentro en la fuente, en una especie de salto de fe que alguien pudiera llamar "desesperada", pero que está llena de esperanza. Pues bien, cuando ya lo está haciéndolo y se lanza (está lanzándose) a la

---

pacífica, haciéndonos capaces de emprender la marcha hacia la verdad de nuestra vida, que es vida en-amorada (en el amor que es Dios).

23. Los ojos no son para mirar cosas sin más, sino para mirarse unos a otros y descubrirse en amor.

24. El bosque y la pradera se convierten de esa forma en lugar para el encuentro, lugar donde el Amado se irá mostrando en gratuidad abierta a la hermosura (cf. CE 11). En un determinado nivel, Dios ha hecho el mundo para que los hombres *trabajen* en sus cosas y así puedan construir su vida. Lo ha creado para que *piensen*, resuelvan los problemas que ese mismo mundo les plantea y de esa forma se piensen a sí mismos... Pero todo eso acaba siendo al fin subordinado. Dios ha creado este mundo para que así contemplemos su belleza, viviendo de esa forma en ella.

fuente, una voz le dirá que el Amado no está allí (en las aguas), sino que viene de otra forma, desde el alto del otero.[25]

De ese modo, su mismo pensamiento silencioso se convierte en voz potente de llamada y esperanza, sin imposición ni exigencia de ninguna especie, con riesgo de muerte al lanzarse en el agua. Es como si todo el despliegue de la vida se parara ante la fuente, en el momento en que la Amante ya no puede decir más, tras haber gritado, allí donde renuncia a la palabra directa de exigencia y solo puede presentar ante el Amado su deseo reverente (¡si formases...!), que alcanza así, entonces, su máxima potencia en el momento en que se lanza en los brazos del agua de su Amado.[26]

Oh cristalina fuente... Con admiración (¡oh!) y fuerte deseo, en optativo indirecto (¡si formases...!), la Amante formula un deseo (esperanza) que le sobrepasa y le lleva, más allá de lo que tiene y sabe, a la fuente del Amado, al manantial de la inmensidad de Dios, conocimiento supremo, que se descubre por experiencia interior, no por razones. De esa forma su oración llega al corazón del Ciervo amoroso, al espacio del encuentro y desposorio, como sabe la tradición israelita (pozos de matrimonio) y la griega (ninfas de las fuentes).

Esta fuente es manantial de Dios (*fonte* que mana y corre, aunque es de noche) y venero de *amor,* donde la Amante busca en salto de fe al Amado: Es *cristalina*, de Cristo (= cristal), para que Amante y Amado se vuelvan transparentes; agua *pura*, antes de todos los argumentos y juicios racionales. vida *interior* de nuestra vida, hondura sanante de Dios, más allá de todas las razones y argumentos conceptuales.

---

25. Estas palabras nos sitúan ante la experiencia radical del "salto de fe", de eso que B. Pascal (1623-1642) presentará medio siglo después al hablar de la *apuesta por Dios,* como argumento central de su teodicea (*Pensamientos* III, §233), entre elegir el vacío de la vida sin amor o lanzarse en brazos del amor. La canción siguiente (CE 13) nos mostrará que el Amado viene porque él mismo quiere (lo decide), y no porque la Amante haya llamado lanzándose al agua; pero ese "lanzamiento" (esa apuesta de amor de la Amante) forma parte de la venida de Dios, a través de un gran salto, entendido como *vuelo* (¡apártalos Amado, que voy de vuelo). Así sucede también en el amor interhumano.

26. El signo de la fuente nos sitúa en el centro del proceso de la génesis humana, allí donde mirando dentro de sí misma la persona descubre su intimidad fuera de sí misma (en el Amado). Desbordando una visión puramente cósmica o pastoril, filosófica o psicológica, SJC nos habla del Amado Dios (del Señor Jesucristo) como "fonte que mana y corre" en el principio de todo lo que existe, como he puesto de relieve en: *Trinidad,* Sígueme, Salamanca, 2013, 482-514.

– *La fuente está dentro de la Amante,* como sabe una tradición espiritual, que ha explorado desde antiguo el manadero o abismo de vida, el misterio de Dios que habita y fluye al interior del hombre. Por eso, esta canción seguirá diciendo que los ojos del Amado se dibujan en las entrañas de la Amante, que son su corazón y su matriz, y en esa línea podemos afirmar que los ojos de Dios nos miran desde nuestros propios ojos interiores.

– *Pero la misma fuente-espejo es exterior,* pues nos conduce al otro lado de nuestro propio ser, allí donde la amante descubre y abraza en persona al Amado, cuyos ojos se dibujan en los espejos del agua. La amante de este canto no se busca ni ama a sí misma, como el Narciso del mito, que busca su rostro en las aguas, para ahogarse allí por siempre, sino que busca y ama al Otro (al Amado), porque ser es encontrarse uno a sí mismo fuera de sí mismo, en comunión de amor.

> *Apártalos, Amado, que voy de vuelo... Vuélvete, paloma,*
> *que el ciervo vulnerado por el otero asoma al aire de tu vuelo,*
> *y fresco toma (CE 13).*

Apártalos, Amado, que voy de vuelo... Así dice la Amante al Amado (que aparte sus ojos), pero queriendo decirle, al mismo tiempo, que la mire y acoja, la acune y abrace, es decir, que no se aparte (cf. CE 13, 5).

El amor es ruptura, olvido del pasado, riesgo en el futuro. Quien solo busque seguridad, quien quiera hallarse siempre resguardado en sus riquezas, no aprenderá a querer jamás. Así debemos recordar la *apuesta* creyente (apostar por Dios y el amor, sobre las razones puramente humanas, como decía Pascal), precisando que se trata de una *entrega* amorosa de fe, pues todo amor es fe en el otro, confianza en aquel a quien amo (que me ama). En esa línea, esta es una apuesta y decisión de amor, un "vuelo" en el misterio de Dios: salir de sí, arrojarse al Agua-Manante del Amado, desnudo, sin más seguridades que la propia entrega, sabiendo que amor y ser se identifican y que la vida nace de la entrega ilusionada.[27]

---

27. El vuelo místico es un fenómeno bien conocido en la historia de las religiones, desde el chamanismo hasta los grandes videntes de las religiones "establecidas", como puso de relieve M. Elíade en *El chamanismo y las técnicas arcaicas del éxtasis,* FCE, México,

Que el ciervo vulnerado por el otero asoma al aire de tu vuelo... En un primer momento parece que la revelación del Ciervo invierte el simbolismo del Cordero Victorioso de Sion, con sus 144 000 soldados triunfales de las guerras de Dios (cf. Ap 14:1-6), pues el Ciervo de Juan de la Cruz no es Carnero de combate, sino que lucha y vence sin matar, dejando simplemente que le quieran (o le maten), pues viene vulnerado. Por eso aparece y se dibuja con toda nitidez sobre el otero o altura de Dios, que domina la llanura, cuando el sol lo enciende todo con su fuego al esconderse.

Asoma a la caída de la tarde, vestido de luz, sin soldados, ni arreos militares, herido de amor, para entregarse a su Paloma voladora, buscando el refrigerio de frescura de sus alas en la cálida tarde. Esta es la *paradoja.* (a) Por un lado, la Amante sale de sí y se lanza en vuelo, en inmersión total de amor, en el agua del Amado, en la hondura de su Fuente. (b) Por otro lado, el mismo Amado busca descanso en el amor y en la frescura de las aguas de su Amante.

CE 14-15. Mi amado las montañas

> *Mi Amado las montañas, los valles solitarios nemorosos,*
> *las ínsulas extrañas, los ríos sonorosos, el silbo de los aires*
> *amorosos (CE 14).*

El Papa Francisco habla de la ecología "enamorada" de Juan de la Cruz, destacando unas palabras centrales de su comentario: «Las montañas tienen alturas, son abundantes, anchas, y hermosas, o graciosas, floridas y olorosas. Estas montañas es mi Amado para mí. Los valles solitarios son quietos, amenos, frescos, umbrosos, de dulces aguas llenos, y en la variedad de sus arboledas y en el suave canto de aves hacen gran recreación y deleite al sentido, dan refrigerio y descanso en su soledad y silencio. Estos valles es mi Amado para mí» (CE XIV-XV, 6-7).

San Francisco de Asís había cantado, una por una, las grandes criaturas como *hermanas* (sol y luna, estrellas y elementos: tierra y

---

2009 y en *Tratado de historia de las religiones. Morfología y dialéctica de lo sagrado,* Cristiandad, Madrid, 2009. SJC toma y transforma esta imagen, pasando de la Amante que vuela queriendo llegar al Amado, al gesto del Amado que viene desde el otero a su encuentro.

agua, fuego y aire...). Más que hermanas, ellas son para san Juan de la Cruz realidad y presencia del Amado. No hay ecología sin enamoramiento de vida, que se expresa en forma de amor hacia los otros.

> *Dice la esposa que todas estas cosas (montañas, valles...) es su Amado en sí y lo es para ella, porque en lo que Dios suele comunicar en semejantes excesos, siente el alma y conoce la verdad de aquel dicho que dijo san Francisco, es a saber: ¡Dios mío y todas las cosas!*

La ecología es un tema político y económico, científico y social, pero es sobre todo fondo un tema de enamoramiento. Solo por amor se respeta, se admira y se cuida el mundo, para gloria de Dios, para bien de los demás seres humanos. El mundo es, según eso, un don que se da y comparte gratuitamente, sabiendo que cuanto más doy y comparto más tengo, pues las cosas solo se disfrutan cuando se regalan y comparten. Los cinco elementos aquí cantados (montes, valles, islas, ríos, silbido del aire) no son referencia al Amado, sino el mismo Amado, que es montes y valles...

– *Elección de elementos*. San Francisco había sido más tradicional, citando, con el sol, luna y estrellas, las cuatro esencias o elementos básicos: tierra y agua, aire y fuego. Juan de la Cruz ha prescindido de los astros y del fuego (que aparece solo en CE 39) y ha destacado algunos rasgos importantes de tierra, agua y aire, construyendo un universo simbólico de gran densidad que contrapone montes y valles, islas y ríos, para insistir finalmente en el silbo del viento, que volveremos a escuchar en CE 39. Pues bien, ese universo simbólico "es" Dios, no un simple camino que lleva a Dios.

– *Naturaleza, Dios en amor*. Aquí no hay ciudades ni plazas, no hay estados políticos ni pueblos. En un momento anterior (CE 3), Juan de la Cruz había aludido a los fuertes y fronteras, dejando abierta la amenaza de las divisiones y luchas sociales, la lucha de unos hombres contra otros. Es como si todas las restantes cosas hubieran quedado superadas y solo contara el amor universal que vincula todo lo que existe, un amor que es Dios, unas realidades (montes, ríos…) que son Dios para los hombres. Ahora, al ver/admirar el mundo está viendo a Dios, pues como decía san

Agustín: *Ves la Trinidad si ves la caridad* (Vides Trinitatem si caritatem vides, *De Trinitate*, VIII, 8,12).

– *Un silbo de amor.* Todas las criaturas culminan en el aire hecho llamada de amor. En esa línea (adaptando un famoso título de K. Rahner, "Oyente de la palabra"), definimos al hombre como aquel que puede *escuchar y acoger el silbo amoroso* de Dios. Pastores, ganados guardianes se comunican muchas veces por silbidos que solo ellos entienden. También los enamorados en la noche silban y así se reconocen, de un modo personal, enviando sus mensajes. Pero solo los enamorados de Dios escuchan el silbo de Dios (su llamada) en la voz del viento.

La amante había dicho *descubre tu hermosura* (CE 11) y el Amado, apareciendo como *ciervo vulnerado* en el otero, ha respondido, (CE 13). De esa forma, la amante recupera en el Amado todas las cosas, transfiguradas en amor, en un canto cósmico que vincula (identifica mundo y Dios). Hasta ahora, el mundo había ofrecido diversos perfiles de majadas y oteros (CE 2), montes y riberas (CE 3), bosques y espesuras (CE 4) donde podían rastrearse las huellas del Amado (CE 5). Pero ahora, el Amado/Dios se revela como mundo (CE 14).[28]

San Francisco había cantado, una por una a las criaturas como *hermanas* (sol y luna, estrellas y elementos: tierra y agua, fuego y aire...). Más que hermanas, ellas son para Juan de la Cruz expansiones y presencia del Amado. No las separa, diciendo "amada montaña, amados valles", sino que las une y vincula con el único Amado, pues Dios se identifica con ellas, un Dios que no es ya padre ni madre, ni siquiera creador, sino, sencillamente Amado (divino, humano), en cada una de las cosas:

> *Dice la esposa que todas estas cosas (montañas, valles...) es su Amado en sí y lo es para ella, porque en lo que Dios suele comunicar en semejantes excesos, siente el alma y conoce la verdad de aquel dicho que dijo san Francisco, es a saber: ¡Dios mío y todas las cosas! De donde, por ser Dios todas las cosas al alma y el bien de todas ellas, se declara la comunicación de este exceso por la semejanza de la bondad de las cosas... Que, por cuanto en este caso se une el alma con Dios, siente ser todas las cosas Dios, según lo sintió san Juan, cuando dijo:*

28. Juan de la Cruz cita a Francisco, asumiendo el espíritu y fuerza de su *Canto de las criaturas.*

Lo que fue hecho en Él era vida. Y así no se ha de entender que lo que aquí se dice que siente el alma es como ver las cosas en la Luz o las criaturas en Dios, sino que en aquella posesión siente serle todas las cosas Dios (Jn 1:4. Juan de la Cruz CE, 14, 5).

Juan de la Cruz sabe que las cosas no son Dios (ni un amado humano) y pocos han destacado como él la fragilidad y finitud del mundo. Pero, en otro sentido, vinculándose al Amado, él sabe o, mejor dicho, siente *que todas son Dios para él,* siendo el Amado. En el ámbito del conocimiento racional, ellas son diferentes del amado, en dura objetividad. Pero en contemplación de amor son hermanas, son el mismo Amado. Solo quien ama descubre y sabe que, desbordando argumentos y razones, todas las cosas son Amado, pues en él existen y se hacen presentes (cf. Jn 1:1-5; Col 1:15-18).[29]

Mi Amado, las montañas. Ellas son lo primero: altura de Dios que se desvela sobre la fuente de amor, cuando el Amado "asoma por el otero" de su vida hecha belleza que se expande de manera generosa, imponente y cercana.

> *Las montañas tienen alturas, son abundantes, anchas, hermosas, graciosas, floridas y olorosas. Esas montañas es mi Amado para mí (CE 14-15, 6).*

Los valles solitarios nemorosos. El mismo monte es valle solitario por el que discurre el agua de la fuente fresca, plenitud de enamorados, espacio nemoroso, bosque sagrado del Dios que en todas las cosas nos ama:

> *Los valles solitarios son quietos, amenos, frescos, umbrosos, de dulces aguas llenos, y en la variedad de sus arboledas y suave canto de aves hacen gran recreación y deleite al sentido, dan refrigerio y descanso en su soledad y silencio. Esos valles es mi Amado para mí (CE 14-15, 7).*

---

29. Muchos contemplativos y amantes, neoplatónicos, cabalistas judíos y renacentistas, sufíses musulmanes o místicos cristianos, han tenido una experiencia parecida, en perspectiva filosófica y/o religiosa. Muchos grandes pensadores de la modernidad, Espinosa y Schelling, Hegel y Nietzsche, parecen haber vislumbrado esa experiencia de la totalidad divina del mundo (aunque en forma menos amorosa). Juan de la Cruz vincula mundo y Amado, en enamoramiento personal y trasfiguración cósmica.

Las ínsulas extrañas. El Amado es lo más alto y lo más bajo, monte y valle. Pues bien, aquí aparece, al mismo tiempo, como el más lejano, sorprendente y distinto, allende los mares. Las ínsulas más raras son Dios para el amante:

> *Las ínsulas extrañas están ceñidas con la mar y allende de los mares, muy apartadas y ajenas de la comunicación de los hombres... Y así por las grandes y admirables novedades y noticias extrañas, alejadas del conocimiento común, que el alma ve en Dios, le llama (a Dios) ínsulas extrañas (CE 14-15, 8).*

Los ríos sonorosos. El Amado que era Fuente plateada es aquí fluir de vida, corriente de agua creadora que discurre con fragor inmenso y poder inasequible (cf. Ez 1:24-25). Corrientes y aguas bravías no son enemigas de Dios (cf. Gn 1:1-2; Sal 46:3-4), sino potencia del Amado:

> *Los ríos tienen tres propiedades: la primera, que todo lo que encuentran embisten y anegan; la segunda, que hinchen todos los bajos y vacíos que hallan delante; la tercera, que tienen tal sonido que todo otro sonido privan y ocupan. Y porque, en esta comunicación de Dios que vamos diciendo, siente el alma en Él estas tres propiedades, dice que su Amado es los ríos sonorosos... voz infinita... (CE 14-15, 9).*

El silbo de los aires amorosos... La voz perene del río, que todo lo arrastra y aturde, voz del Dios fuerte, se vuelve suave silbo amoroso, llamada de vida que invita, en lo más íntimo del alma, susurro de gracia que anima en nosotros la existencia:

> *Llámale silbo porque, así como el silbo, del aire causado, se entra agudamente en el vasillo del oído, así esta sutilísima y delicada inteligencia se entra con admirable sabor y deleite en lo íntimo de la sustancia del alma, que es muy mayor deleite que todos los demás (cf. CE 14-15, 14).*

Los grandes fenómenos (montes y valles, ínsulas y ríos) desembocan y culminan en este silbido de amor en la hondura de Dios (cf. 1 R 19:11-13). Pero ahora este silbido no se opone a los signos anteriores (huracán, terremoto, fuego), que Elías había sentido sin ver allí a Dios, sino que los asume y culmina. La naturaleza entera silba desde Dios en amor. Posiblemente existen otros tipos de enamoramiento, que estrechan y reducen la atención del amante, que queda así achicado, cerrado en el mundo reducido de sus propias visiones. Pero nuestro amor ensancha y amplía la mirada del amante, que ahora puede contemplarlo todo de un modo más hondo, como el primer día de la creación, aprendiendo así a nombrar a Dios en todas las cosas.

San Francisco había sido más tradicional, citando, con el sol, luna y estrellas, las cuatro esencias o elementos básicos: tierra y agua, aire y fuego. Juan de la Cruz ha prescindido de los astros y del fuego (que aparece solo en CE 39) y ha destacado algunos rasgos importantes de tierra, agua y aire, construyendo un universo simbólico de gran densidad que contrapone montes y valles, islas y ríos, para insistir finalmente en el silbo del viento, que volveremos a escuchar en CE 39. Pues bien, ese universo simbólico no es un camino que lleva a Dios, sino el mismo Dios, revelándose en su belleza y misterio.[30]

- *Naturaleza virgen.* Este es un canto a la naturaleza, sin intervención humana. Aquí no hay ciudades ni plazas, no hay estados políticos ni pueblos. En un momento anterior (CE 3), Juan de la Cruz había aludido a los fuertes y fronteras, dejando abierta la amenaza de las divisiones y luchas sociales, la lucha de unos hombres contra otros. Pues bien, aquí han desaparecido esos rasgos de una guerra inter-humana y nos hallamos ante un mundo virgen, abierto solo al amor, sin castillos ni campos militares. Es como si todas las restantes cosas hubieran quedado superadas y solo contara el amor universal que vincula todo lo que existe, un amor que es Dios, unas realidades (montes, ríos…) que son Dios para los hombres.[31]

- *Un silbo de amor.* Todas las criaturas culminan en el aire hecho llamada de amor. En esa línea (adaptando el título de un libro de K. Rahner, "Oyente de la palabra"), definimos al hombre como

30. En un momento anterior (CE 4), SJC había contrapuesto montes y riberas, como signo de totalidad; pero había evocado también otras oposiciones (flores y fieras: lo que atrae y lo que aleja). Aquí evoca la totalidad de elementos también contrapuestos (montañas-valle, ríos-islas), que culminan en el silbo del aire.
31. SJC ha querido llevarnos a la naturaleza primigenia para que encontremos allí a Dios en soledad y en comunión completa con el mundo. Ciertamente, esa contemplación cósmica de Dios resulta inseparable de la justicia de la comunión interhumana y de la experiencia de la cruz, pero este elemento cósmico resulta fundamental.

aquel que puede *escuchar y acoger el silbo amoroso* de Dios. Pastores, ganados y perros guardianes se comunican muchas veces por silbidos que solo ellos entienden. También los enamorados en la noche silban y así se reconocen, de un modo personal, enviando sus mensajes. Pero solo los enamorados de Dios escuchan el silbo de Dios (su llamada) en la voz del viento.[32]

> *La noche sosegada en par de los levantes de la aurora,*
> *la música callada, la soledad sonora, la cena que recrea y enamora (CE 15).*

No hay interrupción entre la estrofa anterior y esta (los textos impresos suelen poner solo una coma), de manera que los nuevos sustantivos (noche y aurora, música, soledad y cena) están en aposición con lo anterior (montañas, valles, ínsulas…), aunque los elementos que antes eran más objetivos en el día se vuelven ahora en la noche *situaciones y experiencias,* en la línea del *silbo de los aires* del final CE 14. De esa manera, esta canción (CE 15) viene a presentarse como un despliegue de los aires amorosos (del Espíritu), como *silbido* que enajena a la Amante, a fin de que vea y viva en la noche, siendo Aliento de Dios para los hombres (CE 15):

La noche sosegada. Hay un día de mundo, lleno de ambiciones, luchas, olvidos, distracciones, como Juan de la Cruz ha destacado en *Subida,* con las dos purificaciones activas (del sentido y del espíritu), y especialmente en *Noche,* centrada en la purificación u oscuridad pasiva de sentido y el espíritu. Por eso, a fin de ser en el Amado, la Amante ha de pasar del día antes descrito (montañas, valles…) a la noche del encuentro total, en el "sueño espiritual, que el alma Amante goza en el pecho del Amado" (CE 14-15, 22), "recibiendo en Dios una abisal y oscura inteligencia divina", de manera que el

---

32. En este contexto ha recordado SJC el carácter *paciente o receptivo* del entendimiento humano, que puede acoger la "inteligencia sustancial" de Dios, como Elías "a la boca de la cueva", cuando escuchó el "silbo de aire delgado" de Dios (1 R 19:12; cf. CE 14, 13). Para SJC, el aire tiene otras funciones, que culminan en el "boca a boca" del beso enamorado (CE 17 y 39), pero aquí aparece como portador del "divino silbo que entra por el oído del alma". El *Cántico* se vuelve así un ejercicio de escucha, en la línea de las revelaciones bíblicas, desde Elifaz que recibió en su oído "las venas de un susurro" divino (Job 4:12-16), hasta Pablo "que oyó palabras secretas que al hombre no es lícito hablar" (2 Cor 12:4).

mismo Dios Amado es para la Amante *noche sosegada* (CE 14-15, 22), como antes se decía que era *montañas y valles* en el día.

En par de los levantes de la aurora. Esta noche, que se abrirá ella misma (sin dejar de ser noche) a la Aurora sin fin de la mañana, se eleva y expande, prometiendo un Día sin sombras ni dolores, Día en la noche de Dios, que es la más oscura, entre dos luces,

> *porque así como la noche en par de los levantes ni del todo es noche,*
> *ni del todo es día, sino, como dicen, entre dos luces, así esta soledad*
> *y sosiego divino, ni con toda claridad es formada de la luz divina, ni*
> *deja de participar algo de ella (CE 14-15, 23).*

La música callada. Es armonía de cielo que, siguiendo una tradición que viene de Pitágoras y los neoplatónicos es música que entonan en la noche las estrellas (un tema recogido, como he dicho ya, por I. Kant al final de la *Crítica de la Razón práctica*). En esa línea, nuestra Amante ha sentido en esa música de estrellas el "silbo de los aires amorosos", el concierto sagrado de los astros, que convierten la noche en melodía:

> *En aquel sosiego y silencio de la noche ya dicha y en aquella noticia*
> *de la luz divina, echa de ver el alma una admirable conveniencia y*
> *disposición de la Sabiduría en las diferencias de todas sus criaturas*
> *y obras, todas ellas y cada una de ellas dotadas con cierta correspon-*
> *dencia a Dios, en que cada una en su manera dé su voz de lo que en*
> *ella es Dios; de suerte que le parece una armonía de música subidí-*
> *sima, que sobrepuja todos los saraos y melodías del mundo. Y llama*
> *a esta música callada, porque… es inteligencia sosegada y quieta,*
> *sin ruido de voces; y así se goza en ella la suavidad de la música y la*
> *quietud del silencio. Y así dice que su Amado es esta música callada,*
> *porque en él conoce y gusta esta armonía de música espiritual (CE*
> *14-15, 25).*[33]

La soledad sonora. El día está lleno de voces y apariciones cambiantes que encubren la Voz y ocultan la Presencia, entre mil voces y

---

33. Montes y valles, ínsulas o ríos parecen apagarse en la noche, y queda el cosmos en su unidad, como música de cielo, sobre las restantes melodías. A la música de las esferas astrales ha dedicado fray Luis de León varios poemas, que he comentado en *Cántico Espiritual*, Paulinas, Madrid 1992, 74-93.

presencias que pueden acabar cegándonos. La noche, en cambio, es soledad sonora de Dios para los que aman, pues cada criatura ofrece en ella su testimonio de Dios:

> *Esta es la soledad sonora... el testimonio que de Dios dan todas las cosas en sí...Y por cuanto el alma recibe esta sonora música con soledad y ajenación de todas las cosas exteriores, la llama la música callada y la soledad sonora la cual dice que es su Amado (cf. CE 14-15, 27).*

El Amado es soledad hecha comunión de Dios, canto de amor en la noche en que todas las cosas van diciendo su verdad, para ser de esa manera transparentes a la vida. La misma vida se vuelve así palabra, testimonio de amor.

La cena que recrea y enamora. La noche y soledad son cena, "recreación, hartura y amor" de los que aman (CE 14-15, 28) y se sacian uno en (y del) otro. En ese contexto ha evocado Juan de la Cruz la promesa: "Yo estoy a la puerta y llamo; si alguno me abriere, entraré yo y cenaré con él y él conmigo" (Ap 3:20; *CE* 14-15 29). Así se comunican y viven los Amantes, siendo cada uno en el otro, como seguirá comentando Juan de la Cruz cuando en varias canciones de la tercera y cuarta parte del Cántico (cf. CE 26, 37). Algunos han querido evocar en este verso el Banquete de iluminación y elevación intelectual de *Platón*. Sin negar esa conexión, en el fondo de esta canción late la cena de amor de los enamorados como eucaristía:

> *El mismo Dios es para el Amante la cena que recrea y enamora, porque en serle largo la recrea, y en serle gracioso la enamora (CE 14-15, 30).*

Dios es Cena, de forma que ellos, Amado y Amante, se alimentan y viven, comunicando lo que son, su aliento de vida, en la noche. Ciervo y Paloma se han juntado, iniciando la fiesta de su vida en compañía y revelando su verdad más honda, en música y soledad de Amantes, siendo el uno cena para el otro.[34]

---

34. Sobre la "cena" en los terapeutas judíos, según Filón he tratado en *Fiesta del pan, fiesta del vino*, Verbo Divino, Estella 2000, 129-139. En ese fondo puede y debe entenderse el discurso del pan de vida de Jn 6.

En serle largo la recrea y en serle gracioso la enamora. De día parece más fácil conocernos, acogiendo la vida del Amado en las montañas y los valles, pero siempre con el riesgo de confundir el amor con voces y experiencias que pueden acabar siendo superficiales. Pues bien, a diferencia de eso, en la noche del amor, el alma se ilumina y abre, acogiendo un nuevo tipo de experiencias, "una admirable conveniencia y disposición de la Sabiduría en las diferencias de todas las creaturas y obras..." (CE 14-15, 25).

Juan de la Cruz sabe que la música del Amado solo puede escucharse en amor, sobre todas las formas de arte, como música en la noche, armonía de las cosas celestes y terrestres condensadas en forma de comunión del Amado y Amante. El amor abre los ojos de la Amante para ver y los oídos de su corazón para escuchar a Dios en la noche, como música callada y soledad sonora, en unión con Amado, de manera que el amor se vuelve conocimiento en oscuridad, cuando callan las voces anteriores y vienen a elevarse y se descubren las luces de la vida, en cena que recrea y enamora. El mismo Dios se vuelve así Palabra y Comunión de amor, de modo que la Amante *da su voz de lo que en ella es Dios* (CE 14-15,25):

> *(Ella)... ve que cada una (de las creaturas) en su manera engrandece a Dios, teniendo en sí a Dios según su capacidad; y así, todas estas voces (de las creaturas) hacen una voz de música de grandeza de Dios y sabiduría y ciencia admirable... Y por cuanto el alma recibe esta sonora música, no sin soledad y enajenación de todas las cosas exteriores la llama música callada y soledad sonora, la cual dice que es su Amado (CE 14-15,27).*

CE 26. En la interior bodega

> *En la interior bodega de mi Amado bebí, y cuando salía*
> *por toda aquesta vega ya cosa no sabía y el ganado perdí que antes seguía.*

Esta canción ofrece una nueva versión del amor, pasando de las montes y valles, con el "tálamo florido" a la bodega interior, en un crescendo de intimidad. Tras un intenso camino, llega la declaración culminante de la Esposa, que puede ya evocar, con lenguaje apasionado, la intimidad de su boda como bebida de amor (CE 26). Entre los dones pasajeros (iniciales) de la marcha anterior había estado el "adobado vino" (CE 25), para mantener la fuerza de las jóvenes mientras caminaban. Pero la Amante, convertida ya en Esposa, no se contenta ya con unos pocos sorbos "al camino", sino que ha querido saborear, a su placer, la entera bodega del Amado.

Allí ha bebido la Amante, y así sale "por toda aquesta vega", para decir lo que ha sentido y recibido en la experiencia de su amor, como olvido del pasado y nuevo nacimiento. De esa forma, pasado ya el clímax ascendente, que ha llevado del huerto al lecho florido, puede y debe escucharse la palabra de la Esposa, que sale de la alcoba y cuenta su experiencia, en la noche de bodas, diciendo públicamente "de mi amado bebí". De esa forma recupera, en su memoria y proclama con su voz, tras la noche de bodega, el misterio del tálamo, ofreciendo el testimonio de su amor, como embriaguez, olvido y nuevo nacimiento.

El encuentro de noche en la bodega se convierte en forma de testimonio público de amor, de muerte y vida nueva (cf. CE 29). Nadie puede organizar o imponer su amor sobre la amada, ni los pastores, ni otro tipo de posibles compañeros, pues el amado le ha dado independencia plena. Ha olvidado todo lo anterior, ha perdido el ganado que seguía (¡antes le llevaban los mismos animales!), y así puede caminar ya renacida por "toda aquesta vega", sin otra ocupación ni ejercicio que el amor, como dirá más tarde (CE 28).

El tema es claramente bíblico (cf. Ct 1:3), y Juan de la Cruz lo ha dejado en toda su bella desnudez, sin adornarlo con la referencia al amor de "caridad", como interpreta que introduce la Vulgata (*ordinavit in me caritatem, ordenó en mí la caridad*, Ct 2:4 Vulg; cf. CE 26,7). La bebida se entiende así como expresión del amor completo, embriagante y creador, principio y contenido de su perfección, como irán indicando las canciones siguientes, que forman una unidad, en torno a la bodega y su poder transformador (CE 26-29).

La Amante ha bebido en la bodega del Amado, y en ese contexto utiliza Juan de la Cruz por primeva vez la palabra *interior*, que significa aquí la intimidad plena del cuerpo y alma del Amado con la Amante. Como sabe bien la tradición espiritual y filosófica del tiempo, existe un mundo externo en que los hombres vagan, dispersados, perdidos y extrañados, entre cosas y experiencias que no les corresponden. Pues bien, en un nivel de radicalidad se habla aquí de una vida interior, interpretada como bodega de gozoso y deslumbrante vino, desnudez de amor completo.[35]

Se podrían contar varias bodegas, hasta siete, como las Moradas del Castillo de Santa Teresa, que expone el mismo tema en un plano más "guerrero" de conquista de la fortaleza de Dios. Juan de la Cruz no habla de séptima morada o torre del castillo, sino de la séptima bodega, la más honda, de manera que la Amante bebe de su propio Amado, como dice Jesús: "Quien tenga sed que venga, y que beba el que cree en mí; pues como dice la Escritura "de su seno" (del seno del Mesías) brotarán torrentes de agua viva (Jn 7:37-38).

Y lo que Dios comunica al alma en esta estrecha junta es totalmente indecible y no se puede decir nada, así como del mismo Dios no se puede decir algo…, porque el mismo Dios es el que se le comunica con admirable gloria de transformación de ella en Él, estando ambos en uno, como si dijéramos… la vidriera con el rayo de sol, o el carbón con el fuego (CE 26, 4).[36]

De mi Amado bebí. Los hombres "beben de su Amado" (Dios), como los Amantes se beben entre sí la vida y pensamiento. Ciertamente, han nacido de unos padres (de una madre); ahora renacen de aquellos que les aman y en ellos viven y así se recrean al amarse, bebiendo uno del otro:

Como la bebida se difunde y derrama por todos los miembros y venas del cuerpo, así se difunde esta comunicación de Dios sustancialmente en toda el alma, o, por mejor decir, el alma se transforma en Dios, según la cual transformación bebe el alma de su Dios, según la sustancia de ella y según sus potencias espirituales; porque según el entendimiento bebe sabiduría y ciencia, y según la voluntad bebe amor suavísimo y según la memoria bebe recreación… (CE 26, 5).

35. La Amante dice "en la interior bodega *de mi Amado bebí*", indicando así que el mismo Amado es su *interior*, alma de su alma, lo más hondo de su vida. Se trata de una interioridad compartida, de alma y cuerpo, de manera que no existe un tipo de culminación individual (solo mía, sin ser suya), y espiritualista (alma sin cuerpo). Mi interior y mi verdad es por tanto él mismo, mi Amado. Allí me asiento, de allí viene mi vida.
36. SJC nos lleva así de la morada final (Teresa de Jesús) a la interior Bodega de Jesús, de quien manaba el agua viva y bebían los creyentes (cf. Jn 4:14; 7:37-39). De Jesús brota el vino del amor, de forma que la Amante puede beber no solo de su bodega, sino del mismo Amado Jesús (pues él mismo es la bodega y el vino), en una "junta" radical de amor.

Y cuando salía por toda aquesta vega ya cosa no sabía. El conocimiento del Amor se vuelve olvido del mundo anterior, con sus mentiras e ilusiones, como habían destacado el miro griego, hablando de la embriaguez o manía religiosa y del río Leteo, de aguas frías o fuego, donde los muertos olvidan lo viejo cuando pasan al mundo interior (inferior o superior) de lo divino. Así la Amante olvida, perdona, supera, todo lo que había sido y sabido, no por defecto o vejez (enfermedad), sino por descubrimiento superior de vida:

> *Aquella bebida de altísima sabiduría de Dios que allí bebió le hace olvidar todas las cosas del mundo y le parece al alma que lo que antes sabía y aun lo que sabe todo el mundo, en comparación de aquel saber, es pura ignorancia... (El alma queda así informada de ciencia sobrenatural... ante la cual) todo el saber natural y político del mundo antes es no saber que saber (CE 26, 13).*

Y el ganado perdí que antes seguía. La Amante era pastora, caminante de majadas al otero, siguiendo y guardando su ganado (como si ella misma dependiera del rebaño, teniendo que ir tras él). "Y de este ganado unos tienen más y otros menos..., hasta que, entregándose a beber en esta interior bodega, lo pierden todo, quedando (como *habemos* dicho) hechos todos en amor" (CE 26, 19). Lógicamente, el alma que ha bebido de Dios y se ha embriagado se pierde al mundo viejo, como irán diciendo las próximas canciones. Por eso, cuando sale "por toda aquesta vega" la amante ha perdido su "ganado", y no quiere ni tiene más ganancia que el amor, ignorando y perdonando todo lo restante (CE 27- 29)[37].

> *Está el alma en este puesto en cierta manera como Adán en la inocencia, que no sabía qué cosa era mal, porque está tan inocente que no entiende el mal, ni cosa juzga a mal, y oirá cosas muy malas y las*

---

37. Tanto Platón como Filón (*Vida contemplativa*), habían comparado el conocimiento de Dios a la *embriaguez*. También la *Amante* de SJC ha entrado en la bodega de la ebriedad de amor, quedando fuera de sí, perdiendo su ganado. Como los bebedores que apuestan y pierden su caudal en la bodega, ella lo ha perdido, pero no por juego, flaqueza o negligencia, sino por un Amor más grande, que ha enriquecido su vida. *Antes* seguía y guardaba el ganado, como los pastores (cf. CE 2), entre las majadas y el otero, midiendo, calculando, discurriendo. *Ahora* lo ha perdido, es decir, lo ha dejado, para aquel que quiera tomarlo. Ya no sigue al ganado, sino solo a su amor. Por eso, no anda corriendo, discurriendo, por el mundo, entre las cosas que debe proteger y guardar, producir y defender con sus cuidados. Sabe que ser es amar, y no tiene que hacer otra cosa.

verá con sus ojos y no podrá entender que lo son, porque no tiene en sí hábito de mal por donde juzgar, habiéndole Dios raído los hábitos imperfectos y la ignorancia (...) con el hábito perfecto de la verdadera sabiduría (CE 26, 14).

Y así no entiende el mal, ni cosa juzga a mal. Ciertamente, en un sentido, los amantes conocen el mal, pero en otro más hondo ya no les preocupa, pues "todo en amor en su ejercicio", como el mismo Juan de la Cruz ha escrito en la cumbre del Monte de la perfección: "pues para *el justo* no hay ley, él para sí se es ley". *Justo* es aquí el Amante que ha bebido en la bodega del Amado, que es un río de olvido (como el Leteo del mito de los griegos). Pues bien, el justo-amante de Juan de la Cruz bebe en el río del Amado y, sabiéndolo todo en un sentido, lo superó todo en un sentido más profundo, descubriendo así que todo es bueno, como Jesús dijo a sus discípulos, pidiéndoles que no juzgaran (cf. Mt 7:1), como volvió a decir San Pablo al afirmar que todo contribuye para bien de los creyentes, es decir, de los amantes de Dios (Rm 8:28). Esta es la bebida del Amante:

- *Bebe en la bodega interior de su Amado*, esto es, en su habitación más íntima, allí donde guarda su vino mejor, en lugar fresco, como en las tierras de Castilla, donde se excavaban y se siguen excavando frescas bodegas, para el encuentro de amor ante el vino. Bodeguero es el Amado, y en la parte más oculta, más íntima y guardada de su casa de amor, ha ofrecido a su Amante ya Esposa, una bebida que es "torrente de delicias" (cf. CE 26,1), agua cristalina (cf. CE 12), vino de Amor cumplido.
- *Bebe del mismo Amado,* que es bodega y vino, hecho fuente embriagadora. El vino de esa fuente en la bodega es la misma vida del Amado, como dice el comentario: "Bebe allí el alma de su Amado" (CE 26,9), en comunicación donde los dos comparten experiencia, vida y alma. Esta es la "eucaristía personal", de cuerpo con cuerpo, alma con alma, que los esposos de todos los tiempos conocen y celebran.

Bebe ella porque el Amado le da su vino, y bebe él en ella, haciéndose entrambos fuente de delicia, uno para el otro. Esta es por tanto la "cena que recrea y enamora" (CE 15), siendo cada uno "comunión" en y para el otro, de manera que los dos comulgan mano a mano, y celebran la vida mutuamente, recuperando de esa forma la inocencia originaria:

> *Y lo que Dios comunica al alma en esta estrecha junta totalmente es indecible y no se puede decir nada…, porque el mismo Dios es el que se le comunica con admirable gloria…, estando ambos en uno…* (CE 26, 4).

El amor es una estrecha *junta* (ajuntamiento), siendo ambos amantes y junteros, bebiendo uno en la vida que le ofrece el otro. A partir de esta comunicación, cambian las formas de la vida, de tal forma que la Amante dice que *ya cosa no sabía*, pues ha olvidado lo anterior y ha empezado a conocer algo distinto, descubriendo así que el amor es *nacimiento:* se olvidan los saberes anteriores y la vida se vuelve "inocencia" en el sentido original de paraíso. Sin duda, ella sigue viviendo externamente en el mundo; sale por la vega o parte baja de la tierra y puede dirigirse a los pastores que allí guardan su rebaño. Pero su interés y su verdad, su gozo, están solo en el Amado:

> *Aquella bebida de altísima sabiduría que allí bebió le hace olvidar todas las cosas del mundo y le parece al alma que lo que antes sabía y aun lo que sabe todo el mundo, en comparación de aquel saber, es pura ignorancia… Porque las mismas ciencias naturales y las mismas obras que Dios hace, delante de lo que es saber a Dios, es como no saber (CE 26, 13).*

Esta salida de la Amante (por toda aquesta vega: CE 26) recuerda y ratifica la primera, tras la visión del Ciervo (cf. CE 1), cuando ella dice "salí tras ti clamando". Pero entonces el Ciervo se perdía en el bosque, y ella salía a buscarle. Ahora, en cambio, la Amante sale tras haber compartido su amor, en el lecho y bodega, no para buscarle, sino para decir lo que ha pasado al encontrarle, de manera que afirma: *ya cosa no sabía…* Tras haber reposado a su sabor (cf. CE 22), aprendiendo en (con) él ciencia muy sabrosa (CE 27), ella no puede saber nada de lo antiguo, pues le llena un sabersabor de Amado, que es el no saber supremo.

> *Aquel endiosamiento y levantamiento de mente en Dios en que queda el alma como robada y embebida en amor, toda hecha en Dios, no la deja advertir a cosa alguna del mundo, porque no solo de todas*

las cosas, más aún de sí queda enajenada y aniquilada, como re-
sumida y resuelta en amor, que consiste en pasar de sí al Amado...
(CE 26,14).[38]

CE 28. Ya solo en amor es mi ejercicio

Mi alma se ha empleado y todo mi caudal en su servicio;
ya no guardo ganado ni ya tengo otro oficio, que ya solo en amar es
mi ejercicio.

Del gozo en la bodega, con la unión de los amantes, ha pasado Juan de la Cruz a la *tarea del amor* que se formula como nuevo *empleo de la Amante,* que pone su vida al servicio del Amado, en una canción llena de temas laborales, que condensan el sentido y título de la *Declaración* de las Canciones y de este libro, en la línea del verso final: *que ya solo en amar es mi ejercicio.* Recordemos que la Amante (Juan de la Cruz) está en la cárcel, aplastada por una durísima historia de enfrentamientos religiosos y sociales, por cuestiones de poder y organización eclesial, en un tiempo en que la Iglesia no era un poder más, sino "el poder supremo" de la Corona (con el rey Felipe II) y del Estado (especialmente en Castilla). Pues bien, en ese contexto, proclama Juan de la Cruz su más gozoso, exigente y preciso, manifiesto laboral diciendo: *Ya solo en amar es mi ejercicio.*

Antes podía haber tenido otras tareas u otros fines (laborales, económicos, sociales, personales…). Pero ahora, desde la cárcel donde está encerrado por violencia del conjunto social y religioso, tras haber salido del *ejido* donde los pastores se reúnen y distribuyen trabajos, posesiones y poderes, Juan de la Cruz afirma que su oficio y ejercicio será solo "en amar". No se trata de amar en general, sino de amor al Amado que es Jesús, y en él todos los que se dejan amar y aman. De esa forma nos pone Juan de la Cruz ante una gran inversión laboral.

En ese contexto, Juan de la Cruz no elabora una crítica social de tipo científico (como la que harán los economistas británicos del siglo XVIII), pero propone una crítica acerada del mundo laboral, con

---

38. La Amante conoce por sí misma, *conociendo en y por su Amado,* en quien fundamenta y resuelve su vida. Tan grande es este cambio que, con audacia inmensa, SJC asegura que en esta situación el alma no se puede ya juzgar, ni conocer lo malo, pues el alma verdaderamente enamorada vuelve a la inocencia original, superando los hábitos antiguos de pecado. Este es el *perdón,* verdadero nacimiento, un retorno al paraíso.

una utopía exigente y gozosa de Amor, que sigue siendo plenamente actual, desde la cárcel de Toledo, es decir, desde el reverso de un sistema que acabaría matándole, si no hubiera logrado evadirse. En esa línea, él supera un modelo social de ricos y pobres, señores y oprimidos, formulando un manifiesto de amor desde la base, es decir, desde el reverso de la Gran Historia, que en aquel momento (1578) se centraba de algún modo en Toledo, capital simbólica del Imperio hispano, fundado sobre la expansión militar (conquista, colonización) y el poder del dinero.

En ese contexto ha interpretado Juan de la Cruz la nueva libertad de los amantes que dicen: "Ya no guardo ganado..., que ya solo en amar es mi ejercicio", en clave de liberación económica y social, no para ganar más capital o vivir del trabajo de otros, sino para amar y trabajar al servicio del Amado, esto es (en comunión de amor con los pobres), de sus cosas, en un plano personal, social y religioso.

Para cumplir el ideal de Juan de la Cruz deberían cambiar las estructuras laborales, políticas y eclesiales... No se trataría de tomar el poder y/o imponer el propio sistema económico, para dirigir desde arriba a los demás, como en aquel tiempo proponen los poderes eclesiásticos y políticos, sino de entregar la vida gratuitamente al Amado, como oficio y ejercicio de amor. Ciertamente, Juan de la Cruz supone y sabe por historia familiar y experiencia propia que todos los hombres y mujeres pueden y deben realizar un tipo de trabajo (agricultura, pastoreo, confección de ropa) o de servicios sociales (comercio, cuidados sanitarios...), pues él viene de los oficios laborales más bajos, de enfermero y albañil. Pero, al mismo tiempo, él sabe y dice que todos los trabajos solo tienen un sentido en la medida en que se ejercen como oficio y ejercicio de amor, para que así todos puedan amar y ser amados, en un orden social de comunión, donde no importa el ganar y tener sino el servir y compartir.[39]

En contra de un tipo de humanidad dirigida por los que conquistan, colonizan y se enriquecen, por los que producen y gastan, a expensas de otros, desde la cárcel de Toledo, Juan de la Cruz propone un ejercicio universal de amor. Él sabe que la vida no es un esfuerzo

---

39. No se trata de producir o tener más, sino de vivir en libertad para el amor, de manera que carece de sentido la división entre siervos (dedicados a la vida activa) y señores (dedicados a la vida contemplativa), pues todo trabajo ha de entenderse como ejercicio de amor, al servicio del Amado (es decir, de su propuesta de amor, abierta a todos).

laboral, una tarea productiva para conquistar dinero, sino expresión y despliegue de amor, a cuyo servicio (al servicio del Amado, de los amados de Jesús) ha de ponerse todo. Ciertamente, mientras siga este mundo, los hombres han de trabajar para vivir. Pero no han de trabajar tener y dominar sobre los otros, para atesorar y asegurar la vida con lo trabajado (capital, poder político o religioso, influjos ideológicos), sino para compartir la vida en amor, pues *Dios ha hecho al hombre para amar,* y al servicio del amor (es decir, del Amado, que es Jesús y en Jesús todos los hombres) ha de poner su trabajo.[40]

Mi alma se ha empleado... La Amante no ha buscado un empleo en el mercado laboral donde se compra y vende todo, sino que se ha dejado transformar "por la entrega que hizo al Amado de sí" (CE 28, 3). Un tipo de obrero moderno ha tenido que vender su trabajo y su tiempo (y en el fondo su vida) para subsistir. En contra de eso, el alma enamorada no se vende, ni vende nada suyo, sino que se emplea y se aplica por amor, voluntariamente, para bien de su Amado (debiendo en otro plano trabajar para bien de todos, no para crear una sociedad en la que unos dominan sobre otros).

En general, los hombres actuales, que no tienen acceso directo a los trabajos de la tierra, en línea de agricultura de subsistencia, buscan un "empleo" (de *implicare*, implicarse), un trabajo estable dentro del gran sistema económico-social y/o de administración del Estado. En otro tiempo, un trabajo asalariado había parecido impropio de hombres libres (que vivían de sus tierras, y del servicio de sus siervos). Pero en el tiempo de Juan de la Cruz el hombre empezaba a definirse por su empleo y puesto de trabajo, en un contexto de producción y administración económica.[41]

Y todo mi/capital caudal en su servicio. El alma enamorada tiene un "caudal" de sentidos y potencias exteriores e interiores, con

40. Eso significa que el hombre no es un simple *faber* (no se "salva" trabajando), ni tampoco un *dominus* (un señor que tiene y gasta bienes materiales, a costa de lo demás), ni un simple *animal racional* (no se define por su pensamiento), sino un *viviente de amor,* alguien que ha de poner su trabajo, sus bienes y su pensamiento al servicio del Amado (= de los amados). En esa línea ha compuesto y proclamado SJC estas canciones como *ejercicio de amor.*
41. SJC no ha sido un reformador económico, pero su proyecto y servicio de amor supone e impulsa un nuevo orden social de comunión liberada entre hombres y mujeres, donde todos los "empleos" han de ser signo de amor de unos a otros.

sus habilidades naturales y personales (CE 28, 4), y así las emplea para gozo del Amado: tiene ojos para verle, labios para besarle, sus manos para acariciarle... Este es el tesoro o capital que ella utiliza, entregándose al Amado, no para ofrecerle cosas, ni para conseguir ganancias exteriores, sino para hacerle feliz. Así actúa como sierva (al servicio del Amado), siendo al hacerlo totalmente libre, esto es, persona, dueña de sí, sin que nadie ni nada le obligue en un plano legal y laboral.

- La palabra *caudal/capital* es un derivado de *caput, cabeza* (no de cauda, cola), y tiene el mismo sentido y origen que *capital*. Así, en principio significa aquello que resulta importante y abundoso, como el caudal de un río o como las águilas caudales. Pero ese término se empleará muy pronto para evocar la abundancia de bienes económicos y en ese sentido se ha venido empleando en la modernidad (*capital*, capitalismo). Pues bien, el caudal o capital del alma enamorada es su amor, al servicio del Amado (en quien se incluyen de algún modo todos los hombres de la tierra).

- Por su parte, la palabra *servicio* se relaciona con *servus*, siervo, y en principio alude a los trabajos que realizan los criados, a diferencia de los amos o señores que solo efectuaban tareas libres (liberales), no serviles. Pero la modernidad ha superado esa distinción entre trabajos libres y serviles o le ha dado otro sentido a la palabra, de manera que ella está condicionada en gran parte por "servicios" sociales, para bien de los demás (sanidad, educación, administración política, cuidado de los ancianos).

Pues bien, el alma enamorada solo realiza un servicio personal, que consiste en amar y agradar al Amado, en línea de evangelio, es decir, de justicia y comunión entre todos los hombres y mujeres. Este servicio de amor implica una gran protesta contra un mundo de ricos que oprimen a los pobres.

Ya no guardo ganado. Guardan ganado los pastores, boyeros o cabreros, vaqueros y ovejeros, defendiendo el rebaño de fieras y ladrones, para obtener beneficios (leche, carne, dinero). Entre ellos había vivido la Amante (cf. CE 2). Pero, tras beber en la interior bodega del Amado, ha perdido sus haberes, de forma que se ha hecho perdidiza, como seguirá diciendo (cf. CE 29).

El mundo actual vive obsesionado por la cantidad de ganado (caudal-capital) y por la seguridad que ese ganado ofrece: ha logrado producir ingentes bienes materiales, creando así una gran división entre los hombres (los que tienen, los que no tienen), de manera que los dueños de "ganado" han de guardarlo y defenderse de ladrones, que desean los mismos tesoros y buscan la manera de lograrlos (por robo violento o por nuevo reparto del ganado). La economía y política mundial guarda en esa línea unos ganados que no son ya animales (rebaños de ovejas y vacas, de cabras o cerdos…), sino capital monetario (en gran parte "virtual") al servicio de sí misma. Pues bien, el alma enamorada no guarda ganado, no vive para poseer ni defender lo que tiene, sino para regalarlo y compartirlo en amor con los que ama.[42]

Ni ya tengo otro oficio. Un oficio (= opus) básico del mundo antiguo era guardar rebaños (de animales u hombres), con ayuda de pastores, soldados y policías. Este sigue siendo un oficio principal de nuestro tiempo, a comienzos del siglo XXI: media humanidad parece atesorar "ganados" (bienes de consumo), guardándolos con técnicas de fuerza; y la otra mitad se afana en robarlos, en guerra sin fin, de deseos cruzados y odios crecidos. En el campo socio-religioso existía ya en tiempo de Juan de la Cruz el "oficio" de la Inquisición, que se llamará después el Santo Oficio, para organizar, definir y "proteger" las verdades de la fe y buenas costumbres, conforme a un tipo de visión posesiva y señorial (política) de la Iglesia.

En contra de eso, la Amante de Juan de la Cruz dirá que ya no guarda ganado (cabras u ovejas), ni siquiera en un plano religioso, ni tiene oficio regulado o reglamentado desde fuera, por instituciones oficiales, pues ya *solo en amor es mi ejercicio.* El mundo moderno se ejercita en muchas cosas, de una forma organizada, con la ayuda

---

42. Esta palabra *no guardo ganado* no significa no tenerlo (no tener casa, ni oficio, ni tierra…), sino tenerlo de otra forma, no poseerlo codiciosamente como mío (contra otros), no considerarlo como algo que he "ganado" para mí, para nosotros (buenos propietarios), contra otros (no propietarios, siervos), a modo de capital divinizado. San Juan de la Cruz supera así el mismo concepto de "ganado" (posesión), retomando de forma sorprendente la experiencia radical del evangelio, que he propuesto en *Comentario de Mateo,* Verbo Divino, Estella 2017, y en *No podéis servir a Dios y a Mamón,* Sal Terrae, Santander, 2019. La palabra *guardar* tiene en principio el sentido militar, germano, de *wardon,* montar guardia, vigilar, protegiendo cuidadosamente los bienes poseídos. En esa línea, los pastores que guardan los rebaños han de ir armados, con perros para defenderse de ladrones y fieras. En contra de eso, el alma enamorada atesora "caudales" que la polilla roe y los ladrones roban (cf. Mt 6:19-21), sino que goza en libertad lo que es y tiene.

de una administración y política capitalista. Hemos aprendido a producir y para ello el sistema económico-social ha unido a millones de personas, como en una inmensa fábrica y mercado de objetos de consumo, de manera que los mismos hombres y mujeres (en especial los pobres, miles de millones) se convierten en objeto de compra-venta al servicio del capital (del "ganado").

Pues solo amar es mi ejercicio. Este es el tema clave del Cántico. Juan de la Cruz había nacido en una familia de tejedores y comerciantes arruinados. Conocía el mundo de la nueva burguesía y manejaba con destreza las palabras de comercio de su tiempo, como indica esta canción (empleo, caudal, servicio…), para situarlas (y situarse) en el lugar donde la vida se despliega como ejercicio de amor en gratuidad, más allá del trabajo y comercio del mundo. De esa manera, Juan de la Cruz se opone al espíritu del nuevo capitalismo, que él conoció en su niñez y juventud, en Medina del Campo (gran mercado de Europa), para recrear la vida de los hombres (y de la sociedad) en el amor. Este lema (*solo en amor es mi ejercicio*) constituye la razón de fondo de la defensa que mantuvo Juan de la Cruz ante los jueces religiosos de Toledo que querían obligarle a renunciar a su proyecto, aceptando los principios del "realismo fáctico" de una Iglesia más centrada en su propio poder que en la libertad de amor de los creyentes.[43]

El único ejercicio del Amante y Amado será amar, no estudiar ni luchar para ganar y poseer "ganado" (caudales), sino vivir en sobriedad y compartir la vida, en un contexto de comunión de gracia. En esa línea, la instrucción y escuela de Juan de la Cruz será vivir y ejercerse en amor, cosa muy fácil (el amor brota de sí), siendo lo más exigente, pues no hay talleres técnicos para aprenderlo. Eso es lo que quiso hacer e hizo Juan de la Cruz cuando salió de la cárcel de Toledo, acompañando en amor a los que quisieron acoger y seguir su "ejercicio", en la línea de estas canciones. Esa fue su opción, esa

---

43. El primer lugar donde *el ejercicio se planificó* de modo estable, con "trabajadores" bien armonizados, fue la *milicia*, o *ejército* (lugar de ejercicio), primera máquina laboral, dirigida a ganar guerras o conquistar territorios. Aplicando ese modelo, la modernidad ha fundado universidades e institutos técnicos, para programar y desarrollar saberes y oficios, en línea económica. En contra de eso, SJC no quiso conquistar ni trasformar el mundo (ni la iglesia) con métodos marciales, sino vivir en amor desde el servicio mutuo.

su enseñanza, especialmente en la "universidad" de las religiosas carmelitas de Andalucía. Este es su programa, este su proyecto:[44]

> *Toda la habilidad de mi alma y cuerpo, memoria, entendimiento y voluntad, sentidos interiores y exteriores y apetitos de la parte sensitiva y espiritual, todo se mueve por amor y en el amor, haciendo todo lo que hago con amor... Y hasta el mismo ejercicio de oración y trato con Dios, que antes solía tener en otras consideraciones y modos, ya todo es ejercicio de amor. De manera que ahora sea su trato (a) cerca de lo temporal, ahora sea su ejercicio (a)cerca de lo espiritual, siempre puede decir tal alma que ya solo en amar es mi ejercicio (CE 28, 9-10).*

Esta es su enseñanza, la tarea que él propone a los cristianos. Toda la habilidad del alma y cuerpo, toda la oración, ya sea en el plano temporal o en el espiritual, ha de ser ejercicio de amor. Por eso, el amor del que habla Juan de la Cruz no se aplica solo a lo *espiritual* (a lo que pudiéramos llamar el mundo religioso), sino también a lo *temporal*, es decir, a la producción y comunicación de bienes. Juan de la Cruz no ha condenado sin más el mundo laboral (ni se ha detenido a estudiar el funcionamiento del capital o del sistema administrativo), pero ha protestado y ha dicho que todo ello ha de estar al servicio del amor, por encima de la organización de los reinos e iglesias, pues solo en amor es mi *ejercicio*.

En esa línea, la protesta de Juan de la Cruz constituye uno de los testimonios más luminosos de "definición" supra-monetaria de hombre, cuyo ser es amar *(ser en-amorable)*, no para alejarse del mundo (dejándolo en manos de diablos económicos), sino para transformarlo y recrearlo desde el amor, a diferencia de un tipo de espiritualismo dominante (siglo XVI) que separaba los trabajos de este mundo (que pertenecían solo *al cuerpo*, al plano material) y de los *ejercicios espirituales* para ministros de la Iglesia.

Había por entonces un riesgo de dicotomía: trabajamos con el cuerpo (es decir, en plano externo), pero el alma parece situarse en otro plano, el plano de Dios. En contra de eso, la mujer enamorada

---

44. SJC sabía que el amor no puede programarse, pero puede y debe ejercitarse, sabiendo que importa vivir más que hacer, pues *el ejercicio de amor* es la vida entera, no un aspecto que pudiera separarse de ella. Pues bien, el análisis de sus términos laborales nos recuerda que estamos al comienzo de la nueva etapa histórica.

dice que *su alma se ha empleado y todo su caudal* en el amor. Ella pone de esa forma su alma y cuerpo (lo que es y tiene), al servicio del Amado, es decir, del Amor, como ofrenda de vida y comunión, en la que solo importa el bien del otro, como gesto de servicio total para el Amado.

CE 29. Pues ya si en el ejido no fuere más vista ni hallada

Pues ya si en el ejido de hoy más no fue vista ni hallada,
diréis que me he perdido; que andando enamorada, me hice perdidiza, y
fui ganada.

De esa manera mantiene su opción de amor Juan de la Cruz en la cárcel de Toledo, no para criticar a los demás, sino para confesar su nueva experiencia, diciendo ante todos los que están en el ejido (que en la cárcel de Toledo son aquellos que le están juzgando) lo que implica vivir enamorado. De esa forma, lo más íntimo y profundo, la experiencia personal e intransferible del encuentro en la bodega interior, viene a mostrarse como lo más público y abierto. Los que "saben" de amor han de mostrarlo con su fidelidad y testimonio, viviendo así para el amor en la línea de Jesús, no para ganar capitales y dominar sobre el mundo (sobre los demás), con el riesgo de destruir finalmente la tierra.

Esta es la paradoja del cambio de vida de la Amante, que ha recorrido la *geografía* del amor, llegando hasta el lugar donde ha nacido el hombre nuevo (cf. el *allí* de CE 23 y 27), comenzando de esa forma una historia más alta de amor (anunciada en CE 28 y reasumida: CE 29, verso 1) desde la cárcel. Esta es la hora del adiós, cuando el alma enamorada abandona un tipo de trabajos, diciendo que tiene otra manera de ser, otro camino, por encima de los oficios anteriores del ejido, no para dejar sin más el mundo, sino para iniciar a transformarlo con su testimonio de amor (no en gesto de pura pasividad, sino incluso fugándose para ello de la cárcel de Toledo). De esta forma propone su ideal de trabajo en gratuidad:

Adviertan, pues, aquí los que son muy activos, que piensan ceñir el mundo con sus predicaciones y obras exteriores, que mucho más provecho harían a la Iglesia y mucho más agradarían a Dios, dejado aparte el buen ejemplo que de sí darían, si gastasen siquiera la mitad de ese tiempo en estarse con Dios en oración...; porque de otra

manera todo es martillar y hacer poco más que nada, y a veces aun
daño (CE 29, 2-3).

De esa forma se opone Juan de la Cruz a una Iglesia ocupada en
hacer *muchas obras*, entre las que se incluyen quizá los conventos
poderosos, como aquel donde está preso. Un poquito de *amor puro*
vale más que todas las obras e instituciones cristianas, algo que ya
había señalado M. Lutero, a partir del año 1517 (hablando de fe, más
que de obras). Un poco de *amor puro*, como el que quisieron en una
línea quizá menos matizada (según la inquisición), M. Molinos y sus
seguidores franceses a finales del siglo XVII, inspirándose en Juan
de la Cruz.[45]

Juan de la Cruz no fue un alumbrado, en sentido pasivo (en dejación de amor), sino un alumbrado asceta (como señala claramente
la *Subida al Monte Carmelo*), siendo un hombre de Iglesia, que nunca
rechazó la jerarquía, ni quiso crear conventículos aislados de amor
libre, sino que permaneció en la gran Comunidad cristiana. En esa
línea, él retoma la experiencia y programa básico de San Pablo, en
contra de unas "obras" entendidas como centro y clave de la vida
de la Iglesia.

No va en contra de *obras necesarias para el sustento de la vida* (como
el mismo Pablo que se esfuerza en trabajar para ganar su alimento
y no ser gravoso a nadie), sino de unas obras entendidas en clave
de institución eclesial o incluso de predicación externa, instituida
(con poder), para defensa de la Iglesia, pues su verdadero apostolado se identifica el *amor puro*. Juan de la Cruz no habla, al menos
en un primer nivel, de los trabajos necesarios para ganar el sustento
y organizar la casa, como él mismo ha mostrado con su ejemplo de
albañil y obrero manual, sino que se refiere, sobre todo, a los que
quieren cambiar con sus obras de apostolado la vida de la Iglesia.
Estos son los que quieren "ceñir el mundo con sus predicaciones y
obras exteriores". Frente a ese afán por las obras, Juan de la Cruz
ha puesto de relieve el ejercicio de amor, de manera que la Iglesia

45. Cf. E. Pacho, *M. Molinos. Defensa de la contemplación*, FUE, Salamanca, 1988; P. Du-
don, *Le quiétiste espagnol M. Molinos (1628-1696)*, Beauchesne, Paris 1921; P. P. Moreno. *El
pensamiento de M. de Molinos*, FUE, Salamanca, 1992.

vuelva a lo que es, testimonio de contemplación, en la línea de la "pura fe" paulina.[46]

Pues ya si en el ejido de hay más no fuere vista ni hallada... El ejido es "un lugar común donde la gente se suele juntar a tomar solaz y recreación y donde también los pastores apacientan sus ganados" (CE 29, 5). De ordinario se encuentra a la salida (*exire, exitus*) del pueblo, como plaza exterior grande y abierta, con corrales de ganado y eras comunales para trillar y limpiar el trigo. En ese entorno suelen hallarse, semi-excavadas en tierra, las bodegas donde se guarda el vino y donde cenan y beben en otoño los amigos. Ante ellas suelen juntarse a la tarde los vecinos, para recoger el ganado y programar cuestiones laborales. Allí se ha debatido sin duda el suceso de la pastora enamorada.

Tras la noche de amor, retirada de un trabajo productivo, el alma enamorada viene allí, por impulso propio, para exponer su decisión, a fin de que la sepan todos: Se ha ido para no volver. Eso significa que ha salido de una iglesia de poder social, de autoridad política y religiosa (como la del convento de Toledo), simplemente para "amar". Esta ha sido la decisión de Juan de la Cruz. Por un lado, le quieren expulsar (o ganar para su causa) los partidarios del poder, para someterle a su estilo de trabajos y conventos. Pero, en un sentido mucho más profundo, él mismo quiere irse, buscando un exilio de amor, pero no a solas, sino para otras personas que quieran seguir su ejemplo.

Diréis que me he perdido. La Amante había encargado a los pastores que dijeran al Amado "que adolezco, peno y muero" (CE 2), poniéndose en camino sin esperar respuesta, como suponiendo que ellos no podrían cumplir el encargo. Ahora, en cambio, ella vuelve, porque piensa que debe darles razón de su cambio, hablando "con perfecta osadía y determinación..., no mirando a lo que dirán o qué parecerá", sin vergüenza alguna" (CE 29, 8). Algunos piensan que ella debería seguir en el ejido, donde pastores y vecinos programan los trabajos comunales. Pero ella no acude (¡no guarda ganado!). Es

---

46. Cf. *Dichos de Luz y Amor*, 35: "Un solo pensamiento del hombre vale más que todo el mundo; por tanto, solo Dios es digno de él".

posible que hayan dicho que es una desertora. Pero ella mantiene su opción, que es de tipo personal y social, de conocimiento y obra.[47]

Que andando enamorada me hice perdidiza y fui ganada. Así culmina la inversión laboral (social) y eclesial de la estrofa anterior, y así podemos conocer las consecuencias de aquello que ha pasado en la interior bodega (CE 26-27), donde la Amante ha quedado transformada, perdiéndose y dejándose ganar para una vida en amor. Al perderse a sí misma, lo ha perdido todo, para así encontrarlo (= encontrarse) de un modo más alto, como dice Pablo en Flp 1:21-26: "todo lo consideré pérdida..." (cf. Mt 16:25: "el que perdiere su vida, ese la ganará").

En esa línea, la transformación ecológica exige una ruptura de amor (para el amor) como la que ha propuesto Juan de la Cruz. No se trata de realizar un cambio interior, y seguir haciendo lo que antes se hacía, sino de cambiar de mente y corazón, abandonando los trabajos anteriores en el campo/ejido de este mundo. Sin esa ruptura radical de empresa (tarea), de capital y de mercado (de forma y fin del trabajo actual en el mundo es imposible la transformación ecológica.

En este momento de transformación cesan por amor los negocios y consideraciones anteriores, no para que el hombre deje de trabajar y se destruya a sí mismo como humano (¡se suicide como especie!), sino para trabajar de un modo más alto, elevando su protesta contra los intereses de un mundo que solo busca seguridades, que todo lo compra y vende, en comercio de cuerpos y almas, en trabajo dirigido al poder y dominio sobre los demás, utilizando para ello el mismo mundo, al servicio de los intereses particulares de la empresa/ capital/mercado[48]:

> *El que anda de veras enamorado, luego se deja perder a todo lo demás por ganarse más en aquello que ama. Y por eso el alma dice aquí que se hizo perdidiza ella misma, que es dejarse perder por industria... Y es en dos maneras: No haciendo caso de sí en ninguna cosa, sino del*

47. Cf. Th. Ruster, *El dios falsificado*, Sígueme, Salamanca, 2011.

48. He desarrollado este motivo en *Teodicea*, Sígueme, Salamanca, 2014. En ese contexto confiesa la Amante su ruptura: no pide nada a las gentes del ejido; no pone pleitos, no exige compensaciones, no busca seguridades, pues solo le importa el amor y de esa forma "ni cansa ni se cansa" (*Dichos de Amor*, Beas 18).

Amado, entregándose a él de gracia, sin ningún interés, haciéndose perdidiza a sí misma, no queriendo ganarse en nada para sí; no haciendo caso de todas sus cosas, sino de las que tocan al Amado. Y eso es hacerse perdidiza, que es tener gana que la ganen (CE 29, 10).[49]

Me hice perdidiza y fui ganada. No quiere transformar el mundo con sus obras (sus acciones exteriores), pues eso sería un gesto de poder, una señal de prepotencia, contraria a su decisión de amor, pero debe y quiere decir con su palabra y vida aquello que ha vivido, dando testimonio de su unión con el Amado (cf. CE 29,7-9), para que corra esta voz o buena nueva de renovación pascual. De esa forma se vuelve misionera del amor, como debieron hacerse las mujeres de la tumba vacía (cf. Mc 16:1-8).

Aquellas mujeres tuvieron lo más alto: la autoridad y ministerio de su amor, el testimonio de su vida, un ministerio que para Juan de la Cruz es el más importante de la Iglesia, el más hondo, más transformador. Así quiere que todos conozcan la verdad de su nueva experiencia amorosa, ofreciendo su experiencia de amor. Así deben decir los que la escuchan que se ha perdido, que no sigue ya las costumbres honorables de su antiguo ejido (¡la aldea global de la Iglesia!), que se ha exilado de este mundo viejo. Ha dejado el orden social anterior, ha superado el nivel de las obras como tales, se ha hecho *transgresora,* y de esa forma se presenta y pronuncia su palabra como testimonio de evangelio.

Es significativo el tono *profano* de esta declaración por la que ella comunica su pérdida-ganancia en la misma calle, en el ejido, plaza o campo comunal (las eras y majadas), donde proclama abiertamente su experiencia. Así anuncia su verdad, en la línea de Mt 16:25: *el que pierda su vida la ganará...* De esa manera, las palabras más intensamente espirituales, más evangélicas (ganar y perder la vida), aparecen como testimonio de *amor enamorado,* en la plaza del mundo (ejido).

49. La Amante no guarda nada para sí: Todo lo da, todo lo comparte. Esta es la inversión suprema del amor, la revolución y cambio que lleva de un mundo de ley y comercio (guarda de ganado) a un espacio de gratuidad, que se revela, más allá de todo interés, en el encuentro enamorado. Este es, al mismo tiempo, *un giro social,* pero no fuera del mundo (en un cielo, más allá), sino en este mismo mundo, que lleva a cambiar "de industria" todo el orden de las relaciones humanas, que ha de fundarse en el amor a los demás, y no en un tipo de dominio fundado en la posesión de cosas y más cosas, que no ofrecen seguridad.

CE 34 y 36. Blanca palomica, gocémonos amado

La blanca palomica al arca con el ramo se ha tornado;
y ya la tortolica al socio deseado, en las riberas verdes ha hallado (CE 34).

Con estrofa comienza la vida de la amante, que, habiendo dejado los trabajos del mundo, muerta a las tareas de la tierra, quiere iniciar su nueva presencia en el mundo, como Noé y su familia tras el diluvio, como he puesto de relieve en el comentario a Gn 1-11, a partir de Gn 11. Noé salía del arca y ofrecía a Dios en sacrificio un animal de cada especie de "animales puros", comprometiéndose a no matar persona, y a no beber la sangre de los animales sacrificados. Todo el camino anterior de pecado/muerte, con la destrucción del mundo viejo y su trabajo "en el ejido del mundo", ha desembocado en la nueva creación que Dios instaura con los liberados del *arca de Noé* (cf. Gn 8-9), con las palomas de la paz que son signo de plenitud mesiánica (cf. Mc 1:10, par.) y de liberación ecológica. Tras la muerte por diluvio (por destrucción ecológica del mundo anterior) comienza la nueva historia en forma *de fiesta de renacimiento de amor en primavera.*

Este tema, con las palomas que llevan el ramo de olivo en el pico y con la exigencia de una recreación en amor, pero Juan de la Cruz lo ha tomado de Gn 8-9 y de un modo particular del Cantar de los Cantares: *Levántate, amiga mía, paloma mía, hermosa mía, y ven: pues ya pasó el invierno, pasó la lluvia y fuese* (Ct 2:10-12). Pero entre Gn 8-9 y Cantar y las estrofas finales de Juan de la Cruz (CE) hay una diferencia que es significativa.

El Cantar de los Cantares alude a la paloma que canta su arrullo de amor en primavera, año tras año, cuando cesa el tiempo de las lluvias. Por el contrario, Juan de la Cruz en CE 34 (lo mismo que Gn 8-9) insisten más en la función de la paloma (palomas) que son signo del fin del diluvio, marcando el paso de que nos lleva desde la catástrofe (destrucción ecológica del mundo) y la nueva creación y vida de los liberados.[50] Juan de la Cruz ha retomado con gran li-

---

50. Gn 8:9-12 evoca tres palomas. (a) La *primera* vuelve al arca sin llevar nada, pues las aguas cubren todavía la planicie de la tierra, y no encuentra lugar donde pueda posarse. (b) La *segunda* halló los árboles brotando, y trajo al arca un ramo verde de olivo de paz. (c) La *tercera paloma* no volvió; quedó en tierra, buscando su pareja (cf. Gn 8:9-12). SJC solo evoca las dos últimas palomas. A la primera le llama *palomica* que vuelve al arca con el ramo. A la segunda le llama *tortolica*, añadiendo que ha encontrado ya al socio deseado en las riberas verdes. Quizá no son palomas distintas, sino funciones de la misma

bertad ese motivo del fin del diluvio de Gn 8-9 fijándose en las dos palomas de Gn 8:9-12.

- La *palomica* vuelve al arca con el ramo de olivo, en claro anuncio de paz y promesa de amor para los hombres y mujeres que habían aguantado la amenaza del diluvio, diciéndoles así que las aguas han descendido, de manera que la vida puede retomarse.
- La *tortolica* no volvió ya al arca, sino que quedó fuera buscando a su pareja en las riberas verdes, como ejemplo y testimonio de amor/vida para los enamorados; esta es la que marca el ejemplo de la vida culminada, en la montaña de Dios, cuando ha terminado el riesgo de diluvio y muerte de los momentos anteriores.

La blanca palomica al arca con el ramo se ha tornado... para anunciar así el fin del diluvio, para decir que ha pasado el invierno de las aguas fuertes, de la vida en riesgo, y que empieza un tiempo de paz definitiva. El canto dice que es *blanca,* color de inocencia y de cielo, lo más frágil, una palomica que puede morir (ser abatida) con facilidad, pero con vida y blancura de amor, porque el Amado la llena de gracia.

Ha perdido su color moreno; se ha vuelto limpia, bella, inmaculada (cf. CE 33), y viene con el *ramo* de olivo, que es victoria de paz/amor sobre la guerra, para indicar de esa manera a todos los del arca de la Iglesia (de la humanidad protegida por Dios) que la violencia del diluvio ha terminado. Esa palomica aparece así como mensajera de amor, iniciadora de una etapa nueva de paz ecológica, primero tras el diluvio, después por los años finales de Juan de la Cruz, de la liberación de la cárcel de Toledo hasta la muerte (1578-1591) y actualmente (año 2024) por el comienzo deseado de un nuevo tiempo de "transformación" ecológica, que nos permita seguir viviendo, a pesar del riesgo de muerte en que nos hallamos en medio de una gran crisis ecológica:

> Así como la paloma iba y venía al arca porque no hallaba dónde descansase su pie entre las aguas del diluvio, hasta que después se volvió a ella con un ramo de olivo en el pico, en señal de la misericordia

---

paloma amiga, que, por un lado, anuncia la paz con el ramo de olivo y, por otro, busca y encuentra a su "socio", para poner con él su nido de amor.

de Dios en la cesación de las aguas... así esta tal alma, que salió del arca de la omnipotencia de Dios que la crio, habiendo andado por las aguas del diluvio de los pecados e imperfecciones, no hallando dónde descansase su apetito, andaba yendo y viniendo por los aires de las ansias de amor al arca del pecho de su Criador, sin que de hecho la acabase de recoger en él, hasta que ya, habiendo Dios hecho cesar las dichas aguas de todas las imperfecciones sobre la tierra de su alma, ha vuelto con el ramo de olivo... a este dichoso y acabado recogimiento del pecho de su Amado (CE 34, 4).[51]

Gocémonos, Amado, y vámonos a ver en tu hermosura al monte y al collado, do mana el agua pura; entremos más adentro en la espesura (CE 36).

Desde el fondo anterior ha de entenderse el programa de paz que la *Amante Palomica* llevaba en el pico volviendo al arca tras del diluvio: ¡Un ramo de olivo! (CE 34. Versos 1-2). Se trata de hacer la paz y de gozarse de esa forma, unos en otros, con los otros. Han desaparecido miedos, puede y debe empezar una etapa universal de vida en amor. En este contexto expone Juan de la Cruz que se haya escrito en occidente, línea de culminación ecológica:

– *Al monte y al collado.* Los amantes se habían visto en el huerto y bodega (cf. CE 23-23; 26-27). Ahora, para culminar su itinerario de amor enamorado, ellos ensanchan su recorrido, introduciéndose en los misterios de este mundo, que son experiencia de Dios, "recreando" en su gozo la tierra hecha cielo. El Amado había aparecido ya como montaña, valles… (cf. CE 14). Ahora aparecen los dos y se ven en el monte y el collado, espacios compartidos de una geografía hecha de encuentros, siendo lo que son, sin tener que ir a ningún lado, pues se encuentran ya en la meta. Por eso pueden subir al monte, pero, al mismo tiempo, bajan al collado,

51. Esta interpretación del alma como paloma que sale de Dios y vuelve al arca de su amado, tras superar los pecados e imperfecciones (visión cercana a la gnosis y a las religiones orientales), sigue teniendo en su base la imagen antigua del riesgo histórico y social, del gran diluvio, que en algún sentido podemos retomar. Nosotros, privilegiados de Occidente, en este año 2024, surcamos sobre un mar lleno de personas que se ahogan, sin ofrecerles ayuda, corriendo el riesgo de morir todos, como puso de relieve P. Sloterdijk, *En el mismo barco*, Siruela, Madrid, 2000.

donde mana el agua limpia y nace el río, descubriendo de nuevo los lugares donde se habían encontrado.[52]

– *Do mana el agua pura*. A la fuente cristalina iba la Amante buscando los ojos del Amado (CE 12-13), iniciando después un gran vuelo para hallarle. Ahora que están juntos, vuelven a la fuente para allí gozarse y contemplarse sobre las aguas puras, a la vera del gran monte. De esa forma recupera Juan de la Cruz el tema de la fuente del amor y de la vida, de las aguas del templo de los cielos (cf. Ez 47; Za 14; Ap 22), que no brotan del cimiento de unos muros, sino de la ladera de los montes de Dios, que ellos mismos son, en gesto de hermosura.

– *Entremos más adentro en la espesura*. La transparencia del agua nos lleva de una forma natural a la espesura de los *árboles gigantes, graciosos, luminosos, misteriosos, que indicaba CE 4. Haciéndose espesura, el mundo entero se vuelve refugio de amor, nido donde cantan y se encuentran los enamorados, a la sombra de los árboles enormes, de la vegetación espesa, que simboliza la presencia de Dios sobre la tierra (cf. Ap 22:2-3)*.[53]

De esa forma nos introduce el Cántico en el secreto de la ecología específicamente cristiana, que no es ya expresión de la divinidad sin más de la naturaleza, separada de los hombres, sino de la naturaleza hecha campo de amor en que los hombres y mujeres pueden gritar y decir: ¡gocémonos Amado… en el monte y el collado! Ciertamente, la tierra es campo de trabajo, es objeto de cierto dominio de los hombres, como señores de las cosas. Pero, al mismo tiempo, a más profundidad, la tierra debe interpretarse como espacio y tiempo de gozo enamorado. No podemos gozarnos uno en y con el otro, sino

52. *Monte* es el mismo Dios, conforme a una imagen repetida desde antiguo en muchas tradiciones. Este es el *Monte Carmelo* de la contemplación de amor, de que ha tratado SJC en el conjunto de su obra. Pero no es solo monte, sino también *Collado*, paso en medio de los montes, como cuello que se abre entre alturas. Dios mismo es a la vez monte y collado, soledad excelsa sobre las nubes y valle/paraíso de los enamorados. Jn 7:37-39 suponía que el agua brota del manantial de Jesús, surgiendo al mismo tiempo del interior de los creyentes (cf. Jn 4:14). Pues bien, aquí se encuentran unidos Amante y Amado, de forma que de su misma unión de amor brota el agua pura de la vida.

53. De esa forma ha expresado SJC la *ecología celestial*, como experiencia suma de comunión humana, mirándose uno al otro y viendo de esa forma todo el universal. El mismo amor les hace exploradores, en gesto de profunda densidad *ecológica*. Ciertamente, el mundo en sí no es cielo; la naturaleza no se puede entender como divina, al menos en su forma material, externa.

gozamos junto de (el) monte y el collado, en peregrinación de hermosura, allí donde no existen ya camino porque no hay que ir ya a ninguna parte, sino ser en plenitud de amor.

Entremos más adentro en la espesura. En las espesuras del comienzo del *Cántico* había descubierto la Amante las huellas del Ciervo, entre los árboles del bosque (CE 4). Ahora que están juntos, ella quiere adentrarse con él en la espesura más honda del amor, pues ambos forman parte de ella (= la misma Amante es espesura divina en el amado). Por eso, la amante quiere penetrar de manera ya total en el abismo del amor, que es suyo, siendo del Amado. Por eso dice *entremos.* No quiere ni puede ir ya sola, pues van y están ya unidos en la montaña del amor, sin más ley ni meta que amarse (cf. CE 35).

CE 37 y 39. Cavernas de la piedra, aspirar del aire, canto de la dulce filomena

Y luego a las subidas cavernas de la piedra nos iremos,
que están bien escondidas, y allí nos entraremos, y el mosto de granadas
gustaremos (CE 37).

Esta canción completa el recorrido de la *geografía (ecología) de amor,* iniciada en CE 36. El encuentro empezaba a realizarse a cielo abierto, como marcha triunfal que iba llevando del monte-collado, por la fuente del agua, a la espesura, como iluminación de paz sobre la tierra. Pues bien, invirtiendo de algún modo esa marcha, esta canción nos lleva de la cumbre de montaña, la montaña de la Subido, donde se dice que no hay ley, porque el justo (el que sabe amar es ley para sí mismo: diagrama de la subida al Monte Carmelo).

Los amantes (los miembros de la nueva humanidad, liberada del gran riesgo de muerte de la crisis ecológica) podrán refugiarse en las "subidas cavernas de la piedra", que forman el refugio perfecto, donde ningún mal podrá ya sobrevenirles.

Los motivos principales de la estrofa provienen del Cantar, donde el Amado dice que la esposa es paloma que anida *en los huecos de la piedra,* en la caverna… ("in foraminibus petrae, in caverna…", cf. 2:14, Vulgata). A su vez, la Amante quería que el Amado viniera a la casa de su madre para darle *su mosto de granadas* (Ct 8,:2, Vulg.). El *Cántico* unifica esos motivos, insistiendo en las cavernas, que son subidas, excavadas en la piedra, escondidas:

- *Son subidas*, y solo se pueden alcanzar tras un fuerte repecho de amor, entrando en la espesura sin fin. De esta forma, el gozo mutuo (¡gocémonos Amado!), que se expresa como encuentro de miradas de hermosura (¡y vámonos a ver...!), se despliega como descubrimiento y camino de Dios, vía de cielo: Gozarse y mirarse, descubrirse y admirarse, ante el misterio de la realidad, gozando unos de otros, eso es el cielo.

- *Están excavadas en la piedra*, que el comentario interpreta como Cristo (CE 37, 3). Al encontrarse a sí mismos en abrazo, en la caverna del amor y de la vida, los Amantes se encuentran con Cristo, principio y meta de su amor. En esa línea, piedra es la roca firme, la peña elevada en la cumbre de los montes. Precisamente allí, donde todo se asegura y adquiere permanencia, se realiza y culmina el amor enamorado (cf. 1 Cor 10:4, la piedra era Cristo).

- *Están bien escondidas*, de forma que solo las pueden encontrar los iniciados. El ascenso a la firmeza del amor exige madurez y maestría en caminos de experiencia afectiva y entrega mutua. No todos entienden el misterio, no todos consiguen disfrutarlo, muchos acaban cansados del camino, y no logran encontrar las cavernas escondidas. Para ellos ha escrito Juan de la Cruz este *ejercicio de amor*.

> *El aspirar el aire, el canto de la dulce filomena,*
> *el soto y su donaire en la noche serena, con llama que consume y no da pena*
> *(CE 39).*[54]

Este canto de culminación recoge los temas anteriores, desde la meta de la historia, que es un fin sin fin de amor culminado. Sin duda, todo afecto busca y quiere eternidad, todo deseo quiere cumplimiento, como propugnaba Nietzsche y sabía el Cantar, resaltando el amor sobre la muerte (cf. Ct 8:6-7). Así lo muestran estos versos que despliegan los signos del mundo ya reconciliado, como regalo

---

54. Esta estrofa recoge el canto final de todos los elementos, transfigurados ya, en línea de pascua. De esa forma, puede interpretarse como himno exultante por la gloria de Cristo, que es plenitud del hombre y de Dios. Entendida así, desde la perspectiva de Jesús, esta es una Noche de Pascua, en la que, vinculado el cielo con la tierra, se vence la muerte, se instaura la vida. Este es el mensaje y anuncio cristiano de la resurrección universal, donde se transfiguran y recrean los elementos de la naturaleza y de la historia, incluyendo a todos los hombres y mujeres, por encima de sus diferencias religiosas y sociales.

de vida y amor que los amados se ofrecen y comparten, en la gran naturaleza hecha espacio-tiempo de amor sin fin. Estos son los signos: el *aire* compartido, que es beso de amantes, *canto* de eternidad, *soto* de cielo, en la *noche* en la que se iluminan ya todas las cosas, en la *llama* del fuego de Dios (CE 39).

El gozo anterior de la mirada (*vámonos a ver en tu hermosura*) se vuelve eternidad de aire compartido (beso final), noche de vida en llama de nuevo nacimiento. Los amantes han penetrado en las cavernas de la Piedra (CE 37) y repiten sin fin los placeres del primer encuentro (CE 38), cantando a la vida (en vida ya resucitada).

El aspirar el aire. La vida del hombre es un beso de dos, aliento cósmico/divino, que sustenta y unifica a todos los vivientes.[55] Ciertamente, han existido y existen otros signos de vida universal, que también se han vinculado o pueden vincularse a Dios: la tierra madre, de la que nacemos, el agua que alimenta a plantas y animales, la sangre de las venas, las ondas del cerebro y las neuronas... Pero el más importante ha sido y sigue siendo, en un plano simbólico, el aliento de manera que morir se identifica con expirar (no respirar, no tomar ya más aire).

Del aliento de Dios hemos nacido (Gn 2:7), y así vivimos compartiendo la respiración de Dios, el aire de la vida, signo de amor. Por eso, el aire nos vincula y sostiene, sobre todas las restantes distinciones. En este contexto ha desarrollado Juan de la Cruz la más honda teología del aliento de Dios, interpretando la culminación de la vida como un *aspirar del aire,* en el sentido de "resurrección", esto es, de culminación del hombre en Dios:

> *El aspirar del aire es una habilidad que el alma dice que le dará allí Dios, en la comunicación del Espíritu Santo, el cual, a manera de aspirar, con aquella su aspiración divina, muy subidamente levanta el alma y la informa y habilita para que ella aspire en Dios la misma aspiración de amor que el Padre aspira en el Hijo y el Hijo en el Padre, que es el mismo Espíritu Santo (Coment. 39, 3).*

55. Esta es la creación culminada en amor, este el mundo que recibe finalmente su sentido, en la Noche Serena de la resurrección de la carne y el espíritu. Todo ha sido bueno y culmina en la Noche de Dios.

La culminación de la vida es aspirar/respirar en Dios. Toda la ecología está al servicio de la buena respiración, que se identifica con la comunicación del Espíritu Santo, de manera que el hombre se halla inmerso en la misma aspiración (respiración) de Dios, recibiendo su aliento (Espíritu de vida) y respondiendo: dando a Dios su aspiración divina. De esa forma se identifica la "ecología" (respiración del aire) con la más honda teología: El hombre respira en Dios... de forma que el aire que inspira y expira es presencia de Dios en su vida.

Esto significa que somos Dios por gracia (no por mérito), en comunicación personal, y el amor que nos tenemos, al dar y compartir la vida (al aspirar el aire), es el mismo amor divino (cf. CE 39, 5-6). Estamos inmersos en Dios, comunión personal (trinitaria), de tal manera que Dios mismo es quien alienta allí donde unos hombres comparten aliento y existencia (se besan). Esta es la meta del ser, la consumación de amor perdurable, que al fin de este canto aparece en el signo de la llama. Este es el Espíritu divino, fuego y aire, amor compartido, inspiración, aspiración, conspiración divina y humana.

En esta *respiración común* culmina el canto, se cumple y completa la belleza del amor, que es el sentido de la vida. Han quedado atrás otros momentos del camino. Solo el amor, que es belleza eterna, hermosura de visión, respiración común, permanece para siempre y aparece como principio creador, en línea de con-spiración.

El canto de la dulce filomena. Con la respiración, el culmen de la ecología se identifica con la melodía de un pájaro celeste... Filomena o filomela es el ruiseñor que, conforme al antiguo simbolismo griego, canta una melodía de cielo, vinculada al *aspirar del aire, silbo amoroso* (cf. CE 14) que nos arroba y reconcilia con la vida. Cuando todo culmina y el amor se cumple, llegando la vida a su cielo, canta el ruiseñor en la noche:

> (Esta es)... *la dulce voz de su Amado a ella, en la cual ella hace a él su sabrosa jubilación; y lo uno y lo otro llama aquí canto de filomena; porque, así como el canto de filomena, que es el ruiseñor, se oye en la primavera, pasados ya los fríos, lluvias y variedades del invierno...*

así en esta actual comunicación y transformación de amor que tiene ya la esposa... amparada ya y libre de todas las turbaciones y variedades temporales, y desnuda y purgada de las imperfecciones, penalidades y nieblas, así del sentido como del espíritu, siente nueva primavera en libertad y alegría de espíritu, en la cual siente la dulce voz del Esposo, que es la dulce filomena... (39, 8).

Esta es una *voz compartida:* voz del amado a su amante y voz del amante a su amado: cada uno canta en (y con) el otro, en dúo de música infinita, de manera que se escucha la melodía del ave de Dios, tonada de gozo del cielo. De esa forma se cantan uno al otro, uno en el otro, con *voz de jubilación* que nunca acaba: él le canta a ella, para que ella le cante a él, en boda eterna (pues las canciones de cuna han terminado). De esa forma, la paloma de la paz, tórtola de amor (de CE 34-35), se vuelve cantora de cielo, en la noche y plenitud final de la realidad.[56]

El soto y su donaire, en la noche serena. Soto era el lugar donde viven los amantes, resguardados, para siempre, en las riberas verdes de las tórtolas (cf. CE 34), en el collado de aguas puras de Dios (CE 36), en un mundo convertido en cielo. Cuando el amor sea pleno, el cielo de Dios bajará a la tierra de los hombres, como novia engalanada, en amor perdurable (cf. Ap 21:2).

No bajará para subir luego y abandonar así la tierra, sino para convertir cielo y tierra en paraíso, en una noche eterna de luz, sin sol ni luna externa, porque el mismo Dios y su Cordero la iluminará por siempre (cf. Ap 22:1-5). Este es el tiempo de la *noche serena,* de la contemplación ya clara y tranquila de Dios, *noche sosegada,* abierta a los "levantes de la aurora" (CE 15) que se expande en el día eterno de la transformación del amado y de la amada. No necesitan sol ni luna, porque ellos mismos son la claridad gozosa y plena, el uno para el otro. Son noche de visión perfecta, más allá de todas las razones y leyes que definen la historia precedente, vieja, de los hombres.

56. De esa forma se evocan los cantos de bodas de la tierra. Pero esta es ya la boda eterna, melodía final de Dios y de los hombres, concierto de amor en la noche final de este mundo.

Con llama que consume y no da pena. Ellos mismos eran luz, ellos son llama: se van consumiendo uno en otro y de esa forma se consuman. La más honda realidad de Dios se vuelve fuego: los restantes símbolos quedan trascendidos y asumidos de algún modo en este fuego-luz, en la noche serena, que es hogar de respiración dialogal, llama de vida que existe al darse y se consuma al consumirse sin fin.

> *Porque, habiendo llegado al fuego, está el alma en tan conforme y suave amor con Dios, que, con ser Dios, como dice Moisés, fuego consumidor, ya no lo sea, sino consumador y refeccionador. Que no es ya como la transformación que tenía en esta vida el alma, que, aunque era muy perfecta y consumadora en amor, todavía le era algo consumidora y detractiva, a manera del fuego en el ascua... (Cf. Dt 4:24. CE 39, 14).*

Esta es la ecología suprema: Saber morir en Dios dando la vida. El fuego de este mundo consume y da pena, duele. El fuego del cielo consuma sin consumir ni consumirse: es fuego de luz, vida amorosa que se expande, sin perder fuerza ni perderse. En ese contexto la vida eterna es llama de luz en la noche internamente iluminada, canto de existencia superior, himno de Pascua, vida que triunfa y existe por la muerte.

En este contexto, recogiendo de un modo unitario las ideas de esta estrofa y de la precedente, podemos citar unos pasajes de *Llama de amor viva*, donde Juan de la Cruz ha evocado la culminación de su experiencia amorosa. El texto de *Llama* no habla de los temas que acabamos de evocar (aspiración, melodía común, llama compartida), pero evoca y despliega de un modo consecuente la misma experiencia, al entender la realidad como regalo de bondad, que Dios ofrece al hombre y que el hombre regala nuevamente a Dios, en comunión de amantes. En este contexto, Juan de la Cruz dice que el alma "da a Dios en Dios la misma bondad y ser de Dios, porque no lo ha recibido sino para darlo..." (cf. *Llama* 78). Así expresa la más honda metafísica, así habla de Dios. No le presenta como Esencia suma, ni como Infinitud radical, aseidad o auto-conocimiento, sino como amor que se expande y comparte, vida divina que el hombre recibe al regalar su vida:

(El alma) está dando en su Querido esa misma luz y calor que está recibiendo de su Querido. Porque, estando ella aquí hecha una misma cosa en él, en cierta manera es ella Dios por participación... Y a este talle, siendo ella por medio de esta sustancial transformación sombra de Dios, hace ella en Dios por Dios lo que Él hace en ella por sí mismo, al modo que lo hace, porque la voluntad de los dos es una, y así la operación de Dios y de ella es una. De donde, como Dios se le está dando con libre y graciosa voluntad, así también ella, teniendo la voluntad tanto más libre y generosa cuanto más unida en Dios, está dando a Dios al mismo Dios en Dios y es verdadera y entera dávida del alma a Dios. Porque allí ve el alma que verdaderamente Dios es suyo y que ella le posee con posesión hereditaria... (Llama 78).

Existiendo en Dios (por gracia divina), el hombre puede devolver y regalar a Dios lo que de Dios ha recibido, es decir, su mismo ser, queriendo y actuando. De esa forma se puede afirmar que *el alma (= hombre) hace en Dios,* por puro don divino, *lo que Dios hace en ella,* de manera que estando uno en otro realizan la misma operación, pues el despliegue del amor divino es el mismo amor humano. En ese contexto se debe hablar de un recíproco amor activo, por el que Dios regala (concede) al hombre el ser humano y el hombre regala a Dios su mismo ser divino ("el alma está dando a Dios al mismo Dios en Dios").[57] Uno al otro se regalan, Dios al hombre y el hombre a Dios:

Y así entre Dios y el alma está actualmente formado un amor recíproco en conformidad de la unión y entrega matrimonial, en que los bienes de entrambos, que son la divina esencia, poniéndolos cada uno libremente por razón de la entrega voluntaria del uno al otro, los poseen entrambos juntos, diciendo el uno al otro lo que el Hijo de Dios dijo al Padre por san Juan: todos mis bienes son tuyos, y tus bienes míos... (Cf. Jn 17:10. Llama 79).

57. Esto significa que el hombre puede darle a Dios el Espíritu Santo, como cosa suya, pues de Dios lo ha recibido: Dios mismo es del hombre, de manera que el hombre le posee, por posesión hereditaria. Dios y el hombre tienen de esa forma una misma voluntad (ambos se quieren, queriendo lo mismo) y una misma operación (hacen lo mismo y se hacen ambos al darse mutuamente).

Este es el modelo final donde el amor engendrador (de Padre-Madre hacia el Hijo) se convierte en amor de desposorios. Por un lado, todo es don, proceso engendrador, que brota y se despliega desde el Padre-Madre. Por otro lado, todo es encuentro de amor del Padre con el Hijo en el Espíritu, comunicación matrimonial de esencia. Así decimos que el hombre es humano viviendo al interior del ser divino.[58]

58. Lo que Dios ha sido y es en Cristo (en forma germinal) se expande y realiza en aquellos que le aman, pues, en entrega de amor, ellos comparten la esencia divina "todos mis bienes son tuyos y los tuyos míos..." (Jn 17:10). De esta forma culmina la revelación del *Cántico*, que ha interpretado el amor del Dios padre-madre como amor de matrimonio. El nuevo libro de la *Llama*, del que provienen las últimas citas, interpreta ese amor con categorías de encarnación. Es evidente que existen en la iglesia otras maneras de entender y explicar la presencia y el amor de Dios en Cristo, partiendo de las obras y palabras del Jesús histórico; pero el modelo empleado por SJC es uno de los más fecundos de la historia cristiana.

5

Modernidad y postmodernidad.
Disyuntiva ecológica

Dios nos ha unido a todas sus criaturas. Sin embargo, el paradigma tecnocrático nos puede aislar del mundo que nos rodea, y nos engaña haciéndonos olvidar que todo el mundo es una "zona de contacto".
La cosmovisión judeocristiana defiende el valor peculiar y central del ser humano en medio del concierto maravilloso de todos los seres, pero hoy nos vemos obligados a reconocer que solo es posible sostener un "antropocentrismo situado". Es decir, reconocer que la vida humana es incomprensible e insostenible sin las demás criaturas, porque todos los seres del universo estamos unidos por lazos invisibles y conformamos una especie de familia universal, una sublime comunión que nos mueve a un respeto sagrado, cariñoso y humilde (Papa Francisco, Laudate Deum, 66-67).

El capítulo anterior ha presentado la espiritualidad ecológica de Juan de la Cruz, en el siglo XVI, en el paso entre la Edad Media y la modernidad, insistiendo en sus referencias. Volveré a Juan de la Cruz, en el apéndice de este libro, pero antes quiero ofrecer una pequeña historia intelectual, social y económica de la modernidad occidental, del tiempo que sigue a de Juan de la Cruz hasta la actualidad, es decir, del s. XVII al XXI, desde una perspectiva ecológica, dividiéndola en dos partes.

La primera trata del riesgo ecológico de la modernidad, y lo hace de un modo genérico, con riesgo evidente de simplificaciones. La modernidad, iniciada en Europa occidental y extendida al mundo entero, puede condensarse en cuatro elementos:

– *Globalización geográfica*, con descubrimiento práctico y la experiencia compartida de la unidad del mundo y de la humanidad.
– *Racionalismo intelectual*, es decir, triunfo del pensamiento, con una sustitución progresiva de una de una razón religiosa a una razón puramente humana.

- T*riunfo de la tecno-ciencia* o, quizá mejor, de una tecnocracia de tipo laboral económico, que convierte al hombre en fabricante de herramientas y en dominador real del mundo; extensión de una democracia política, más cuantitativa (esto es, de números) que cualitativa.
- *Surgimiento de una conciencia y responsabilidad mundial,* en línea de dominio del hombre sobre el mundo, que responde a unas palabras propias de la Biblia judeo/cristiana (creced y dominad el mundo, apoderaos del planeta: Gn 1-2).

Hemos crecido, hemos dominado el mundo, somos dueños del planeta, pero ese proceso de la modernidad, con sus valores evidentes, está corriendo el riesgo de conducirnos a un desastre ecológico: Con nuestro poder podemos destruir la vida del planeta, no por fracaso, sino por éxito de nuestra razón productora, destruyendo matando la vida de fondo del planeta, y muriendo nosotros con ella través de un gran "desastre ecológico", conforme a las dos grandes advertencias de la misma Biblia: El día en que comáis del fruto del árbol del bien-mal moriréis (Gn 2-3); pongo ante vosotros el bien y el mal, la vida y la muerte (Dt 30).

La segunda parte de este capítulo trata de la alternativa ecológica, que puede y debe definir la post-postmodernidad, en forma opción por la vida. En un sentido, tenemos que parar o, al menos, moderar la marcha actual del mundo, concentrada, en este momento (2024) en una serie de conflictos armados (Palestina/Israel, Rusia/Ucrania) en los que se mezclan y ponen en crisis los elementos anteriores de globalización racionalización, lucha por el dominio de la tierra.

Se trata, en un sentido, de "parar" (detener) un tipo de marcha o procesión de muerte (Ap 6: los cuatro jinetes del Apocalipsis); se trata, en otro sentido, de descubrir y poner en marcha otros poderes de la vida, que son, ante todo, la interioridad (descubrimiento y gozo del planeta espiritual de la vida) y la comunicación de amor (poner en marcha unos procesos de más hondo encuentro inter-humano). Esta alternativa no es simplemente "religiosa", pero ella implica el descubrimiento y cultivo de una más honra religión que se puede centrar en tres palabras: enraizamiento en la vida del mundo, vocación de futuro y comunicación de vida, en línea de resurrección.

MODERNIDAD (SIGLOS XVIII-XX).
UN RIESGO ECOLÓGICO

En un sentido, los siglos de la modernidad han sido los más gloriosos de la historia, en línea política (democracia), científica (racionalismo, tecnocracia) y, sobre todo, en el plano de las comunicaciones, es decir, de globalización mundial. Pero en otro sentido han sido tiempos de colonización y opresión mundial como nunca se habían conocido, de guerras atroces de conquista y dominio injusto, no solo de tierras y pueblos que no tenían otra culpa que ser menos poderosos, y de riesgo de destrucción de la vida vegetal, animal y humana del planeta, como ha seguido poniendo de relieve el Papa Francisco, en su segunda "encíclica ecológica" (*Laudate Deum, alabad a Dios,* del 4.10.2023). No nos habíamos dado cuenta (= no queríamos darnos cuenta) de ello; ahora empezamos a darnos cuenta, ese es el cambio.

Los inmensos progresos de la modernidad (del siglo XVII al XXI) son, como he dicho incuestionables, pero ellos tienen una contrapartida horrenda, una cara oscura de opresión y destrucción ecológica, que algunos piensan que es irreparable, de manera que en algunos decenios puede acabar y acabará la forma de vida actual sobre el planeta tierra. Soy consciente del riesgo de muerte ecológica de la humanidad moderna, pero pienso que aún estamos a tiempo de con-vertirnos, es decir, de detener, en un sentido, la marcha anterior y de cambiar de rumbo, como indicaré en las reflexiones que siguen.

En esta línea se empieza a utilizar de nuevo la palabra quiliasmo (= kiliasmo o milenarismo), que se refiere a la utopía de los mil años de paz que llegarían según Ap 20:1-6, tras la victoria de Cristo sobre los poderes cósmico/diabólicos del mal, que habían dominado antes sobre el mundo. La mayor parte de los cristianos del siglo II-IV d. C. pensaron que el quiliasmo o mil anos de paz mesiánica tendrían que cumplirse en este mundo, en forma política y social, económica y militar, tras la "venida" de Cristo, que debería venir muy pronto, como reino histórico-social. Pero a partir de san Agustín (siglo IV-V d. C.), con la "adaptación de la iglesia al Imperio romano, se fue imponiendo una visión espiritual del tema: El triunfo de Cristo no se realizaría en forma político-social en este mundo, sino de un modo espiritual, como puro cambio interior de la vida de los hombres, mientras el mundo externo caminaba hacia el desastre.

A pesar de ello, hubo siempre en la iglesia grupos y personas "milenaristas", que esperaban la llegada político-social triunfante de Cristo y de los justos, desde varias perspectivas. Más aún, al final de la Edad Media (siglo XII-XVI) surgió un milenarismo especial de fondo apocalíptico, entendido no solo como derrota de las bestias de Ap 13, sino como "Tercera edad" o Reino socio-político de Dios por Cristo en el mundo.

Primero habría existido un reino de Dios Padre por medio de Israel (A. T. Israel); después vino un Segundo Reino, propio de Cristo, que había durado a lo largo del primer milenio cristiano. Ahora tenía que llegar el Tercer Reino (en alemán Reich), propio del Espíritu Santo, que reinaría otros mil años. Pero ese *quiliasmo social y espiritual*, anunciado por Joaquín de Fiore (1135-1202) como tiempo del Espíritu Santo y aplicado de formas diversas por monjes católicos y reformadores protestantes, terminó agotándose a finales del siglo XVI y en la primera mitad del siglo XVII, tras la guerra de religión, de los Treinta años (1618-1648), entre católicos y protestantes, que terminó como un gran fracaso de las iglesias.

En ese contexto fue surgiendo la certeza de que el Tercer reino esperado (propio del Espíritu Santo, tras los reinos del Padre y del Hijo) no sería ya un reino "eclesial y espiritual", instaurado por Dios y por la Iglesia de Cristo, sino un reino "racional", instaurado y extendido al mundo entero por obra de los nuevos "conquistadores" y civilizadores europeos de la "Ilustración". Quedaban superadas las dos etapas anteriores (la del Padre Dios y la del Hijo Jesús), y surgía ya la final, el reino del espíritu, pero no del Espíritu sobrenatural de Dios, sino del espíritu (razón, trabajo, conquista) de los nuevos hombres "civilizados/ilustrados" de Europa, el reino de la nueva humanidad, creada al fin por la razón humana, por obra de la técnica y la ciencia.

A los mil años de Dios en el A. T. habrían seguido (en números redondos) los mil de la Iglesia cristiana, de fondo muy religioso. Ahora deberían empezar el milenio (quiliasmo) del Espíritu Santo del progreso racional, tecnocrático, identificado con la razón ilustrada de la Modernidad. Estos quiliastas ilustrados se alejaron del Dios de las iglesias, que juzgaron anticuado y violento, y querían (quieren) descubrir y desplegar el poder divino de la naturaleza, a través de la empresa civilizadora de los hombres nuevos (modernos, ilustrados) pues la razón conquistadora de los hombres ha venido a mostrarse como verdadera encarnación de Dios en la historia, auténtico "cristo", mesías de la vida humana.[1]

El problema de fondo no está en el hecho de que muchos ilustrados hayan abandonado a Dios, sino que hayan buscado y creado un tipo de dios humano a su imagen y semejanza, un dios de la razón pura, de la ciencia tecnocrática, del dominio destructor del hombre sobre la naturaleza, superando un tipo de violencia anterior (que sería medieval, intolerante, "salvaje") por un tipo de nueva violencia civilizadora, abierta al mundo entero. En esa línea, tras la guerra de los Treinta años (1648), que no fue ganada por católicos ni protestantes, sino por el racionalismo político-económico se extendió por Europa, especialmente entre los países del norte, un tipo de fe en la ciencia y la razón, con el progreso racional y técnico de la Ilustración. Muchos pensaron que en el fondo estaba surgiendo el verdadero cristianismo, con el hombre moderno como mesías. En este contexto quiero empezar presentando el "ideal" ilustrado de I. Kant (1724-1804).

Kant: un quiliasmo racional de mercado

Kant recoge y recrea la razón racionalista (Descartes) con la crítica empirista (Hume) y el avance de la ciencia (Newton). No rechaza al Dios bíblico, pero lo interpreta desde una razón, que él identifica en el fondo con la naturaleza humana. Su proyecto parece cristiano, pues mira el despliegue del hombre como revelación de Dios y ha sido por generaciones uno de los "padres" de un tipo de pensamiento ilustrado "idealista", que empezó a ser superado hace un siglo (principios del siglo XX) por los nuevos teólogos dialécticos representado en especial por K. Barth (1886-1968).

1. Esa historia ha sido narrada, de manera quizá un poco sesgada por H. de Lubac, en *La posteridad espiritual de Joaquín de Fiore. I. De Joaquín a Schelling. II. De Saint Simon a nuestros días*, Encuentro, Madrid, 2011. El Dios confesional había sido incapaz de pacificar Europa en los siglos anteriores (XV- XVII). Los ilustrados del XVIII se fueron desligando de esa siembra y dejaron de apelar a las iglesias: Asumieron una herencia judeocristiana, pero la interpretaron como signo de una naturaleza humana que ellos juzgaban divina. Se fue extendiendo un tipo de "religión ilustrada" del triunfo de la razón, que se expresaba en forma de democracia social, avance científico y "conquista" del mundo entero por los nuevos ilustrados de un tipo de mesianismo occidental, centrado especialmente en Alemania y Francia, Holanda e Inglaterra.

En el fondo del sistema de Kant late el convencimiento de que el Reino de Dios, vinculado a las dos grandes bestias del Apocalipsis debía ser sustituido por el reino de la razón humana. Ha pasado, según eso, el tiempo de las "bestias" de Ap 13, que dominaban sobre el mundo, la bestia militar de un imperio divino de violencia, la bestia de un falso profeta, es decir, de una doctrina exterior que mantiene a los hombres sometidos bajo el dictado de su imposición "ontológica".

El tiempo de las bestias se había ya cumplido, ellas habían sido derrotadas y arrojadas al abismo, donde seguirán atadas durante "mil años" (cf. Ap 19), que son los años sin fin de la nueva humanidad, que ahora empiezan, con el triunfo de la razón, entronizada en el templo de la ciencia ilustrada, con una democracia entendida en línea de poder dominador más que de diálogo respetuoso y justo de todos los hombres y pueblos, en línea de comunicación real y de victoria del espíritu sobre la violencia de la historia.

En otro tiempo se decía que Dios nos impone sus leyes desde fuera. Kant, en cambio, piensa que no hay Dios fuera, sino en la humanidad (la razón humana). Desde aquí surge su pregunta y su tarea: ¿Cómo organizar la convivencia entre los hombres, sin un Dios que fundamente, garantice y sancione sus relaciones? Aquí culmina el tema las críticas kantianas, que nos conducen de un modo directo a la cuestión de la universalidad, es decir, de la concordia y futuro de los hombres. La humanidad ontológica anterior ha terminado.

Tras la Reforma protestante, tras las guerras de religión del siglo XVII, los ilustrados europeos pensaron que es preciso abandonar al Dios de las religiones, pues vivimos en un mundo puramente humano, sin respuestas previas, ni biológicas (no podemos volver a los instintos), ni teológicas: Ya no hay Dios o dioses/ideas superiores, que marcan la verdad, como en el platonismo), no hay un Dios externo que nos hace ser lo que somos). Por eso, no tenemos más remedio que vivir conforme a nuestra propia verdad racional humana, porque el verdadero Dios se identifica con la razón humana.

— *La tarea del hombre es vivir conforme a la propia razón, sin verdades ni entidades superiores, de tipo ontológico o religioso.* Por eso, Kant quiso criticar (negar la validez) de los conocimientos ontológicos de la tradición anterior (en el campo de la razón pura, la práctica y la estética), para descubrir y organizar las posibilidades y caminos de un conocimiento racional (puramente humano) en cada uno de esos campos. Kant quiere descubrir (crear) según eso un conocimiento/religión de la razón autónoma del hombre, partiendo de aquello que es bueno para la humanidad en su conjunto.

– *Es como si el hombre tuviera que empezar desaprendiendo* olvidar las razones ontológicas y religiosas que habían definido antes su vida, tal como habían culminado en las grandes guerras religiosas, para aprender a crear una sociedad distinta, en un mundo que empieza a estar dominado por el dinero y el comercio, pasando así de la era del Dios mesiánico de la gratuidad al Dios Mammón del interés (Mt 6:24). Ha caído el antiguo sistema ontológico-religioso, donde la verdad venía impuesta desde arriba, por un tipo de filosofía y/o religión que nos viene revelada desde fuera, de manera que los hombres estamos obligados (llamados) a trazar nuestro camino, a través de una opción personal de libertad, que no puede imponerse de manera objetiva. Estamos en el mundo, pero el mundo no nos dice lo que somos, sino que debemos descubrirlo por nosotros mismos, en un plano de moral y estética compartida. Ni lo bueno ni lo bello se pueden imponer, pero pueden y deben descubrirse y competirse a través de una comunicación entre todos los seres humanos, esto es, desde la pura razón de la humanidad en su conjunto.

Quiliasmo: Reino de los mil años. En la línea de la obra madura de Kant (*Opus postumum*), sus sucesores, los post-kantianos, dejan prácticamente de creer en un Dios personal independiente, que pueda hablarles desde arriba, y solo creen, de hecho, en la Divinidad "encarnada" en la historia o, en otro sentido, en la Naturaleza racional, que se expresa astutamente, a través del egoísmo de los mismos hombres. Kant y los nuevos ilustrados no actúan por ideales religiosos exteriores, ni por principios filosóficos (como un imperativo moral), sino por intereses económicos que, paradójicamente, en contra de lo que había podido creer Jesús (cf. Mt 6:24) son los que pueden conducirles hacia un final de *paz perpetua.* El Dios de las religiones había mantenido a los hombres siempre en guerra. El Dios de la razón económica los llevará a la paz:

(Los hombres...) al perseguir cada cual su propia intención según su parecer, y a menudo unos en contra de los otros, siguen sin advertirlo el hilo conductor de la intención de la Naturaleza que desconocen.[2]

Externamente, la reina de la Historia es la Fortuna, de manera que Kant puede hablar, con palabra tradicional, del *Gran teatro del mundo*: Todo gira y vuelve sin cesar, todo se cruza y recruza sin concierto, como si ninguna Mente dirigiera la naturaleza. En ese contexto debemos añadir que la vida de los hombres concretos, que no entienden ni cumplen los fines del conjunto, es corta y egoísta. Pero la naturaleza dirige y encauza ese teatro, cumpliendo así sus fines más profundos.[3]

Los antiguos creían en una sabiduría superior externa que dirige y unifica los diversos movimientos de la naturaleza, en la que se revela el mismo ser de Dios. Pero, como venimos diciendo, *Kant* no encuentra a Dios en la naturaleza externa (objeto de la ciencia), sino en la racionalidad humana, concebida como divinidad, que se expresa y realiza por la historia. Así nos lleva de la teodicea natural (Aristóteles) o de la ética (propia del mismo imperativo kantiano), a la histórica: a través de los antagonismos o conflictos de la historia se revela un Dios racional reconciliador en quien confiamos.[4]

La reconciliación no es el punto de partida de la historia (pues los hombres nacen y crecen divididos), sino su meta: el estado de naturaleza (*status naturalis*) «no es un estado de paz entre los hombres..., sino que es más bien un estado de guerra, es decir, un estado en el que, si bien las hostilidades no se han declarado, sí existe una constante amenaza.[5] Kant viene a presentarse así como promotor teórico

2. *Ideas para una historia universal en clave cosmopolita*, Tecnos, Madrid, 1987, p. 4. En este libro, publicado en 1784, Kant habla de un Motor oculto, una Razón de fondo que dirige el proceso de Naturaleza e Historia.
3. *Ibid*, pp. 5-7.
4. Esa Naturaleza se parece a la de Espinosa (*Deus, sive natura*), pero ha perdido su carácter cósmico y se identifica con la Racionalidad humana. Ella es el Todo donde están unidos los diversos rasgos de la realidad.
5. Cf. M. Howard, *La invención de la paz. Reflexiones sobre la guerra y el orden internacional*, Salvat, Barcelona, 2001. Filósofos y teólogos anteriores hablaban de la paz escatológica, pero justificaron las guerras históricas, incluso para expandir la fe. Kant, en cambio, ha propuesto una meta y tarea de paz mundial en la historia.

de una «iglesia civil» que crece a través del conflicto racional, que enfrenta y vincula a los hombres en la historia.[6]

Individuos y grupos son en principio *antisociales:* cada uno busca su interés. Pero ellos descubren, por su mismo egoísmo, que deben unirse en sociedades cada vez mayores, porque solo así pueden saciar sus necesidades. Estos principios enfrentados (sociabilidad y antisociabilidad), en antítesis perpetua, alimentan la historia: los hombres deben socializarse para alcanzar sus fines egoístas (antisociales):

> *¡Demos, pues, gracias a la Naturaleza por la incompatibilidad, por la envidiosa vanidad que nos hace rivalizar, por el anhelo insaciable de acaparar o incluso de dominar!*[7]

Desde ese fondo ha interpretado Kant la marcha de la historia, dirigida al surgimiento de un orden social (Estado) que vincule el poder más grande (ejerce una presión irresistible) y la mayor libertad de los individuos (que buscan su propia independencia). Este fin solo se alcanza a través de una *constitución civil muy justa*, que, siendo obra humana, sea, al mismo tiempo, expresión de la Naturaleza racional (= Dios), que vincula a los individuos en unidades superiores a través de sus mismos conflictos.[8]

Ese Dios-Razón no está fuera ni arriba, sino en la misma historia, haciendo que las luchas sociales que dividen a los hombres lleven a un tipo de unidad más alta, a la utopía de la paz perpetua. Este es el Dios de la Razón oculta de la humanidad, que se revela a través de aquella misma lucha que va guiando a los hombres a una concordia superior, hasta llegar a la paz perpetua.[9]

6. La historia es el despliegue de la *insociable sociabilidad* de los hombres, pues «su inclinación a vivir en sociedad es inseparable de una hostilidad que amenaza constantemente con disolverla». Lógicamente, la paz que vinculará a los hombres en un Estado mundial de razón (no en una Iglesia confesional), se logrará aprovechando (no negando ni ignorando) el egoísmo y los impulsos antisociales de los grupos.

7. Cf. *Ideas para una historia universal* pp. 8-10. Principio 4°.

8. *Ibid.,* pp. 10-14. Principios 5, 6 y 7.

9. *Judíos y cristianos* han sabido que Dios camina en la historia (Éxodo, Pascua de Jesús), pero no como principio de progreso, ni como astucia que une a los contrarios por interés, sino como gratuidad original y trascendencia escatológica (como sabe el *milenarismo* o *quiliasmo* de Ap 20). *Kant*, en cambio, ha descubierto la mano de Dios en una historia que a través de su violencia llevaría a la paz final.

En esa línea ha podido afirmar que el libre mercado de la guerra, donde los hombres se oponen de manera tensa, a veces sanguinaria, puede convertirse en instrumento y mediación de concordia universal. Así puede comparar su proyecto de paz definitiva con el Milenio o Quiliasmo (= kiliasmo) del Apocalipsis, no en un mundo posterior (en el cielo nuevo y en la tierra nueva de Ap 21-21), sino en los mil años (tiempo indefinido) de triunfo de la razón humana, después de la superación y condena de los poderes ontológicos previos, de tipo "dogmático", fundados en la imposición militar, la ideología de los falsos profetas y un tipo de prostitución económica.

> *La historia de la especie humana en su conjunto (es) la ejecución de un plan oculto de la Naturaleza para llevar a cabo una constitución interior y –a tal fin– exteriormente perfecta, como el único estado en el que la humanidad puede desarrollar todas sus disposiciones... La filosofía también puede tener un quiliasmo... a cuyo advenimiento puede contribuir –si bien remotamente– su propia idea, un quiliasmo que, por lo tanto, no es quimérico ni mucho menos...*[10]

Este es para Kant el *Milenio* de Ap 20:1-6, al que tiende la naturaleza divina racional (no un Dios externo, como pensaban Montano, Joaquín de Fiore y los revolucionarios del siglo XVI). Será *paz perpetua*, que no llegará por cataclismos cósmicos o revelaciones exteriores, sino por el despliegue de la Naturaleza, pues razón y religión se identifican. Esta es la obra de Naturaleza, que Kant identifica con la humanidad y el Espíritu divino, que cumple sus fines utilizando los intereses egoístas de individuos y grupos humanos en la historia. Estamos a un nivel de ley, no de reino. El dios que aquí actúa no es cristiano:

> *Quien suministra esa garantía (de la paz perpetua) es, nada menos, que la gran Artista de la naturaleza (natura daedala rerum, cita de Lucrecio, Naturaleza, inventora de todas las cosas), en cuyo curso mecánico brilla visiblemente una finalidad: que a través del antagonismo de los hombres surja una armonía, incluso contra su voluntad. Por esta razón se la llama indistintamente destino, como causa necesaria de los efectos producidos según sus leyes, desconocidas para nosotros, o providencia, por referencia a la finalidad del*

---

10. *Ibid.*, pp. 17-20. Principios 8, 9.

curso del mundo, como la sabiduría profunda de una Causa más elevada que se guía por el fin último objetivo del género humano y que predetermina el devenir del mundo.[11]

En un sentido simbólico, Kant acepta los valores aproximados (infantiles, de la revelación bíblica), pero añade que debemos superar ese nivel, descubriendo y practicando los principios descubiertos por la razón humana. Solo la razón, tal como se expresa de un modo universal, a través de argumentos aceptados por todos, puede y debe tomarse como base de conocimiento (religión), de práctica (moral) y de experiencia de belleza (estética). Ciertamente, en un nivel, los hombres siguen dominados por un tipo de enfrentamiento y lucha, entre unos y otros, pues la naturaleza les ha hecho egoístas. Pero la misma naturaleza, que es divina, ha dispuesto que esa lucha les vaya dirigiendo, a través de unos caminos particulares de egoísmo, hacia una verdad universal de concordia, tanto en el plano social como moral y de la estética.[12]

Kant supone que el mismo antagonismo puede y debe conducir a los hombres a una reconciliación final, no por gratuidad superior, ni por concurso o presencia de un Dios sobrenatural, sino por la lógica divina de los antagonismos, que funda la unión más duradera de los interesados. Dios se identifica así con el Interés absoluto de los hombres. En ese fondo podemos afirmar que la paz así lograda es *divina* en el sentido sacrificial del término (pues se consigue a base de víctimas), pero no es la paz cristiana. En este contexto emerge de nuevo el tema clave de la búsqueda teológica, que seguirá siendo fundamental en el planteamiento y solución de los problemas ecológicos:

– *El Dios kantiano es el interés humano.* En ese camino del interés ha seguido avanzando la filosofía, de Hegel a Marx, de Comte a Habermas. El tema es si ese Dios logra acoger a los expulsados y perdedores, a los aplastados y negados de la historia. El *quiliasmo* o meta del dios-interés nos mantiene en una lucha sin fin, y nos sigue el "desastre" ecológico que ahora, algo más de dos siglos después de la muerte de Kant nos sigue amenazando.

11. *La paz perpetua*, Tecnos, Madrid, 1985, p. 31.
12. Kant defiende así una reconciliación por interés y conveniencia racional. Pienso que, en ese plano, sin perdón y gratuidad, la reconciliación es imposible.

– *El Dios del evangelio es gracia, más allá del interés.* El Dios del evangelio es gratuidad creadora y amor enamorado en esperanza de resurrección. No es interés, sino regalo. En este contexto, apelando a la raíz de judaísmo y cristianismo, podemos afirmar que la plenitud del hombre solo se alcanza en un nivel que desborda su interés, en línea de gracia y amor mutuo.[13]

El modelo de Kant tiene elementos muy valiosos, pero acaba siendo aterrador, no porque identifique a Dios con la razón, sino porque diviniza de hecho el egoísmo de una razón económica, que termina ratificando la supremacía de aquellos que quieren y pueden imponer sus intereses por encima del equilibrio de vida de la naturaleza y por encima de la vida de los pobres.[14]

Hegel y hegelianos, enfrentamiento, no comunión de conciencias

La obra de G. Hegel (1770-1831). Su vida y pensamiento se inscribe dentro de la gran concentración que, partiendo de Kant, realizó el idealismo alemán en torno al 1800, pasando de las libertades a la Libertad, de las revoluciones a la Revolución, de las historias a la Historia, y de los espíritus (almas, ángeles, Dios) al Espíritu universal que se identifica con todo lo existente. La verdad del Espíritu consiste en revelarse y su auto-despliegue, oposición y reconciliación, salida y retorno, es el Todo, un Sistema lógico e histórico.[15]

Los cristianos confiesan que Dios se ha encarnado en Jesús y se ha expandido como Espíritu Santo en Pentecostés. *Hegel* interpreta encarnación y efusión del Espíritu como lugares o momentos

---

13. *La paz kantiana*, asumida por muchos racionalistas posteriores, es poderosa, por fundarse en el egoísmo mutuo, pero corre el riesgo de desembocar en una violencia más grande, como ha puesto de relieve, en perspectiva anabautista A. González, *Teología de la praxis evangélica*, Sal Terra, Santander, 1999.

14. Un dios de la razón histórica kantiana, revelado a través de egoísmos e intereses enfrentados (que suelen llevar al triunfo del sistema), resulta insuficiente. La envidiosa vanidad que se expresa por la guerra entre pueblos (que a juicio de Kant puede ser positiva, pues ayuda a que los hombres se conozcan) desemboca en la muerte de muchos y el fracaso de los más débiles, a lo largo y ancho de la historia. Cf. H. de Lubac, *El drama del humanismo ateo*, Encuentro, Madrid, 2012; *La posteridad espiritual de Joaquín de Fiore*, Encuentro, Madrid, 2011.

15. Quizá podamos añadir que la realidad *no es* (no está quieta), sino que *llega a ser*. No es parte de un conjunto superior, sino que es Todo. A nada se contrapone, pues lleva en sí todas las oposiciones. Cf. G. W. Hegel, *Vorlesungen über die Philosophie der Religion*, Suhrkamp, Frankfurt, 1969, 193-194.

simbólicos privilegiados del despliegue del Dios-Razón que existe al enfrentarse a sí mismo y que solo luchando supera su enfrentamiento. De esa forma quiere rechazar así la ideología ingenua de aquellos que proclaman la paz (y se aprovechan de ella) mientras de hecho siguen imponiendo su opresión sobre los otros: Los hombres solo pueden alcanzar la paz entrando en la lucha, no por negación, sino por cumplimiento de sus oposiciones. A su juicio, la historia de la razón avanza como engendramiento doloroso, generación que se despliega por antagonismos en una lucha que solo culmina cuando los hombres, dominando sobre la naturaleza externa (imponiéndose del todo sobre el mundo) transformen su antítesis en síntesis lógica.[16]

Hegel supone que la humanidad ha surgido como enfrentamiento de sujetos o conciencias, de manera que cada hombre se descubre y define al oponerse a otros. Una conciencia solo puede conocerse con relación a otras conciencias. Los hombres se descubren a sí mismos (existen como tales) allí donde, superando el nivel de vida externa y puro conocimiento (pienso, me pienso), se reconocen unos a los otros, en forma de lucha. Hegel añade que ese proceso de reconocimiento es siempre conflictivo. Una conciencia solo puede elevarse sobre la vida inconsciente (mundo prehumano) y descubrirse a sí misma al oponerse a otras conciencias.

La primera tarea específicamente humana no ha sido el trabajo material por conseguir bienes de consumo, sino la lucha por el reconocimiento, que ha dividido y sigue dividiendo a los hombres en *amos–vencedores* (que obligan a los otros a reconocerles) y *esclavos–vencidos* (que solo sobreviven sometiéndose). Así ha surgido la escisión original, de tipo jerárquico, concretada en formas patriarcalistas (varón sobre mujeres y niños), sacrales (sacerdotes sobre fieles), políticas, económicas (dominio del hombre sobre el mundo), etc. Lógicamente, los vencedores presentan a Dios como jerarca victorioso, rey o sacerdote, que avala o ratifica el orden del sistema.

- *Los triunfadores han arriesgado y vencido* y así pueden sentirse satisfechos, exigiendo el reconocimiento de los otros. Pero en otro aspecto ellos resultan fracasados, pues los vencidos no les

16. En ese fondo se entiende el libro paradójico y bello de J. Derrida, *Prácticas de amistad,* Trotta, Madrid, 1998.

reconocen libremente, sino por fuerza. Los ganadores consiguen sumisión, pero no afecto; triunfan, pero no dialogan, vencen, pero no convencen. Esta es la debilidad del poder: Los amos pueden dominar a los demás, pero acaban solos, con miedo de que los esclavos se rebelen y les quiten su poder.

− Los *perdedores no se han arriesgado,* ni han podido triunfar, y por eso se encuentran sometidos: no se bastan a sí mismos, necesitan ser dominados. La sumisión llega a tal límite que algunos afirman, incluso, que *es hermoso depender de los demás,* ser ayudados. Pero, en un momento dado, ellos pueden y quieren despertar a la conciencia independiente, levantándose en contra de los amos, en guerra constante. Este es el conflicto universal, de manera que Dios mismo se muestra como lucha.[17]

Hegel ha sido y sigue siendo (con Kant) un punto de referencia obligado para la filosofía y política posterior, pero su modelo de pensamiento y acción resulta equivocado y peligroso, en un plano ecológico:

− *No todo es racional en sentido conflictivo.* Ciertamente, Hegel ha valorado otros momentos de la realidad, pero de tal forma ha destacado la razón (un *logos* dialéctico, que avanza por oposiciones), que devalúa aquello que no sea disputa racional.

− *No todo es lucha,* ni toda lucha y victoria es buena. Hegel habla de un *Viernes Santo especulativo* (de dolor intradivino), pero tiende a olvidar el *Viernes Santo histórico* de Jesús y de los hombres que sufren de hecho, expulsados, negados, aplastados por las opresiones del sistema. Hegel olvida que la lucha por el poder racional desemboca de hecho (ha desembocado) en la crisis ecológica de la actualidad. Dominando sobre el mundo como quiere Hegel terminamos destruyendo el mundo (año 2024).[18]

17. Hegel y muchos hegelianos (filósofos e incluso teólogos) han proyectado esa batalla al interior de Dios, interpretando la muerte de Jesús como expresión de un combate intra-divino: Dios Padre estaría enfrentado con su Hijo. En contra de eso, quiero afirmar que Dios no es lucha de conciencias, sino gratuidad originaria, creadora, compartida.

18. La lucha de la historia solo puede superarse allí donde se acoge y cultiva un poder de gratuidad más alto, que desborda el sistema y sus contraposiciones, conforme a las palabras de Jesús (¡no juzguéis!: Mt 7:1) y a la experiencia de perdón de la pascua. Esta es la aportación más importante de Jesús, que Hegel, con su panlogismo no valora.

El dios de Hegel es pensamiento racional, no palabra de gracia e intercambio real entre personas; le falta corazón y por eso pasa con indiferencia frente a los perdedores reales, positivamente rechazados o marginados de la historia. En contra de lo que dice, la opresión de los pobres y la muerte de los "enemigos" no es una "astucia de la idea", sino un "pecado" de lesa humanidad.[19]

Marx, el riesgo de una dictadura que se eterniza en sí misma. Superando el idealismo de Hegel, en la línea de L. Feuerbach (2804-1872), K. Marx (1818-1883) identifica a Dios (la realidad) con el despliegue de la vida de los hombres. Por eso, lo que importa de verdad no es ocuparse de Dios, sino resolver los problemas reales de la economía de la historia. En otro tiempo se pensó que Dios avalaba el poder de unos hombres (reyes y señores) sobre otros. Marx ha protestado en contra de ese presupuesto, queriendo construir un orden económico y social igualitario, a partir de coordenadas de trabajo compartido y comunicación (comunismo), desde la perspectiva de los excluidos (proletarios), que, a su juicio, son y han de ser los protagonistas de la historia. De esa forma, oponiéndose externamente al Dios de las sociedades e iglesias establecidas, Marx ha podido recuperar elementos importantes del mensaje cristiano: la presencia de Dios en los pobres, el sentido económico de la encarnación, siendo, por otra parte, ciego ante valores y experiencias del evangelio cristiano.[20]

Un tipo de cristianismo convencional había entendido la historia como obra de un Dios superior, que domina con su poder sobre los hombres. Hegel la había interpretado como proceso racional de ruptura y reconciliación entre conciencias. Marx la interpreta desde una perspectiva económica, como lucha por la producción y posesión de bienes de consumo, que no son algo externo para el hombre (como el idealismo ambiental suponía), sino que forman parte de la misma esencia humana.[21]

---

19. Si Hegel tuviera razón, si el Todo se impusiera sobre la sangre y dolor de los excluidos (pobres y pequeños, oprimidos y humillados), deberíamos *protestar*, devolviéndole el billete de entrada en la vida, como quería Iván en Dostoievsky, *Gran Inquisidor, Hermanos Karamazov.*

20. Cf. *Evangelio de Jesús y praxis marxista,* Marova, Madrid, 1977. Cf. G. Amengual, *Crítica de la religión y antropología en L. Feuerbach,* Laia, Barcelona, 1980; J. Y. Calvez, *El pensamiento de Marx,* Taurus, Madrid, 1960.

21. Así lo ha resaltado M. Henry, *Yo soy la Verdad,* Sígueme, Salamanca, 2001, 280-285; *Marx. Une Philosophie de la réalité. Une Philosophie de l'économie* 1-2, Gallimard, 1976, Paris.

Marx piensa que el Dios anterior (de hecho, el Dios cristiano) sancionaba el orden económico existente, siendo una proyección del poder de los triunfadores y un consuelo falso para los oprimidos, a los que se pedía en este mundo sacrificio, para que alcanzaran después la vida eterna. Pues bien, en nombre de la justicia social, Marx se ha elevado en contra de ese Dios, afirmando que solo su negación (su rechazo) hace posible la liberación de los hombres.

Muchos antiguos pensaban que las estructuras sociales expresan la voluntad de Dios, que había creado de esa forma a los hombres (divididos en clases). Hegel afirmó que ellas dependen de la dialéctica del Espíritu. Marx supone que han nacido de la economía: Los tipos de producción y distribución de bienes definen las clases y procesos de la sociedad, en un camino que tiende a la reconciliación final, cuando llegue un estadio en que los hombres se reconozcan mutuamente en igualdad.[22]

Nuestro mundo real no es signo de Providencia (Biblia), ni lucha de intereses generales (Kant), ni oposición de conciencias (Hegel), sino expresión y efecto de un conflicto económico entre vencedores-capitalistas y proletarios-vencidos. Desde ese fondo, Marx radicaliza la utopía de liberación o quiliasmo que Kant y Hegel habían interpretado como despliegue de racionalidad liberadora.

– *La historia de los últimos siglos ha estado dominada por el capitalismo,* clase opresora pero creativa, que ha perfeccionado los medios de producción, ha creado la industria y ha convertido el mundo en un mercado de distribución y consumo de bienes materiales, transformando el dinero en *dios*, mediación universal de la sociedad.

– *La clase proletaria tomará el poder globalizado del capitalismo y lo pondrá al servicio de todos los hombres.* Será necesaria una breve dictadura del proletariado (es decir, de la mayoría oprimida), para destruir el capitalismo y convertir el mercado anterior de opresión e imposición clasista en experiencia gozosa de producción y distribución de bienes y de vida.

– De esa manera surgirá la humanidad sin mediaciones (*brokers* sacrales, jerarquías sociales) que impidan el encuentro inmediato

---

22. K. Marx, «Carta a J. Weydemeyer», en K. Marx y F. Engels, *Correspondencia*, Cartago, Buenos Aires, 1972, pp. 56-57. El descubrimiento del carácter económico de la realidad marca la novedad de Marx frente a su judaísmo de base.

y gratuito entre los hombres, sin un Dios superior, sin un capital externo, en trasparencia humana.

En esa línea, Marx ha estudiado la divinización (fetichismo) del capital y la idolatría del mercado económico, entendido ya como iglesia universal,[23] y así puede ayudarnos a superar el espiritualismo dualista y los riesgos ideológicos de la modernidad. Pero él corre el riesgo de perpetuar eternamente un tipo de "dictadura" del proletariado, que puede terminar siendo dictadura de unos funcionarios de un Estado auto-definido como liberador y progresista. Estos son sus riesgos:

- *Nueva dictadura social, no experiencia de gracia compartida.* Lo que debía haber sido una corrección del panlogismo hegeliano y del dualismo platónico (con una dictadura del sistema capitalista) puede convertirse en dictadura de un "partido" entendido como liberador temporal al servicio de los oprimidos.
- *Violencia ecológica.* Marx supone que solo con violencia se supera la violencia previa y se alcanza la paz escatológica y por eso defiende un tiempo de dictadura del buen proletariado, que se convierte pronto en dictadura del hombre sobre la naturaleza, en línea de dominio y transformación material, que sigue poniendo en riesgo el equilibrio ecológico del planeta.

El error de Marx no está en criticar el capital, ni en destacar el valor de la economía en un camino que busca la reconciliación final, sino en cerrar al hombre en un estuche o sistema económico impuesto a través de cambios revolucionarios, dirigidos de hecho por un aparato social (un partido, un estado), dentro de una humanidad que sigue dominada por intereses y egoísmo. Es importante el surgimiento de espacios de comunicación en igualdad entre los hombres, pero esa comunicación (comunismo) tiene que expresarse en formas de respeto y comunión con la naturaleza.[24]

---

23. Cf. en *No podéis servir a Dios y al dinero. Teología y economía*, Sal Terrae, Santander, 2021.
24. Marx ha criticado a Dios en un nivel de oposición social. Pero Dios no es negación de negación (en línea de sistema), sino gratuidad fundante, en perspectiva de nacimiento y resurrección, es decir, de vida regalada, compartida, entregada.

En la línea de Comte. Divinización del progreso, el fin de la historia

En el fondo, los autores anteriores habían divinizado a la humanidad, como naturaleza racional (Kant), como Espíritu en la historia (Hegel) o como Dialéctica económica (Marx). Pero solo A. Comte (1798-1857) ha querido fundar una nueva religión de la Diosa humanidad, interpretada en forma de progreso. (1) *En su infancia*, los hombres explicaron el ser y los cambios del mundo como efecto de poderes sobrenaturales, de almas o seres divinos. (2) *En su juventud racional*, los hombres pensaron que había solo un Ser divino (Brahma o Tao, Nirvana o Elohim), que muchos ilustrados han identificado con la razón ontológica, en línea de filosofía (3) *Pero la verdad y meta de la historia*, el verdadero dios de la nueva humanidad es la ciencia.

Este esquema se ha extendido y popularizado entre muchos intelectuales de occidente, que no creen en dioses, ni cultivan tradiciones religiosas reveladas, ni aceptan la filosofía, sino solo aquello que está «demostrado» por la ciencia. Tras la oscura magia religiosa y la engañosa filosofía, ha brillado al fin el dios verdadero. La prehistoria ha terminado. La historia verdadera empieza (culmina) con el descubrimiento y despliegue de los poderes científicos, que Comte ha cantado y exaltado de forma emocionada, como fundador de una religión universal de la humanidad, sacerdote de la ciencia.[25]

– *Ha caído el Dios de las religiones*, pues no resolvía los problemas del hombre, y en su puesto se ha elevado la ciencia, que conoce el sentido y meta del universo: Ella hará que los hombres habiten, reconciliados e iguales, sobre un mundo lleno de riquezas, de manera que puedan organizar por fin su vida de un modo racional y positivo.

– *Ha caído la razón filosófica*. No son necesarias más teorías sobre el desarrollo total del pensamiento o sobre unos problemas de tipo ontológico (que son pseudo-problemas, planteamientos falsos de la vida). Con la ciencia positiva y la abundancia de sus bienes materiales, los hombres alcanzarán su verdad y podrán relacionarse con justicia, sin necesidades, de manera armónica, en el mundo.

---

25. Entre las obras de Comte: *Discurso sobre el espíritu positivo*, Aguilar, Buenos Aires, 1973; *Catecismo positivista*, Nacional, Madrid, 1982; *Curso de filosofía positiva*, Magisterio, Madrid, 1977.

Así pensaba Comte, promotor de una existencia positiva, rechazando las supersticiones de la religión y ontología filosófica. Pero en la segunda parte de su vida él convirtió su sistema en religión, presentándose como fundador y pontífice de una *Iglesia positivista de la ciencia*, bien organizada (sobre el modelo de la Iglesia católica), que aún existe en algunos lugares, con dos principios básicos:

- *Dogma teórico: la humanidad es dios.* Así lo habían supuesto los ilustrados de la Revolución francesa que entronizaron a la Dama razón (Humanidad) en el altar de Notre-Dame de París, ofreciendo una versión secular de la Encarnación de Dios en Cristo, es decir, en la humanidad.
- *Dogma práctico: la ciencia es mesías de dios.* Como representante de ella, Comte se proclamó pontífice de la nueva religión, servidor de la humanidad, asumiendo estructuras y ceremonias de la Iglesia católica, pero creando una Iglesia positivista de la humanidad divina y de la ciencia.

Comte tomó de la Iglesia un elemento secundario (estructura centralizada), rechazando lo importante: Trascendencia y encarnación de Dios, gratuidad y comunión personal. No estuvo solo: Muchos hombres del siglo XIX y XX no han tenido más dios que la humanidad, ni más culto o absoluto que la ciencia.

Ciertamente, la ciencia constituye un elemento importante del despliegue humano. Pero una ciencia en sí, entendida como principio regulador de la vida, puede conducirnos y nos está conduciendo a la destrucción ecológica del mundo. El dominio "científico) del hombre sobre el mundo, en la línea una tecnocracia invasiva puede acabar destruyendo la vida de la tierra.[26]

En esa línea, un tipo de neoliberalismo capitalista, empeñado en el dominio del hombre sobre la naturaleza, ha podido afirmar

---

26. La ciencia que Comte anunció como salvadora, capaz de resolver todos los problemas de la mitología religiosa y la filosofía racional, ha creado otros problemas, aun mayores: Ha muerto la utopía, no ha llegado el Reino. Ciertamente, *el sistema funciona*, pero lo hace como estructura de violencia: Crece la exclusión y las distancias entre ricos y pobres, favorecidos y marginados. Ciertamente, en muchos lugares aumenta la sensibilidad ética (se crean instituciones no gubernamentales al servicio de los necesitados), pero el sistema en cuanto tal ha perdido utopía y esperanza, en manos de la *mammona* económica.

que hemos llegado al "fin de la historia". En este fondo, a modo de apéndice, quiero evocar, por ser más conocida, la obra de un ensayista y agente político como F. Fukuyama,[27] pues, a su juicio, tras la caída del marxismo, con la extensión de la democracia liberal, el avance de la ciencia y la expansión de la libre empresa capitalista y los mecanismos del mercado, puede afirmarse que el tiempo de los cambios traumáticos de la historia ha terminado.

Fukuyama pensaba que el tiempo se ha cumplido, ha llegado la etapa final, positiva, de la humanidad, en la que reina la ciencia neoliberal (vinculada al capitalismo), de manera que solo quedan sin solucionar sobre la tierra algunos conflictos periféricos (interpretados desde el sistema dominante como terrorismos) y los antagonismos normales (necesarios) del mercado que se ajusta de un modo constante, creando nuevos intercambios, sin mudar ni cambiar su contenido básico.

Por fin, los humanos han descubierto su lugar en el mundo, han llegado a la meta de su historia, de tal forma que pueden hablar de la sacralidad básica del proceso humano. Lo que Kant anunció se ha logrado (ha llegado la paz perpetua, fundada en la insociable sociabilidad de los hombres); se ha superado el enfrentamiento hegeliano, de manera que no existen amos ni esclavos, sino solo intereses comerciales que van ajustándose en el mundo; se ha cumplido el deseo de Marx, pero de un modo distinto, no por la dictadura del proletariado, sino por la libertad del mercado...

Pues bien, en contra de eso, debemos afirmar que el tiempo no se ha cumplido. El neo-capitalismo liberal no ha satisfecho ninguna de sus promesas (a no ser la del progreso de la ciencia instrumental pura). Los grandes problemas de la humanidad continúan y, en parte, han aumentado. Sigue habiendo dolor, hay sufrimiento e injusticia sobre el mundo, sigue creciendo la crisis ecológica, y son muchos los representantes privilegiados de la ciencia y economía mundial que piensan que este mundo se encuentra ya condenado a la muerte biológica. En este contexto siguen elevando su voz muchos hombres de ciencia, muchos economistas y políticos, afirmando que un tipo de progreso científico, puesto al servicio de un tipo de capital y comercio mundial, es actualmente el mayor de los terrorismos existentes en el mundo.

27. F. Fukuyama, *El fin de la historia y el último hombre,* Planeta, Barcelona, 1992.

Ciertamente, crece el bienestar de algunos, pero crece más la opresión de gran parte de los hombres, que viven y mueren en los límites del hambre. Se consolida, sin duda, un tipo de democracia de los fuertes; pero aumenta un tipo de *terrorismo de los privilegiados*, que toman el mundo como finca particular, al servicio de sus intereses, aunque media humanidad muera de hambre, y la vida del planeta siga estando cada vez más amenazado. En medio de esto, se consolida y crece la propaganda y mentira de los grandes medios, controlados por el capital, que quieren convencernos de lo hermoso que es hallarnos dirigidos (sometidos) por un tipo de ciencia que no está al servicio de la vida de todos, sino solo de alguno "privilegiados económicos". En ese contexto queremos recordar dos afirmaciones básicas:

– *La ciencia tecnocrática no es divina, ni neutral,* sino que puede ponerse y se ha puesto al servicio del capitalismo dominante, con sus poderes de muerte. Ciertamente, la ciencia tiene una raíz de libertad (todo conocimiento libera), pero ha estado y sigue estando controlada por los señores del sistema. Por eso, si la ciencia culminara en la forma actual, acabaría consagrando el triunfo de algunos, la opresión de la mayoría y la muerte de todos, a través de una especie de suicidio vital. No había llegado el reino de Dios, sino el reino de la muerte universal.

– *La ciencia se ha puesto de hecho al servicio de la muerte, no solo porque está en gran parte dominada por mafias militares,* sino que se ha puesto de hecho al servicio del capitalismo, es decir, de aquellos que poseen y/o manejan el gran capital, poniendo a su servicio los medios de producción y lo producido, aunque los más pobres sigan oprimidos y la tierra esté en riesgo de muerte.

No hay eterno retorno de la vida en la tierra

En otro tiempo no se planteaba el problema, pues se pensaba que, hiciéramos lo que hiciéramos, el mundo permanecía siempre igual, conforme a la doctrina (mito) del eterno retorno que ha sido popularizada o *Mircea Eliade*[28] (1907-1986), fenomenólogo de la religión,

---

28. Cf. M. Eliade, *El mito del eterno retorno,* J. J. Altizer, *Mircea Eliade y la Dialéctica de lo Sagrado,* Marova, Madrid, 1972; D. Allen, *Structure and Creativity in Religion: Hermeneutics*

que ha realizado estudios ejemplares de diversos temas religiosos (judaísmo, cristianismo, budismo, hinduismo brahmánico), pero que los ha interpretado, al menos parcialmente, desde un perspectiva filosófico/política muy cuestionable.

Los *ilustrados* habían apelado a la razón, que introduce a los hombres con su desarrollo, como destacaba el capítulo anterior. Pero, queriendo superar un tipo de razón ilustrada, *M. Eliade* busca una hierofanía o revelación más antigua, propia de las religiones que sacralizan los poderes cósmicos, en una línea más cercana a F. Nietzsche (1844-1900) que a la Biblia, como si la naturaleza fuera eterna e inmutable en sus giros.[29] Pero en la actualidad, desde el siglo XVIII en adelante, dentro de una humanidad "tecnocrática", el mundo no puede entenderse ya como puro retorno de lo mismo, porque en el planeta tierra, la vida no vuelve a ser lo que era, sino que va cambiando, de forma que puede acabar destruyéndose, por influjo humano, como sabemos por la ecología y como ha destacado en su segunda encíclica el Papa Francisco (*Laudate Deum*, 2023). Sin duda, en un plano, lo más moderno (pos-moderno) se identifica con lo premoderno. Pero hoy sabemos que las cosas (las realidades sociales) no vuelven a ser siempre lo mismo, sino que nos hallamos ante dos fenómenos nuevos, que cambian totalmente nuestra forma de entender la realidad, la vida:

– *Por un lado, la vida no es eterno retorno, sino "evolución histórica"*, como puso de relieve la investigación de C. Darwin, El origen de *las especies* (1859). Las especies vegetales y animales no son lo que han sido, ni serán lo que ahora son, sino que van cambiando progresivamente, conforme a unos ritmos marcadas no solo por el ambiente externo, sino por un tipo de "impulso vital", que forma

---

in *Mircea Eliade's Phenomenology and New Directions*, Mouton, The Hague, 1978; J. D. Cave, *Mircea Eliade's Vision for a New Humanism*, Oxford UP, Oxford: 1992; C. Olson, *The Theology and Philosophy of Eliade*, St. Martins, New York, 1992.

29. M. Eliade ha elaborado la intuición de Nietzsche, recuperando el mito del *eterno retorno* que, de formas diversas, habían superado hindúes y cristianos (con la Ilustración). Así interpreta la eternidad cíclica de la naturaleza como hierofanía principal, buscando un tipo de pos-modernidad que es en el fondo premoderna: No hay más Dios que la naturaleza, que siempre vuelve, porque ella misma es voluntad de poder o de ser, sobre el miedo del tiempo que devora y destruye todo lo que existe. Quienes buscan así a Dios sobre la muerte quieren superar su fragilidad humana: La religión les introduce en el Eterno retorno de la naturaleza, que es lugar fundamental de lo divino.

parte de la lucha de (por) la vida (*struggle for life*) cuyos principios y sentido más hondo ignoramos. La vida de los vegetales y animales en la tierra (en el contexto de lo que podemos llamar biosfera) se ha ido formando y cambiando a lo largo de los milenios, hasta formar el frágil equilibrio actual.

– *Por otro lado, la evolución de las especies y la vida del planeta* ha estado y sigue estando influida por fenómenos complejísimos de tipo planetario (al menos dentro del sistema solar). Hasta hace unos siglos (o milenios) esa evolución de la vida se hallaba influida por agentes "naturales", sin intervención de una inteligencia como la humana. Pero en los últimos siglos, especialmente a partir de la Ilustración del siglo XVII, la evolución del conjunto de la vida del planeta ha empezado a estar muy influida por la "aportación" (influjo) del hombre, como supone ya Gn 1:26-28. El ser humano no vive ya sobre una tierra que rueda indiferente a lo que él haga, sino que la acción del hombre ha empezado a influir poderosamente en la misma evolución de la vida en el planeta.

Queramos o no, estamos influyendo (y lo hacemos cada vez más poderosamente) en la vida del planeta tierra, de forma que hemos empezado a saber (no solo por teoría, sino en la práctica) que tenemos un gran influjo en la marcha de la vida del planea tierra. Solo ahora entendemos (podemos) entender el sentido de las palabras de Dios (= Moisés) en Dt 30: *Pongo ante ti la vida y la muerte…* Hasta hace unos siglos, todos, de un modo inconsciente, sin razonamiento alguno, pensábamos que esas palabras se referían a la vida o muerte eterna (al cielo o al infierno y quizá también a la salud y enfermedad de los hombres en la tierra: los justos vivirían con salud, los injustos morirían pronto).

Pero esa visión empezó a quebrar (siendo superada), no solo en el contexto de otras religiones y antropologías (tanto en la India como en Grecia), sino en la misma revelación bíblica. El libro de Job eleva su más duro alegato en contra de esa visión de la vida y de la muerte, de una forma que ha sido después elaborada por el libro del Eclesiastés (Kohelet), en términos que no han sido superados racionalmente todavía.

El Dios bíblico ha puesto el destino y futuro de la vida en nuestras manos, ni de un modo personal, ni de un modo social, y hoy, sabemos ya de un modo práctico que ese destino depende poderosamente de lo que nosotros hagamos. En un sentido, la vida de los animales y las plantas nos sobrepasa. Pero, en otro, hoy sabemos que ella depende de nosotros: De nosotros depende la limpieza o envenenamiento de parte de las aguas, el calentamiento o polución del aire, etc. Según eso, nosotros dependemos para vivir no solo de aquello que sea y nos ofrezca la "madre" tierra, sino también de aquello que nosotros hagamos en ella.

Sin duda, la modernidad ha ofrecido valores en un plano de ciencia y técnica (es decir, de sistema), pero en el nivel filosófico-religioso no ha logrado resolver los grandes temas de la vida, y en algún sentido los ha complicado. No podemos volver a una etapa previa de tipo "mítico", pensando que las cosas del mundo son siempre como fueron. Hoy sabemos que muchas (especialmente en el mundo de la vida) no son simplemente como eran, sino como nosotros "las vamos cambiando". La vida del planeta tierra está muy influido por la acción de los hombres.

- *Dios bíblico.* Los cristianos suponen, por un lado, que el hombre es libre, un viviente capaz de crearse a sí mismo, afirmando por otro que Dios es personal y que se ha encarnado en la historia, para que ellos, los hombres (creyentes) le encuentren en ella y alcancen la vida como fidelidad al amor concreto y como esperanza de resurrección. Frente al riesgo de la muerte ecológica, los cristianos pueden apelar a la resurrección que transforma poderosamente la visión de la muerte.

- *Dioses naturales.* Las religiones cósmicas sacralizan el proceso del tiempo y superan el miedo de la muerte apelando al eterno retorno de la vida (que triunfa de la muerte). Ellas no conocen a un Dios que pueda encarnarse en la fragilidad del tiempo, en una vida humana concreta, como la de Jesús, pero, en este tiempo de degradación ecológica corren el riesgo de perder su identidad, porque, ante el avance destructor de la humanidad, los hombres no pueden insertarse en el eterno retorno de la vida, pues no puede darse un eterno retorno de lo mismo, sino un tipo de espiral descendente que desemboca en la muerte.

Entendido así, el proyecto cultural de la Ilustración, que buscó la libertad del hombre a través de su creatividad racional (en el marxismo o en un tipo de neo-liberalismo capitalista) ha sido equivocado:

O recuperamos la raíz cristiana de la encarnación de Dios en el tiempo o retornamos a la matriz divina del cosmos de donde, quizá, no debíamos haber salido nunca. Pero, en este momento (finales del siglo XX, comienzos del XXI), los hombres no podemos refugiarnos en el eterno de la vida, porque la vida por sí misma se destruye, y los hombres modernos contribuimos de un modo especial a su destrucción (o al menos a su profunda degradación).

Como pensador comprometido con su tiempo, *Nietzsche* había comenzado a optar por un tipo de nuevo paganismo, simbolizado por Dionisio, pero murió dividido entre la voluntad de poder de Dionisio y Jesús crucificado. Como historiador y fenomenólogo, *M. Eliade* no ha querido optar por un camino religioso, ni decirnos el que debemos escoger, pero su obra parece un canto de nostalgia a las religiones de la naturaleza, que en este momento (año 2024) no pueden mantenerse con el vigor de antaño, porque ya no podemos volver al eterno retorno de aquello que ya ha sido, pues los ciclos de la vida se cambian a medida que se suceden.[30]

Tema pendiente, superar la violencia

No se trata solo de la violencia de unos hombres (pueblos, grupos sociales) contra otros, sino la violencia de fondo de la humanidad contra el mundo, como seguiré mostrando con la ayuda de algunos análisis de R. *Girard* (1923-2015).[31] A su juicio, por constitución antropológica, los hombres somos seres conflictivos, naturalmente violentos. Hemos nacido sin saber lo que queremos, y tenemos que aprenderlo imitando a otros (por mímesis) y/o luchando contra un mundo que aparece ante nosotros unas veces como fascinante (nos atrae y fundamenta) y otras como terrible o destructor.[32]

No somos animales realizados (ajustados a un medio), con respuestas instintivas fijadas de antemano ante los desafíos del mundo, sino que debemos realizarnos abiertos a un mundo fascinante, pero también terrible. Por un lado, nacemos por gracia (nos regalan

---

30. El tema básico de la religión y teología no es ya superar el ateísmo, sino descubrir la identidad de Dios y su forma de presencia en el mundo.
31. Entre las obras de R. Girard: *La violencia y lo sagrado*, Anagrama, Barcelona, 1983; *El misterio de nuestro mundo*, Sígueme, Salamanca, 1982; *El chivo expiatorio*, Anagrama, Barcelona, 1986.
32. Cf. R. Otto, *Lo santo*, Alianza, Madrid 1985 (original *Das Heilige*, 1917).

la vida de un modo divino) y así podemos responder con gratuidad, agradeciendo y regalando aquello que hemos recibido, como
he puesto de relieve en cap. 1, analizando el texto de Mt 6 (como
pájaros, lirios). Pero, al mismo tiempo, en nuestro nacimiento hay
un componente de miedo y violencia (de lucha contra posibles adversarios imaginarios o reales).

Desde aquí se entiende nuestra identidad, la riqueza y el riesgo
de la vida humana. En contra de lo que *Marx* pensaba, no deseamos
las cosas o riquezas en sí, por aquello que son), como objetos de
puro consumo material, sino por lo que significan para otros (que
las ofrecen o retienen).[33] Las cosas no tienen un precio objetivo (físico) por aquello que son cerradas en sí mismas, sino que su precio
depende de aquello que otros piensan que son, por la forma en que
las valoran al desearlas.

En esa línea, planteando en sentido radical nuestro origen y destino, R. *Girard* supone que somos deseantes infinitos en (sobre) un
mundo que, por un lado, nos atrae de manera que queremos arro-
jarnos en sus brazos (sumirnos en su seno) y que, por otro, nos ate-
rra, de forma que queremos dominarlo, apoderarnos de su fuerza,
impedir que nos destruya.

Estas reflexiones nos permiten interpretar mejor lo que hemos
dicho ya en cap. 3 al ocuparnos del gran signo del Yom Kippur (chivo expiatorio y emisario: Lv 16) y de la creación bíblica (Gn 1-11).
En este contexto se sitúa lo que, de un modo simbólico, podemos
llamar pecado y gracia original, la atracción y repulsión vital del
mundo, que nos lleva por un lado a vincularnos con él y por otro a
dominarlo de un modo violento (talando bosques, cazando animales para vivir matando animales peligrosos, quemando energía…).
Nuestro influjo en él forma parte de nuestra identidad, desde tiempo muy antiguo, pero ha crecido de un modo mucho mayor en los
últimos siglos, de forma que, con nuestra acción, estamos poniendo
en riesgo la misma vida del mundo, como he venido destacando.

Hasta el momento actual (siglo XXI), la vida se había venido manteniendo básicamente en equilibrio, dentro de un esquema cíclico,

---

33. Lo que deseamos de verdad y necesitamos para ser humanos, en unión afectiva
o lucha mutua, no son cosas u objetos materiales, sino personas que nos enseñan a que-
rerlas o nos impiden conseguirlas. Somos vivientes de encuentro personal y solo con
relación a otras personas recibimos nuestro su ser o lo perdemos.

esto es, de recuperación permanente de los equilibrios vitales. Pero ahora, en los últimos tiempos, parece que ese equilibrio puede romperse, de forma que estamos pasando de una modernidad anterior que se sentía llena de promesas de futuro a una post-modernidad muy problemática, que duda incluso del futuro de la vida humana en la tierra.

Falsa "trinidad", tres riesgos de muerte

La solución no está en cualquier dios, sino que es necesario superar un "dios falsificado" (como moneda falsa), para redescubrir al Dios verdadero.[34] En esa línea avanza el sistema neo-liberal que, tras la caída del marxismo, suele aparecer como único «absoluto», que exige un tipo de adoración *monolátrica:* permite que existan otros dioses, pero los convierte de hecho en simple folklore o verdad parcial, al interior de un mercado donde se compran y venden religiones.[35] Externamente, el Dios del sistema neo-liberal parece tolerante, pues deja en libertad a otros dioses, e incluso se gloría de que existan, distinguiéndose así del comunismo duro, que quería destruirlos. Pero de hecho está imponiendo sobre el mundo su falso «monoteísmo trinitario» de capital-empresa-mercado:

- *Falso dios padre, el capital.* Parece providente, ofrece beneficios tangibles a sus siervos y devotos, pero, conforme a la acepción que judíos y cristianos daban a ese término, es un «ídolo»: No es fuente de gracia (creador), ni de comunicación verdadera y creadora entre los hombres, sino *Mammona* sobre todos los grupos y personas (cf. Mt 6:24). Vale en sí: es el principio al que todo lo demás se subordina. En ese plano, contra los posibles ensueños

---

34. Tomo esta idea de T. Ruster, El dios falsificado, Sígueme, Salamanca, 2011, no solo por su valor intrínseco, sino por elaborar en esta perspectiva una visión ecológica inspirada en la experiencia de Juan de la Cruz, que yo también he desarrollado en este libro. En otro plano sigue siendo fundamental el planteamiento de T. Hobbes, *Leviatán,* Nacional, Madrid ,1983; ed. original 1651.

35. *El sistema comunista,* oficialmente ateo, ha fracasado porque ha suscitado ideales de libertad y creación compartida: No ha cumplido lo que prometía. *El capitalismo* ha resistido a las críticas del marxismo y parece elevarse hoy como único sistema. Tiene elementos positivos, en un plano de libertad formal, creatividad y pluralismo ideológico. Pero en su forma dominante neo-liberal suscita grandes problemas, pues se define por la prioridad del capital, que parece extenderse como único dios o poder verdadero sobre los hombres (cf. Ap 18:11-13).

politeístas post-modernos, parece que solo hay un dios imperante, que no es Yahvé, Allah, ni Padre, sino el capital todopoderoso.

– *Falso dios hijo, la empresa,* al servicio del capital. Hombres y mujeres vivían antaño en contacto inmediato con la realidad, campo y mar, lluvia y cosecha, que eran signo de Dios (hierofanía); las nuevas religiones han destacado la importancia de los enviados divinos (Cristo o Mahoma, Buda o Krisna). Pues bien, en contra de ellos, el sistema neo-liberal ha divinizado la *empresa productora*. Más que los bienes naturales o el trabajo personal, importa la «fábrica», que no crea vida, sino medios de consumo. Ella parece el Cristo actual y se eleva sobre grupos y pueblos, sin fronteras. Procede del capital y le sirven, ofreciendo trabajo y consumo a sus beneficiados, como Mesías productor.

– *Falso espíritu santo, el mercado.* Antes había *naciones* (unidades de generación), *iglesias* (castas, Shanga, pueblo, comunidad, Umma...) o *estados,* lugares de manifestación de Dios y encuentro humano. Ahora los hombres tienden a comunicarse de un modo indirecto, a través del mercado, donde van los devotos a ver, admirar y comprar. Su influjo se extiende por doquier, de forma que todo se logra pagando, si un «dios» está en el otro: capital en empresa y mercado; mercado en empresa y capital... El mundo entero es una feria sin trabas, donde se compran incluso personas.[36]

Esta es la trinidad dominante (capital, fábrica-empresa, comercio-mercado), que define la infraestructura del sistema y crea una superestructura ideológica, a su servicio. Así se expresa el dios neo-liberal y monolátrico, que exige adoración suprema, aunque a su lado permita que existan otros dioses privados (menores), mientras no le estorben, ni impidan cumplir su cometido. Cada hombre puede cultivar sus sueños particulares de tipo estético o afectivo, familiar o religioso, de manera que el sistema parezca espacio de libertad formal, contra toda dictadura externa. Pero esa libertad acaba estando al servicio del capital (que las empresas produzcan, que el mercado se extienda), no de las personas y grupos marginados.[37]

36. Cf. R. Petrella, «Le Dieu du capital mondial», Revue d Univ. Bruxelles, 1999, 1, pp. 189-204.
37. Esta religión del capital-mercado convierte en compra-venta los valores personales o afectivos, estéticos o lúdicos, para gloria de sí misma. Para ello necesita promover un tipo de libertad de comunicación que resulta nueva en la historia. Somos muchos los

Este mundo de lucha y mercado acaba destruyendo a los hombres. Los vencedores pueden perder sus valores personales. Los vencidos pierden incluso la vida, quedando marginados: Nadie los mata físicamente, ni les impide escoger en teoría a su dios; pero al quedarse fuera de las redes del mercado dominante parece que no existen. Surge así una situación de gran riesgo, que no es la muerte de Dios (a quien nadie puede matar, si es que existe), sino *la muerte del hombre,* que nosotros mismos podemos provocar, por la bomba, la manipulación genética y la angustia:[38]

- *Muerte por bomba.* En otro tiempo, la violencia parecía limitada en su espacio y posibilidades, de manera que resultaba difícil (casi imposible) que los hombres acabaran destruyéndose todos. Ahora se ha globalizado de modo que formamos un único mundo, con un potencial de destrucción casi inmediato (bomba atómica). Han sido necesarios muchos milenios para nuestro surgimiento; pero somos capaces de matarnos en unas breves horas, si algunos (dueños de la bomba), lo deciden. Solo podemos sobrevivir si queremos (nos queremos) y pactamos (dialogamos, nos respetamos), superando la pura violencia del sistema, buscando formas de administración económica y política al servicio de la humanidad, sobre el terrorismo de los poderes globales y de la respuesta violenta de los marginales o marginados.

- *Muerte por manipulación genética (hombres artificiales).* Hasta ahora parecíamos nacer de un modo como inmediato, pues los padres nos han transmitido la vida de forma generosa, gratuita, por amor, en un lenguaje personal, en el cuerpo a cuerpo, cara a cara, palabra a palabra de la comunicación. Pero la ciencia ha puesto en nuestras manos unas posibilidades insospechadas de manipulación e influjo genético y educativo, que parecen capaces de cambiar nuestra forma de concepción y nacimiento. Ciertamente,

---

que (dentro del sistema neo-liberal) hemos conseguido una vida mejor, pero debemos expandir lo conseguido a todos, empleando en especial los medios de comunicación, de forma que ellos sean signos de transparencia humana.

38. *Antes*, los hombres y mujeres parecían fijados en un lugar, en contacto inmediato con la naturaleza, dentro de una economía y religión de subsistencia, determinados por el contexto social, divididos en clases y sexos, con funciones inmutables. *Ahora*, en esta economía de mercado, ya no estamos fijados de antemano, sino que podemos buscar nuestro camino y decir en libertad nuestra palabra, aunque corremos el riesgo de olvidar los valores ilustrados (y cristianos) de justicia y solidaridad interhumana.

es buena también en este campo la ayuda de la ciencia. Pero ella podría llevarnos a «fabricar» humanoides en serie, un tipo de híbridos humanos, no solo condicionados, sino también manejados, dirigidos, controlados desde fuera, como instrumentos al servicio de sus amos. Si así hiciéramos eso nos destruiríamos a nosotros mismos.

– *Muerte por angustia, cansancio vital.* Hasta ahora, hemos vivido porque nos gustaba, porque en el fondo de la aventura humana (engendrar y convivir) habíamos hallado un estímulo, un placer, vinculado al mismo Dios. Habíamos vivido por gozo y deseo, porque la vida era un don y una aventura, un regalo sorprendente que podíamos agradecer a Dios. Pero muchos sienten ahora que no merece la pena, negándose a engendrar o incluso a vivir. De esa forma emerge un tercer tipo de «suicidio humano»: Tras la bomba y la manipulación genética, puede alcanzarnos la falta de deseo, el cansancio de una vida que parece sin Dios y sin futuro, sin sentido sobre el mundo. El problema ya no es la voluntad de poder de Nietzsche, sino la ausencia de una voluntad de ser: Que nos falte el Dios del gran deseo de vivir y transmitir la vida, ahogándonos todos, unos en medio de riquezas materiales (asfixia interna), otros por falta de medios (asfixia externa). Es aquí donde viene a planearse con más fuerza el tema de Dios, el deseo de vida y la resurrección.

Estos riesgos conforman nuestra forma de vida y determinan el tiempo posmoderno. Un Dios en general no basta, ni basta una razón entendida en forma de sistema. Como señalaba el apartado anterior (queriendo superar la violencia), solo puede salvarnos un Dios que sea Creador de vida: Un Dios al que vemos en cada niño que nace, haciéndonos capaces de saltar de gozo y deseo de vida, de amor y de encuentro personal, pues por pura ley de sistema los hombres no viven. En este contexto podemos formular, en un orden inverso, los tres momentos del esquema anterior. (1) Dios es amplitud de vida, contra el cansancio y angustia de aquellos que piensan y sienten que su vida carece de sentido. (2) Dios es origen de vida y así le hallamos en cada nacimiento, pues todos los niños que nacen son presencia humana de su vida. (3) Finalmente, en contra de la bomba, que puede destruirlo todo, Dios viene a mostrarse como puerta de futuro, camino de resurrección. De esa forma definimos a Dios como Don enamorado de la vida (en gratuidad y perdón, en nacimiento y muerte esperanzada).

POSTMODERNIDAD. FALTA UNA ALTERNATIVA ECOLÓGICA

Un tipo de modernidad parece estar terminando, y en este contexto necesitamos una "alternativa" ecológica. Somos "seres de casa" (*oikos, eco-*). En sentido transcendente, nuestra casa es Dios, pues en él vivimos, nos movemos, somos (Hch 17:28). Pero en otro sentido, nuestra casa es el mundo, esto es, la carne, pues en el Dios (logos) encarnado somos, como dice de forma programática Jn 1:14. No basta con sobrevivir (no morir en el centro de esta gran crisis ecológica), sino de vivir de un modo "superior", pues solo así podremos superar la crisis de muerte en que nos encontramos, en una perspectiva de resurrección.

Principio. Madre tierra, casa de la vida

Un axioma de física decía: «nada se crea, nada se destruye, sino que todo se transforma». Nosotros podemos completarlo: «nada existe por sí mismo, nada es independiente; todo se encuentra conectado». La realidad que conocemos, aquella en que vivimos y somos, está constituida por una inmensa red de relaciones donde todo se diferencia y vincula, todo parece cambiar y, al mismo tiempo, hallarse quieto, en un juego sorprendente de tensiones y distensiones, que podemos traducir en forma de vida y muerte, generación y corrupción.

Quizá podamos suponer que al principio hubo un *big bang* (un estallido de realidad) y que al final habrá un estadio conclusivo de quietud o equilibrio energético en el que todo culmine y se consuma (al menos en un sentido). Dentro de ese proceso estamos nosotros, llamados a mantener y transmitir la llama de la vida, pero llevando en nuestro propio egoísmo el riesgo de apagarla, como hemos ido señalando. En ese contexto nos sitúa el cristianismo, como portadores de una esperanza de resurrección.

Todas las cosas son expresión de una realidad original de la que brotan y hacia la que tienden. Esa realidad o vida (a la que con la tradición llamamos Dios) parece sostenerlo todo, en un proceso en el que se integra la misma muerte. Dentro del conjunto de la realidad nos importa *la tierra*, entendida como proceso evolutivo, en el que unas realidades provienen de otras, formando así cadenas biológicas donde todo se despliega y conserva de un modo distinto.

Sobre la tierra común nos vinculamos de un modo especial *los humanos*, pues ella nos ha engendrado y nosotros la compartimos, en gesto de *tolerancia universal* (ella ofrece espacio de vida para todos) pero, sobre todo, de amor compartido, de donación mutua, es decir, de eucaristía. Ciertamente, nos podemos volver *intolerantes*, de manera que unos hombres luchemos contra otros por la vida y la destruyamos, destruyéndonos a nosotros mismos, inmersos como estamos dentro de una misma cadena alimenticia, que nos lleva a luchar por el territorio y los bienes de consumo (agua y mineral, plantas y animales). Pero podemos hacernos *tolerantes y creadores*, para que la tierra siga siendo lugar de vida múltiple y no un tipo un sistema que impone sobre muchos (y al final sobre todos) su muerte. Agradecer la vida de la tierra y mantenérsela será la primera de las tareas éticas o religiosas de los hombres.

Formamos parte de un orden cósmico mayor, pues la tierra en que moramos y somos (como un momento especial de su proceso) se encuentra inserta en el conjunto de soles y galaxias: no existe vida sin gravitación y luz-calor del sol, sin influjo de la luna, etc. Pero, de hecho, ella constituye un sistema relativamente autónomo, en el que se ha desarrollado un proceso alimenticio y vital del que formamos parte. De manera asombrosa y enigmática, pero muy concreta, por obra de un impulso que parece serle propio (en equilibrio con todo el universo), ha surgido en la tierra un multiforme proceso de vida, concretado después en formas vegetales y animales.

La vida es multiforme, pero sus diversos momentos están entrelazados en el tiempo (evolución) y el espacio (en correlación de simultaneidad), de tal forma que unos dependen de los otros, precisamente para ser distintos (de manera que la unidad funda la multiplicidad). Nos hallamos insertos en una *cadena alimenticia*, donde cada realidad depende de las restantes. Los minerales se mantienen en equilibrio energético, las plantas reciben su potencial de los minerales, los animales de las plantas..., en un proceso unitario y complejo de intercambios (de generación y corrupción) que algunos llaman diosa gea.

En ese sentido podemos afirmar que la vida es sagrada (signo de Dios, Señor supremo), como relación originaria, que vincula a las diversas realidades, en forma de cadena universal: todo se transforma en el proceso múltiple de la realidad, a través de los procesos de generación-corrupción y alimentación, de manera que ella existe y se expresa muriendo (siendo consumida) en el despliegue global de la existencia. La multiplicidad del proceso de la vida parecía asegurada por sí misma.[39] La única vida de la tierra, de la que formamos parte, se ha expresado generosamente en muchas formas o especies, que se han estabilizado a lo largo de los tiempos, a través de un proceso que suele denominarse "evolución biológica".

Todo nos permite suponer que esa evolución se ha realizado, y se sigue realizando, a través de mecanismos de mutación, selección y adaptación que rompen o, al menos, superan los esquemas normales de físico-química (ligados a la 2ª ley de la termodinámica), donde nada se crea ni destruye, sino que todo se transforma (en un camino que al fin acaba siendo degenerativo). De esa forma, el esquema anterior de la alimentación global (corrupción-generación, muerte-vida) se transforma y expresa como un proceso en el que la misma realidad, en vez de repetirse sin fin, en estructuras casi fijas de vida y muerte (por azar y necesidad), explora y busca por medio del hombre nuevas formas de existencia, a través de una evolución unitaria que influye de manera decisiva en todos los vivientes del mundo, convertidos de algún modo en seres "domésticos" (domesticados por el hombre).

El proceso de la vida resulta sorprendente y no podemos sistematizarlo en su totalidad, aunque parece haberse realizado a través de numerosas tentativas, siguiendo un principio de azar y necesidad, de tanteo y error (*trial and error*), que se ha expresado en miles y millones de formas de vida, que aún perduran o que han sido destruidas por el mismo proceso evolutivo.

No somos viajeros perdidos en un bosque donde los caminos se pierden y cruzan, sin tender hacia ninguna meta, de tal forma que, en último término, todos los caminos son iguales, sendas siempre perdidas. Ciertamente, somos nómadas del tiempo, pero nos

---

39. Pero con la entrada del ser humano y con el surgimiento de grupos y pueblos especialmente depredadores, especializados en poner a su servicio el proceso de la vida, de una forma intolerante y dictatorial, esa vida corre el riesgo de ser destruida.

hallamos inmersos dentro de un gran proceso de vida en el que nosotros mismos recibimos, hacemos y somos el camino. Por eso nos atrevemos a decir que el orden multiforme del proceso de la vida tiene un sentido, en el que nosotros, los hombres, nos hallamos inmersos, formando de algún modo su culminación, como supone Gn 1-3.

Inmersos en la vida, dentro de un planeta tierra, los hombres debemos comenzar haciendo un acto de fe en ella: recibimos su don, agradecemos su gracia, para así asumirla y recorrerla, introduciendo en ella nuestra opción de libertad, nuestro sentido humano. Por una parte, tenemos la impresión de que la vida de la tierra planea indiferente sobre la suerte de aquellas especies vegetales o animales que están menos adaptadas, como si ella avanzara sobre millones de cadáveres (de vivientes en general y de hombres en concreto). Pero, al mismo tiempo, afirmamos que el proceso de la vida ha hecho posible nuestro surgimiento humano, abriendo un camino que puede llevarnos al don de la vida, a la esperanza de la resurrección.

Desde ese fondo, superando el nivel de la pura ciencia, podemos afirmar que *la fuente de la vida es una Mente creadora de* amor gratuito y don generoso de vida. Ante esa fuente de vida hemos podido situarnos nosotros y nos situamos de un modo consciente, como seres privilegiados, imágenes de Dios, desbordando el puro nivel biológico

La vida anterior ha sido hermosa y abundante: ha suscitado una multitud ilimitada de especies vegetales y animales que pueblan el planeta. Pero, al mismo tiempo, ella es *elitista e intolerante:* miles o millones de especies han desaparecido, porque no se han adaptado o han perdido su oportunidad en el combate de la evolución.[40] En ese plano podemos y debemos afirmar con Nietzsche que la vida no tiene "moral", ella se eleva por encima del bien y del mal, parece movida por una inmensa "voluntad de poder", que le hace deslizarse de un modo incesante, sin cansarse jamás, sin cesar en su empeño de seguir existiendo.

40. Lo mismo puede suceder en el despliegue social: los hombres han superado un tipo de evolución biológica, pero no han superado con eso la violencia cósmica, sino que han creado nuevas formas de violencia: ellos se expanden y cambian a través de mutaciones sociales en las siguen triunfado los más fuertes, que tienden a ser intolerantes con los pobres o impotentes, a quienes excluyan, esclavizan o matan.

Hemos interpretado el cosmos y el proceso de la vida en una perspectiva antrópica, como si el conjunto de la realidad y, de un modo especial el despliegue de la evolución de las especies, hubiera tenido un sentido unitario, que desemboca en el hombre (en la línea de Gn 1:28-29). Esta perspectiva nos parece en principio positiva, pero ella plantea también muchas cuestiones y preguntas. Ciertamente, desde nuestra perspectiva, según la Biblia, el mundo culmina en el hombre, pero también en el "sábado" del gozo y de la gratuidad abierta a la naturaleza, como vimos en cap. 5. Eso significa que, por encima de los intereses comerciales, de producción y consumo instrumental (que culminen en forma de sistema), pueden y deben existir otras formas de servicio y comunicación muy importantes: búsqueda intelectual, relación amorosa, gozo estético, contemplación religiosa.

Ciertamente, el hombre no ha sido el primero en destruir especies vegetales y animales, pues lo han hecho primero (y lo siguen haciendo por necesidad) los desastres naturales (meteoritos, cambios climáticos) principios de la evolución de las especies; pero el hombre es capaz de destruir de un modo masivo y programado, que puede llevarnos a una gran ruptura ecológica, destruyendo del mismo equilibrio ecológico de la vida actual. Ciertamente, los vivientes anteriores luchan entre sí, pero también se vinculan creando formas de simbiosis, al servicio del conjunto, de manera que las diversas especies son interdependientes. Los hombres, en cambio, pueden enfrentarse de un modo nuevo con la naturaleza, organizando de un modo positivo el mundo de la vida (y esto es lo que ha pasado) destruyendo su equilibrio anterior.

El hombre es, sin duda, un gran depredador, un viviente peligroso. Pero si hubiera quedado en un nivel puramente "animal", como un viviente más entre los otros, habría perecido hace ya tiempo. La misma vida le ha dado inteligencia para buscar y conseguir un lugar especial sobre el planeta, poniendo de algún modo a su servicio el resto de los vivientes y de las realidades del mundo. El despliegue social de la humanidad ha introducido su gran apuesta global: el hombre puede destruir la vida, destruyéndose a sí mismo; o puede elevarla de nivel, introduciendo en el proceso de la evolución unos elementos nuevos de creatividad y libertad, de comunicación y gratuidad, que antes no existían.

Un compromiso global

Con nuestro consumo energético y nuestro modo de abusar del mundo podemos ser un riesgo para la vida del planeta y para la misma humanidad. Desde esta perspectiva cobran su hiriente actualidad algunos de los temas usuales de la propaganda ecologista: contaminación de la atmósfera, degradación de los mares, polución de las aguas. La humanidad despreocupada y codiciosa, dirigida por un capitalismo salvaje, puede convertirse en causa de un crimen irreversible contra la vida del planeta.

En contra de ese riesgo se alzó ya el Papa *Benedicto XVI* en su encíclica social *Caritas in Veritate* (2009), en la que exponía un programa de paz mundial, a partir de la unión de todos los poderes (estados) del mundo, con la ayuda de un ejército o poder coactivo capaz de mantener las directrices de esa autoridad ecológica mundial. Conforme a esa visión, los "estados" deberían ceder en parte sus poderes para así formar un gobierno mundial, al servicio del conjunto de la humanidad.

En esa línea se podría suponer (en perspectiva de utopía) que el tiempo de los grandes estados/imperios nacionales e internacionales (con los bloques económico-militares) deberían ponerse al servicio de una autoridad moral, social, económica y política del conjunto de la tierra, en la línea de la ONU. Ciertamente, quedarán los diversos pueblos, con sus valores culturales, pero los estados perderán el poder que han tenido en los últimos siglos, pues no serían beneficiosos para el mundo de la vida.[41]

Se trataría, pues, de superar un tipo actual de estados, enfrentados unos con otros, al servicio de sus intereses particulares, para crear un poder mundial, al servicio de la comunión de todos los pueblos, en la línea del "imperativo categórico" de Kant, *Crítica de la razón práctica*, según el cual cada ser humano (cada Estado) debería obrar de tal manera que su acción fuera (repercutiera) para bien del conjunto de la humanidad, en una línea que después, el mismo Kant, interpretó de un modo "comercial", como en los intercambios del mercado. En esa línea se podría hablar de un "mercado de pueblos", al servicio de la producción, creación y distribución de bienes

---

41. Mt 25:31-45; 28:16-20 y Ap 21-22 hablan de pueblos en sentido escatológico, pero no de estados e imperios.

de consumo. En esa línea se sitúa una encíclica del *Papa Benedicto XVI*, interpretando que el cristianismo va en la línea de una política (es decir, de un cambio de política) al servicio de la producción y mercado (distribución) de los bienes de consumo. Así dice su texto:

> *Ante el imparable aumento de la interdependencia mundial, y también en presencia de una recesión de alcance global, se siente mucho la urgencia de la reforma tanto de la Organización de las Naciones Unidas como de la Arquitectura Económica y Financiera Internacional, para que se dé una concreción real al concepto de familia de naciones. Y se siente la urgencia de encontrar formas innovadoras para poner en práctica el principio de la responsabilidad de proteger y dar también una voz eficaz en las decisiones comunes a las naciones más pobres. Esto parece necesario precisamente con vistas a un ordenamiento político, jurídico y económico que incremente y oriente la colaboración internacional hacia el desarrollo solidario de todos los pueblos.*
>
> *Para gobernar la economía mundial, para sanear las economías afectadas por la crisis, para prevenir su empeoramiento y mayores desequilibrios consiguientes, para lograr un oportuno desarme integral, la seguridad alimenticia y la paz, para garantizar la salvaguardia del ambiente y regular los flujos migratorios, urge la presencia de una verdadera Autoridad Política Mundial, como fue ya esbozada por mi predecesor, el beato Juan XXIII. Esta Autoridad deberá estar regulada por el derecho, atenerse de manera concreta a los principios de subsidiariedad y de solidaridad, estar ordenada a la realización del bien común y comprometerse en la realización de un auténtico desarrollo humano integral inspirado en los valores de la caridad en la verdad (Caritas in Veritate 67).*[42]

Esa autoridad mundial que Benedicto XVI proponía implica una globalización político-económica, al servicio de la justicia y de la paz. Pero debemos añadir que su propuesta se sitúa en un plano de sistema de poder, más que en el nivel más alto del mundo de la vida (de una comunión gratuita de personas) en perspectiva de evangelio. Lógicamente, en un discurso de tipo jurídico-político, el Papa no puede apelar al Sermón de la Montaña, ni a las palabras centrales

---

42. Cf. www.vatican.va/.../hf_ben-xvi_enc_20090629_caritas-in-veritate. Juan XXIII defendió una paz mundial, que debía expresarse en un cambio fuerte de las instituciones políticas y económicas, pero la situación de su tiempo (1963) era muy distinta y es también distinta la inspiración evangélica de fondo de su texto.

del mensaje de Jesús (no cita a Marcos ni a Lucas, ni los textos básicos de Mateo). Por eso, su propuesta, siendo muy sabia (quizá la mejor que puede hacerse desde un orden de poder), no responde a la exigencia originaria de Jesús, que no dictó lecciones para gobernantes y ricos, sino que abrió un camino de solidaridad sanadora y de paz desde los pobres.

Lo que dice Benedicto XVI es, en el fondo, lo que deseaban un tipo de pensadores ilustrados, desde Kant, hasta J. Habermas (*1929),[43] cuya visión se ha vuelto dominante en algunos círculos político-sociales neo-ilustrados. Pero, como he señalado al tratar de Jesús, lo que importa no es un cambio de poder en plano de "sistema", sino una transformación radical en el "mundo de la vida" (para utilizar el lenguaje de Habermas).

Para los cristianos, lo más importante no es un cambio en el plano del sistema, sino una conversión radical en el mundo de la vida, con el surgimiento y camino de personas y grupos que opten por la comunicación universal, humana, desde abajo, es decir, partiendo de los pobres/itinerantes (que son los que pueden curar a los ricos). Solo desde ese plano podrá promoverse una auténtica transformación del sistema político-económico.

Jesús y otros creadores religiosos como Buda situaron su mensaje en el "mundo de la vida", no en la organización del sistema. No quisieron tomar el poder para cambiar el Estado y la economía mundial (ni influir directamente en la configuración de las instituciones mundiales), sino que optaron por iluminar (convertir) a personas y grupos concretos, iniciando con ellos (para ellos) un camino de paz mesiánica, en una línea que se sitúa cerca de lo que podríamos llamar "objeción de conciencia" y rechazo de este mundo de opresión y guerra. No quisieron un pequeño cambio en la fachada del sistema político-económico (y militar), sino la transformación radical del mundo de la vida, en un plano de opciones radicales.

La transformación del Estado (los estados) y de la Economía mundial (con el subsistema militar) solo podrá venir en un segundo momento, superando el plano del sistema, sin apelar a los medios de violencia económico-política. Los grandes problemas de un nivel (en este caso el nivel económico-político) solo se resuelven

43. Entre sus obras, cf. *Teoría de la acción comunicativa*, Taurus, Madrid, 1989.

situándose (y situándonos) en un nivel más alto. Para que la economía y la política puedan ofrecer su aportación al despliegue de la vida humana, en línea universal, ellas deben superar el orden de globalización del sistema (en línea de poder), para situarse en un plano de comunión personal, en gratuidad.

En otras palabras, para que el cambio propuesto sea "humano" (al servicio del hombre) ha de superar el nivel del sistema, para expresarse y actuar desde el nivel más alto del mundo de la vida. El reto y fracaso de las revoluciones político-sociales de la humanidad ha estado y está en el hecho de que ellas han querido desplegarse y triunfar a través de un tipo de "toma de poder", en un plano político/ (en su mismo nivel de sistema). En contra de eso, solo allí donde se supera ese plano de toma de poder puede darse una verdadera revolución humana, que no sea ya una nueva forma de dictadura del sistema. Por eso, de forma sorprendente, el evangelio afirma que la gran transformación solo puede realizarse a partir de los pobres, en contra de un Mammón divinizado.[44]

Sin duda, en el caso de que surgiera esa Autoridad Mundial que quiere Benedicto XVI, a través de unas Naciones Unidas neutrales y eficaces, los estados particulares podrían desarmarse, como se desarmaron los ejércitos de los nobles y las mesnadas de las ciudades con la llegada de los Estados Nacionales, entre los siglos XVI y XIX. Se superaría de esa forma un tipo de poder estatal, de carácter militar y económico (ecológico), pero no habría llegado el verdadero desarme ni el auténtico compromiso ecológico, sino que podría surgir un tipo de imposición y dictadura político-militar más opresora y un tipo antiecología más dañina, al servicio de las élites económicas del poder mundial, como está sucediendo en este tiempo (año 2024).

En esa línea, sin el cambio radical de las personas y los grupos, el fortalecimiento de un estado/economía universal podría convertirse en la mayor de todas las dictaduras, como la Biblia ha puesto de relieve al hablar de unos imperios mundiales en los que se unifica todo el poder económico/militar pero que, en vez de ser "aliados de

44. He estudiado y he querido superar la propuesta de J. Habermas y, en el fondo, la de Benedicto XVI en *El cristianismo y la construcción de la paz*, Cuadernos Univ. Deusto, Bilbao, 2003 y *en El camino de la paz*, Khaf, Madrid, 2010.

Dios" (como quiere Benedicto XVI) fueron de hecho antidivinos y contrarios al bien de los pobres (las bestias de Dn 7 y de Ap 13-14).[45]

La propuesta del Papa Ratzinger, tenía valores y buenas intenciones, pero corría el riesgo de ser instrumentalizada por los poderes del sistema, a quienes no importa la economía/ecología de los pobres sino el triunfo de los poderes productivos, del mercado y del capital del sistema. En este momento de la historia, tengo miedo de los "poderes únicos", vinculados al único ejército/mercado, pues en esa línea quisieran avanzar, de manera fatídica, el imperio nazi y el comunismo soviético, con un tipo de capitalismo actual.

Claves de la alternativa: gracia, pobreza y universalidad

En contra (a diferencia) del proyecto que propone Benedicto XVI, para transformar el orden social desde arriba, con la finalidad *de garantizar la salvaguardia del ambiente y regular los flujos migratorios* (dos temas esenciales de la ecología), en la línea del Papa Francisco, vengo presentando en este libro un esquema centrado en la gracia, la pobreza y la universalidad. Como habrá advertido el lector, este esquema está al fondo del teológico, social y ecológico que voy exponiendo y que se sostiene sobre tres bases: *Gratuidad, no capital, pobreza en vez de empresa productora y comunión universal en vez de mercado.* Sobre esos goznes debe girar la ecología/economía y vida del hombre en el futuro, a no ser que destruyamos todas las posibilidades de vida en el planeta.

1. Gratuidad por encima del capital (mammona). El primer "dios" del sistema de poder es Mammon, el capital (Mt 6:24*).* Por el contrario, la primera manifestación del evangelio es la gracia de la vida como don que nos regalan y nosotros regalamos.[46] Todo lo

---

45. He analizado el tema en *Apocalipsis*, Verbo Divino, Estella, 1999.

46. Este es el argumento de *No podéis servir a Dios y al dinero. Teología y economía* (Sal Terrae, Santander, 2019). Al principio no fue el capital, sino la gracia, el don de la vida, la palabra regalada. Si se pone al principio al capital y la acción productora, se termina entendiendo la vida como estructura de poder, fundada en aquello que los hombres tienen (capital) y en aquello que pueden realizar/fabricar, como objeto de consumo. Donde lo primero es el capital (lo que se tiene) y la producción (lo que se hace) la existencia del mundo acaba en manos de aquellos que consiguen tener y hacer a costa de los otros, utilizando así el mundo para su provecho (como capital para tener y fabricar objetos de consumo, destruyendo así al fin la vida de la tierra.

que existe es gratuidad, porque de la gracia de Dios proviene, y no puede imponerse por ningún tipo de medios, sino ofrecerse y extenderse, sin imposición ninguna, por el gozo de dar y compartir, dentro de un mundo entendido como regalo.

El peligro de (casi) todos los intentos de transformación de la sociedad (revolución, francesa, soviética…) está en que se han impuesto por violencia y de esa forma se mantienen. Pues bien, en contra de eso, la revolución o conversión que Jesús propone (cf. Mc 1:14-15) solo puede realizarse y triunfar en línea de gratuidad, como él mismo puso de relieve al proclamar y comentar su proyecto con la imagen de los cuervos y los lirios de Lc 12:22-32 Jesús interpreta su evangelio como experiencia de gratuidad.

En contra del mensaje y camino de gratuidad de Jesús, el proyecto de ilustración moderna, tal como lo formuló Kant, se centraba en el capital y el trabajo productivo, en forma de mercado de intereses, no de comunicación de vida en gratuidad. Kant suponía que la globalización (el mercado universal de la humanidad) solo puede iniciarse y realizarse por medios "racionales" de dinero, fabricación e intercambio de objetos de consumo, conforme a un mercado de intereses, no de comunicación gratuita de la vida,[47] esto es, de acción productora económica.

Como he destacado en el capítulo anterior, el riesgo de la modernidad ha consistido en interpretar la riqueza del hombre como capital económico, no como gratuidad personal, insistiendo en la acción productora de bienes de consumo, más que en la acción comunicativa (es decir, en la comunicación propiamente dicha. Pues bien, sin

---

Por el contrario, allí donde ponemos al principio la gratuidad estamos reconociendo el valor originario del hombre en cuanto tal y del diálogo gratuito entre los hombres. Pablo afirma que "allí donde abundó el pecado sobreabunda ahora la gracia". Este esquema de capital y fábrica productora de objetos de consumo va en contra del proyecto de Jesus, como puse de relieve en *La historia de Jesús,* Verbo Divino, Estella, 2013. He presentado estas ideas básicas, en otro contexto, en *Antropología bíblica,* Sígueme, Salamanca, 2005.

47. En esa línea me parece ambiguo el título de la obra clave de J. Habermas, traducida como *Crítica de la acción comunicativa* (original *Theorie des kommunikativen Handelns).* Se trata de una "teoría", no de una crítica, en sentido kantiano, una teoría de la "actividad/Handeln" más que de la "acción", dirigida a la comunicación, más que a la "producción" de objetos de consumo, aunque se ponga de relieve la acción "instrumental de las manos". Esa acción comunicativa no tiene la finalidad de producir objetos, sino de establecer relaciones. Pues bien, pienso que, a diferencia de otros pensadores más personalistas (como M. Buber), Habernas ha terminado dando más importancia a la acción productiva que a la comunicación personal.

negar el valor de la producción de "cosas/objetos", los cristianos han insistido (= deben insistir) en la riqueza de la comunicación personal, que ha de entenderse de un modo gratuito.

En este campo se sitúa, a mi juicio, la gran "mutación evangélica": En el descubrimiento del valor creador de la gratuidad, superando el deseo impositivo/posesivo que nos lleva a luchar mutuamente unos contra otros. En contra del proyecto del dios/capital, la vida verdadera no avanza en una línea de ley y posesión, de lucha mutua y de toma de poder, sino de gratuidad y comunicación abierta a todo. Por largos siglos, los hombres han pensado que los bienes de la tierra deben conquistarse por la fuerza y que solo se puede conseguir la paz con imposiciones (sacrificando de algún modo a los demás). Pues bien, el proyecto de Jesús invierte esa ley de imposición sacrificial, con todas y las disputas por la propiedad de un capital.

El Dios de Jesús no es capital, sino regalo. La realidad, el valor es don (gracia) y solo como regalo puede recibirse, no como capital para enriquecimiento propio, sino como don para compartirlo con todos. Hay cosas materiales que se pierden al darlas, que se agotan al compartirlas. Pero en el evangelio, según Dios, cuanto más se regala en gratuidad más se tiene, cuando más se comparte más se goza, más se multiplica.

Mientras los bienes del mundo eran tierras o metales preciosos, máquinas o petróleo, podía utilizarse una lógica de la oposición o sacrificio: Si quiero tener algo se lo debo robar a los demás; si quiero mantenerlo para mí debo defenderlo con violencia. Pero en el plano superior de los bienes de Dios cuanto más regalo más tengo, cuanto más doy más rico soy, pues lo que importa es crear vida en gratuidad, superando la lógica de las imposiciones exclusiones.

El principio del evangelio es, según eso, el don de gratuidad, no el capital que se cierra en sí mismo. En este año 2024 estamos entrando en una era económica o social muy diferente, en la que pierden su prioridad los antiguos tipos de propiedad privada (entendida como causa de enfrentamientos), de manera que el "mercado" (que estaba en el centro de la propuesta de Kant) puede expresarse y desplegarse en forma de donación mutua, sin propiedad privada de tipo impositivo.

En esa línea se podrán cumplir las "leyes del mercado" que había propuesto Kant, pero no en forma de compraventa, sino de gratuidad. Solo aquellos que crean y dan (que regalan lo que son y lo que hacen) podrán vivir en el futuro, abriendo un camino de concordia universal. Solo en un segundo momento se podrán concretar las mediaciones sistémicas de ese don supremo que es la vida regalada y compartida. Solo en esa línea puede entenderse la verdadera ecología, pues la vida de plantas y animales, la vida del mundo, no es un capital para poseer, para convertirlo en objeto que se posee y vende, sino como don que se comparte, que es comunidad.

2. *Prioridad de los pobres sobre la empresa productora*. El primer "dios" de la tríada sagrada era el capital. El segundo es la empresa productora, que se ha vuelto más importante que la vida de los hombres entendidos como necesitados, es decir, como pobres. Tenía que estar la empresa al servicio de los pobres, pero se ha invertido la situación, de forma que son los pobres (los hombres concretos, necesitados) los que han venido a ponerse al servicio de la empresa.

El inmenso avance técnico (tecnocrático) de la modernidad se ha puesto al servicio del capital no de los hombres necesitados, con los resultados bien conocidos de opresión (sacrificio) y de expulsión al desierto que hemos visto al estudiar el paradigma de Yom Kippur. Este avance tecnocrático no ha logrado convertirse en medio de superación de la pobreza, sino al contrario, se ha vuelto una "fábrica de pobreza" para grandes masas de la población, con un aumento añadido de destrucción de la vida del planeta. De ese principio de "empresa productora" ha surgido el riesgo ecológico del planeta (degradación del agua, polución de la atmósfera, calentamiento global). La solución no está simplemente en parar la producción, sino en producir de otra manera, al servicio de los pobres (los necesitados, expulsados) y de la conversación/mantenimiento de la vida del planeta.

Como he puesto de relieve al estudiar el proyecto de Kant he insistido en el riesgo de crear un orden de paz desde un mundo de fabricantes y comerciantes, de gente que utiliza los medios económicos para relacionarse y enriquecerse. Esa propuesta condujo de hecho a una divinización del capital y al surgimiento de una clase de fabricantes, de un mundo-fábrica de poseedores-productores que oprimen a las clases pobres y crecen a costa de aumentar la degradación de la vida del planeta.

Esta es la empresa de los poderosos, que pueden y tienen más, una empresa al servicio de capital, que se concreta en los intereses de los privilegiados que dirigen el mercado. En contra de eso, el proyecto de vida de Jesús puede y debe elevarse a partir de los pobres, es decir, de aquellos que no buscan la "toma de la riqueza" (en paralelo con lo que antes he dicho sobre la "toma de poder"), sino que dan y comparten lo que tienen, desde la pobreza, es decir, desde la gratuidad compartida.

El orden actual busca la transformación del mundo desde la riqueza, y de la empresa, es decir, desde la propiedad de unos bienes, convertidos en principio de posesión. Pues bien, como vengo diciendo, los bienes materiales siguen siendo importantes, pero ellos solo pueden ser mediadores de comunicación universal en la medida en que se convierten en don regalado y compartido. Esta no es la pobreza del no tener, sino la que se expresa allí donde los hombres y mujeres se elevan de nivel, de tal forma que son por lo que dan y comparten.

En contra de este tipo de empresa al servicio del capital ha de surgir un tipo distinto de "acción/creación" comunicativa, que toma como punto de partida la prioridad de los pobres, es decir, de la transformación del mundo de la vida al servicio de aquellos que fueron los compañeros de Jesús: Enfermos, expulsados, impuros y pobres. Dentro de una sociedad injusta y dividida, la gracia de Dios (es decir, el movimiento de la vida) viene a expresarse de manera peculiar y más intensa a través de los marginados del sistema, es decir, de aquellos que salen del sistema, pero no de una manera puramente negativa, sino como representantes y testigos de un nivel más alto de realidad, en el plano del mundo de la vida.

Esta no es una afirmación general de tipo filosófico; no es un principio de razón social abstracta, sino una *categoría mesiánica* que brota de la misma acción del Cristo que ha querido encarnarse entre los pobres, expresando en el plan de Dios e iniciando con ellos un camino salvador abierto a todos, en línea de gratuidad compartida, no de posesión egoísta de los bienes. En este nivel se sitúa el budismo, cuando renuncia al deseo de bienes, para expresar y realizar la vida en el plano de la compasión universal. Este no es un principio negativo, un "no tener" (bajar de nivel), sino un principio positivo, que se expresa como un ascenso de nivel: Se trata de descubrir y desarrollar unos bienes más altos, en línea de comunión, en el nivel del mundo de la vida. Solo desde ese plano superior podrá expresarse la mediación económica del sistema, que no estará ya al servicio de Mammón (el Dios capitalista), sino de la humanidad concreta.

3. Comunión de personas, no mercado de intereses. Como vengo señalando, la "tríada" fundante de la modernidad (capital, empresa, mercado...) culmina en la creación de un tipo de universalidad mercantil, que no se expresa en forma de amor mutuo, sino de mercado (compra-venta) de intereses. En esa línea, el capital termina siendo el mercado. No hay un capital en sí, objetivo, "real, sustancial" que pueda identificarse en un sentido con Dios y en otro con el oro-plata (dinero) o con el carbón/petróleo (energía...). Hoy se habla más bien de un capital "virtual", identificado con el valor del mercado. Esta es la riqueza de la comunicación fluctuante de los intereses de un mercado impersonal que domina sobre todas las personas, como sabe Ap 18:13.[48]

En contra de la universalidad del mercado, que regula los intercambios comerciales partiendo de los intereses del capital, centrado en la producción de bienes de consumo, Jesús promueve la universalidad de la vida, que se expresa en la comunicación personal entre los hombres, partiendo de los pobres. Frente a la universalidad de un imperio que reúne a todos desde el poder más alto del «imperator» o general en jefe, vinculándoles en la lucha contra un enemigo común (chivo emisario), Jesús destaca la comunicación múltiple de todos con todos, desde abajo, en forma de redes de vida y afecto, de fe compartida. La universalidad de Jesús no se funda en una jerarquía que dirige y domina al conjunto desde arriba, sino en la comunicación directa, desde abajo, a partir de los más pobres, de los excluidos del sistema.

---

48. Cf. J. I. González Faus, *Los pobres en la teología y la espiritualidad cristiana*, Trotta, Madrid, 1991. No es que los pobres sean mejores, no es que valgan más. La grandeza de su mediación consiste precisamente en que trascienden una lógica de tipo contractual: Dios los ama porque están necesitados, en gesto de elección que desborda los esquemas de ley y mercado. De esa forma se vinculan la *gracia-mística* intensa de Dios (que ama porque quiere) y la *pobreza* de los hombres que, no siendo ni pudiendo exigir, se descubren amados, liberados, trasformados de un modo gratuito. Precisamente, en la pequeñez de esos hombres rechazados por todos los sistemas sociales, religiosos y morales de la tierra, podemos descubrir la trascendencia de Dios como principio de amor gratuito y el valor de la acción humana en línea de comunicación personal, no de posesión y disputa legal de bienes.

Allí donde la vida es gracia (un regalo) y partiendo de los pobres (excluidos del orden militar, económico o religioso) puede alcanzarse la verdadera universalidad, entendida como diálogo múltiple y enriquecimiento mutuo de personas y grupos (incluso de religiones). Nosotros queremos destacar aquí el universalismo cristiano, pero sabiendo que se trata de un universalismo humano que tiene una base biológica (hombres y mujeres somos una misma especie) y una estructura dialogal: formamos una comunidad múltiple de dialogantes que comparten un lenguaje vital y un mismo camino de pobreza, es decir, de gratuidad compartida.

Según el evangelio cristiano, la unidad de todos los hombres solo puede realizarse desde los expulsados de los grandes sistemas del mundo. Esta es la ecología que parte de *los pobres*; no se trata de construir sistemas religiosos o sociales, sino de que los hombres (empezando por los más pequeños: pobres, marginados, excluidos) puedan comunicarse, como Cristo, «piedra que los arquitectos desecharon y que ahora es cabeza de ángulo y principio de todo el edificio» (Mc 12:10 par.; cf. Sal 118:22-23).[49]

En esa línea, los cristianos afirman que Cristo (el Mesías expulsado y crucificado) es la *piedra desechada* y que con ella no se puede construir un edificio al estilo del templo judío (o de una nueva catedral cristiana), ni un nuevo imperio social o religioso como el que habían fundado por entonces los romanos. Jesús hizo algo mucho más concreto y profundo: abrió unos espacios de comunicación desde los más pobres, como un *bazar multiforme,* pero no al estilo capitalista moderno, para imponer el propio y conseguir riquezas a base de los otros, sino simplemente para compartir experiencias y vivir enriquecidos.

Su movimiento se compara al de un grupo de gentes que se van reuniendo para hablar y vivir, como en una plaza abierta (cf. Ap 22:2), donde cada uno aporta lo que tiene y todos pueden comunicarse de un modo directo, sin intermediarios superiores, sin leyes jerárquicas, sin otra norma que el deseo de ofrecer cada uno lo que tiene y el respeto a las necesidades de los otros. Jesús no ha querido ofrecer en este campo una respuesta teórica, no ha construido otro templo, no ha querido otro imperio, sino que ha iniciado un camino

49. He presentado las mediaciones de la universalidad en *Hermanos de Jesús y servidores de los más pequeños (Mt 25:31-46),* Sígueme, Salamanca, 1984, 431-444.

de humanidad, de diálogo concreto y universal, como en un gran bazar donde parece que reina el desorden absoluto y, sin embargo, hay un orden e intercambio más hondo que en todos los programas impositivos, de tipo social o religioso.[50]

La ecología humanista solo es posible donde los hombres se miran y encuentran (dialogan) de un modo directo, pues los temas de la vida no están hechos y resueltos de antemano (como en una gran catedral, de diseño unitario), sino que se van resolviendo a medida que los hombres se dan y reciben la vida, se encuentran y dialogan (cf. Mt 25:31-46). Esta globalización del Dios de Cristo no se resuelve con más dinero, poder o imposición religiosa (con dinero y poder se hacen catedrales y ejércitos, como supone el relato de las tentaciones: Mt 4 y Lc 4), sino desde la experiencia de amor compartido. Tiene que acabar la dialéctica de oposición: el principio de la *acción* (triunfo del fuerte) y *reacción* (venganza del más débil).

También tiene que caer el *sistema* interpretado como dictadura de algunos (jerarcas antiguos o nuevos) y también una ley que se aparece como expresión del conjunto (gran templo) que se impone sobre los hombres concretos. Debemos añadir que nadie triunfa ni se impone, ni siquiera el todo, pues no existe un «todo» dominante por encima de los individuos (Dios no es todo, sino fuerza que actúa en cada uno de los hombres). Sobre el imperio de la ley (talión universal), Jesús ofrece el mesianismo de la gracia.

Tres propuestas partiendo de las víctimas, comunión universal

Kant insistía en la importancia de una federación política de estados, queriendo fundar así una paz universal del mercado. En una línea convergente se situaba el Papa Benedicto XVI. En contra de eso,

---

50. E. Lévinas, *Totalidad e infinito*, Sígueme, Salamanca, 1977, defiende el valor del «otro» (el pequeño) sobre o contra el "todo", en perspectiva israelita. La imagen de *la catedral y del bazar* ha sido desarrollada de un modo provocativo y brillante por E. S. Raymond (en un texto del 23-mayo-1998, dedicado a la informática). Edición virtual en www.sindominio.net/biblioweb/ telematica/critica_esr.htm. Sabemos hoy que la vida humana no avanza dirigida desde arriba, por mentes superiores, sino que se va desarrollando desde abajo, a partir de las mil interacciones de cada uno de los componentes de este inmenso bazar humano donde todos se comunican De la catedral no puede nacer ya nada, está hecha. Del bazar pueden surgir y surgen ideas por la comunicación inmediata de todos sus componentes.

pienso que en el punto de partida de la paz ecológica y humana que buscamos ha de ponerse, en la línea de Jesús, el bien de las víctimas.

Desde la perspectiva religiosa que aquí ofrecemos, no se puede empezar cambiando las grandes relaciones sociales y políticas, pues para ello sería necesario tomar el poder y utilizar técnicas de fuerza, en la línea del sistema (con lo cual volveríamos a lo mismo). Por eso debemos empezar situándonos en un nivel de relaciones concretas e inmediatas, en el plano social y religioso, económico y afectivo, empezando por las más cercanas, de familia y pueblo para enriquecer el mundo de la vida, la vida concreta de los hombres. Sin el surgimiento de unos "tejidos de paz", que se van abriendo y expandiendo y desde los contextos más próximos, en perdón y colaboración, será imposible superar la violencia del conjunto social.

1. Al servicio de las víctimas, superando el modelo sacrificial. El sistema sacrificial está fundado en el supuesto de la escasez de bienes y en la ley del intercambio legal; en esa línea, el Dios-Sol de los aztecas (por poner un ejemplo) perdía lo que daba y por eso, los hombres, para mantener el equilibrio del conjunto tenían que ofrecerle nuevamente vida (sangre de guerreros muertos o sacrificados); en esa línea, la globalización se expande y realiza de forma jerárquica: todos se vinculan dentro del sistema, pero unos viven y crecen a costa de los otros. En contra de ese esquema y modelo de escasez de recursos (donde se pierde lo que da), las grandes religiones (y en especial el cristianismo) han puesto de relieve un modelo de abundancia y generosidad, propio de las relaciones humanas más profundas, al servicio de los pobres y excluidos.

No se trata de crear un "parque humano", dividiendo así la humanidad en "hombres fabricantes", dueños del capital y de la empresa, y hombres prefabricados (tipos beta, gama…) al servicio de los nuevos amos. Desde ese fondo quiero responder a los problemas inquietantes que había planteado el modelo de intervención genética que parecía estar al fondo de ingenieros genéticos, en la línea como P. Sloterdijk y de una minoría rica/poderosa de empresarios productores de una nueva humanidad a la carta, al servicio de un mercado de intereses de los privilegiados.

Eso significa que tenemos que dejar el modelo sacrificial, construido sobre oposiciones, donde el desarrollo y plenitud de una parte implica la destrucción o sometimiento de la otra, dentro de unos esquemas jerárquicos violentos, sacralizados en nombre de Dios. Antes, en el tiempo en que los hombres luchaban entre sí por la posesión de un territorio (de manera que si lo tenía el uno lo perdía el otro) o por el dominio de unos bienes limitados, en línea de acaparamiento capitalista, podía parecer que Dios es el mayor propietario y que su bendición se expresa en forma de riqueza o abundancia particular. Pues bien, en contra de eso, ahora sabemos que en el plano superior de la cultura y de la vida afectiva los bienes se multiplican en la medida en que se dan y comparten; en este contexto podemos descubrir que Dios no es propietario de nada.

El modelo de este esquema de abundancia no es ya un tipo de capital que los ladrones pueden robar (ni una economía puesta al servicio de algunos, en contra de los otros), sino el lenguaje, que no es propiedad particular de nadie, sino don y medio de comunicación para todo. Por eso, el buen lenguaje de uno (del poeta o narrador) no va en contra del derecho o la riqueza de los otros, sino todo lo contrario: cuanto más rico sea otro más me enriquece; cuanto más ofrezca yo a los demás y más regale más tengo. Dios no es propietario sino principio de donación y así debemos ser nosotros. En este contexto se sitúan unas palabras programáticas de G. Theissen, autor a quien hemos estudiado ya al tratar de los principios y meta de la evolución humana:

> La fe en el único Dios es una protesta contra el principio de selección. La armonía con una realidad central, que está más allá del mundo de la vida de los hombres, confiere una 'fuerza de supervivencia' aun a aquellos que no tendrían ninguna posibilidad adaptándose al mundo humano... Él es un Dios universal. Es el 'entorno último', detrás de todos los entornos específicos. Por eso, si hay una adaptación lograda a esa nueva dimensión profunda que está detrás de todos los 'entornos', no puede haber ya rivalidad o conflicto por el reparto de recursos entre los humanos. Quiero expresarlo del modo más claro posible.
>
> Los medios de vida contenidos en un nicho ambiental determinado son siempre escasos; los que habitan esos niños deben competir y luchar por conseguir el acceso a esos bienes. Pero Dios nunca es 'escaso': él es el fundamento de todos los recursos; infinitos seres vivientes pueden acceder a Dios sin que sus riquezas se agoten; él da a los hombres la conciencia de una infinita plenitud en el fundamento

de la realidad, de manera que puede superarse aquella competencia y lucha por la posesión de bienes... Aquí se sitúa el avance decisivo del politeísmo al monoteísmo.

Mientras los hombres adoren una multiplicidad de dioses, la conversión de un Dios a otro es simplemente un cambio de un 'nicho ecológico' a otro... Por el contrario, allí donde la humanidad alcanza el convencimiento de que su 'entorno' determinante es Dios y que sus recursos pueden ser participados por un número infinito de personas, sin perder su valor, ella ha encontrado el punto de apoyo arquimédico desde el cual puede superar aquel principio universal de selección que controla todas las formas de vida. Ciertamente, ella sigue sometida en un plano vital a ese principio de selección, pero sabe que ese principio no representa ya realidad última.[51]

En un plano sigue dominando el principio de la selección que da el poder a los más fuertes. En esa línea, conforme a la lógica del poder, el problema de la ecología solo puede resolverse fabricando una humanidad superior de privilegiados, gobernando sobre una mayoría de grupos esclavizados, superando de esa forma la necesidad de seguir fabricando de manera siempre creciente bienes de consumo que contaminan y destruyen la vida del mundo. Pues bien, en contra de eso, G. Theissen responde con una propuesta triple.

Lo que Theissen dice (o supone) en un plano de fe (de conversión, opción creyente) puede y debe aplicarse a todos los niveles de la vida. Ciertamente, en un plano sigue habiendo oposición y lucha por el acceso a los bienes, tal como aparece en el capitalismo. Pero todo parece indicar que el modelo de capitalismo industrial, de fabricación "colonizadora" del mundo de la vida, con el fin de acumular más capital, a través de un mercado de bienes al servicio de los intereses de unos pocos está fracasando, no puede aplicarse al campo más profundo de la vida donde los bienes verdaderos no están sujetos a un tipo de propiedad capitalista, porque son comunes y solo en común pueden expresarse y disfrutarse.

En otro tiempo (y todavía en gran parte de los planos de la vida) los bienes fundamentales eran de tipo material y están sujetos a un tipo de propiedad privada: medios de producción (empresas), bienes de consumo que se compran y venden en el mercado. Pero en este momento, por la misma presión de los cambios en el campo del

---

51. G. Theissen, *La fe bíblica. Una perspectiva evolucionista*, Verbo Divino, Estella, 2002, 128-129.

trabajo y de la "producción inmaterial", los bienes más importantes no son ya objeto de propiedad ni de mercado, sino que serán tema de donación e intercambio personal. Eso nos permite superar el nivel sacrificial, donde era necesaria la destrucción de algunos para que los otros pudieran vivir, de manera que estamos pasando a un tipo de sociedad de vida donde los bienes básicos, de tipo inmaterial, solo se podrán tener de forma compartida.

Esto supone que los hombres y mujeres puedan comunicarse entre sí de un modo directo, aportando sus propuestas, en un mundo en que el capital, entendido al modo antiguo (propiedad de tierras o metales preciosos, de energía o de medios de producción), está perdiendo su sentido. Entramos en un espacio nuevo, que algunos llaman post-industrial, donde lo que más importa no es ya la producción de mercancías, sino el intercambio de bienes humanos, pertenecientes al mundo de la vida.

En este nivel, conforme a la propuesta de Kant, es necesario que hombres y mujeres empiecen superando las ideologías particulares y los principios abstractos, para comportarse básicamente como prójimos (cercanos), para así convivir acompañándose mutuamente, en un intercambio de bienes (productos), pero, sobre todo, de personas, empezando por el nivel familiar (que era donde los mitos habían descubierto el principio de la violencia). De esa forma, el mercado de tipo capitalista donde todo se compra y vende podrá transformarse en una plaza de intercambios múltiples, dentro del más hondo y gozoso despliegue de vida compartida.

Desde ese fondo tendremos que recrear las relaciones primeras, familiares, que son las que conforman de un modo más profundo a los hombres, superando el riesgo que los mitos habían ido señalando: sacrificio del padre o de la madre, muerte del hijo o de la hija, sometimiento de la mujer o del hermano... Así tenemos que pasar del plano de la lucha por la supervivencia (marcada por un tipo de selección biológica donde triunfan los más fuertes y mueren los débiles o menos adaptados) al plano de la fiesta de la supervivencia. Esta es la novedad cristiana: que los otros puedan existir como distintos, en un contexto de esperanza mesiánica, expresada en la salvación de todos los pobres y oprimidos del mundo.[52]

52. En ese contexto podemos hablar aún de un *fracaso cristiano*, pues, en general, las iglesias no han sido todavía portadoras de esa paz mesiánica centrada en la comunicación personal y en el bien de los pobres, o no lo han sido de un modo suficiente. Pero

2. Comunión de iglesias, religiones y grupos sociales. Las religiones antiguas se fundaban en el carácter universal y abierto de la naturaleza, pero mantenían en el fondo un esquema sacrificial: Los bienes del mundo son escasos, de manera que resulta necesaria la violencia y la victoria de unos sobre otros. En esa línea, la globalización tenía que ser "impositiva", de tal forma que implica el triunfo de unos sobre otros. Pero desde el tiempo eje (entre los siglos VI y IV a. C.) se han extendido las grandes religiones y culturas, desde China y la India hasta el occidente (judaísmo, cristianismo, islam), poniendo de relieve otros valores que no se pueden imponer, sino compartir, superando de esa forma el modelo sacrificial.

Esas culturas de fondo religioso han permitido una mayor comunicación entre los pueblos, pero han corrido el riesgo del gigantismo, ahogando a los grupos pequeños, a las etnias y naciones que no han podido mantener su identidad a lo largo de los cambios. De esa forma se ha podido identificar culturas con religiones y se ha vinculado a las religiones con bloques de poder, de manera que el mismo cristianismo ha terminado apareciendo como una cultura político-social de tipo impositivo, relacionada actualmente con el Imperio USA o el capitalismo mundial.

---

debemos recordar también que la propuesta de Kant y de otros pensadores posteriores, como Hegel y Marx, Nietzsche y Freud, tampoco ha sido capaz de construir la paz. En ese sentido podemos hablar también de un *fracaso de la Ilustración*, pero no para volver a un tipo de religiosidad irracional, sino para poner de relieve, desde la misma base de la vida humana, *una exigencia y camino de comunicación universal*, que aparecía destacada en Jesús pero también en otros hombres y mujeres de intensa experiencia religiosa y humana.

Desde ese fondo queremos potenciar el reto esencial del cristianismo para el siglo XXI: que la iglesia sea de hecho un lugar de comunicación universal y concreta y que lo muestre con sus gestos, más que con palabras, con sus actitudes, más que con discursos, superando dentro de ella las luchas de familia y, de un modo especial, la opresión de género, que hemos destacado también en el capítulo primero. En este contexto podemos hablar de una educación para una paz universal que se funda en la gratuidad (todo es don, la paz es don) y se expresa a través de los pobres, en gesto de libertad y esperanza para todos. Esa educación no va en contra de la "paz kantiana" (de tipo racional); pero quiere y puede ofrecer unos fermentos de reconciliación, que desbordan el nivel del interés económico y político, pues la vida en su raíz no es interés, sino comunicación gozosa.

La paz del cristianismo no va en contra del denario del César, que puede y debe cumplir en un nivel su cometido (cf. Mc 12:17), ni va en contra de la espada del estado (cf. Rm 13:1-6), pero es más que todo lo que puede lograrse con denario y espada. Esa es la paz de la comunicación multiforme de la vida en la que pueden y deben vincularse judíos y griegos, es decir, personas de culturas y formas de vida diferentes, en gratuidad y convivencia.

Esas culturas o religiones pueden ser y son caminos de universalidad, de manera que, a partir de su propia opción particular, deben buscar el bien de todos los hombres, más que el de un grupo particular, en una perspectiva en la que debe superarse el esquema "sacrificial" (con el triunfo de unos a costa de la derrota de otros), para así pasar a un modelo de don en el que se potencia la abundancia de todos, desde el don de cada uno.

Desde ese fondo podemos presentar mejor la tarea las iglesias cristianas, como expresión de la experiencia religiosa y mesiánica de Jesús, al servicio de una comunión de vida para todos los hombres, desde los más pobres, protegiendo los bienes de la vida de la tierra y poniéndolos al servicio de todos. La finalidad de las iglesias no es que todos los hombres se hagan cristianos (en el sentido actual), sino que puedan vivir y esperar, gozar y amarse sobre el mundo; eso significa que ellas, las iglesias, no están al servicio de sí mismas, sino de la humanidad, no puede buscar el bien de sus propios grupos, sino de todos los hombres y mujeres, empezando por los expulsados y necesitados concretos que están necesitados. Su bien particular solo importa en la medida en que está al servicio del bien de todos los hombres.[53]

La iglesia de Jesús empezó siendo múltiple, lugar de experiencias diversas, como son diversas las lenguas de fuego del día de Pentecostés... El centro de las iglesias (y de las religiones) consiste en no tener ningún centro que se eleve sobre los demás en forma de imposición, sino muchos centros que se relacionan y fecundan entre sí (como en la imagen del bazar o de la plaza abierta). Este modelo de comunión en la pluralidad constituye, a mi entender, el rasgo más saliente de la organización cristiana primitiva, que surgió como federación de comunidades autónomas, vinculadas entre sí por el diálogo de fe y por el pan compartido. Cada iglesia es autónoma, todas se vinculan en comunión de vida, para bien de la vida de la humanidad, en un mundo pacificado, convertido en "nicho" ecológico universal.

---

53. Las religiones son proyectos de universalidad, partiendo de (y al servicio de) algo (Alguien) que definimos como Comunicación creadora y vida universal. En el momento en que ellas se vuelvan fin en sí mismas (buscando su propio bien y no el de los hombres en su conjunto), las religiones dejan de ser verdaderas, pierden su sentido. En este contexto tenemos que hablar de una vinculación multi-céntrica, que rompe los esquemas de jerarquía y base, de nobleza y pueblo llano, de centro y periferia...

En ese sentido, cada iglesia ha de ser, es una casa o familia que se abre a otras casas-familias, formando así redes de fraternidad ampliada. No existen iglesias superiores e inferiores, aunque algunas (como ha hecho la de Roma) pueden ofrecer (no ejercer ni imponer) una función simbólica de unidad. En ese sentido, el pacto o federación de iglesias ha de presentarse como testimonio y ejemplo de comunicación en igualdad entre los diversos grupos humanos, sin imposición de unos sobre otros, sin dictadura del sistema.

Esta comunión o paz cristiana, en línea de evangelio, desde los más pobres, en comunión el mundo de la vida ha de estar abierta a todos los pueblos y tribus, lenguas y naciones de la tierra (cf. Ap 7:9), como ha destacado la misión paulina y el mandato del Jesús pascual cuando dice a sus discípulos que extiendan el discipulado "a todas las naciones" (cf. Mt 28:16-20). En otro tiempo, las iglesias pensaron que podían ofrecer una experiencia de comunicación universal, pero desde arriba, tierra, sin necesidad de dialogar con otras religiones, sino procurando que los otros se convirtieran al cristianismo. Actualmente, ellas saben que no pueden cerrarse en sí mismas ni imponer su modelo de unidad, sino estar abiertas abrirse en comunicación a todas las religiones de la tierra. Por eso, están llamadas a colaborar con otros grupos religiosos y sociales, al servicio del hombre (es decir, del reino de Dios). Según eso, la finalidad de las iglesias no consiste en convertir a los "infieles o paganos", sino en anunciar y preparar la llegada del Reino de Dios. Por eso, ellas deben buscar el bien de todos los grupos religiosos y sociales, para que así puedan enriquecerse mejor todos ellos.

En esa línea, las iglesias cristianas deben abandonar todas sus pretensiones de supremacía, no por imposición, sino por servicio; no pueden buscar y defender un tipo de "razón fuerte" y dominar desde ella (o con ella) a los restantes grupos sociales, sino dialogar con ellos, en comunión y servicio, no en clave de poder. Según eso, la propuesta de paz ecológica (religiosa, cultural, social, económica) de las iglesias... consiste en no tener ninguna propuesta especial, sino en ser de hecho "casa" (oikos) de palabra (logos) y de vida para los hombres y pueblos, paz, no de forma victimista (imponiendo un tipo de sacrificio sobre todos), sino de forma pascual, abierta a la comunicación de vida. En este campo resulta necesario el diálogo múltiple (religioso y humano), superando el tiempo en que los cristianos se habían mantenido luchando entre sí o habían impuesto un tipo de dictadura interior, de tipo fanático (a través de inquisiciones, guerras sagradas o controles de fe). En este plano, sigue siendo fundamental la opción desde y por los "pobres", como puso de relieve *P. Knitter:*

> *Aquí es donde la teología de la liberación de las religiones puede servirnos de gran ayuda. Si no existe un terreno común preestablecido o una esencia común que podamos establecer antes del diálogo (entre las religiones), tal vez exista un modo común de buscar o un contexto común con el que podamos comenzar el diálogo para crear nuestro "terreno movedizo" compartido. Para los teólogos de la liberación este contexto común sería la opción por los pobres y las no-personas, es decir, la opción por trabajar con y por las víctimas de este mundo.*
>
> *Harvey Cox lo dice con su típica claridad: "Para los teólogos de la liberación, la base para el diálogo inter-religioso es la lucha por los pobres". "La teología Latinoamericana de la liberación, la teología negra, la teología feminista, todas ellas, afirman que la experiencia de los oprimidos es un terreno hermenéutico privilegiado, que la identificación con los pobres es lo primero para lograr entender tanto la Biblia como nuestro mundo actual".*
>
> *Y nosotros podríamos añadir: "la opción por los pobres constituye el primer paso de los creyentes religiosos para comprenderse unos a otros". Los liberacionistas nos están diciendo que, sin un compromiso con los oprimidos, nuestro conocimiento es deficiente –nuestro conocimiento de nosotros mismos, de los demás, del Absoluto–. Con esto no quiero implicar que solamente podemos llegar a la verdad por medio de tal compromiso, sino, más bien, que sin la opción por los pobres, la verdad a la que podemos llegar es, cuando más, incompleta, deficiente, peligrosa.*
>
> *Por razón de su prioridad hermenéutica y de su potencia, la opción por los oprimidos (al menos en el mundo como existe hoy) nos sirve como condición eficaz para la posibilidad del diálogo; hace posible que las diferentes religiones puedan hablar entre sí y llegar a entenderse mutuamente. Si las religiones del mundo, pueden reconocer la pobreza y la opresión como problema común, si pueden compartir un compromiso común (expresado de diferentes maneras) para acabar con tales males, habrán hallado la base para superar sus inconmensurabilidades y diferencias, en orden a poder escucharse y, posiblemente, ser transformados en ese proceso.*[54]

---

54. Texto incluido en J. Hick (ed.), *The Myth of Christian Uniqueness. Toward a Pluralistic Theology of Religions*, Orbis Books, Maryknoll, NEW York 1987, 178-200, Edición virtual

La globalización no empieza desde arriba, en las declaraciones del imperio, ni se expresa a través de tratados políticos de grandes potencias (tratados que en un plano pueden tener ciertos valores, como mal menor). La verdadera unión global solo puede conseguirse desde abajo, en la línea de la trasformación personal y familiar, propia de los grupos de contacto inmediato, en redes de convivencia y comunicación directa. En ese contexto se sitúa la aportación de las iglesias cristianas y de otros grupos de creyentes. Ellos no pueden buscar su triunfo; su meta no consiste en probar que tienen razón... Lo que importa son los hombres (los pobres), no la propia razón, sino el triunfo del amor abierto, que no apela a razones, sino que se ofrece de un modo generoso, abriendo espacios de comunicación en los que puedan entrar todos, incluidos los no cristianos, los no creyentes. Las religiones (y, en especial, las confesiones cristianas) podrán sobrevivir y cumplir una tarea en la medida en que abran para los hombres y mujeres del siglo XXI unos espacios de creatividad y de esperanza compartida, en los que puedan integrarse todos los que así lo quieran.

---

http://www.igreja-presbiteriana.org/Port/Teologia/Sistematica/Relat/relat255.htm. Cf. P. Knitter, *One Earth, many religions. Multifaith Dialogue and Global Responsability*, Orbis Books, New York, 1995; Introducción a las teologías de las religiones, Verbo Divino, Estella, 2007.

6

Apocalipsis.
Cielo nuevo y nueva tierra

Vi un cielo nuevo y una tierra nueva, pues el primer cielo y la primera tierra habían desaparecido... la Ciudad Santa, la Nueva Jerusalén, bajando del cielo, de junto a Dios, ataviada como Novia que se adorna para su esposo. Y oí una voz potente, salida del trono, que decía: Esta es la Tienda de Dios con los hombres: habitará con ellos; ellos serán sus pueblos y el mismo "Dios-con-ellos" será su Dios... Y me mostró la Ciudad Santa, Jerusalén, que bajaba del cielo, desde Dios, con la gloria de Dios (Ap 21).

Después me mostró un río limpio de agua de vida, resplandeciente como cristal, que salía del trono de Dios y del Cordero. En medio de la calle de la ciudad, y a uno y otro lado del río, estaba el árbol de la vida, que produce doce frutos, dando cada mes su fruto; y las hojas del árbol eran para la sanidad de las naciones... No habrá allí más noche; y no tienen necesidad de luz de lámpara, ni de luz del sol, porque Dios el Señor los iluminará; y reinarán por los siglos de los siglos (Ap 22).

Este libro ha tenido como centro la Biblia, partiendo del Génesis y de la vida y mensaje de Jesús. Ahora al final, presento una visión de conjunto de la segunda parte del apocalipsis (Ap 12-22), insistiendo en sus tres (cuatro) mujeres desde una perspectiva de culminación ecológica, con la ciudad-paraíso de Dios entre los hombres.

Ap 12:1-6. Vida y muerte, mujer y dragón

De la trilogía antiecológica del Ap 6:1-8 (guerra, hambre, peste), dando un salto narrativo, Ap 12 nos lleva al tema de la lucha entre la mujer celeste y el dragón, con las dos bestias que siguen (bestia del mar, bestia de la tierra (Ap 13), con la Prostituta de la Gran Ciudad Mercado (Ap 17) que todo lo compra, vende y mata. A partir de aquí

(Ap 12:1-6), el Apocalipsis va a contar la historia de la humanidad, en una línea de guerra-hambre-peste que culmina con la victoria de Dios, pasando de los mil años del discutido quiliasmo del triunfo de Cristo del que he tratado ya en el capítulo anterior:

> [*Cielo, Mujer y Dragón*] *Y apareció una señal grande en el cielo: una Mujer, revestida del sol, con la luna bajos sus pies y en su cabeza una corona de doce estrellas; y estaba encinta y gritaba en dolores de parto, torturada por dar a luz. Y apareció otra señal en el cielo y era esta: un Dragón rojo, grande, con siete cabezas y diez cuernos y sobre sus cabezas siete diademas; y su cola arrastró un tercio de los astros del cielo y los arrojó sobre la tierra.*
>
> *[Hijo e iglesia] Y el Dragón se colocó delante de la Mujer que debía dar a luz, a fin de devorar al a su Hijo (tekton) cuando lo alumbrara. Pero ella dio a luz un Hijo (huion) Varón, que debe pastorear a todos los pueblos con vara de hierro. Y su Hijo fue raptado hacia Dios y hacia su Trono, y la Mujer huyó al desierto, donde tiene un lugar preparado por Dios, y allí la alimentan mil doscientos sesenta días (Ap 12:1-6).*[1]

– *Mujer celeste, creación originaria*. Según la mayoría de los mitos cosmogónicos, al principio hay una *Mujer*, primer signo celeste (misterio de la vida), madre fecunda que lleva en su entraña al Hijo salvador. También el *Dragón* está al principio, pero no es poder activo sino re-activo, no es engendrador (no da de sí) sino destructor (devora lo engendrado). No quiere ni puede comer a la Mujer, pues si lo hiciera todo habría terminado, sino devorar a su hijo que es la humanidad.

El Dragón aparece tras la mujer como antagonista de ella. Su esencia es, envidia, vive para matar al Hijo de la Mujer, por eso la vigila y amenaza, para aprovecharse de su fruto. Mujer y Dragón parecen oponerse eternamente (una engendra, otro devora) y su oposición es la esencia de una historia en la que todo pasa (está pasando) en camino de muerte.

---

1. Cf. X. Pikaza, *Apocalipsis*, VD, Estella, 2018; R. B. Allo, *Jean. L'Apocalypse*, Gabalda, Paris, 1971; R. H. Charles, *The Revelation of St. John*, I-II, Clark, Edinburgh, 1971; J. M. Ford, *Revelation*, Doubleday, Nueva York, 1975; H. B. Swete, *The Apocalypse of Saint John*, Macmillan, Londres, 1909.

Normalmente, el Dragón espera para devorar tras el parto al hijo que la mujer engendra, conforme al signo del Uróboros, serpiente enroscada en sí misma, mordiendo su cola. Pero en este caso no logra su intento, porque la Mujer engendra y el Dragón no puede devorar lo engendrado. La tiniebla no vence a la luz, la muerte no apaga a la vida nacida; eso significa que no estamos condenados a la muerte, podemos mantenernos y vivir sobre la tierra, apoyados en la fecundidad de la Mujer-Madre y en su Hijo (que es Jesús y que de alguna forma y fondo somos nosotros), en gesto de esperanza comprometida.[2]

La Mujer simboliza la fuente de la vida: ha dado a luz al Hijo perseguido (pastor de pueblos), que es "raptado" al cielo, burlando así la asechanza asesina del Dragón. Pero desde entonces la Mujer no puede permanecer ya en el cielo (donde estaba en Ap 12:1), ni alcanzar todavía el cielo nuevo y la nueva tierra del triunfo final (bodas: Ap 21–22), sino que debe escapar y refugiarse en el *desierto* de la historia, donde la alimenta el mismo Dios (cf. 12:6) y la persigue el Dragón (cf. 12:13-17). La lucha celeste del símbolo mito primero (Mujer y Dragón) se convierte de esa forma en batalla a lo largo de la historia, en una tierra y un mar donde se extiende la fuera del Dragón apresurado, al que le queda poco tiempo (12:13).

El Hijo varón ha sido elevado; pero *el resto* de sus hijos, es decir, la simiente de la mujer (los humanos, hijos de la vida que viene de Dios), caen bajo la furia del Dragón, en el comienzo de la historia (12:17). En este principio no hay varón y mujer, como Gn 1:26, sino mujer y dragón, como en Gn 3. La pareja hombre–mujer no aparece aún definida.[3]

---

2. Estos son los signos de fondo del texto. (a) *Dualidad*. Las dos figuras (Mujer y Dragón) forman una pareja originaria. (b) *Apertura*. La misma dualidad exige un tercer elemento: la solución del drama o lucha entre la Mujer y el Dragón está en el Hijo que se sitúa ante la alternativa de ser devorado por el Dragón o que defenderá a la madre y matará al Dragón. Esta victoria del Hijo, narrada de varias formas por el mito o por la experiencia de Israel y el cristianismo define el sentido de la historia. Cf. W. Bousset, *Die Offenbarung Johannis*, Vandenhoeck, Göttingen 1906. B. J. Malina, *On the Genre and Message of Revelation. Star Visions and Sky Journeys*, Hendrickson, Peabody MA 1985, ha vuelto a destacar el fondo simbólico o del tema. La confesión cristiana *(Jesús es Hijo de Dios e hijo de María)* sitúa a la Madre en el principio de la redención, pero ya no en la línea de aquello que retorna cada año, como dice Hebreos (sacrificios levíticos), sino en el camino de la plenitud mesiánica que lleva de la mujer–madre amenazada por el Dragón a la mujer–novia esposa del Cordero en Ap 21-22.

3. Cf. A. Y. Collins, *The Combat Myth in the Book of Revelation*, HDR 9, Missoula MO 1976.

– *Madre Israel, Antiguo Testamento.* En este nivel, la Mujer ya no es *Madre celeste*, sino *Pueblo histórico* (Israel), que ha recibido la Palabra de Dios y así camina, grávida de Dios y perseguida sobre el mundo (cf. Ap 12:17). Ellos, los israelitas se sienten presencia *de Dios en la historia*, portadores de una promesa de vida, en forma de mujer Hija–Madre Sion amenazada, pero llena de esperanza. Les ha enriquecido Dios con su presencia y por eso alcanzarán (= alumbrarán) la salvación, aunque el Dragón perverso les persigue sobre el mundo, en una historia doliente de *parto*.

La Madre no sufre solo la angustia del parto *(ôdinousa)*, sino que es torturada *(basanizomenê)* por los poderes del Dragón que ha descendido también al mundo (cf. Ap 9:5; 11:10; 14:10-11; 18:7, 10; 20:10), de forma que la guerra del cielo se ha vuelto guerra de la tierra. El Dragón la persigue, pero ella se mantiene en esperanza, hasta la culminación prometida de las bodas, cuando el mismo Dios venga a revelarse como Novio-Cordero (anti-dragón) de la nueva humanidad y la mujer se transforme en *Ciudad-amiga*, novia del Cordero.[4]

Israel, pueblo de la alianza, que en otros textos simbólicos aparece como *Ciudad Celeste,* llamada a colaborar con Dios en el nacimiento mesiánico del pueblo, viene a presentarse como Ciudad nueva de la tierra (casa y tesoro de vida de los hombres). De esa forma reelabora el Apocalipsis el tema de la lucha entre el Dragón-Serpiente y la Mujer-Eva de Gn 3. La misma Eva (humanidad, madre de vida y vida perseguida) se convierte al fin en Ciudad de las bodas eternas del Cordero de Dios, que así aparece como nuevo Adán de salvación, conforme a un tema que Pablo ha elaborado de un modo complemenario en Rm 5.

Así decía el Génesis: *Pondré enemistades entre ti (Dragón) y la Mujer (Eva), entre tu descendencia y la suya. Esa descendencia (= descendiente, Cristo); ella pisará tu cabeza, mientras tú acecharás su calcañar* (Gn 3:15; cf. Gá 3:26). Este motivo nos lleva del signo pagano (Madre divina) a la experiencia *histórica* de Israel y de su Cristo, Mesías de la tierra nueva y del cielo nuevo (Is 65:17–66:2).

Este es el argumento del vidente del Apocalipsis, que aparece así como judío radical, que traza un camino entre la creación primera (Génesis) y su culminación final Apocalipsis. En esa línea, la

---

4. Cf. *Hija Sion*, EphMar 44 (1994) 9-43; *Dios judío, Dios cristiano,* EVD, Estella, 1996, 98-101.

humanidad, que Gn 3 simbolizaba como *Mujer-Eva* se expresa al fin como *Novia* del salvador. El texto nos lleva así de los ciclos del eterno retorno (giro incesante de la realidad) al camino de la vida, con su riesgo y su promesa de cumplimiento final de la historia.

De la Mujer fundante (humanidad) de Gn 3:15 (proto-evangelio) que recibió la promesa de vencer al Dragón por medio de sus hijos, pasamos a la Madre de Ap 12 que da a luz al Hijo vencedor del Dragón, en simbología que asume y sobrepasa el nivel particular israelita, para sufrir persecución sobre la tierra, con el fin de vencer y convertirse en novia del Cordero.

1. Madre celeste (Ap 12:1-5).	
Se sitúa frente al Dragón, que parece su esposo, pero que es su enemigo. El mismo hecho de ser Madre (dar a luz al Hijo salvador) la convierte en perseguida sobre el mundo.	
2a. *Madre fugitiva en la tierra* (12:6-18). Ha tenido que bajar del cielo, y huye al desierto, donde sufre bajo la violencia del Dragón, que la persigue y amenaza al resto de sus hijos, los creyentes.	2b. *Mujer prostituta* (Ap 17), que ha pactado con los poderes del Dragón, que son las dos Bestias de la historia. Por oponerse a ella padece a gran prueba del mundo, con riesgo de perderse.
3. Novia del Cordero (Ap 21-22).	
El final de la Mujer no es la muerte ni vejez, sino el nuevo nacimiento al amor: ella es Novia y Esposa del Cordero, que da la vida a favor de los demás, no del Dragón que vive de depravarla.[5]	

No es una *mujer ya fijada*, sino *mujer-haciéndose* (*in fieri*), en un proceso dramático, definido por el nacimiento pascual de Jesús (Ap 12) y por su victoria final como Hijo Cordero (Ap 19-20), conforme a los cuatro momentos ya indicados, que ahora retomo en línea más dramática:

1. *Madre celeste, conflicto social primigenio* (Ap 12:1-5). La Madre es el punto de partida de la historia. Humanamente hablando no

5. Cf P. Prigent, *Apocalypse 12*, BGBE 2, Tübingen, 1959. En especial M. Böckeler, *Das Grosse Zeichen. Ap 12,* Müller, Salzburg, 1941; B. J. Le Frois, *The Woman Clothed with the Sun*, Herder, Roma, 1954.

podemos avanzar (más allá solo queda Dios, el gran silencio bíblico). Ella es la generación originaria, fuerza engendradora de vida, cielo original en forma de mujer, paraíso del principio del que provenimos. Este aspecto materno de la vida (amenazado por el Dragón) sigue definiendo la vida de los hombres. Para que exista humanidad tiene que haber Madre primera.

Pero la Madre no está sola: a su lado, como fuerza que parece posterior (no se dice de donde proviene, lo mismo que en Gn 3), pero que es determinante, se eleva el Dragón o Serpiente. Este conflicto de Madre–Engendradora y Dragón–Homicida no es solo un mito cosmogónico o existencial, sino que retoma el recuerdo genético de la lucha primigenia, siempre repetida que define el sentido de la humanidad. Muchos han pensado que el principio de todo ha sido y sigue siendo la guerra (Heráclito), es decir, la envidia mimética, la lucha sin fin de los contrarios. Pues bien, Ap 12:1-6 sabe y dice que la primera de todas las guerras de los hombres se dirige en contra de la "madre/mujer", que es signo de la vida, esto es en contra de aquel/aquella que les ha dado la vida.[6]

2. Expulsada a la tierra, mujer perseguida (Ap 12:6-17). La figura anterior (Madre celeste) era un símbolo del origen y riego de la vida: releyendo la meta-relato bíblica del origen de la humanidad (Gn 2-3), el autor del Apocalipsis había destacado el signo primigenio de la Madre que da a luz sobre los cielos. Pues bien, pasando ya al plano de la humanidad concreta, él la presenta en la historia, como *mujer fugitiva y perseguida,* en el espacio y tiempo de conflictividad del mundo. Ha dado a luz al Hijo vencedor y se continúa oponiendo al Dragón, que la persigue; por eso debe escaparse y vivir en el desierto, como saben las tradiciones del Éxodo judío, reinterpretadas por nuestro pasaje (cf. Ap 12:6).

Por un lado, ella se eleva sobre los riesgos del mundo (pues el mismo Dios la protege, con la ayuda de la tierra: 12:13-16). Por otro lado, ella sufre en sus "restantes" hijos, perseguidos bajo la amenaza del Dragón furioso, que es principio de violencia y muerte (12:12, 17). Significativamente, cierto tipo de exégesis y teología católica y ortodoxa ha destacado el signo mariano de la *Mujer vestida de sol.*

---

6. He desarrollado el tema, desde una perspectiva histórica, reintepretando el mito babilonio de Marduk que mata a Tiamat, su madre, en *La mujer en las religiones,* Verbo Divino, Estella, 1997.

Pero esa teología se ha ocupado menos de esta *Mujer perseguida*, a pesar de que el motivo de la madre mesiánica expulsada y condenada se halla igualmente en la base de Mt 2 (huida de Belén). Sea como fuere, el mismo despliegue del símbolo nos ha conducido hasta el centro de la *conflictividad social de este mundo:* la madre mesiánica es una *mujer perseguida*, la humanidad (iglesia) amenazada que se mantiene fiel y sigue ofreciendo el don de su vida allí donde los poderes del mundo quieren destruirla.[7]

3. Prostituta, mujer perseguidora (Ap 17-18). Las figuras anteriores (Mujer, Celeste y Perseguida) estaban vinculadas (identificadas) por el mismo texto (cf. 12:5-6). Por el contrario, esta figura es nueva y puede interpretarse como inversión de las anteriores, especialmente de la mujer perseguida, apareciendo, así como antiiglesia (antihumanidad, mujer satánica/imperial). Esta nueva mujer desea presentarse y se presenta como *diosa* (se sienta sobre la Bestia, viste ropaje de reina y sacerdotisa: Ap 17:3-4), pero no lo es, pues no existía en el principio de Gn 3, ni la hallamos en el "cielo" de Ap 12:5, donde solo estaba la Madre mesiánica.

Esta mujer perseguidora (que viene a completar el despliegue de las dos bestias de Ap 13) es aliada del Dragón, que copula con ella, engendrando así unos hijos para la muerte, es decir, para el Dragón. Ella es la gran Prostituta, completando el despliegue de muerte de las Bestias (de Ap 13), en el proceso mismo de la historia, oponiéndose y amenazando a la mujer Perseguida. De esa forma aparece como Perseguidora, que "se ha emborrachado bebiendo la sangre de los santos y la sangre de los testigos de Jesús" (17:6). Es Madre, pero en sentido invertido, pues engendra a "los prostitutos y a todos los abominables de la tierra" (17:5).

La Perseguidora es una figura social, esposa falsa del Dragón de Ap 12, compañera de las Bestias de Ap 13. En un sentido pudiéramos decir que es el aspecto femenino-pervertido de esas *Bestias* que provienen del Dragón (violencia militar, engaño religioso: cf. Ap 13), como culmen de la Trinidad Satánica, como Espíritu Perverso (que se opone al Espíritu Santo). Pero, en otro sentido, ella aparece más bien como prostituta del mismo Dragón, que quiere edificar

---

7. Esta experiencia de la madre mesiánica perseguida ha sido elaborada no solo por Mt 2 sino también, de manera dramática, por Lc 2:35 (una espada te atravesará el alma), como he mostrado en *La Madre de Jesús*, Síguerme, Salamanca, 1991, 21-22, 167-186.

por medio de ella un sistema de muerte, como amor pervertido, en forma de ciudad y economía asesina (de forma que ella puede identificarse de algún modo con el anti-Dios Mammón de Mt 6:24). Tiene, como he dicho, un sentido *social* y así aparece como *Ciudad Perversa*, expresión y compendio de una humanidad que se reúne y se hace fuerte para robar y matar, edificando un trono de sangre (no de vida) que parece eterno, pero que será al fin destruido por el Cordero de Dios.[8]

4. *Novia del Cordero* (Ap 21-22). Frente a la Ciudad perversa o Prostituta-Roma, que ha querido imponer su ley de engaño y sangre sobre el mundo (Ap 17), se eleva al fin la Ciudad-Novia, vinculada al Cordero de Dios, signo y compendio de gracia, de amor hecho *comunión personal* para todos los salvados. Así aparece como persona (Novia) y Sociedad perfecta, signo de encuentro en amor para todos los creyentes. Significativamente, esta Mujer-Humanidad perfecta aparece al final, pero no ya como Madre, sino como Novia.

No es Madre segunda frente a la primera (ya no hace falta más madre, pues todo ha nacido), sino Mujer buena (humanidad perfecta), esposa amante, compañera del Cordero de Dios. Ya no tiene que engendrar, pues el camino del engendramiento, riesgo y muerte ha culminado; por eso, ella aparece como mujer-persona, Novia que no tiene más tarea ni sentido que amar.[9]

A diferencia de otras tradiciones (cf. 1 Cor 11:3; 1 Tm 2:13), el Apocalipsis no conoce un posible *pecado de Eva*, ni siquiera como signo de crisis de maduración, a no ser que entendamos por pecado el paso de la *Mujer-madre* (naturaleza y fecundidad prehumana, de tipo "celeste", Ap 12:1-5), a la *Mujer persona*, escindida (perseguidora o perseguida) dentro de la historia. La *Mujer Celeste* del principio es solo Madre, fecundidad buena, signo de Dios/Cielo, enfrentada al Dragón, que es también un elemento del Dios/Cielo primigenio del que venimos. Esa transformación de la Mujer–Madre cósmica a la Mujer–Novia del fin (a través del enfrentamiento entre la perseguidora y la perseguida) constituye el argumento del Apocalipsis.

8. Cf. *Dios judío, Dios cristiano*, Verbo Divino, Salamanca, 1997, 189-204 y *No podéis servir a Dios y al dinero. Economía y teología*, Sal Terrae, Santander, 2019.
9. Este motivo puede interpretarse a la luz del Cantar de los Cantares, leído desde la mística cristiana, como he señalado en *El Cántico espiritual de San Juan de la Cruz*, Desclée, Bilbao, 2005 y en *Ejercicio de Amor. San Juan de la Cruz*, San Pablo, Madrid, 2017.

Lógicamente, para alcanzar su meta de amor personal y libertad (de humanidad) la mujer ha de asumir el riesgo de la historia, que se expresa en los momentos centrales del drama. Esa crisis resulta necesaria para el despliegue y la maduración de varones y mujeres.

Madre cósmica, Dragón en el cielo, un Hijo varón (Ap 12:1-5)

Al principio pudiera pensarse que sobre el cielo solo existe la Mujer, alumbrando como sol la vida humana. Pero luego descubrimos que en el mismo cielo, lugar del que proviene toda vida, en la fuente de la historia, junto a la Mujer, está el Dragón (amenaza de muerte), como han señalado antiguos mitos. Solo al enfrentarse a su potencia destructora y superando el riesgo de prostitución (engaño) y muerte, con la ayuda del Hijo mesiánico, esta Mujer desplegará su humanidad concreta y triunfante como Novia.

– *La Madre representa a* la divinidad antigua (que aparecía, por ejemplo, en las religiones indo-americanas), pero no está aquí sola, sino con el Dragón, marcando así la vinculación entre el *bien y el mal*. Ella, la primera mujer engendradora (Eva celeste, sin Adán), es la humanidad originaria, que todavía no ha nacido a la conciencia (no se ha individualizado), pero engendra. Marcando ya de alguna forma la distinción entre lo bueno (que es engendrar vida: Mujer) y lo malo, que es devorar vida (el Dragón). Lógicamente, ella aparece en dolores de parto, dando a dar a luz un hijo. Gn 3:16 suponía que *el dolor de la maternidad* es derivado, consecuencia del "pecado": "a tus hijos con dolor" (Gn 3:16). Por el contrario, nuestro texto (Ap 12:2) supone que el dolor del parto pertenece a la condición de la Mujer primera en cuanto Madre.

– *Con la mujer está el Dragón, también celeste, pero amenazador.* Si solo hubiera madre no habría humanidad pensante, en libertad, pues ella es engendradora (fuente de vida), pero le falta personalidad: por eso, debe recorrer un camino de maduración arriesgada en la historia, bajo la amenaza del Dragón, que es negatividad y violencia, que parece necesaria para el despliegue actual de la vida, es decir, para la individuación concreta de los hombres, como han puesto de relieve algunos antropólogos (cf. C. G. Jung).

Así gira la historia: vida y muerte, nacer y perecer, *yin y yang del Tao* eterno retorno de parto y sepulcro. En un plano, parece que esta alternancia (dualidad) de bien y mal, de vida y muerte constituye la esencia y realidad de todo lo que existe. Pues bien, como evoqué en la primera parte de este libro, al hablar de las religiones que vienen tras el tiempo-eje, y como seguiré indicando, conforme al paradigma bíblico de la creación y de la culminación (presente en el Apocalipsis), al final triunfa el bien-vida, representado por la mujer, que aparecerá en la meta como "novia" del Cordero, es decir, del Dios amante.

La esperanza israelita ha superado el giro sacral, eterno de nacimiento y muerte, para destacar el sentido positivo de la vida, expresada en la Mujer-Novia, vinculada al fin en amor con el Cordero de Dios.

Ap 12:1-5 sigue utilizando un esquema de mito, un lenguaje cifrado de señales pues quiere decir lo indecible y mostrar lo indemostrable: El origen positivo de la vida (Mujer) y el surgimiento y riesgo de la envidia destructora (Dragón). En una primera perspectiva, parece que el Dragón forma parte de la estructura bi-valente de la realidad, interpretada en sentido teológico o antropológico. En esa línea, el Dragón empieza siendo un "momento" de Dios, un elemento de su misma estructura conflictiva, como vimos en el libro de Job.

El Dragón pertenece a la conflictividad de la vida humana: a la envidia o deseo de muerte de los hombres que rechazan su origen y sentido positivo. Pues bien, el conjunto del Apocalipsis acaba superando esa *conflictividad,* de manera que al final presenta a Dios como triunfador, destruyendo para siempre al Dragón y transformando a la Mujer-Madre amenazada en Novia del Cordero. En esa línea, *Dios vendrá a mostrarse como totalmente divino,* ser de pura claridad, amor gratuito y triunfador, que expulsa (destruye) a los poderes del Dragón, es decir, de la envidia y la muerte, como seguirá diciendo el libro, cuando el Dragón sea vencido para siempre, derrotado y arrojado al estanque de fuego y azufre, por los siglos de los siglos (cf. Ap 20:10).[10]

---

10. En la línea de C. G. Jung, *Respuesta a Job,* FCE, México, 1964, alguien podría preguntar: ¿Dónde está el Padre-Dios en este drama, o quizá no existe todavía? Se podría responder que la Madre en parto es todo lo que existe, la única que actúa en línea

En esa línea, los signos centrales del Apocalipsis no evocan solo algo que sucedió o sucede en un plano superior de "cielo", entre Dios, la Mujer y el Dragón, sino que muestran lo que sucede y se despliega en nuestra propia vida personal y social, en la trama y riesgo de la historia humana. Precisamente los signos celestes de Ap 12:1-3, que parecían sacarnos de la tierra y de la historia, nos introducen más poderosamente en ella, "individualizándose" (encarnándose) en nuestra propia vida. En esa línea podemos hablar y hablamos de *metamorfosis de la Mujer:* ella se transforma y puede (debe) aparecer al fin como Novia del Cordero divino, mujer de amor, respondiendo con su misma vida a las preguntas planteadas por Job.

Esta mujer que engendra y padece, perseguida por el Dragón, es la humanidad entera y el pueblo de Israel, con María la madre de Jesús, pero, al mismo tiempo, es cada uno de los hombres y mujeres, llamados a recorrer un camino de transformación (una metamorfosis) que los lleva del cielo primigenio del mito a la culminación de las Bodas del Cordero. Todos los hombres llevan (= llevamos) en su carne el signo de la gran Madre celeste, pero también el signo del Dragón, formamos parte de la lucha entre las dos mujeres (perseguidora y perseguida, como seguiré indicando).[11]

Ap 12:5 ha roto el posible equilibrio anterior entre Mujer y Dragón, alumbramiento y muerte, superando así el esquema de *eterno retorno de la sacralidad* y llevándonos, desde el tiempo mítico de los signos primordiales, a la experiencia israelita de la intervención creadora de Dios en la historia. En esta perspectiva se ilumina poderosamente el tema, de manera que el mito se vuelve *matriz* de un pensamiento histórico y social, vinculado a la experiencia central del Antiguo Testamento.

---

positiva, de manera que no necesita a su lado ningún padre o Dios más alto. En esa línea podríamos seguir preguntando: ¿Quién la ha la fecundado? ¿Lo habrá hecho el Dragón, para abandonarla después en el dolor, la habrá seducido solo para comer después el fruto de su vientre? El texto no responde; somos nosotros los que debemos hacerlo, partiendo de la Biblia en su conjunto.

11. Al referirse a los enemigos de la vida, el Apocalipsis no habla en principio de personas, sino de *estructuras o instituciones:* ni el Dragón es una persona, ni las bestias o la prostituta. Por eso, cuando Ap 19-20 diga que el Dragón fue arrojado al infierno o condenado, el texto no alude a personas en concreto, ni siquiera a los emperadores de Roma, sino del Dragón, como símbolo del mal. Entendido así, ese Dragón no puede tomarse como una persona, sino como un sistema de mal.

La Mujer dio a luz a un Hijo que fue raptado hacia Dios y hacia su Trono... (Ap 12:5). El mito primitivo suponía que el Hijo ha de ser para el Dragón: debe nacer para morir (ser devorado) y renacer de nuevo, en el giro sagrado de Eterno retorno, en el que siempre vuelve lo que ya ha sido. Pues bien, el texto rompe ese equilibro circular, introduciendo una figura divina antes oculta: Dios mismo ha engendrado al Hijo de la Mujer amenazada por el Dragón; no se dice quién es ese Dios, pero el texto supone que es el Padre bueno y poderoso, quien le ha "raptado", arrancándole de las fauces del Dragón, para elevarle hasta su Trono, dándole así el poder sobre la historia. De esa manera triunfa Dios por medio de su Hijo, que es el Hijo de la Mujer, revelándose así como Padre verdadero, garante del triunfo del bien y de la reconciliación final de la realidad.

El Hijo ha de pastorear a los pueblos con vara de hierro... (Ap 12:5b, con imagen de Sal 2:9; cf. Ap 2:26-27; 19:15). Conforme al Sal 2, el Rey mesiánico se encuentra rodeado de pueblos enemigos que amenazan con matarle; pero él se eleva sobre el monte Sion, con la ayuda de Dios (su Padre), para proclamarse rey universal y gobernar (= pastorear) de esa manera a todos los pueblos "con vara de hierro", es decir, con gran fuerza, de modo que nadie podrá ya vencerle. Según el Apocalipsis, ese Rey mesiánico es el Hijo nacido, que, dejándose matar como Cordero (cf. Ap 5), vencerá al Dragón, enemigo de su Madre, de tal manera que ella, la madre, se convertirá al final en novia-esposa del Cordero de Dios, es decir, del mismo Dios (cf. Ap 21-22). Pero no adelantemos temas ni crucemos símbolos: por ahora nos basta con saber que la victoria final de la vida está vinculada al nacimiento y triunfo del Hijo, que asume el dolor de su Madre y la defiende, destruyendo al Dragón enemigo.

Mujer expulsada, perseguida por el Dragón en la tierra (Ap 12:6–13:18)

Tras el nacimiento y rapto del Hijo (Ap 12:5), cambia el escenario y la Madre tiene que descender (escaparse) del cielo, huyendo al desierto, donde el mismo Dios la guía y alimenta (Ap 12:6). De esa forma pasamos de la Madre celeste a la Madre-Mujer perseguida, dentro de la tierra, no en el cielo, introduciéndonos de forma mucho más concreta en la trama de la historia. Los signos celestes (Mujer y Dragón) quedan en un segundo plano y se vuelve dominante el *relato profético*, de tipo apocalíptico y mesiánico.

Mujer fugitiva (Ap 12:6-12). Ella ha dado a luz al Hijo triunfador, que debe regir sobre los pueblos, y parece que con eso deberían acabarse sus problemas; pero Dios rapta a ese Hijo, sentándole sobre su Trono (12:5), mientras ella parece quedar abandonada, perseguida por el Dragón, sin nadie que la defienda sobre el mundo. ¿Qué hará? (12:5). El texto responde misteriosamente, diciendo que huye del Dragón (en una nueva versión del Éxodo del pueblo israelita), mientras que, a su vez, el Dragón es expulsado del cielo, de manera que la lucha entre ambos (Mujer y Dragón) se traslada así a la tierra: *Y la Mujer huyó al desierto, al lugar preparado por Dios, para que allí la alimenten durante 1260 días*, que son el tiempo de perversión de la historia (Ap 12:6).

Este es el principio de su metamorfosis o, mejor dicho, de su historia salvadora. La Mujer era Madre celeste en dolores de parto; pero, realizada su tarea, habiendo dado a luz, tiene que escapar al desierto del mundo, convirtiéndose en mujer terrestre perseguida. De esa forma, ella aparece como *Israel* que camina por el desierto, durante los años de peregrinación y prueba, buscando la tierra prometida, alimentada por el Maná de Dios. Los 1260 días de esa persecución/peregrinación se concretan luego como "un tiempo, dos tiempos y medio tiempo", es decir, como los "tres tiempos y medio" de la *Iglesia perseguida* en el mismo contexto de desierto, en la línea de la gran persecución del tiempo final, evocada por 1–2 Mac y Dn 10:13, 21; 12, 1 (cf. Ap 12:14).

De esa forma, la Mujer-Celeste del mito se vuelve Mujer-Madre histórica (fugitiva), como el pueblo de Israel en el desierto, como los judíos perseguidos por los gentiles en tiempo de los macabeos, como los cristianos en el tiempo del Apocalipsis. El Hijo vencedor de la mujer está sentado en el Trono de Dios, como Rey coronado, mientras ella (su madre) se refugia huyendo en el mundo y así recorre el camino del antiguo Israel (primer desierto del Éxodo) y el camino de los judíos perseguidos en tiempo de los macabeos. Con ella y en ella se encuentran perseguidos sus "restantes hijos", que son por tanto hermanos de Jesús, creyentes de la iglesia (cf. Ap 12:17).[12]

Dragón expulsado, victoria mesiánica... (Ap 12:7-12) El Dragón no ha logrado devorar al Hijo de la Mujer como él quería (cf. Ap 12:3-6) y por eso se descubre derrotado. Vive de matar vida ajena, se alimenta convirtiendo a los demás en alimento. Pero no ha podido devorar al Hijo de la Mujer y de esa forma ha quedado sin sustancia (es decir, sin comida), fracasado en su intento. Nuestro pasaje ha interpretado esa derrota de dos formas: con palabras de apocalíptica israelita y confesión cristiana.

– *Lucha simbólica: Miguel contra el Dragón* (Ap 12:7-9). *La apocalíptica* solía hablar de la gran lucha celeste de Miguel y sus ángeles buenos contra el Dragón (Satanás) y sus ángeles malos. Este es el argumento en nuestro pasaje: Parece imponerse sobre el cielo de Dios el ángel rebelde con su ejército perverso; pero Miguel, ángel bueno, defensor de Dios se opone y vence a Satanás, expulsándole por siempre de su altura, de manera que debe morar con sus ángeles caídos o demonios sobre las partes inferiores de la tierra (donde se ha refugiado la madre celeste), ejerciendo su maldad contra los hombres, ahora amenazados (cf. Dn 12:1-3).

– *Confesión cristiana* (Ap 12:10-12) El himno que sigue interpreta esa batalla y derrota celeste desde una *perspectiva cristiana,* diciendo que los que han vencido al Dragón no son ya Miguel y sus ángeles–soldado, sino los creyentes cristianos, y que lo han hecho *por la Sangre del Cordero y por su propio Testimonio de fe* (Ap 12:11). De esa manera cristianiza nuestro texto el símbolo de la guerra celeste (ángeles buenos contra el Diablo) y anticipa la trama posterior del Apocalipsis: el Hijo a quien Dios raptó a su cielo es el mismo Cordero degollado, que vence al Dragón devorador regalando de un modo gratuito su vida (cf. Ap 5), de manera que su victoria se expande y concreta en la vida creyente de sus fieles.

En ese contexto de lucha final, *la guerra celeste* de la apocalíptica se interpreta *en forma pascual* (de entrega en amor de Jesús y de los

12. Sobre el tiempo de la persecución, cf. X. Pikaza, *Apocalipsis,* EVD, Estella 1999, 143-144, 295.

creyentes). El signo del cielo (Mujer perseguida por Dragón) se traslada a la tierra, donde ella aparece como signo de todos los que sufren persecución y vencen (han vencido) al Dragón por la Sangre del Cordero y por el testimonio de su fe cristiana.[13] En ese contexto, la última estrofa del himno (12:10-12) evoca el dolor de la tierra y el mar (que son escenarios de la gran lucha de la historia), porque el Dragón, expulsado del cielo y vencido, responde "con gran ira, pues le queda poco tiempo" (Ap 12:12).

Antes, estando sobre el cielo, vinculado al poder de Dios (como representante de su poder, como el Satán del libro de Job), el Dragón no tenía prisa pues se mantenía en un eterno retorno de nacimiento y muerte, aguardando que la Madre diera a luz para devorar el fruto de su vientre (cf. Ap 12:1-4). Ahora, expulsado del cielo y fracasado (pues no ha podido devorar al Hijo de la mujer), ese mismo Dragón lucha furioso en la tierra en contra de los creyentes (la Mujer perseguida y sus hijos), porque el tiempo se ha acortado, es breve y pasajero. Este es el momento del *thymos* o furia de Satán, *Dragón airado (= ôrgisthê)*, que lucha ya en el mundo contra la Mujer pues, no pudiendo devorar al Hijo mesiánico (ya resucitado) quiere destruir "al resto de su esperma", es decir, a los hijos de la Mujer, esto es, a los hombres y mujeres fieles (Ap 12:17).

La misma *Madre mesiánica que aparecía antes en el cielo*, enfrentada al Dragón, viene a presentarse ahora como *Mujer fugitiva sobre el mundo* ¿De quién huye? Evidentemente, del Dragón "engañador" (cf. 12:9), que ha sido "burlado" por Dios y no ha podido devorar a su Hijo Cristo, para ocupar de esa manera su lugar. De la furia del Dragón engañado y derribado de su altura, tiene que escapar esta mujer hasta el desierto, viniendo a refugiarse de esa forma fuera del *sistema de poder del mundo*. Toda la historia y trama posterior del Apocalipsis se funda sobre esta experiencia de "éxodo" o exilio de la Mujer, Madre celeste y mesiánica, que comparte el exilio (persecución) de los hombres fieles sobre el mundo.[14]

---

13. *La apocalíptica* hablaba de *Miguel*, guerrero de Dios, vencedor sobre el Diablo. Por el contrario, *el mesianismo cristiano* habla del Cristo-Cordero, que vence al Dragón con la entrega de su vida (sangre).

14. Esta mujer–madre aparece como signo para los cristianos perseguidos a quienes escribe y anima el profeta (Juan, autor del Apocalipsis), pues tampoco ellos pueden integrarse en el sistema imperial, donde el Dragón impone su dictado a través de las bestias y la prostituta. Esta mujer perseguida, que antes aparecía como principio de vida

Mujer perseguida y protegida (12:13-17). Se le dieron alas de águila. La Mujer del texto anterior (Ap 12:6) aparece ahora como *perseguida.* Ha bajado del cielo (donde el Dragón la amenazaba) y ha venido a refugiarse en el desierto de la prueba, donde el mismo Dios la alimenta. Pero el Dragón ha descendido también, porque Dios le ha expulsado del cielo, no para ayudar a los hombres, sino para probarles y destruirles (como en el libro de Job), viniendo a mostrarse de esa forma como poder de muerte al interior de la historia. Así lo muestra el texto. Tras el canto cristiano de Ap 12:10-12, el Apocalipsis retoma la narración profética de 12:7-9, contando, en palabras de intenso simbolismo, la lucha del Dragón contra la mujer en tres momentos principales:

a. Persecución y huida al desierto (12:13-14). Este pasaje retoma el motivo de 12:6: el Dragón es rápido y corre persiguiendo a la Mujer; pero Dios viene en ayuda de la perseguida y le da "las dos alas del águila grande", que son muy veloces, para que pueda volar y refugiarse en un lugar inasequible del desierto, donde recibe el alimento necesario en el tiempo de la prueba. Esta Mujer del Águila, vinculada en oriente al sol alado, recibe la ayuda del Dios de los cielos y así puede volar y alejarse de la furia del Dragón y sus subordinados.

En esa línea, la tradición cristiana ha representado muchas veces a la Madre de Jesús con alas en los pies (o con manos aladas), como Mujer-Águila, figura bondadosa, poder positivo de gracia, que vuela protectora y se eleva, ayudando desde arriba a quienes siguen estando en peligro. Este motivo es hermoso, pero no podemos olvidar que esa Mujer-Madre es el verdadero Israel, es la Iglesia y la humanidad perseguida, y que sus alas le sirven para refugiarse en el desierto, fuera del sistema opresor, sin más seguridad que su fe en el Dios de la vida.

Estas alas de Mujer–Madre no son para evitar la persecución, sino para no caer en ella, manteniendo su fidelidad en medio de la lucha, pudiendo acompañar y ayudar de esa manera a los restantes perseguidos. Esta Mujer fugitiva en el desierto, huyendo del Dragón para realizar su tarea y ser fiel a su misión de Madre mesiánica (Israel, Iglesia), constituye un signo poderoso del simbolismo cristiano.

---

en el cielo, es la primera de las fugitivas, en un camino de *metamorfosis* que le llevará a convertirse en Novia de las *bodas* de la humanidad con el Dios–Cordero.

Esta mujer debe "huir" para mantener su autonomía, para vivir en libertad y para cumplir su tarea al servicio de la vida, sin más defensa que su fidelidad al Dios (de) Cristo. Solo una *iglesia del desierto*, en ruptura frente al sistema del Dragón, será fiel al Apocalipsis.[15]

b. Inundación satánica, ayuda de la Tierra (12:15-16). Aquí se repite (se actualiza), el signo de las aguas del mar Rojo, que iban a destruir a los hebreos fugitivos de Egipto (cf. Éx 14–15), cuando Dios hizo que las aguas amenazadoras fueran absorbidas por la tierra, abriendo seco un camino a los israelitas. El signo se repite ahora, de manera que la *Mujer-Águila* (que había logrado liberarse del Dragón en el desierto) viene a presentarse como *Mujer ayudada por la Tierra*, o quizá como tierra culminada, plenitud de la creación, liberada de las aguas de la destrucción satánica. De esa forma, el texto arraiga la historia de la Madre humanidad (Iglesia perseguida y salvadora) en las raíces de la creación o historia cósmica, en la historia de la liberación de los hebreos de Egipto. De esa forma, Dios culmina su obra creadora.[16]

Los cristianos han vinculado a esa Mujer-Madre perseguida con la buena humanidad, con el pueblo de Israel y con la Iglesia (y muchos ortodoxos y católicos con la Virgen María, madre de Jesús), como signo de la Tierra buena, representando así, de un modo positivo, la creación y la salvación, el tema del Génesis y del Éxodo con el Apocalipsis. En esa línea, los cristianos conciben la creación como "tierra en riesgo", obra amenazada sin cesar por la Serpiente, Dragón destructor (finitud, riesgo de libertad), pero liberada por el Dios de gracia.

Esa Creación (la tierra) ha culminado su tarea ayudando a la Mujer contra el Dragón, se ha puesto al servicio de la vida en contra de la muerte, en contexto de nueva creación, ecología positiva, éxodo y paso por el desierto, de manera que podemos vincular la "ecología" (plenitud de la tierra) con la "soteriología" (salvación y vida de los

---

15. *La mitología política* vinculaba el águila con los estandartes militares de Roma. *Aquí, en cambio,* el águila es principio materno de vida: Es Dios que protege a los perseguidos. No es águila para triunfar en la guerra, sino para escapar del peligro y refugiarse en el desierto.

16. El Águila es cielo, la Serpiente es tierra, pero ambas figuras se unen, de forma antidrómica (unión de contrarios como en el mito mesoamericano de Quetzal-Coatl: Serpiente emplumada, Águila-Serpiente).

hombres). Ciertamente, la Mujer perseguida es más que tierra (es persona, humanidad); pero, en la persecución, ella puede y debe hallarse en profunda sintonía con esa misma tierra. De esta manera, la figura y tarea de la humanidad mesiánica, queda integrada en el despliegue y plenitud de la creación, viniendo a entroncarse con la *ecología, pues la tierra acoge a los hombres y les ayuda a salvarse.*[17]

c. La ira del Dragón y el resto de la descendencia de la Mujer (12:17). El Dragón, que antes de perseguir a la Mujer en la tierra aparecía lleno de furor *(thymos),* porque le quedaba poco tiempo (12:12), viene a presentarse ahora muy airado *(ôrgisthê),* porque no ha podido apresar ni anegar a la Mujer. Eso significa que ella (Mujer, vida humana, Israel, Iglesia) encuentra su seguridad bajo la protección de Dios y no puede ser vencida por el Dragón, porque el Dios que ha "raptado" a su Hijo vencedor (12:5) la defiende mientras ella sigue sobre el mundo. Pues bien, ahora descubrimos que, además del Hijo Celeste, ella tiene otros hijos a los que el texto presenta como "resto de su esperma", es decir, de su simiente o semilla, identificándolos con "aquellos que cumplen los mandatos de Dios y mantienen el testimonio de Jesús" (12:17).

En contra de la visión biológico-patriarcalista de gran parte de la Biblia y de la antropología posterior (donde el responsable de la generación de los hijos es el padre, no la madre), los creyentes "fieles" (varones y mujeres) aparecen como "esperma" (semen, descendencia) de mujer, retomando un motivo que aparecía en Gn 3:15 (estirpe de Eva). El padre-varón está oculto. Hombres y mujeres aparecen aquí como hijos de mujer.

De esa forma, la misma *Madre celeste del Mesías* de Israel viene a presentarse como *Madre histórica de los cristianos (hombres) perseguidos* o, quizá mejor, como *Madre iglesia.* Esta terminología era conocida en el contexto israelita de aquel tiempo, donde Sion-Jerusalén aparecía con frecuencia como Madre que sufre por hijos que

---

17. Cf. H. Gunkel, *Schöpfung und Chaos in Urzeit und Endzeit. Gen 1 und Ap Joh 12,* Göttingen 1895. En perspectiva ecológica, cf. R. Radford Ruether, *Mujer nueva, Tierra nueva,* Aurora, Buenos Aires, 1977; A. Primavesi, *Del Apocalipsis al Génesis. Ecología, feminismo, cristianismo,* Herder, Barcelona, 1995.

han sido asesinados o desterrados (por ejemplo, en la guerra del 67-70 d. C.).

La antigua Sion, Madre Israel, ha sido abatida; por eso lloran sus hijos judíos, en llanto que parece sin remedio, esperando que llegue y triunfe desde el cielo el Hijo del Hombre (cf. 4 Esd 9-10). Esta Madre de Jesús y sus hermanos, no es ya la Sion terrena (Jerusalén histórica, entregada a los gentiles: Ap 11:2), sino el nuevo templo de Dios, que se identifica con los cristianos, es decir, los salvados (Ap 11:2; cf. Gá 4:25-27), como Mujer que brota del Arca de la Alianza, expresión suprema del Pacto de Dios, nueva humanidad de la Iglesia (Ap 11:19).

La Mujer-Madre es *Arca de la Alianza*, portadora y signo del Pacto de Dios con los hombres, maternidad mesiánica: Ha dado a luz al Hijo salvador (12:5) y defiende al *resto de su esperma* (12:17; cf. Gn 3:15 LXX. Esperma o simiente del Dragón serán en Ap 13 las Bestias; esperma de la Mujer es el Hijo-Mesías de 12:5 y con él todos los creyentes, que forman una misma descendencia, un proyecto y camino de vida.

Normalmente, el portador de *esperma* (hebreo *zera'*) es el varón engendrador, cabeza y trasmisor de genealogía. Pero aquí (como en Gn 3:15) el esperma o principio de generación está vinculado a una Mujer, interpretada como signo materno de Dios. Esta Mujer, madre mesiánica y fundadora de estirpe de salvación, a la que Ap 11:19–12:1 presentaba como Arca de la Alianza, Madre-Iglesia de los hermanos de Jesús, perseguidos por el Dragón.[18]

Ella puede seguir apareciendo como Madre celeste, conforme al signo de Ap 12:1-5, pero aquí es Madre y Hermana perseguida, a lo largo de la historia, pues asume y condensa el camino de dolor y esperanza de la humanidad, signo *de todos los perseguidos de la tierra* (cf. 18:24). Solo una iglesia que decide escapar del Dragón y mantenerse "en el desierto", para no pactar con el sistema social opresor, una iglesia que rechaza la pretensión de las Bestias y se opone a

18. El Apocalipsis no ha desarrollado de forma unitaria su figura eclesial (no habla de Iglesia, en singular, sino de iglesias o comunidades en plural: cf. las siete de Ap 2-3), conservando así el uso paulino (antiguo), donde cada comunidad cristiana aparecía como iglesia (cf. Gá 1:2; Rm 16:4). Sin embargo, en la totalidad de su mensaje emerge (como en Ef 1:22; 5:24-32 o Col 1:18) la visión de una Iglesia-Madre única, vinculada a Jesús y perseguida (en la línea de 1 Cor 15:9; Flp 3:6), apareciendo al final como Novia-Esposa que une su voz a la voz del Espíritu y llama a Jesús, diciéndole "ven" (Ap 22:17).

la prostituta, podrá entender y venerar (actualizar) este signo de la mujer perseguida del Apocalipsis (12:17).

Mujer amenazada. Dragón y Bestias (12:17–13:18). Los motivos anteriores (huida y persecución) han sido expresamente aplicados por el texto a la Madre mesiánica. El nuevo motivo (la amenaza de las bestias) aparece más velado, aunque resulta necesario para entender la trama del libro de la historia, con un principio y dos agentes principales:

[Principio] Y (el Dragón) se puso en pie sobre la arena del mar (12:17).

[Agente 1°] Y vi saliendo del mar una Bestia, con diez cuernos y siete cabezas... (13:1).

[Agente 2°] Y vi otra Bestia de la tierra, con dos cuernos como de Cordero... (13:11).

Habíamos escuchado el *lamento de los cristianos,* amenazados por el Dragón furioso, sobre el mar y la tierra, (cf. 11:12). Ahora descubrimos la razón: el Dragón había intentado apresar a la Mujer para matarla, o quizá para obligarle a pactar (a someterse), devorando a sus hijos y convirtiendo así la historia en círculo de muerte. De haberlo conseguido, no habrían sido necesarias Bestias (como en Ap 13), ni tampoco prostituta (como en Ap 17). Pero la Mujer con sus hijos ha opuesto resistencia, manteniendo la confesión de Jesús (cf. Ap 12:11, 17). Por eso, a fin de combatir de un modo social (eficaz) sobre la tierra, el Dragón ha tenido que buscar unos agentes que realicen en concreto su tarea y que le representen en la historia; la *Bestia de mar y la Bestia de tierra.*[19]

19. Muchos profetas (de Amós hasta Ezequiel) habían condenado los poderes imperiales, enemigos y opresores de Israel, mostrando con fuerza el carácter opresor, violento, idolátrico, de las armas militares y de las riquezas que destruyen a los pobres. En esa línea habían avanzado, de forma sorprendente, algunos textos apocalípticos como Dn 7 y 1 Henoc 83-90, que interpretan y presentan la perversión de la historia en figuras bestiales, de animales destructores, indicando así que los poderes del mundo que se divinizan a sí mismo son en realidad satánicos, ídolos de muerte. Pero nadie había logrado describir esos poderes con la radicalidad y precisión de Ap 13, distinguiendo y vinculando, desde el Dragón original, dos Bestias, una que simboliza el poder político-militar (Roma como Imperio) y otra el ideológico-religioso (Roma como sistema de pensamiento y religión).

– *La Bestia del mar* (Ap 13:1-10), que viene del mar de occidente, Roma, encarna la perversión de los poderes político-militares que reciben su fuerza del Dragón, para combatir contra "el resto de la estirpe de la mujer", es decir, contra los seguidores de Jesús. Diversos textos hablaban de potencias sacrales destructoras, pero de manera más parcial, como muestran los textos de Dn 2 y 7 (cf. 1 Hen, 2 Bar y 4 Es). Pues bien, el Apocalipsis ha visto y descrito a la *Gran Bestia,* identificándola con el imperio de Roma, aunque después podrá aplicarse a los restantes imperios perversos de la tierra.

– *La Bestia de la tierra* (13:11-18) es la perversión profético-religiosa, encarnada en los sacerdotes y/o filósofos de oriente al servicio de la Bestia, funcionarios de su violencia social e ideológica (religiosa). Ap 6:15 citaba a reyes, nobles, comandantes militares, ricos y poderosos de la tierra. Todos aparecen ahora condensados en esta figura mentirosa al servicio de la violencia del sistema. La *Primera Bestia* era el Poder militar del imperio (Roma). Pues bien, al servicio de ese poder ha surgido esta *Segunda,* que es la religión y/o conocimiento pervertido. Nadie la había presentado de forma tan precisa, desarrollando y destacando con tanta nitidez la *perversión de la mentira,* esto es, la opresión de una cultura (religión o propaganda, filosofía o educación, ideología) al servicio del poder. Hay algo peor que las armas y conquistas militares: la falsedad organizada de aquellos que justifican esas armas y conquistas para su provecho[20].

Estas dos Bestias (poder militar y religión, dictadura imperial e ideología) brotan del mar (la 1ª) y de la tierra (la 2ª) y combaten al servicio del Dragón, contra la estirpe de la Mujer, es decir, contra la humanidad fiel (representada aquí por la iglesia). En ese contexto, ser cristiano significa oponerse a un tipo de política social e ideología de Imperio (que lo manipula y destruye todo), conforme al modelo y testimonio de la Mujer que ha debido escapar al desierto, soportando los ataques del Dragón. Ahora sus hijos han de imitarla, luchando también contra las Bestias. Lógicamente, *esta Mujer*

20. Estas dos Bestias (con la prostituta que viene después) encarnan *el pecado fuerte* (o central) de la humanidad, tal como he mostrado en *Antropología bíblica*, Sígueme, Salamanca, 2005. El judaísmo anterior no tenía conciencia de un "pecado total" que aparece aquí y en Rm 5.

fugitiva, perseguida y amenazada, es ante todo una realidad social, de manera que podemos precisar su identidad por la forma en que la atacan (en línea de imposición militar, marginación económica y engaño ideológico). Pues bien, frente a la mujer perseguida aparece unos capítulos más adelante (Ap 17–18) *la Mujer Perseguidora o Prostituta, formando así el tercer momento de la trilogía satánica* del Dragón, constituida por las dos bestias ya evocadas y por esta Mujer-Prostituta, que es la Perseguidora

1. Inciso. Plagas de Egipto (Ap 16)

El "castigo" de Dios contra los egipcios, perseguidores de Israel, ha sido narrado por Éx 7-14, en forma de diez plagas de fondo ecológico, por destrucción "natural", que va desde la conversión del agua de del Nilo en sangre de muerte (Éx 7) hasta la muerte de los primogénitos (Éx 11). Ese castigo se realiza en forma de contaminación ecológica de las aguas y de los pequeños vivientes del Nilo y de su entorno, pasando por la gran oscuridad, hasta la muerte de los primogénitos.

Esas plagas han sido reinterpretadas de un modo más teológico y simbólico por el libro de Sabiduría, en forma de siete antítesis, de forma que el mundo viene a presentarse por un lado como fuente de bendición para los hebreos inocentes, mientras que por otro se convierte en espacio y principio de maldición y muerte para los perseguidores. Este libro pone así de relieve la diferencia que Dios ha establecido entre los israelitas (a los que ayuda en la persecución) y los egipcios (a quienes deja que se destruyan en la prueba). Estas siete antítesis evocan el tema de las «suertes» de Dios, que constituye el motivo central del libro de Ester, que los judíos siguen recordando en la fiesta de los Purim.[21] Estos son los castigos ecológicos de Sab 11-19:

> 1. *Sab 11:1-14. Río turbio, agua de roca* (cf. Éx 15-16; 17:1-7; Nm 20:2-3). Los egipcios que expulsaron a los hebreos tuvieron que beber el agua turbia del Nilo ensangrentado. Los hebreos, en cambio, recibieron como don de Dios el agua pura de la roca en el desierto.

---

21. Cf. C. A. Moore, *Esther*, AB. Doubleday, New York, 1971; D. J A. Clines, *The Esther Scroll: The Story of the Story*, JSOT SuppSer 30, Sheffield, 1984.

2. *Sab 16:1-4. Ranas y codornices* (cf. Éx 16:9-13; Nm 11:10-32). Rodeados de ranas impuras, los egipcios no pudieron ni probar bocado. Los hebreos, en cambio, saciaron su deseo en el desierto con las muchas y puras codornices.

3. *Sab 16:6-14. Langostas y serpiente de bronce* (cf. Éx 8:16-20; 10:4-15; Nm 21:4-9). Los egipcios fueron perseguidos por tábanos y langostas, que picaban y comían su cosecha. A los hebreos, sin embargo, no pudieron destruirles ni siquiera las serpientes venenosas, porque Dios les ayudó con la serpiente de bronce en el desierto.

4. *Sab 16:5-19. Pedrisco y maná* (cf. Éx 9:13-35; 16:1-36). La naturaleza descargó su tormenta de agua y fuego, nieve y lluvia contra los egipcios. Los hebreos, en cambio, descubrieron y acogieron la lluvia providente del maná en el desierto.

5. *Sab 17:1-18:4. Tinieblas y luz* (cf. Éx 10:21-29; 13:21-22). Los egipcios, que perseguían a los hebreos, acabaron encerrándose en un tipo de cárcel angustiante de tiniebla. Los hebreos, en cambio, descubrieron la luz de Dios que alienta y guía en la noche a sus amigos.

6. *Sab 18:5-23. Primogénitos muertos, pascua liberadora* (cf. Éx 12-13; Nm 17:6-15). Una misma noche fue tiempo de muerte para los primogénitos de Egipto (a manos de la Palabra de Dios que desciende y mata…) y de nuevo nacimiento (pascua) para los hebreos. La Sabiduría de Dios, como palabra todopoderosa (o` pantodu,namo,j sou *lo,goj*), realizaba su tarea divisora (de muerte y salvación) sobre la tierra.

7. *Sab 19:1-12. Juicio del mar Rojo* (cf. Éx 14-15). Las aguas del mar fueron una tumba para los egipcios perseguidores y cuna de vida para los hebreos. La misma creación aparece como principio de discernimiento radical, de manera que ella puede separar a unos hombres de otros, según su merecido.[22]

Estos siete *recuerdos*, reelaborados como de *midrash* del Éxodo, trazan el sentido de la acción de Dios y ponen de relieve la salvación de los pobres-perseguidos y la destrucción de los perversos, en forma

[22]. Esta visión de las *siete antítesis* ha sido popularizada por las divisiones y títulos que ofrece la traducción de *la Biblia de Jerusalén*; justificación en J. Vílchez, *Sabiduría*, Verbo Divino, Estella, 1990, 309 ss., con amplia bibliografía. Cf. J. R. Busto, «La intención del *midrásh* del libro de la Sabiduría sobre el Éxodo», en AAVV, *Salvación en la palabra. Homenaje a Díez Macho*, Cristiandad, Madrid, 1986, 65-78.

histórica (la justicia de Dios triunfa en este mundo) y escatológica (esa justicia triunfará al fin de los tiempos), desde un fondo ecológico. A lo largo de su historia, los israelitas conservan la memoria de la salvación de Dios, y de esa forma pueden esperar la salvación definitiva en la nueva tierra.

Auto-castigo ecológico (Ap 16). En la línea de las plagas del Éxodo y del libro de Sabiduría, presenta el Apocalipsis las plagas ecológicas de una humanidad convertida en "Egipto" perverso, tierra de destrucción. Conforme a su estilo, el libro las presenta como resultado de la ira de Dios que va destruyendo el mundo con sus ángeles. Pero, en realidad, conforme a la dinámica del Apocalipsis, estas *siete copas/plagas de Dios* son resultado del pecado de los hombres que queriendo ser divinos en la tierra se destruyen a sí mismos:

> *Después de esto vi cómo se abrió en el cielo el templo de la tienda del testimonio. Y los siete ángeles que llevaban las siete plagas salieron del templo (Ap 15:5-6):*
>
> *² Salió el primer ángel, vertió su copa sobre la tierra, y los hombres que llevaban la marca de la bestia y adoraban su estatua se llenaron de úlceras malignas y dolorosas.*
> *³Vertió el segundo ángel su copa sobre el mar, y se convirtió en sangre como de cadáver, y perecieron todos los seres vivos que había en él.*
> *⁴ El tercer ángel vertió su copa sobre los ríos y los manantiales, que también se convirtieron en sangre.*
> *⁸El cuarto ángel vertió su copa sobre el sol y se le dio poder para quemar a los humanos con fuego y maldecían contra el nombre de Dios que tiene el poder sobre estas plagas; pero no se convirtieron ni reconocieron su grandeza.*
> *¹⁰El quinto ángel vertió su copa sobre el trono de la Bestia, y su reino quedó sumido en tinieblas. La gente se mordía la lengua de dolor, ¹¹y maldecían al Dios del cielo a causa de los dolores y las úlceras; pero no se convirtieron de sus obras.*
> *¹²El sexto ángel vertió su copa sobre el gran río Éufrates; el cauce del río se secó y quedó preparado el camino para los reyes de oriente.*
> *¹⁷Vertió el séptimo ángel su copa en el aire, y una voz potente que salía del templo, de junto al trono mismo, decía: ¡Ya está hecho! (…) Y la gran ciudad se partió en tres; se derrumbaron las restantes ciudades del mundo y Dios se acordó de la orgullosa Babilonia para*

hacerle beber la copa de vino de su cólera terrible. [20]Se desvanecieron todas las islas y desaparecieron los montes... (Ap 16:2-21).

De esta forma se amplía y culmina *el talión de sangre* de Gn 9:6: *a quien derrame sangre humana le derramarán la suya.* Solo en sangre se cura la sangre; solo matando al asesino se detiene la espiral de asesinatos (cf. Éx 21:12-13). Este anuncio de la destrucción ecológica del mundo recrea, desde una perspectiva universal, las diez plagas del Éxodo de Egipto. El Dios de la ecología destructora no mata ya solo a los egipcios (no deja que ellos se maten en su propia violencia), sino que mata/destruye a la humanidad opresora (= deja que la humanidad destructora se destruya a sí misma). Estos nuevos egipcios homicidas se ahogan y mueren en el mar de sangre que han vertido. La plaga la originan ellos, el infierno es su propia violencia de muerte que han ido extendiendo sobre el mundo. Así lo ha proclamado, en voz de justicia, *el ángel de las aguas* buenas (cf. Ap 16:5-6) que veremos después en el paraíso (cf. 22:1-5), declarando su sentencia final sobre la locura asesina de una violencia que se destruye a sí misma.

- *La 1ª y 4ª copa producen enfermedades: úlceras* que nacen de la tierra (primera: 16:2) y *quemaduras* que brotan del sol (cuarta: 16:8-9). Los astros (cielo) y la tierra (suelo) dejan de ser casa para aquellos que llevan la señal de la Bestia (16:2) y se vuelven infección y muerte insoportable (16:9). La humanidad se encorva en espiral de dolor/muerte insoportable. Los mismos que quieren controlar y dominar a los demás acaban dominados, controlados por la dinámica de muerte del cielo y de la tierra, incapaces de convertirse y de llamar a Dios, desde la opresión de su existencia intolerable (16:9). Esta misma falta de conversión (que les distingue de los pueblos que siguen buscando a Dios: 15:3-4) es el infierno de los adoradores de la Bestia.
- *La 2ª y 3ª copa convierten en sangre el agua de los mares, ríos y fuentes* (16:3-4). El profeta del Apocalipsis concede gran importancia a la sangre; es como si la viera brotar por todas partes: *el vino del lagar* del mundo se fermentaba en *sangre* (16:19-20), lo mismo pasa ahora con las aguas del cosmos. Así se muestra la clarividencia de un vidente que ha descubierto el misterio de Dios en la sangre del Cordero degollado para redención de todos los humanos (cf. Ap 5). Pero lo que ahora surge y llena el mundo no es la sangre

del Cordero sino la que proviene de los asesinados de la historia. *¡Han derramado la sangre de los santos y profetas, y tú les haces beber sangre!* (16, 5b-7). Esta es la alucinación horrible del asesino que ve sangre en todas partes: no la puede lavar porque el agua de lavar es sangre, no puede beber, ni labrar la tierra, porque toda el agua del mundo es sangre que lleva a la muerte.

Por un lado, el mundo se destruye ecológicamente, convertido en sangre: la violencia de las Bestias conduce al total asesinato de la vida sobre el cosmos. *El talión* pertenece al ser del mundo, es asesinato que lleva a más asesinatos, sangre sin fin, infierno de muerte. *Sobre ese asesinato emerge la gracia creadora del Cordero* (cf. Ap 5:9) y la de aquellos que resisten, dejándose matar (como los santos y profetas de 16:6) y limpiando (en su sangre, sangre del Cordero) la violencia de la historia (cf. 7:14; 12:11).

Escrito en este contexto, el Apocalipsis viene a presentarse como manual de vida (resistencia y canto) para aquellos que se encuentran condenados a la muerte. Este es el *éxodo* abierto por las plagas, éxodo de sangre que anuncia la muerte de los asesinos y la vida de los asesinados. La revelación de Apocalipsis no se centra y condensa en la muerte (río y mar de sangre de la historia de la destrucción humana), sino que se abre a la vida de la nueva humanidad recreada por Dios. Desde ese fondo se entienden las dos anteúltimas plagas, la 5ª y la 6ª (Ap 16:10-16). De *las cuatro plagas cósmicas* (tierra, mar, ríos y sol: Ap 16:2-9) pasamos a las dos plagas *sociales,* dirigidas en contra de los poderes de muerte de la humanidad "demoníaca" (dominada por poderes de destrucción).

– *El quinto ángel de la destrucción (Ap 16:10-11) derrama su copa sobre el Trono de la Bestia* que salía del Abismo (cf. *Rey Abbadón, Exterminador*: 9:1-11), o del gran mar para recibir la fuerza del Dragón (cf. 13:2). Por eso, ahora *el Reino de la Gran Bestia se oscurece,* volviéndose tiniebla en los ojos y dolor en la boca de los perversos (cf. Éx 10:22; Sab 17). Más adelante, Ap 19 dramatizará la caída del reino de la Bestia en términos de guerra. Aquí la anuncia como talión escatológico: la Bestia ha blasfemado contra Dios y sus fieles (13:5-6); por eso, su lengua (de la Bestia y de los suyos) queda dolorida, se destruye a sí misma.

– *El sexto ángel (16:12-16) derrama su copa sobre el río Éufrates* donde estaban atados los cuatro espíritus *perversos* de la ira, que el *ángel* de la sexta trompeta desata para que junten en forma de ejército infinito de muerte sobre el mundo (tema anunciado en Ap 9:13-21). Ahora cae sobre el río Éufrates, que es la frontera oriental del desierto y de la muerte, el veneno de la copa de la ira de Dios, que seca el río y prepara la invasión inmensa, la guerra donde acaba (culmina y se destruye) toda guerra.

Esta es la *guerra de la Tríada Infernal* de Ap 12-13, del *Dragón,* ángel perverso de muerte, con sus tres "rostros" de destrucción (rey diabólico, falso profeta, prostituta). Esta es, al mismo tiempo, mirada desde otra perspectiva, la *guerra de los reyes de oriente* (Ap 16:12, de todo el mundo: 16:14), que atraviesan la frontera del reino oriental de la muerte y luchan en contra de la humanidad de los santos de Dios (cf. 1 Hen 56; 4 Es 13).

Este es el *pecado de todos los pecados:* la maldad del mundo, convertido en pura violencia contra la vida de Dios. En otro plano, mirado desde arriba, este es *el día grande de Dios Omnipotente* (16:14; día de Yahvé: Am 5:18-20; Jl 3:9-14; Ml 3:2-5, etc.). Por encima del *engaño* de la Tríada Infernal se manifiesta la *providencia creadora de Dios.*

Piensan los reyes que tienen poder ilimitado; piensa la Tríada satánica (César, Profeta perverso y Prostituta) que es suyo el destino de la historia. Pero solo Dios conoce y sabe, concediendo el triunfo a Cristo *en un lugar llamado en hebreo Harmaguedón* (16:16), que parece aludir a la *har* (montaña) de *Meguido,* lugar israelita de famosas batallas antiguas (cf. Jc 5:19; 2 R 9:27; 23:29) y grandes lamentos (cf. Za 12:11), entre Galilea y el Gran Mar. Pero esa alusión no es segura pues, conforme a una antigua tradición, recogida por Ez 28:8, 21; 19:2, 4 y ratificada por Dn 12, la gran batalla debería realizarse en el entorno de Jerusalén. La humanidad ha llegado a la tierra *del no retorno, al kairos/tiempo de la decisión final.* Se ha cerrado el horizonte, las fuerzas de lo malo parecen dominar todo lo que existe; pero un Dios más sabio que ellas las está conduciendo al *Harmaguedón* de su muerte.

Al llegar aquí, antes de pronunciar el nombre fatídico y esperanzado, conforme a su técnica habitual (cf. 1:7; 13:9; 14:12), Juan ha intercalado un aviso (*¡Mirad que vengo como ladrón...!;* cf. 3:3) y bienaventuranza (*¡Bienaventurado quien guarde [limpie] sus vestidos...!;* cf.

3:4-5, 18). Donde parecía que nos saca de la historia para conducirnos al espacio de los mitos (diablos, batallas finales), el Apocalipsis
nos reconduce al nivel más claro de la historia: a la vigilancia y fidelidad del evangelio (16:15).

No importa el lugar ni el modo externo del combate, no interesan
las señales cósmicas, objeto de disputa erudita o magia evocativa. El
verdadero Harmaguedón está donde la iglesia se mantiene fiel a su
compromiso de resistencia evangélica, mientras los poderes perversos del mundo (César, antiprofeta y prostituta), queriendo destruir
el mundo (poniéndolo bajo su poder) se destruyen a sí mismos.

Así llega la séptima plaga, la gran inversión de la muerte convertida en principio de vida. Por eso se dice "ha pasado" (Ap 16:17-
21). En esa línea, el Apocalipsis, habla primero de la contaminación
del aire y del gran terremoto, que se expresa en forma de juicio y
destrucción de Babilonia. Significativamente esta plaga cae sobre el
"aire", que es el signo supremo de la vida y de la muerte. Del aire
vivimos (respiramos). La contaminación/muerte del aire es la expresión de la muerte final de una humanidad que se destruya a sí
misma. Pero antes de narrar directamente esa muerte del "aire", el
Apocalipsis se detiene a describir la perversión suprema de la humanidad, que no se condensa ya en la primera bestia (poder militar)
ni en la segunda (falso profeta), sino en la prostituta.

Tercera mujer, la ciudad prostituta (Ap 17-20)

La séptima plaga ha caído sobre la mujer prostituta. Como he venido destacando, había dos mujeres/ciudades. (a) *La ciudad de los perseguidos*, la Mujer perseguida, que es la Iglesia buena fugitiva en el
desierto. (b) *La ciudad perseguidora, prostituta económica del mundo, Ba-
bilonia/Roma*, Mujer perversa, emporio de todas las riquezas, mercado donde se compra y vende todo, encarnación y cumplimiento del
sistema de poder total que el Dragón intenta implantar sobre la tierra.

Esta *Mujer–Ciudad prostituta* representa la opresión social, la empresa y mercado de muerte del mundo. Muchos filósofos y sabios
del imperio la llamaban diosa y la veneraban, quemando en su honor el buen incienso. Incluso Jesús pudo haber dicho "dad al César
lo que es del César...", identificando de algún modo al César con
la ciudad de Roma. Por su parte, Pablo (o el autor de la glosa de
Rm 13:1-7) aceptó la autoridad de Roma, diciendo que es preciso

someterse a su poder, pues Dios le ha dado encargo, para mantener el equilibrio económico del mundo, de manera que puede llevar con derecho espada y cobrar con razón tributos.

Pero el autor del Apocalipsis la ha condenado, presentándola como aliada de las Bestias, encarnación mundana, Dragón. Es muy posible que este pasaje de condena nos parezca exagerado en sus matices, pero su juicio profético resulta sobrecogedor y certero: el profeta ha visto y destacado algo que normalmente no vemos, el riesgo de un sistema que se diviniza a sí mismo sobre bases de imposición y engaño (bestias), encarnándose en un orden político que expulsa y niega a los disidentes y contrarios, condenando a muerte a los pobres, como falsa y mentirosa prostituta.

Pues bien, el mismo Apocalipsis empieza diciéndonos con sorpresa que la prostituta "romana" no se encuentra simplemente fuera, sino que ella se expresa y actúa también dentro de la iglesia, encarnándose en un tipo de pseudo-profetisa, a la que el texto llama *Mujer Jezabel*, la *prostituta*. Frente a la iglesia perseguida, que mantiene el testimonio de Jesús (y se convierte luego en Novia del Cordero) se eleva ella en la iglesia de Tiatira (Asia Menor), como dice Jesús al condenarla:

> *Permites a la mujer Jezabel, que se dice profetisa, enseñar y enga-ñar a mis siervos para que se prostituyan y coman idolocitos. Le he dado tiempo para que se convierta, pero no quiere convertirse de su prostitución. Pues bien, voy a arrojarla en el lecho y a quienes adul-teran con ella (les arrojaré) en una gran tribulación, a menos que se conviertan de sus obras (malas). Y a sus hijos, los heriré de muerte... (Ap 2:20-23).*[23]

El Apocalipsis define a esa Mujer–Jezabel como *prostituta* (vende su amor por comida: idolocitos) y *adúltera* (*moikheuein*: cf. 2:22-23): ha pactado con Roma engañando a su auténtico marido que es Dios. Ella debía mantener *fidelidad a Jesús*, pero ha preferido el engaño,

---

23. Ap 2:14 habla de *Balaam* (otro nombre de insulto), unido a Jezabel, mostrando que este es un problema masculino y femenino. Cf. M. Navarro, "Jezabel (Ap 2:18-29)": *Reseña Bíblica* 27 (2000) 21-30.

separándose de Dios y de Cristo (su esposo), para así ganar la economía y política social de Roma.[24]

- *Jezabel se ajusta al Imperio,* interpretando el cristianismo como pura experiencia interior, separada del orden social. En esa línea, ella toma la estructura económico-social de Roma como algo sin importancia, pues el evangelio no implica una transformación social, sino solo un cambio interior de los creyentes, como experiencia espiritual, que no entra en conflicto con la estructura económica y social de Roma. En esa línea entiende la palabra "dad al César lo del César y a Dios lo que es de Dios" (Mc 12:17), como si el orden económico de Roma fuera indiferente para los cristianos.
- *Por el contrario, el Apocalipsis* entiende el mensaje de Jesús como un modo integral de vida, que exige un cambio político, económico y social. A su juicio, la misma vida de Roma es una "religión idolátrica": el *pan y la carne* de su imperio son "idolocitos", pues se encuentran ofrecidos a y ratificados por los dioses del poder y la injusticia; en esa línea, la fidelidad al orden imperial constituye un "adulterio", pues se opone al amor gratuito de Cristo y a la fidelidad del evangelio. Eso significa que los fieles de la iglesia deben rechazar el orden económico y social de Roma, "huyendo al desierto", como la Madre mesiánica (cf. 12:6, 14), para crear una alternativa de fidelidad humana y gratuidad, fuera del imperio.[25]

Según el Apocalipsis, esta falsa profetisa constituye un riesgo (un adulterio cristiano), pues según ella es conveniente un pacto con Roma, de manera que la experiencia de Jesús pueda expresarse como una *religión aceptada* dentro del imperio. Jezabel asume según eso el orden básico del imperio, sus comidas (que Juan llama *idolocitos),* sus fidelidades sociales (que Juan llama *adulterio),* planteando según eso un tema que será esencial para la historia posterior de la Iglesia.

El Apocalipsis no quiere que la Iglesia se eleve como *otro imperio,* en un nivel económico-político, pero piensa que ella debe rechazar

24. A juicio del Apocalipsis, comer *idolocitos* significa promover un orden económico y social injusto, simbolizado en los alimentos (carne ofrecida a los dioses). *Adulterar* significa someterse por egoísmo y provecho al orden social y sagrado del imperio, como base de convivencia humana.
25. No sabemos cómo ha terminado la disputa del profeta Juan con Jezabel.

el *sistema de Roma*, pues se funda sobre bases de engaño y de muerte: en la prepotencia de los poderosos y en la expulsión de los inocentes, en la imposición de los ricos y el engaño de los pretendidos sabios. El Apocalipsis no defiende un alzamiento militar (como los celotas judíos de la guerra del 67-70 d. C.), pero tampoco un *pacto de interioridad intracristiana*, sino un gesto firme de resistencia social y de huida al desierto.[26] Anticipando en forma inversa lo que dirá en Ap 21 cuando presente a la Novia del Cordero, el profeta Juan presenta a la mujer-prostituta como diosa (Eva perversa que ha comido el fruto del árbol del bien y del mal), montada en caballo imperial, dominando sobre las naciones, poder universal que oprime a todos los seres humanos y destruye a la misma tierra:[27]

> *Uno de los siete ángeles... me llevó en espíritu a un desierto y vi una Mujer sentada sobre una Bestia color escarlata, llena de nombres blasfemos, que tenía siete cabezas y diez cuernos. La Mujer iba vestida de púrpura y escarlata, y estaba adornada de oro, piedras preciosas y perlas. En su mano tenía una copa de oro llena de abominaciones y de la impureza de su prostitución. Escrito en su frente tenía un nombre: ¡Misterio! Babilonia, la grande, la Madre de los prostitutos y de todos los abominables de la tierra. Y vi a la Mujer emborrachándose con la sangre de los santos y la sangre de los mártires de Jesús (Ap 17:1-6).*

La maldad de las Bestias (Ap 13) se encarna y condensa como prostituta, *madre invertida, esposa perversa Dragón*, en oposición opone a la Mujer fiel de Ap 12:1-5, a la Fugitiva y Perseguida de 12:6, 14 y, especialmente, a la Ciudad-Novia del Cordero (Ap 21-22).[28]

---

26. Posiblemente, la iglesia de Jezabel acabó volviéndose una comunidad intimista de iniciados, penetrando en un tipo de "profundidades perversas del alma" (que el Apocalipsis interpreta como "honduras de Satanás": 2:24). La vida exterior (economía, política) podría así quedar en manos del sistema, es decir, de la autoridad reconocida del imperio; la religión y el amor en cuanto experiencia y camino de salvación serían una realidad básicamente interior, independiente del orden social y las comidas. El Apocalipsis se opuso a esa visión, porque a su juicio no basta un compromiso interno de fidelidad a Jesús, sino que el evangelio ha de entenderse en forma de comunicación social, con lo que ello implica de creación de estructuras de justicia, rechazando un tipo de pan y carne (economía) asesina como la de Roma.

27. Cf. H. W. Wolf, *Oseas hoy. Las bodas de la ramera*, Sígueme, Salamanca, 1984; H. Simián-Yofre, *el desierto de los dioses. Teología e historia en el libro de Oseas*, Almendro, Córdoba 1993.

28. He desarrollado el tema *Dios y el dinero. Teología y economía*, Sal Terrae, Santander, 2019.

- *Es mercado prostituido (Pornê:* Ap 17:1-2) donde nada vale en sí, sino para el negocio: eso es ella. Es el poder que se ha vuelto prostitución o, a la inversa, la prostitución hecha poder: así recibe el poder que le ofrecen las Bestias y de esa forma domina a los reyes de los pueblos, poniéndolos a su servicio; así emborracha a los habitantes del mundo, haciéndoles beber su vino de olvido y muerte (cf. Ap 17:2). De esa forma engaña, sin destruir directamente de manera militar (como la Bestia 1ª), sin acudir a propagandas de tipo ideológico (como la Bestia 2ª), sino utilizando la seducción del dinero (promete riqueza a los reyes) y el placer (emborracha con su vino a los incautos), empobreciendo y matando a los pobres de la tierra. Dinero y placer, sexo mercantil y vino: estos son sus signos y poderes.

- *Es reina sentada (= entronizada) en la Bestia escarlata* (17:3), sobre las *aguas caudalosas* del mar satánico (17:1; cf. Ap 13:1), que son los pueblos, naciones y lenguas: la totalidad de poderes del mundo en los que se asienta y domina la Mujer. Pues bien, aquí se añade, en otra perspectiva, que ella ha subido y cabalga sobre el trono de la Bestia de violencia militar de Ap 13:1-10: no tiene su sede junto a (en el) Trono de Dios, como el Hijo vencedor (12:5), sino en la Bestia. La Bestia utiliza a la Mujer-Ciudad, para conquistar de esa manera el mundo, con apariencia de cultura y orden; la Mujer cabalga sobre la Bestia, vendiendo su amor como prostituta, para engañar a los pueblos de la tierra.

- *Es diosa falsa* (Ap 17:4), perversa prostituta, que se vende al poder del dinero y cabalga sobre lomos de la Bestia. Está vestida de honor sacerdotal, como reina y señora del mundo, de púrpura y escarlata, con oro y pedrería, sentada en seña de honor (Ap 18:7, 16), como si pudiera conceder sus favores a todos los habitantes de la tierra. Pero ella solo busca placer y riqueza: con todos se vende, a todos utiliza, para elevarse a sí misma. Por eso, quienes quieran aceptarla (como podía hacer Jezabel) han de saber que lleva en su mano una *copa de muerte.* Ha logrado su poder engañando y matando. No es diosa, como quieren sus devotos, ni autoridad neutral, sino poder de muerte: ha creado una religión imperial al servicio de sí misma, matando a los pobres.

Esa prostituta es *Babel, Madre de los prostitutos y abominables de la tierra* (Ap 17:5), la ciudad Grande, la Torre que quiso elevar su poder sobre los cielos, sufriendo así el gran rechazo de Dios (cf. Gn 11:1-9); es la capital del imperio que en otro tiempo destruyó a Jerusalén y cautivó a sus hijos, los judíos (el 587 a. C.). Evidentemente, esa ciudad es ahora Roma, que quiere elevarse como Diosa y Madre, siendo simplemente prostituta. Se le puede llamar madre, pero no como dadora de vida, sino todo lo contrario, como signo y principio de muerte, al servicio del Dragón: así concede su semilla a todos los "prostitutos y abominables" que se imponen por la fuerza a los demás y les engañan.

Toda la gloria y poder opresor del mundo culminan en forma de asesinato… El poder militar, la falsa sabiduría profética, la religión, el dinero… Todo está al servicio de la muerte. Por eso, el texto dice que ella se ha embriagado con la sangre de los santos: está loca y borracha: vive de matar, bebe la vida de los fieles. Ella representa el riesgo definitivo de la humanidad: es el sistema político-ideológico que se diviniza a sí mismo de manera destructora, en clave económica, de comercio de muerte. Entendida así, ella puede identificarse con Mammón, el anti-Dios (cf. Mt 6:24). Es la humanidad que niega a Dios, negándose a sí misma y muriendo.

1. Mercado de muerte: se compran cuerpos y almas de hombres

Jesús había ofrecido su sangre/vida como don, regalando su vida a favor de los demás, como recuerdan con tonos eucarísticos diversos pasajes del Apocalipsis (cf. 1:5; 5:9; 12:11; 19:13). Pues bien, invirtiendo ese signo cristiano, esta ciudad lleva en su mano una copa o *cáliz de oro (potêrion khrysoun:* Ap 17:4), pero no con vino de amor y/o de sangre de entrega gozosa en favor de los humanos, sino con la sangre de los inocentes que la ciudad ha derramado para triunfar y elevarse sobre todos. Va montada sobre lomos de Bestia y como humanidad bestial se alimenta de la vida de los sacrificados, en gesto de *antropofagia.*

Devorar la carne de los otros, emborracharse de su sangre: ese era el gesto más antiguo del Dragón que intentaba comer al Hijo mesiánico (Ap 12:4); ese mismo es el sacrificio de una religión invertida, el pecado de esta Ciudad perversa, que asesina y roba a los hombres para dominar así sobre la muerte. Este "pecado original" del Dragón fracasado (Ap 12:4-5) se concreta y expresa ahora a través de esta Mujer, que no es ya su enemiga (como la de Ap 12), sino su cómplice.

Ella es la Ciudad-Economía (comercio mundial) montada sobre la Bestia del poder político y militar, que "se emborracha con la sangre de los santos y testigos de Jesús" (Ap 17:6), de forma que así aparece como primera de *las asesinas*. No mata por error o pasión, o de un modo ocasional, sino por necesidad *sacral,* de manera que lleva en una copa de culto religioso la sangre de los asesinados: Vive de beber la vida de los inocentes, como el vampiro Dragón de Ap 12:4.

Roma (ciudad de poder del mundo) se ha vuelto *sistema sacralizado de muerte*: vive de matar, mata por necesidad, para así mostrar su grandeza. De esa forma se alimenta y diviniza a sí misma, llevando hasta su culminación la lógica de todos los sacrificios de la historia religiosa del mundo. Ella se eleva a sí misma abajando a los demás, vive de oprimir y matar a los demás, como máquina refinada y malvada de aniquilación sacral, conforme a una experiencia que la tradición sinóptica ha centrado en Jerusalén, diciendo que caerá sobre ella "la sangre de todos los asesinados, desde el comienzo del mundo" (cf. Mt 23:35).

Puede haber y hay pecados personales, propios de cada ser humano, como sabe muy bien el evangelio, que nos invita a la conversión personal. Pero este pasaje presenta más bien *el pecado original y total* (pecado del sistema del Dragón), de tal forma que Roma puede presentarse como *Ciudad de todas las sangres,* condensación y culmen de los asesinatos de la historia: antes había espacios y momentos de humanidad, grupos aislados, naciones diversas; este pasaje del Apocalipsis ha logrado descubrir y condensar en Roma todos los pecados de la historia humana, que comienzan (como sabe Mt 23:35) en el asesinato primero de Caín y culminan en la condena y muerte de Jesús.

Roma es un Caín hecho sistema social, ciudad que se construye y triunfa sobre bases de asesinato organizado, legalizado, sacralizado. Esto es lo que Jezabel no había reconocido: El triunfo del sistema de Roma (y de aquellos que se benefician de ello: reyes, comerciantes, marinos; cfr. 18:9-19) está montado sobre la opresión y muerte de los degollados del mundo (18:24). Al interpretar la historia y sociedad de esta manera, el Apocalipsis no cuenta una experiencia religiosa separada de la vida de los hombres, ni se ocupa de pequeños desajustes personales, sino que está descubriendo desde el evangelio de Jesús la más honda perversión de la humanidad que, por vez primera, puede verse como un todo, que se expresa y condensa en Roma, estructura de política sacral de muerte.

Ciudad de robo, llanto de comerciantes (18:11-13). Del asesinato pasa el libro al robo. Conforme a una bella técnica de anticipación, a través del mensaje y lamento de Ap 18, descubrimos que la Ciudad ha sido ya arrasada por el fuego (ha muerto), de tal forma que podemos descubrir en conjunto lo que ha sido, en una escena de juicio, que no viene proclamado por Dios sino por aquellos que se habían "prostituido" con ella (la ciudad). Estos son los objetos principales de su comercio de muerte (Ap18:11-13):

Dinero:	*Tejidos*:	*Materiales:*	*Especias:*
Oro, plata, piedras preciosas, perlas.	Lino, púrpura, seda, escarlata.	Sándalo, marfil, madera, bronce-hierro, mármol.	Canela, clavo, perfumes, incienso.
Alimentos:	*Animales*:	*Personas:*	
Vino, aceite, fina harina trigo.	Vacas, ovejas, caballos y carros.	Cuerpos (esclavos), almas humanas.	

Roma ha creado un espacio de libertad, pero solo para los ricos, convirtiendo el amor en compraventa y la vida en mercado de consumo, esclavizando de esa forma a todos los pueblos. Por eso, cuando la Ciudad se va quemando, lloran sin remedio los comerciantes, por su "negocio" de robo "legal" y universal.

La caída de Roma significa el fin de un "orden" económico montado sobre el "libre" intercambio de bienes para servicio de los poderosos y para opresión de los débiles, dentro de un *Sistema sacral* que se diviniza a sí mismo a costa de la expulsión y muerte de los que no pueden imponer su fuerza. El pecado de esta ciudad no es un gesto ocasional, sino todo el sistema. Su misma estructura social, su economía de base es pecado. Por eso, para bien de los pobres y de todos los humanos, es necesario que ella sea destruida.

Frente al sistema de opresión, robo y esclavitud (*Ciudad del mundo*) se eleva el signo de la *Madre-Mujer perseguida*, que no puede establecerse en forma de Ciudad imperial a lo largo de la historia, pues no utiliza armas de sangre-opresión y robo. El Apocalipsis no plantea, según eso, una *lucha homogénea* de magnitudes equivalentes entre la Ciudad y la Mujer, sino un enfrentamiento de realidades inversas. (a) *La estirpe del Dragón*, que culmina en la Ciudad imperial tiene el poder de la sangre-muerte (asesinato) y del dinero, y de esa forma parece dominar de una manera indiscutida sobre el mundo (cf. Gn 3:15). (b) Por el contrario, *la estirpe de la Mujer* tiene el poder de la sangre de Jesús (que es la entrega de la vida a favor de los demás) y la palabra del testimonio (cf. Ap 12:11).

A partir de aquí, contará Apocalipsis la historia de esa guerra en la que, como Jesús, los sacrificados y expulsados de la historia triunfarán muriendo sobre el mundo. Esta es una "historia" que puede contarse en dos niveles. (a) Por una parte, apela al "más allá" del tiempo actual, es decir, al fin del drama de este mundo que empezó con la persecución del Dragón y la huida de la mujer. (b) Por otra parte sabe que los de Jesús pueden y deben buscar en este mismo tiempo un orden nuevo de fidelidad, expresado en la derrota de la prostituta y de las Bestias, en el signo del milenio (cf. Ap 20:6).

La Mujer buena que se opone a lo largo de este tiempo a la mala prostituta no es una Iglesia o un Estado con poder de mundo, sino una comunidad confesante de fugitivos y perseguidos, en los márgenes del mundo. De esa forma, el Apocalipsis nos traslada del *centro mentiroso y opresor* (de Roma) a la *periferia de los hombres,* al lugar de la verdad de los auténticos creyentes, que son simbolizados por la Iglesia de los perseguidos del milenio.[29]

2. *Asesina asesinada, el talión de la prostituta*

La mayoría de los filósofos y sabios de aquel tiempo (final del siglo I d. C.) la cantaban como diosa eterna (Roma inmortal), pero el Apocalipsis ha descubierto que es simple prostituta y que se encuentra condenada a muerte. Detrás de su ropaje y misterio, no es más que una vulgar prostitución político-económica, al servicio de la muerte

---

29. He tratado del *milenio* en *Apocalipsis*, EVD, Estella, 1999, 229-234. Cf. *Apocalipsis: ¿fin de la historia o utopía cristiana?*, Iberoamericana, México, 1999.

y, por tanto, condenada ella misma a morir. Pues bien, de un modo sorprendente, en este contexto, descubrimos que no es necesario que descienda Dios para destruirla, pues lo harán sus mismos falsos amantes:

> Las siete cabezas (de la Bestia) son siete montañas donde se asienta la Mujer... Los diez cuernos que has visto son diez reyes..., que darán su fuerza y poder a la Bestia... (Ap 17:9-13; cf. 17:3). Las aguas que has visto, sobre las que está sentada la prostituta, son pueblos, muchedumbres, razas y lenguas. Y los diez cuernos que has visto y la misma bestia despreciarán a la prostituta, la convertirán en desierto, la desnudarán, comerán sus carnes y la convertirán en pasto de las llamas. Porque Dios les ha inspirado para que cumplan su consejo: que tengan un único consejo y entreguen su reino a la bestia, hasta que se cumplan las palabras de Dios. Y la Mujer que has visto es la Gran Ciudad, la que domina sobre los reyes de la tierra (Ap 17:15-18).

La prostituta tenía su trono en la Bestia de *siete cabezas* (colinas de Roma) y ejercía su poder sobre los pueblos de la tierra, reflejados en las aguas de su río (o del mar de pueblos en los que se asentaba su poder). Ella era un sistema bien trabado por lazos de intereses y dinero. Pero ahora se rompen esos lazos (que no eran de amor, ni de fidelidad, sino de puro interés y violencia), y el "orden" anterior se desordena, sin razones exteriores, como una bomba cuando estalla, como el tiempo cuando acaba. Parecía una ciudad eterna. Pero de pronto (sin razones que puedan razonarse), Bestia y reyes del mundo (que habían "adulterado" con ella) se elevan y se juntan para destruirla, desvelando así un secreto de Dios, expresando una verdad que se halla escrita en la misma entraña de violencia del sistema:[30]

– *Dios les ha inspirado este consejo.* Parecía que se hallaba ciego y sordo, dejando que la tierra se destruyera en manos de las bestias y la

---

30. Vuelve así el mito de Babel (Gn 11), donde los constructores se enfrentan (no se entienden) y comienzan a expandirse por la tierra. Pues bien, el "mito" de nuestro texto es más fatídico y profundo: los mismos constructores de Babel (la diosa-ciudad) se elevan al fin contra ella, la matan y queman y comen, destruyéndose a sí mismos al hacerlo. El psicólogo y filósofo Michel Henry escribió en esa línea una preciosa novela (*L'Amour les yeux fermés*, Gallimard, Paris, 1976) narrando la destrucción civil de la ciudad perfecta: todo funcionaba bien en ella, pero todo en el fondo era mentira; por eso, un día emergen las contradicciones y la ciudad se destruyó a sí misma.

prostituta; pero ahora descubrimos que él mismo ha ido guiando la historia, dejando que la destrucción se destruya a sí misma, en talión de muerte. Este "consejo" está inscrito en la misma dinámica del amor perverso de bestias, reyes y prostituta. El amor que bestias y reyes muestran por ella era solo mujer conveniencia y odio; la prostitución lleva en sí misma un dinamismo de violencia destructora. Lógicamente, aquellos que la amaban por conveniencia, amando por ella a la muerte, acaban por matarla, realizando así con ella eso lo que por y con ella han aprendido y ejercido. Este no es un "consejo" que brota directamente de Dios, como parece decir el texto (pues Dios es solo amor), sino un pensamiento y decisión de muerte que brota de la falta de Dios, pues Dios es vida.

– *Paroxismo del mal.* La Ciudad tenía (parecía tener) una grandeza impresionante, capaz de unificar a hombres y pueblos para mantener de esa manera el equilibro del mundo. Por eso, ella inspiraba en Juan un sentimiento de horror admirado. En un plano externo, la Ciudad parecía un "baluarte" contra la invasión de los poderes perversos, como quizá evoca el signo apocalíptico del *katekhon* o realidad que impide por ahora el despliegue total de la maldad sobre la tierra (cf. 2 Ts 2:6-7). Ella era de alguna forma una *barrera*, un impedimento de ley y justicia mundana, contra los poderes irracionales de lo malo, como supone quizá el mismo Pablo (cf. Rm 13:1-3). Pues bien, ahora, en un momento de paroxismo, la Bestia y los reyes, se elevan directamente contra ella, para matarla, quemarla y comerla, mostrándose así totalmente perversos, poniendo así el poder, directamente, en manos de la Bestia, esto es, de la pura violencia, sin intermediarios ni sistemas que pudieran parecer legales, como el de la prostituta.[31]

– *Ritual de sacrificio, la destrucción completa.* La Prostituta Roma era un sistema total de opresión, una ciudad organizada sobre bases de violencia (montada sobre la Bestia), pero tenía al menos un tipo de legalidad: Ofrecía una cobertura económica y social para algunos estamentos del imperio, de manera que muchos agradecían su asistencia. Pero, al final de un largo período de prostitución, los mismos poderes del mal que la habían utilizado, prostituyéndose con ella (bestias y reyes) se elevan en contra ella en gesto de *asesinato*

31. R. Girard, *El chivo emisario*, Anagrama, Barcelona, 1986, ha evocado el tema de fondo de la *crisis mimética* donde se destruyen todos los esquemas y modelos de ley, de manera que al fin solo queda la violencia pura, la destrucción por la destrucción, que está simbolizada por la Bestia y sus reyes.

fundacional y definitivo, siguiendo un rito que parece tomado del "ajusticiamiento" de una adúltera: se la desprecia y desertiza, se la desnuda y quema, para comer después su carne.

Los *asesinatos anteriores* parecían tener un sentido: servían para establecer el orden de los triunfadores, en forma de "sistema legal" o ciudad. *Este, en cambio, no tiene ya sentido racional alguno:* "los reyes de la tierra entregaron su poder a la Bestia", poniéndolo en manos de la pura destrucción. Antes, la Ciudad podía servir de "contrapeso", como signo de cierta racionalidad humana, en medio de la gran violencia (como supone la elegía: 17:1-18).

Roma era "valiosa": había logrado ofrecer algo bueno, una religión de violencia organizada, un sistema que había conseguido detener (por miedo, engaño y destrucción) a los poderes destructores. Pero ahora, destruida la ciudad, con su política y religión de orden impositivo, llega el puro caos: el crimen de una Bestia que es pura violencia, el paroxismo de la muerte que se destruye a sí misma, sin racionalidad alguna.[32]

Cuarta mujer. Ciudad-Novia, bodas del Cordero (Ap 21-22)

Mientras la Bestia y los reyes mataban y comían a la Ciudad-Prostituta (Roma), en banquete totémico de dura antropofagia, la Madre-Mujer fugitiva y perseguida seguía en el desierto de la tierra (cf. Ap 12:5, 13-17). Pues bien, tras la muerte de la ciudad violenta del sistema empieza a llegar la gran inversión, que había sido evocada por los cantos bíblicos de Ana (cf. 1 S 2:1-10) y María, la madre de Jesús (Lc 1:46-55):

Empieza a reinar el Señor nuestro Dios todopoderoso. Alegrémonos, regocijémonos y démosle gloria, porque han llegado las bodas del

---

32. Esta opresión había servido en otro tiempo para crear *culturas sacrificiales*, donde religión y política tenían sometidos a los hombres y mujeres a un sistema ambivalente, como el de Roma, que parecía ayudar a los hombres, mientras les tenía sometidos. Pero en un momento de *gran crisis sacrificial* los mismos poderes de violencia que han creado la ciudad se elevan en contra de ella, para destruirla. Pasados veinte siglos, esta descripción de la "muerte" de la Ciudad prostituida nos sigue horrorizando y admirando: no ha hecho falta que se eleve contra ella el Jinete de Dios, ni que luchen los ángeles del Cristo, como harán después contra las Bestias (cf. 19:11-21); los mismos poderes del mundo que la han utilizado (se han prostituido con ella) la aniquilan y devoran.

Cordero y su Esposa se ha engalanado, y le han concedido vestirse de lino puro, brillante (Ap 19:6-8).

Frente a la prostituta, que era Ciudad-Sistema económico imperial, que reinaba a través del entramado de bestias, reyes y comerciantes (cf. Ap 18:11-19), corruptores de la tierra (cf. 11:18), se eleva ella, la Mujer-Esposa del Cordero. La prostituta era *Mujer de Bestia*, y vivía de matar y beber la sangre de los pobres. La Novia, en cambio, es la *Mujer del Cordero* que ha dado y sigue dando su sangre y vida a favor de los demás, en gesto de gratuidad creadora.

La Mujer fugitiva y perseguida de la historia no tenía ciudad, sino que vivía en el desierto, mientras la ciudad del mundo estaba en manos de la prostituta. Solo al final, cuando el Cordero degollado supere con su amor a los poderes de violencia de la historia, podrá elevarse ella, Ciudad-Paraíso, Ciudad que será entonces *Esposa del Cordero*. No seguirá en el cielo antiguo (Ap 12:1-5), amenazada por el Dragón, ni tendrá que huir, siendo perseguida hasta el desierto, sino que bajará del alto (llevando en sí la plenitud del cielo nuevo y de la tierra nueva), como *Novia* de amor del *Cordero* degollado (Ap 5), que Cordero es la antítesis del Dragón, que no devora a los demás, sino que se deja matar, regalando la vida para ellos.

De esa forma se invierte y culmina la marcha de la historia, donde la mujer suele pasar de la juventud y maternidad a la vejez; aquí, en cambio, superado el tiempo de alumbramiento y persecución anterior, la mujer-humanidad viene a mostrarse como novia joven amor, esposa de amor definitivo, sin más oficio que el amor eterno como muestra este canto de victoria, que retoman en clave de triunfo final la experiencia de noviazgo sin fin del Cantar de los Cantares.

> *1. Vi un cielo nuevo y una tierra nueva, pues el primer cielo y la primera tierra habían desaparecido y el mar no existía, y la Ciudad Santa, la Nueva Jerusalén, bajando del cielo, de junto a Dios, ataviada como Novia que se adorna para su esposo. Y oí una voz potente, salida del trono, que decía: Esta es la Tienda de Dios con los humanos: habitará con ellos; ellos serán sus pueblos y el mismo "Dios-con- ellos" será su Dios (Ap 21:1-3).*
>
> *2. Entonces se me acercó uno de los siete ángeles... y me dijo: ¡Ven! Te mostraré a la Novia, la Mujer del Cordero. Y me llevó en espíritu sobre una Montaña grande y excelsa y me mostró la Ciudad Santa, Jerusalén, que bajaba del cielo, desde Dios, con la gloria de Dios.*

Su esplendor era como el de una piedra preciosa. Tenía una muralla grande y elevada y doce puertas con doce ángeles sobre las puertas, en las que estaban escritos los nombres de las doce tribus de los hijos Israel... La muralla tenía doce pilares en los que estaban grabados los doce nombres de los doce apóstoles del Cordero (Ap 2:9-14).[33]

Esta es la culminación positiva de la "ecología", el establecimiento definitivo de la casa/ciudad de Dios para los hombres; Dios mismo como casa de vida de los hombres, pues en él nos movemos, vivimos y somos (Hch 17:28). Estos son los seis momentos fundamentales de esa recreación ecológica (divina) de la vida humana en Cristo:

1. *Cielo nuevo, tierra nueva* (Ap 21:1). Ha culminado la creación y Juan retoma el motivo de Gn 1:1: "En el principio creo Dios los cielos y la tierra...". Los tiempos antiguos han pasado y ya no existe "mar" (como lugar del que proviene el Dragón: cf. Ap 13:1), ni hay Dragón, ni tampoco Bestias, pues han sido vencidas por Cristo (cf. Ap 19:11-20; 15), Cordero triunfador. La Mujer de ese nuevo cielo no es ya la madre-en-parto de Ap 12:1-6 (amenazada por el Dragón), sino la Novia-Esposa del Cordero.[34]

2. *Ciudad Santa, Nueva Jerusalén* (Ap 21:2). La primera imagen de plenitud de ese nuevo cielo-tierra es la ciudad, como lugar de encuentro y comunión de Dios con los hombres y de los hombres entre sí. No existe ya Ciudad-Babel, ni prostituta, pues ha sido destruida ya (como hemos visto); no hay bestias ni poderes adversarios: solo emerge y triunfa la Ciudad de lo humano, que es lugar de plenitud y vida, en gozo de amor, como explicará después Ap 22:1-5, en un contexto en el que Dios y la humanidad se entrelazan y vinculan en amor, en las Bodas del Cordero.[35]

33. Cf. F. Contreras, *La nueva Jerusalén, esperanza de la iglesia*, Sígueme, Salamanca, 1998 y A. Álvarez, *La nueva Jerusalén, ¿ciudad celeste o ciudad terrestre?*, Verbo Divino, Estella, 2005.

34. Dios ha permitido que la Ciudad de perversión desaparezca, destruida por los mismos perversos de la historia. En su lugar aparecen los "cielos nuevos y la tierra nueva", con las Bodas del Dios Cordero con la Humanidad Novia.

35. El autor del Apocalipsis es hombre de ciudad: ha condenado a la Ciudad-Perversa porque se había prostituido, destruyendo a los pueblos, y porque esperaba la llegada de otra distinta: la Ciudad-Jerusalén, que es plenitud de la historia y salvación israelita (y

3. *Vestida como novia* (21:2). Lo que era ciudad aparece ahora mujer, según hemos venido diciendo en lo anterior. Pues bien, el texto añade que ella viene "ataviada como Novia que se adorna para su Esposo" (Ap 21:2). El mismo ángel-guía la llamará *Novia* (21:9): es la humanidad en plenitud, la Madre hecha joven mujer para el gozo de unas bodas finales de Dios y de los hombres, en comunicación personal, en vida compartida. Por generaciones y generaciones, las mujeres se han tomado y sentido antes como madres; luego se han dividido, de manera que algunas han tenido que vivir como perseguidas, mientras otras se han hecho perseguidoras. Pues bien, ahora al final, todos los salvados, varones y mujeres, aparecen como *Mujer para el amor,* novia del Cordero–Dios, personas en libertad para el encuentro y despliegue de la vida.

4. *Morada/casa de Dios* (21:3). La Ciudad-Novia es ahora *templo/ casa de Dios,* pero no *Naos* de un culto confesional, exclusivo de los limpios, como en la vieja Jerusalén, sino como espacio abierto de encuentro y comunión para personas y pueblos, de todas las razas, lengua y religiones. No habrá en la ciudad templo especial (cf. 21:22), porque toda ella es *morada* y presencia de Dios. Esta palabra *(morada: miskan, skênê)* significa ante todo *tienda o tabernáculo,* es decir, lugar de diálogo con Dios. Así lo ha explicitado el texto de manera emocionada, utilizando una terminología tradicional de pacto (cf. Ap 21:3-4; 22:1-6, con elementos tomados del libro del Éxodo y de Ezequiel).[36]

5. *Mujer del Cordero* (21:5). Antes, la narración profética (Ap 21:2) hablaba de la Ciudad-Jerusalén y la presentaba luego como novia. Ahora se invierte el orden: el ángel-guía anuncia la llegada de la Novia; pero luego el vidente la descubre como Ciudad. No *Novia* en general *(nynphê),* sino *Mujer del Cordero (gynê tou arniou),* conforme a una expresión que habíamos hallado en Ap 19:7, cuando anunciaba *las Bodas del Cordero.* La *Gynê* o Mujer, que en Ap 12:1-6 aparecía como *perseguida del Dragón,* viene a desvelarse ahora como *Esposa final del Cordero.*[37]

---

humana). El texto nos sitúa así ante una *bajada* que es *subida:* la Ciudad viene de Dios, pero al mismo tiempo surge de la historia humana.

36. La Mujer-Novia es Morada de Dios, Mujer-Casa, signo de encuentro para hombres y mujeres, en comunión de vida, en resurrección.

37. Culmina así la metamorfosis: de la *Mujer con Dragón,* que era signo y principio de todos los riesgos del camino humano, hemos pasado a la *Mujer del Cordero,* que es meta y plenitud de la historia, humanidad la Mujer definitiva, ecología culminada.

6. *Jerusalén, ciudad de encuentro.* Esta novia, mujer del Cordero, aparece luego (Ap 21:9-22) como Ciudad de encuentro, donde caben y encuentran su plenitud todos los seres humanos. Es Ciudad y morada de vida, con las puertas siempre abiertas, para acoger a los que vienen de todos los pueblos. Ella mantiene los signos de Israel (las puertas llevan los nombres de las doce tribus) y de un modo especial los signos del principio de la Iglesia (los pilares son los doce apóstoles del Cordero). Pero se halla abierta para todos los pueblos de Dios (cf. 21:3), de manera que los reyes de la tierra vendrán trayendo sus dones. La culminación de la historia, en forma de Ciudad y Mujer, se identifica con el auténtico Israel, realizado y culminado en Cristo y con la verdadera humanidad, representada por un tipo de "reyes" nuevos, que no luchan ya y se oponen unos contra otros, sino que viven en gesto de servicio mutuo y comunión de amor.

Culmina así la *metamorfosis de la Mujer*, que es signo de la humanidad. Normalmente, los relatos de este mundo suelen hablar de metamorfosis y caminos de un héroe varón, que va superando las diversas pruebas de la marcha, hasta encontrar su identidad. Pues bien, entendido en la línea anterior, el Apocalipsis describe en cambio el camino de una mujer, que es signo de humanidad, expresión de iglesia.

1. Culminación ecológica. Ciudad paraíso

Estos son los momentos de la mujer-humanidad, que nos llevan de la expulsión del paraíso primero (Gn 3) a la recuperación del verdadero paraíso, me detengo después, al fin, en el signo final del nuevo paraíso ecológico.[38]

– *Mujer en la historia, una historia a favor de la vida.* No está programada o realizada de antemano, como esencia eterna, sino que debe trazar su identidad, haciéndose a sí misma, en un proceso de creación que la lleva del *matriarcado* antiguo a la *libertad* final, como hemos destacado presentando *los momentos de su trama.*

---

38. Este es el tema de fondo del "drama" de Génesis y Apocalipsis del pensador protestante John Milton (1608-1674): *El paraíso perdido y el paraíso recuperado.*

Ella empieza siendo un signo de la naturaleza de la que provenimos, para hacerse, al fin, persona en libertad de amor y vida. Esa Mujer no está fuera, sino dentro del dinamismo conflictivo de la historia humana, de manera que su sentido se encuentra vinculado al despliegue del conjunto de la humanidad, tal como se centra en Jesús, Hijo pascual y Novio definitivo de las bodas. Ella, la Mujer del Apocalipsis, forma parte de una trama conflictiva que los hombres siguen asimiento, conforme al arquetipo de la Biblia.

– *Esposa del Cordero, humanidad amante.* La trama de su historia ha sido aprendizaje de amor. Ella no es esclava sexual del Dragón, ni será eternamente perseguida, pues su dinámica culmina en una meta de libertad en el encuentro personal con el Cordero, que es la nueva humanidad. Estaba amenazada por el Dragón y luego perseguida, pero no quiso pactar con ellos. Pudo haberse convertido en prostituta (como la de Ap 17-18), pero se ha mantenido fiel y así, en la meta de su fidelidad, culminado y realizada el camino de la libertad, ella pudo desvelarse como Mujer del Cordero de Dios, humanidad salvada.[39]

La salvación se describe como nueva ciudad, que se eleva de la tierra (y que, al mismo tiempo, viene de Dios) como humanidad reconciliada, "novia del cordero", reconciliada con la tierra, recreada en Dios. El relato de la creación de Gn 1-2 no culminaba en la ciudad, sino en un parque-paraíso ecológico, porque, conforme a los capítulos siguientes (Gn 3-11) la buena creación de Dios culminaba de algún modo en la ciudad Babel de la soberbia constructora y de la división/dispersión de los hombres. Solo ahora, al final de la historia, puede construirse y se construye la ciudad universal de paz sobre la tierra.

> *La ciudad no tiene necesidad de sol ni de luna que brillen en ella; porque la gloria de Dios la ilumina, y el Cordero es su lumbrera. Y las naciones que hubieren sido salvados andarán a la luz de ella; y los reyes de la tierra traerán su gloria y honor a ella. Sus puertas nunca*

39. El Cordero sacrificial y degollado se convierte en signo de amor enamorado, conforme a una visión que está y al fondo del Cantar de los Cantares, evocada por Juan de la Cruz, cuando presenta al amante como *Ciervo vulnerado*, que hiere en amor a su esposa: "como el ciervo huiste, habiéndome herido" (*Cántico Espiritual*).

serán cerradas de día, pues allí no habrá noche. Y llevarán la gloria
y la honra de las naciones a ella (Ap 21:23-25).

– *No hay en la ciudad templo, ni religión particular* porque todo en
ella es templo, la vida misma es religión, presencia del Cordero
(aquel que da la vida y vive muriendo por ellos). Dios ya no se
halla fuera, como realidad que se le añade, sino que es centro de
ella, elemento constitutivo de su vida, plena transparencia, inmediatez total. Todo es Dios y, sin embargo, los humanos siguen
siendo (empiezan a ser) perfectamente humanos. No hay tampoco en ella sol o estrellas (21:23), pues la luz se encuentra en su
interior. El mismo Dios brilla en la vida de los humanos. De esa
manera, ella, la Ciudad, se vuelve resplandeciente, como Dios
hecho sol (foco de luz) para la tierra, encarnación de la gloria
celeste en el mundo.

– *Los pueblos caminarán a su luz y los reyes de la tierra le llevarán su glo-*
ria o dones (21:24). Antes parecía que esta Ciudad se hallaba sola
y en algún sentido es cierto: ella llena todo, es cielo y tierra, Dios
mismo convertido en fuente de luz para todos los vivientes. Pero
en otra perspectiva, la Ciudad aparece como polo de atracción
para el conjunto de los pueblos que desean encontrar su plenitud
en ella. Vienen felices, sin ninguna obligación, trayendo sus dones, en gesto de unidad definitiva, conforme a la esperanza de Is
60:1 ss. La Ciudad de Dios se ha hecho morada a la que tienden
los pueblos de la tierra, casa universal, hogar de encuentro para
todas las naciones.

Esta imagen de la *Ciudad abierta* (jamás cierra sus puertas) es el culmen del Apocalipsis. Los hombres habíamos construido una historia de puertas cerradas y miedos, lugar donde estados políticos
y reyes combaten sin fin, en mentira interminable, en mercado de
muerte. Pero ahora, el Apocalipsis se atreve a decirnos que *abramos*
la ciudad, iniciando así un día de encuentro de amor y de vida que
no acaba. Nada hay que cerrar ni ocultar, a nadie hay que temer.
Esta Ciudad será foco de atracción, principio de humanidad reconciliada. Los que vivan fuera vendrán a ofrecer sus riquezas, para
compartir de esa manera lo que tienen con esta ciudad de piedras
preciosas, calles y casas abiertas. Unos y otros podrán compartir la
existencia, en día sin noche.

Después me mostró un río limpio de agua de vida, resplandeciente como cristal, que salía del trono de Dios y del Cordero. En medio de la calle de la ciudad, y a uno y otro lado del río, estaba el árbol de la vida, que produce doce frutos, dando cada mes su fruto; y las hojas del árbol eran para la sanidad de las naciones. Y no habrá más maldición; y el trono de Dios y del Cordero estará en ella, y sus siervos le servirán, verán su rostro, y su nombre estará en sus frentes. No habrá allí más noche; y no tienen necesidad de luz de lámpara, ni de luz del sol, porque Dios el Señor los iluminará; y reinarán por los siglos de los siglos (Ap 22:1-5).

Volvemos así al principio de la Biblia (Gn 2-3) se hace al fin realidad: del trono de Dios y el Cordero brota el agua del cielo un río, con el árbol del paraíso, cuyo fruto puede ya comerse, pues hombres y mujeres se han reconciliado con la tierra y con el cielo, con el Dios del paraíso.

– *En el centro de la plaza se alza el trono, un solo trono para* Dios y su Cordero, para Dios y la humanidad entera. Pasamos así del entorno (murallas y puertas) al centro. Toda la Ciudad es una plaza (lugar de encuentro) y la plaza un trono: expresión del poder unido de Dios y del Cordero. *Y verán su rostro...* (22:4; cf. 17:15). No se habla aquí de conocer o tocar sino de ver, simplemente de mirar y admirar. Ya no harán falta palabras, ni signos exteriores, ni mandatos legales... Es ciudad de luz, trasparencia de cristal, gozo de los humanos residirá en la mirada perfecta y eterna, en cercanía amistosa.

– *De trono de Dios y del Cordero brota un río de agua de vida...* (22:1). Nosotros, siguiendo un esquema que nos parece más teológico, nos habríamos detenido en Dios y en el trono (Dios y su Cordero, con la Novia del Cordero). Pero Juan profeta ha empezado por el río: este es a su juicio el signo más valioso: Dios que es Agua de vida, que riega la ciudad por dentro, sea cuadrada, pirámide o cubo. Un río transparente nacido en la fuente del trono y corriendo por piedras preciosas (sin tierra) resulta imposible y sin embargo es la verdad del paraíso. Lo habían evocado las grandes profecías (Ez 47:1; Za 14:8), pero ahora desborda todo lo esperado. Es la Ciudad hecha vida, es Dios y Cristo paraíso, tierra de vida de los hombres, el río, los cuatro ríos del primer paraíso (Gn 2), unidos ahora en uno.

– *Conforme a una visión tradicional (cf. Ez 47 y Za 14), ese* río de Dios riega el Árbol de la *vida, que hallamos también en Gn 2 y en la literatura judía* (cf. 1 Hen 24-27). Si la ciudad es plana (cuadrada) se dirá que el río sale al campo exterior, formando a sus lados una preciosa avenida de árboles vitales, que llegan hasta el mar Externo (mar Muerto, al oriente de Jerusalén) para así purificarlo (en la línea de Ez y Za). Pero en esta visión de Apocalipsis la Ciudad es todo: Dios mismo hecho Tienda (21:3) o cubo, pirámide o cuadrado de vida de los humanos. Por eso el río no sale (no hay fuera) sino que avanza y se queda (se mueve y es pura quietud transparente de vida, mar-cielo, sin sal de amargura) en su plaza, hecha encuentro de vida de todos los humanos.

– *Ciudad paraíso, árbol de vida.* Toda la Ciudad es presencia de Dios (sin dentro ni fuera), siendo al mismo tiempo río de agua que discurre sin cesar, sin nunca secarse, creando una preciosa alameda, pura ecología transparente de vida, con ciudad que es tierra, con paraíso de aguas (río) y árboles de vida. Por eso, en *medio de su plaza y de su río, a un lado y a otro crece el árbol de la vida* (22:2). Seguimos en la paradoja, que de algún modo reasume la de Gn 2:4b-17 (donde es muy difícil situar espacialmente el árbol del bien y del mal y de la vida en el centro del paraíso). Ahora ya no existe el árbol del bien-mal, pues todo mal del mundo ha sido superado. Solo queda el árbol de la vida, en el centro de la plaza y a los lados del río que forma la gran avenida de la ciudad.[40]

– *El árbol de la vida es Uno, como Dios,* siendo al mismo tiempo muchos, pues se eleva a un lado y a otro (evnteu/qen kai. evkei/qen) del trono y del río. Ese árbol de la vida del agua de Dios es Dios mismo hecho alimento, a lo largo de los doce meses del año, dando su fruto cada mes (22:2). Los hombres y mujeres del final serán todo vegetarianos: Comerán del árbol de la vida, que es Dios; beberán del agua del río divino, los doce meses del año sin fin de la vida. Doce significa aquí perfección, cumplimiento israelita, cristiano y humano (lo mismo que las puertas y cimientos de 21:12-14). Sin embargo, en otra perspectiva, ese número

---

40. En esa línea (cf. cap. 5), Juan de la Cruz introduce en su paraíso el canto de la dulce filomena, el ruy-señor (*¿o ruiseñor?*) de la belleza y canto de amor.

resulta imposible y contradictorio, porque en la Ciudad no hay ciclos de sol o de luna que giren y cambien, haciendo así imposible la existencia de los meses (cf. 22:5).[41]

La vida de Dios se expresa como río y como árbol que da *uno y/o doce frutos.* Ahora se cumple el *banquete de bodas,* la comida prometida en 19:9 (que es de frutos del árbol de la vida, no de animales sacrificados, pues los hombres y mujeres del fin serán otra vez vegetarianos, como los de Gn 1-2. Pero quizá podríamos precisar el tema diciendo que el fruto del árbol de la vida son el mismo Dios y Cordero, convertidos en alimento para sus creyentes. Así culmina la imagen de la bienaventuranza, la gran visión de Juan. Sin embargo, él mismo ha querido introducir dos observaciones finales antes de hablar del reino de los salvados: una positiva (curación), otra negativa (exclusión).

– *Curación. El paraíso de Dios es medicina para los pueblos que vienen enfermos* (22:2). Las hojas del árbol de vida son curativas y sirven de *terapia a todos los pueblos.* Se cumple así la imagen evocada en 21:24-25: *y caminarán las gentes a la luz de la ciudad, vendrán a ella los reyes de la tierra, con sus dones.* Reyes y pueblos vendrán enfermos, tendrán que aprender a vivir en armonía, a curar su humanidad maltrecha. De forma sorprendente, Juan ha introducido aquí una imagen hermosa de acogida y curación para todos los que vengan. Terapia y no castigo es lo que ofrecen las hojas del árbol de la vida para los hombres y mujeres que lleguen, en peregrinación gozosa a la ciudad del reino.

– *Exclusión. No se encontrará en la ciudad nada maldito* (22:3), no por exclusión o castigo sino por plenitud: deben ser destruidos aquellos que destruyen a los otros, *arruinados los que arruinan la tierra,* conforme a la petición de 11:18. No morirán por castigo, se destruirán a sí mismos y/o serán curados por gracia, en gesto

41. *Dios es todo, no hay meses cambiantes.* Sin embargo, miradas las cosas en otra perspectiva el autor sigue hablando de *meses,* doce meses de alimento, presencia perdurable del fruto de la vida. Doce eran las puertas y cimientos de la ciudad (ángeles, profetas, apóstoles). También los frutos del árbol son doce, siendo siempre el mismo. Toda la ciudad es una puerta y doce puertas; un árbol y doce árboles, un ángel y doce ángeles... Lo que queda claro es que allá, en el centro de ella, están Dios y el Cordero, formando el único trono del que nace la vida.

radical de terapia salvadora, propia del Jesús-Cordero, que fue en su vida terapeuta y sanador de enfermos. Este Dios principio y fin de todas las cosas, vinculado para siempre a su Cordero/ Jesús, es sanador de todos, no ha creado por tanto ningún invierno, pero pueden excluirse a sí mismos para siempre aquellos que quieren excluir a los demás. Este es el límite de toda salvación, el confín teológico de un Dios que no puede imponer la curación por fuerza.

7

Tres apéndices

Este libro no puede tener ni tiene conclusión estricta. No ha terminado el argumento, ni puede resumir en unas palabras todo lo anterior. Pero quiero escribir estos apéndices, para seguir evocando posibles sendas de conocimiento y compromiso en el ancho campo de la ecología.

En el campo de la *religión* evocaré un "pensamiento" sobre el tao de china, porque me permite empalmar con el primer capítulo del libro: La apuesta ecológica de religiones indo-americanas (andina, maya y mexica). En el campo de *la Biblia* sigo reflexionando sobre la resurrección (nueva creación), que es para los cristianos el paradigma básico de la revelación (iluminación) ecológica. Finalmente, en diálogo con la espiritualidad, tendría que haber aportado elementos de las religiones orientales, no solo de China, sino en especial de la India (con hinduismo y budismo); en esa línea me ocupo, finalmente, de Juan de la Cruz, a quien tomo como representante de todas las religiones.

CONTRAPUNTO CHINO: EL TAO DE LA NO-ACCIÓN

Comencé este libro con un capítulo dedicado a las religiones "ecológicas" de la naturaleza, fijándome en las amerindias y destacando al fin el tema de los sacrificios, con el que comencé mi capítulo sobre la Biblia. Ahora, como primera parte de este apéndice apelo al tao, como experiencia de *wu-wei* o *no acción*. No interferir en la naturaleza, no actuar sobre ella en forma destructora, acompasarnos con la naturaleza, en sentido profundo, como Jesús refiriéndose a los lirios del campo y a los cuervos de las peñas.

Esta es una de las mayores paradojas de la historia humana: China, el semi-continente donde surgió (y de alguna forma se mantiene) una utopía ecológica de la renuncia a la acción colonizadora del hombre sobre el mundo (*wu-wei*) se ha convertido en "fábrica universal", humanidad convertida en fábrica de herramientas y bienes de consumo, con la amenaza que ello implica.

- *En el centro de la experiencia secular de China está el confucionismo,* que es una moral más que una religión propiamente dicha, en perspectiva occidental. En la base de esa moral hay una especie de teísmo: Dios se identifica con el cielo, con aquello que se encuentra por encima de nosotros, como expresión de un orden permanente.
- *Con el confucionismo se ha vinculado el budismo,* como experiencia moral de profundidad y libertad (liberación) personal del deseo destructor, que condena a los hombres al dolor perpetuo sobre el mundo. Un chino puede ser, al mismo tiempo, confuciano en su vida social y budista en su vida personal.
- *Pero la religión china no es solo simbiosis de confucionismo y budismo, sino que tiene un elemento fuerte de tao, como* experiencia cósmica de superación del deseo o, mejor dicho, como negación de la acción destructora del hombre sobre el mundo.

El taoísmo ha ofrecido a los chinos su metafísica primera, es decir, su visión de la realidad como armonía permanente de contrarios. En el principio del orden moral hay un esquema ontológico: una especie de estructura inmutable donde quedan integrados todos los vivientes y de un modo especial los humanos. Ese principio está constituido por unión de dos "entidades" opuestas y complementarias: *Yin* femenino y *Yang* masculino.

Yin es la tierra, el frío y la oscuridad; de manera preferente viene explicitado en los valores de la realidad inferior, hecha de sombras y de muerte. *Yang* es el cielo, el calor y la luz; de una forma preferente está simbolizado por todo lo que puede presentarse como superior, luminoso y viviente. El orden/amor de amor confuciano era un equilibrio, que asume y expresa el sentido de las dualidades cósmicas, sociales y familiares.

El confucionismo (surgido y fijado entre el siglo VI-V a. C.) tenía un carácter oficial y podía convertirse en esquema de administración y política. El taoísmo, en cambio, es una experiencia mística de inmersión cósmica, que no puede interpretarse como razón de estado, pues supera el nivel de las razones estatales: lo que importa no es hacer y organizar el mundo con dureza o equilibrio, desde fuera, sino dejar que la vida sea, que seamos en ella, sin violencias ni imposiciones. El taoísmo tiene una larga historia, con aspectos mágicos y adivinatorios, cosmológicos y rituales muy importantes, pero su doctrina fue fijada básicamente en *Tao-Te-King*, atribuido a la escuela de Lao Tze del siglo V-IV a. C.[1]

Wu-Wei, el "arte" humano de la no-acción cósmica. El tao humano es un arte-religión (religación) que responde al cósmico (divino), en una línea que puede compararse con la del "logos" estoico-platónico, y con el mismo logos/sabiduría de algunas tradiciones judías (libro de la Sabiduría, Filón) y con algunos Padres de la Iglesia cristiana (de Orígenes a san Atanasio). Así dice el libro chino:

> Grande, pues, es el Tao, grande el Cielo, grande la Tierra, grande también el Monarca. Son cuatro los grandes del cosmos, y el Monarca es uno de ellos. El hombre (Monarca) tiene por norma a la Tierra, la Tierra al Cielo, el Cielo al Tao y el Tao a su propia conducta (Tao 25).

El mundo está hecho de polaridades y la primera es la que forman cielo y tierra. Pues bien, al fondo de ellas, como oscuridad primigenia, aparece el Tao, entendido como abismo, un caos en el todo se sustenta. Ese Tao-Caos se encuentra más allá de todas las armonías y así puede fundarlas a todas. Es vacío, silencioso, solitario, como el dios de algunas tradiciones, por encima del ser y del no ser, de todas las palabras. El Tao no es una cosa junto a otras, sino la unidad de todas y así aparece como principio de vinculación de cuanto existe, por encima de todas las diferencias:

> – *El Tao es madre sin padre*, unidad de todo, puro origen, antes de todas las polaridades. En el fondo de esa visión del Tao parece expresarse el recuerdo de la maternidad cósmica, que es anterior a todas las polaridades racionales y cósmicas. En ese sentido no es nada en concreto (porque todas las cosas concretas son duales), siendo, sin embargo, todo.

1. Aquí citamos la traducción de C. Elorduy, *Lao Tse y Chuang Tzu*, Nacional, Madrid, 1977.

- *El Tao es grande*, porque está más allá de todas las oposiciones y dualidades; no es superior frente a lo inferior, ni es poderoso frente al débil, sino que es totalmente distinto, antes de toda polaridad o enfrentamiento. Es la unidad previa a todas las distinciones
- *El Tao no está dentro de ninguna jerarquía*, pues no puede compararse a nada. No es una cosa entre otras, pues entonces se distinguiría de ellas. No es nada, y sin embargo está dentro de todo, en el principio y base del cosmos, como elemento primario de un orden jerárquico, que va descendiendo (y ascendiendo), conforme a esta gradación: Tao, cielo, tierra, hombre (= monarca).

De esta forma se establece la gran paradoja. Por un lado, el Tao es distinto de todo. Pero, al mismo tiempo, se expresa e integra en una sucesión polar y jerárquica, que llega por el cielo y la tierra hasta el hombre (monarca). Esa paradoja es un elemento esencial de la existencia humana y nos sitúa ante lo más alejado y distinto, poniéndonos al mismo tiempo ante lo más cercano:

El Tao que puede ser expresado no el Tao perpetuo. El nombre que puede ser nombrado no es Nombre perpetuo. Sin nombre es Principio del Cielo y de la Tierra, y con nombre es Madre de los diez mil seres (Tao 1). Se le llama invisible porque no se le puede ver; imperceptible porque no se le puede oír; impalpable, porque no se le puede atrapar... En su altura no es luminoso; en su inferior no es oscuro. En su infinitud no se le puede nombrar… Es Forma sin forma, Figura sin figura, oscuro y luminoso… (Tao 14).

Este es el equilibrio universal, que está más allá (antes) de todas las divisiones, pero que se expresa en forma de oposición, pues todo lo que existe en concreto es Yang (cielo, masculino) y Yin (tierra, femenina). Yang y Yin no son dioses ni cosas, sino momentos polares de la única realidad, es decir, del Uno-Todo que se vuelve dualidad, alternancia de elementos. De esa manera, al ser una expresión y experiencia del Tao los hombres y mujeres se vinculan en forma global, todos ellos.

El Tao desborda las palabras: Está más allá de la vida y de la luz, siendo vida y luz de todo lo que existe, conforme a un modelo de vida que puede compararse al logos o palabra esencial de los estoicos griegos (e incluso del evangelio de Juan: cf. 1:1-5). En su origen el Tao es madre sin padre, antes de todas las divisiones. Por eso, en una línea que está cerca del budismo, la unión global con el Tao implica la superación de todos los deseos concretos (que nos mantienen en el mundo de las oposiciones y las luchas de contrarios). Por eso:

> *El que habitualmente carece de deseo ve su maravilla. El habitualmente codicioso no ve más que sus últimos reflejos. El hombre hace no haciendo y enseña callando. (Tao 1). (El Tao) hace los diez mil seres, sin rehusar nada: los engendra sin adueñarse de ellos; los hace y no se apoya en ellos. Hecha su obra no se queda con ella, pero tampoco se ausenta de ella (Tao 2). Con el no-obrar nada hay que no se arregle (Tao 3).*

Esta doctrina del no-obrar (Wu-Wei), que lo hace todo porque no realiza nada en concreto, constituye el centro del taoísmo. La acción se introduce y nos introduce en un mucho constituido por contradicciones, deseos enfrentados, parciales y violentos. Por eso, el único modo de tenerlo todo es no quedar con nada. El único modo de hacerlo todo es no hacer nada. El único modo de estar unido a todos es no centrarse en ninguno.

La plenitud del vacío. Aquí reside el arte del wu-wei, de hacer y tener todo sin hacer nada, sin adueñarse de nada. Este es el puro actuar, que es un modo de ser, más allá de todas las actividades concretas, la naturaleza fundante en la que todo está implicado, sin que deba hacerse nada. Esta visión nos sitúa una globalización del vacío:

> *Llegar al vacío extremo es conservar la quietud verdadera. Los seres todos están conjuntamente hechos por Él y los vemos volver a Él. Los seres pululan y de nuevo vuelven a su raíz. Volver a su raíz es su reposo. Su reposo es su destino. Su destino es su perpetuidad... (Tao 16).*

En ese vacío donde nada se distingue existe todo. Esta es la globalización por despojo, es decir, por alejamiento y vacío. Este es el principio de todos los equilibrios cósmicos y sociales, el momento en que el Tao del puro vacío viene a presentarse como principio universal. Por eso es importante "no estimar en mucho los talentos, para que en el pueblo no haya competiciones" (Tao 3a), no entrar en luchas de poder, ni litigar por la ciencia y el honor, pues la unidad está en el fondo de todas las oposiciones:

> *Todos conocen lo bello por lo feo, lo bueno por lo malo. Ser y no ser mutuamente se engendran, fácil y difícil mutuamente se hacen. Largo y corto mutuamente se perfilan. Alto y bajo mutuamente se nivelan. Sonido y su tono mutuamente se armonizan. Delante y detrás se suceden (Tao 2a).*

Lo bueno y lo bello no tienen preferencia sobre lo malo y lo feo, pues los diversos momentos de la realidad se implican, de manera que no existe uno sin otro. Si solo quisiéramos lo bello no conseguiríamos nada. Por eso hay que tomar, al mismo tiempo, lo bello y lo feo, el ser y el no-ser, lo alto y lo bajo, lo bueno y lo malo, en armonía de contrarios. Desde ese fondo se debe añadir que la eficacia del Tao es su vacío, en el que todo cabe; no teniendo nada lo tiene todo, no haciendo nada lo realiza todo. Así decimos que lo hace todo sin haber hecho nada, que lo tiene todo sin adueñarse de nada. En ese aspecto, el Tao se encuentra más allá del amor y el odio, en absoluta indiferencia:

> *Cielo y Tierra no son amorosos. Tratan a todos como a perros de paja. Varón santo tampoco es amoroso. Mira al vulgo como perro de paja (Tao 5).*

El hecho de que el Tao no sea amoroso, significa que debemos superar el plano de los sentimientos concretos, que llevan a una cosa relegando a otra, que unen a una persona en detrimento de otra. En el origen (Tao del cielo y la tierra) no hay sentimientos ni afectos. Por eso, el hombre sabio descubre que todo lo que buscan y hacen los hombres es como un perro de paja, que se quema, de manera que no queda nada. El sabio no teme nada, por nadie se angustia, nada le perturba, vive en suprema indiferencia y en ella encuentra sitio para todo.

Orden global, más allá del amor. El pensamiento occidental suele buscar el porqué de cada cosa y se deja llevar por la pasión, pues en el fondo piensa que *¡Dios es amor!* (cf. 1 Jn 4:8). En contra de eso, el Tao se eleva sobre los afectos (¡que acaban siendo parciales!), descubriendo más allá de todos ellos la indiferencia suma que, sin embargo, es fuente de la más alta armonía, es decir, de la unidad de todo.

Los amores concretos dividen y enfrentan a los hombres, les llevan a desear lo amado y a luchar por conseguirlo, convirtiendo el mundo en una batalla. De esa forma, los hombres "amorosos" terminan siendo apasionados y violentos. Primero crean los males y luego inventan remedios artificiales para combatirlos, como las virtudes sociales y familiares. En contra de eso, la solución del Tao no está en inventar nuevas virtudes, sino en hacerlas innecesarias:

> Cuando faltó el Tao vinieron la beneficencia y la justicia. Con los talentos e ingenios llegaron las falsificaciones. Perdida la armonía… se inventaron la piedad y el amor filial. Para remediar las revueltas se impuso la fidelidad de los súbditos (Tao 18).

El confucionismo era una ética política, un manual de sabiduría para gobernantes; por eso era realista y buscaba el amor (jen) o armonía entre todos los vivientes. El taoísmo, en cambio, es una mística más que una política, guía de vida para hombres capaces de elevarse sobre el mundo de deseos que les amenaza (como el budismo). A pesar de eso (o precisamente por eso) ha ejercido una gran fascinación, incluso sobre algunos filósofos occidentales.[2] Desde ese fondo queremos evocar algunos de sus textos políticos más conocidos:

> Quien queriendo conquistar el "imperio" se pone a trabajar por lograrlo, no lo logrará. El Imperio es utensilio muy prodigioso. No se le puede manejar; si te pones a manejarlo lo estropearás. Tomarlo es perderlo (Tao 29).

En el fondo de estas palabras late el ideal de una naturaleza entendida como armonía entre los seres. Ellas muestran que la vida no es lucha o imposición de unas cosas sobre otras, sino equilibrio original. Nos une el Tao, que es principio global de unificación, que vincula a los hombres entre sí y con todo lo que existe. Por eso, no debemos hacer nada, sino solo dejar que todo sea, no perturbarlo,

---

2. Cf. P. Sloterkijk, *Eurotaoísmo*, Barral, Barcelona, 2001.

no introducir en el mundo la lucha de nuestros deseos, la contradicción de nuestras acciones.

Los occidentales hemos querido conquistar el mundo con la técnica, creando un sistema muy perfeccionado de imposiciones, empresas y mercados; nos hemos dividido a través de luchas y de oposiciones, de manera que nos cuesta mantener la armonía de la realidad. De esa forma, nuestra construcción se ha convertido en destructora. Corremos el riesgo de deshacer la concordia ecológica del cosmos. En contra de eso, el Tao sabe que deben superarse todas las guerras sociales, retornando para ello al equilibrio natural del mismo cosmos:

> Los que asisten con Tao a los soberanos no deben violentar el mundo con armas. Donde acamparon ejércitos nacen las zarzas y tras las tropas inevitablemente vienen años de hambre. Lo mejor es contentase con los frutos espontáneos, sin pedir más. No arrebatar nada a la fuerza. Solo el fruto, sin urgir más. El fruto, sin más empeñarse, sin encapricharse. El fruto, y aún este a no poder más; el fruto, sin forzar (Tao 30).

El Tao no actúa con armas, ni se impone por la fuerza sobre la naturaleza y, sin embargo, actúa sin cesar, como muestran las dos mitades del círculo sacral del Tao, que parecen cambiar y sin embargo se mantienen siempre iguales. Allí donde una tiende a dominar se alza y emerge la otra en antítesis constante. Este es el antagonismo pacífico de la vida: armonía eterna de contrarios, círculo en giro de dos semicírculos ondulados, en movimiento sin fin, que nos reintroducen en el nivel de las religiones cósmicas. Así se expresa el equilibrio constante de la naturaleza, no la paz del amor que se entrega y comparte de un modo gratuito y personal, triunfando así sobre la muerte, como evoca el símbolo cristiano de Jesús crucificado. El Yin-Yang del Tao y la Cruz de Cristo abren dos modelos de amor que, sin duda, no son contradictorios, pero sí diferentes.

Suele decirse que el cristianismo occidental ha querido imponer su visión del mundo por la fuerza (utilizando incluso la cruz como espada) y que el budismo, empeñado en superar todo deseo, tiende a evadirse del mundo, negando así la fuerza de la vida. Frente a eso, el taoísmo sería la religión del equilibro cósmico, sobre toda codicia o desmesura, sobre toda negación o muerte (cf. Tao 1). El Tao emerge así como religión de la armonía natural del *wu-wei*, no-obrar que lo hace todo, mística de inmersión originaria y final en la naturaleza.

Pues bien, este equilibrio del Tao constituye una armonía sin amor personal (pues cielo y la tierra no son amorosos; (Tao 5). El orden del Tao está hecho de renuncias exteriores (mal se guarda un salón lleno de ricos metales y piedras preciosas; (Tao 9), más que de un encuentro de amores activos y de gozo apasionado por la naturaleza y por los otros hombres. El Tao es muy ecológico, pero su modelo cósmico parece más regresivo que creativo (desde una perspectiva occidental).

En esa línea, el sabio taoísta es "impasible, inexpresable, abobado, como infante recién nacido" (Tao 20), un hombre que ha retornado al paraíso original (cf. Gn 2) donde las cosas son buenas en sí, como expresión de una naturaleza que nos concede lo necesario sin que tengamos que forzarla. Ese retorno al paraíso es el milagro del Tao: "Si los príncipes y reyes pudieran cumplirlo todos los seres se acogerían espontáneamente a su hospedaje; y el Cielo y la Tierra se unirían para llover dulce rocío. El pueblo se concertaría por sí mismo" (Tao 32). Esta es en el fondo una reconciliación de tipo prehumano (es decir, sin personas).

Parece que el Tao pasa de largo ante la violencia concreta de la humanidad, sin abrir caminos para superarla. Por eso, su propuesta puede acabar siendo puramente testimonial, incapaz de trazar un camino de liberación como el que lleva al Nirvana budista o al Reino de Dios cristiano. Para el Tao no hay futuro de liberación, sino armonía constante de opuestos. No hay principio ni habrá meta. Existe lo que ya existía desde siempre y para siempre.

Los dos polos de la realidad se mantienen constantes, como juego (lucha y armonía) de contrarios. Sabio es el que llega a comprenderlo, haciendo de esa reconciliación de opuestos el sentido y riqueza mayor de su existencia; no quiere destruir la oposición; tampoco quiere aniquilar la lucha, pues eso sería imposible y negativo; admite y valora lo que existe (la oposición dual, la lucha de contrarios), pero, en el fondo de esa lucha logra descubrir un orden de armonía superior. Esta postura resulta admirable por su hondura y equilibrio, pero juzgamos que al fin acaba siendo insuficiente.

En ese sentido, el tao sentido, no admite jerarquías: ni el cielo es mayor, ni la tierra más pequeña; ni la oscuridad es peor, ni la luz más elevada o más perfecta, etc. Los dos polos se mantienen en unidad orgánica de forma que el uno solo existe desde y para el otro. En esa perspectiva no se puede hablar de preeminencia del varón. Pero, dicho eso, debemos añadir que el varón ocupa puestos y realiza funciones que, miradas en línea occidental, resultan superiores. Pues bien, en contra de eso, según la tradición occidental (cristiana), las personas no son simplemente momentos polares dentro de un todo, sino individuos completos, cada uno por sí mismo, de igual valor, capaces de amarse en libertad: ni el varón es para la mujer ni la mujer para el varón, en clave de necesidad y dependencia; cada uno es para sí (para Dios), en total responsabilidad o apertura hacia las necesidades del entorno (de aquellos que la Biblia llama pobres); cada uno es persona.

De un modo consecuente, el *Tao no tiene historia*, y por eso no admite un camino de futuro que lleva a la reconciliación superior (o a igualdad) entre todas las personas. Dicho en perspectiva judeocristiana, el Tao no conoce mesianismo; está encerrado en el eterno presente de aquello que ha existido y existirá.

Pues bien, en contra de eso, el cristianismo ofrece un camino y experiencia mesiánica Aún no se ha mostrado lo que verdaderamente podemos ser; no somos todavía lo que seremos. Por haber ignorado el futuro de la historia, el Tao es incapaz de llegar a un nivel más alto de comunicación personal. Por eso se detiene y queda fijado en el plano de la naturaleza donde todo parece repetirse en unos ritmos en el fondo de los cuales nada cambia, pues todo lo importante permanece siempre. Por el contrario, los cristianos buscan y van abriendo desde Dios un camino que les lleva a la reconciliación final entre sí y con todos los vivientes.

De todas formas, siendo distinto del Tao, el cristianismo (y en su conjunto la humanidad entera) debe aprender y asumir ciertos aspectos del Tao, superando el deseo de hacer y tener, definiéndose así por su acción, que puede acabar siendo destructora para la vida del mundo. Por el camino de hacer y hacer cosas, de tener y tener bienes de consumo (divinizado el capital) mataremos el mundo y moriremos todos.

ECOLOGÍA BÍBLICA, CAMINO DE RESURRECCIÓN

Frente al Tao con sus valores de contención y reserva frente al activismo occidental (que no ha impedido que China se convierta en "fábrica del mundo"), podemos y debemos proponer el modelo de transformación (conversión, trans-figuración) del cristianismo. Sigue al fondo la naturaleza, como vimos en cap. 4, al comentar el tema de los cuervos y los pájaros, y al referirnos a sus parábolas de la naturaleza, especialmente la de la siembra y la cosecha; pero se trata de una naturaleza abierta a la acción más alta del hombre, abriendo un camino de transformación de la vida, esto es, de resurrección.

Resurrección, la identidad cristiana

Según Hch 23:1-10, defendiéndose ante el Sanedrín de Jerusalén, Pablo afirma que cristianos y los judíos fariseos (herederos del antiguo Israel, que perdura y se mantiene tras la caída del templo: 70 d. C.) comparten una misma fe en la resurrección, como elevación transfiguración de la humanidad. Los *fariseos* la esperan para el fin de los tiempos. Los *cristianos* afirman que ella ha comenzado a realizar en la pascua de Jesús.[3] En este contexto podemos hablar de una *segunda humanización*.

– *La primera* sucedió cuando el proceso biológico, extraordinariamente preciso y animado por la 'naturaleza', se abrió por dentro para que surgieran personas, es decir, sujetos humanos, dotados de libertad. Los códigos genéticos siguieron actuando, con su pequeño campo de variantes, y se estabilizó el *genoma*. Pero la misma constitución biológica de la humanidad se abrió a un nivel más alto de libertad y palabra personal, de manera que sin ella somos inviables como humanos. De aquella ruptura y más alto nacimiento provenimos, en ella nos mantenemos, como habitantes de dos mundos: somos cuerpo-genoma y alma-libertad, biología y pensamiento. Esa ruptura nos ha permitido crear las sociedades tradicionales, pero ellas están ahora en crisis.

– *La segunda humanización* se funda en la primera, pues la base biológica perdura (seguimos siendo carne animada), pero nos hará pasar del nivel anterior, que había conducido de la *biología*

---

3. La resurrección cristiana ratifica el valor de la encarnación de Dios en Jesús y en la historia de los hombres. Dios ha entrado en la carne de la historia, como vida que se entrega a los demás para compartir con ellos su vida. En esa línea se puede afirmar que la vida de los hombres forma parte del camino de la vida de Dios, que se ha expresado plenamente por la resurrección (como resurrección).

inconsciente al *sistema cultural* (con su riqueza de intercambio de informaciones), a un nivel superior de *libertad y de comunicación, de forma que seamos capaces de compartir un tipo de* transmisión y elevación de vida, en la línea que había propuesto Teilhard de Chardin (cf. cap. 1). Al servicio de esa comunicación más alta de vida, abierta a una vida superior de resurrección han de ponerse las posibilidades del hombre en el mundo, no para que seamos para siempre lo que somos (como en el Tao), sino para ser elevados de nivel, por la llamada (atracción) del Dios de la vida superior, que resurrección, por encima de la muerte, allí donde unos viven regalando su vida a los otros, compartiéndola como ellos.

Esta segunda humanización se realizará (se está realizando) a través de un camino que puede tener momentos traumáticos, como los de Jesús que muere poniendo su vida en manos de la vida de Dios (reino) abriendo así un camino de resurrección para todos los creyentes (es decir, para aquellos que confían en la vida de Dios, que le llama, les enriquece y les introduce en la gracia de su vida.

La primera gran ruptura se dio entre biología y pensamiento y de ella emergió lo que hemos sido y somos, dentro de un "sistema de racionalidad" que sigue regulado por un tipo de "talión", esto es, de equivalencia entre vida y muerte, dentro de un mundo donde todo se transforma, pero dentro de su mismo plano. Pues bien, la segunda humanización ha de elevarse sobre el nivel del sistema de la naturaleza (en la línea del Tao), para ascender de plano, en la línea de una vida superior, en la que se revela Dios como principio de amor/vida sobre la muerte, en gratuidad.

En este contexto resulta básica la aportación de los antiguos "testigos" judíos y cristianos (cf. Dn 7 o Ap, Jn 12-22), que 'vieron' hace tiempo lo que había de venir y así pueden ayudarnos a entenderlo y transformarlo (en comunión de gratuidad). Por eso debemos buscar lo mejor de sus tradiciones, superando el riesgo de la ideología (vuelta a un sistema sacral) y oponiéndonos al peligro de imposición económica o política, administrativa o legal que nos rodea y domina por doquier, en un proceso vital en el que no existe lugar para la gracia, ni para el surgimiento de una humanidad que "resucita", se va elevando de nivel por gracia de Dios, como principio de resurrección.

El sistema del talión (ojo por ojo, amar a los amigos y odiar a los enemigos) quiere globalizar la vida humana desde el *dios-capital*, considerado como fundamento o sustancia (cf. Lc 16:13) de todo lo que existe, 'mammona' antigua (Mt 6:24; Lc 16:13), ídolo supremo de la modernidad, como se viene destacando desde Marx. Este es un ídolo perverso y muy fuerte, porque engaña o enmascara todas las relaciones humanas, en clave de producción, al servicio del mercado donde el capital expresa todas sus posibilidades, en un orden de vida regulado por la muerte.

En contra de eso, la tradición cristiana (y monoteísta) sabe que el único Dios real es el Amor, revelado como *donación de sí,* esto es, *ágape,* que consiste en regalar la propia vida a otros, para así vivir en ellos. Hay un amor-eros que puede interpretarse como búsqueda de la propia plenitud, deseo de encontrar aquello que nos falta, para así completarnos y ser perfectos en nosotros mismos. Pues bien, el *Dios-Amor* del evangelio es Ágape: donación y regalo de sí mismo, para que de esa forma otros vivan.

Pues bien, este Dios de gracia (donación de sí mismo en los otros), se traduce en la humanidad en forma de resurrección. Al hacer que unos hombres puedan vivir y ser en otros, como Cristo, que muere para ser en ellos (y para que ellos de esa forma sean) se abre un camino de elevación (resurrección) en la vida humana.

Iglesias cristianas, experiencia y promesa de resurrección. Las iglesias no son instituciones de capital y mercado, según el cual vivimos en equivalencia entre lo que damos y recibimos, conforme a la ley de este mundo, sino comunidades de presencia de Dios, esto es, de acción gratuita, por la cual damos a los otros lo que somos, a fin de que ellos vivan, de manera que sean y nosotros seamos en ellos. El Dios de las iglesias es amor-vida que se regala a sí mismo, de un modo gratuito. Por eso, ellas deben encarnarse en el mundo de los pobres, no para ofrecerles algo desde arriba (siendo ellas ricas), sino para caminar con ellos (con-curso), en generosidad de amor, sin buscar seguridades superiores como institución, pues la única seguridad del ser humano es la vida en los otros, con los otros seres humanos, en camino abierto a un futuro de plena comunicación, es decir, de elevación.

– *La empresa capitalista,* racionalizada según ley, de un modo científico y global, en todo el mundo, está al servicio de la producción y consumo, no de las personas como tales. Vive de imponerse sobre el mundo y de relacionarse con otros seres humanos en línea de intercambio de mercado, de forma que cada uno sigue estando solo en un mundo que él debe dominar para sentirse así seguro.

– *Las iglesias son comunidades de amor gratuito, es decir, de esperanza de resurrección.* No son instituciones de mercado, sino de donación de vida, en las que el gozo de cada uno consiste en que otros vivan, y la vida de cada uno se expresa y fructifica, como semilla de buen trigo, en la vida de los otros. En ese sentido, ellas son *iglesias, son comunidades de siembra de humanidad,* es decir, de esperanza de resurrección. Son como Cristo, grano sembrado en la tierra de la vida de Dios, al servicio del Reino que es Dios hecho vida de todas las vidas, pues en él vivimos, nos movemos y somos (cf. Hch 17:28) en el mismo camino que vamos trazando en el mundo.

Jesús resucitado, experiencia de comunión transpersonal. Según el N. T., el testimonio clave de la resurrección de Jesús han sido sus apariciones, como expresión de una forma superior de presencia transpersonal (como experiencia transcendimiento y culminación, no de negación de la persona), en línea de fe (de acogida y comunicación creadora), no de imposición física. Jesús ha entregado su vida por los demás, y lo ha hecho de tal forma que ha podido mostrarse ante ellos (en ellos) vivo tras la muerte, como presencia y poder de vida, iniciando en (por) ellos un tipo más alto de existencia humana (es decir, una mutación mesiánica). Las apariciones son signos de presencia de Jesús resucitado, una experiencia nueva de vida, en línea de comunicación transpersonal.

Las apariciones de Jesús no son imaginaciones de algo que externamente no se ve, sino experiencia radical de presencia de aquel que nos ha dado su vida, como vida de Dios, como renacimiento, un modo superior de entender (experimentar) el pasado y de comprometerse en el presente, desde el don de Dios en Jesús, en forma de mutación antropológica. Desde ese fondo pascual, la vida cristiana es una experiencia de renacimiento, la certeza vital de unos hombres y mujeres que se sienten/saben en camino de resurrección, dentro de este mismo mundo que ellos transfiguran (quieren transfigurar) en línea de humanización superior, pasando así de la muerte a la vida, es decir, de una vida que es muerte (pues desemboca en ella) a la muerte que es donación de la vida al servicio de los otros y esperanza de resurrección.

En un sentido, las apariciones que Pablo ha recogido de forma oficial en 1 Cor 15:3-7, podrían entenderse como manifestaciones del poder sobrenatural de unos seres superiores, favorables o desfavorables (dioses, difuntos, demonios…), un tema que aparece en muchas religiones. Pero, desde la perspectiva bíblica han de verse como expresión de un modelo más alto de vida, en línea de mutación humana y comunicación transpersonal. No se trata de "ver" a Jesús en forma externa, sino de descubrir su presencia en la vida.[4]

– *"Ver" a Jesús resucitado, descubrir su presencia.* Sus seguidores saben y afirman *que son él,* que forman parte de su vida, que son el mismo Jesús renacido, presente, cristiano (= mesiánico). En ese sentido, la visión-presencia de alguien que ha muerto tras haber dado la vida a (por) aquellos que le siguen, forma un arquetipo o símbolo importante de una humanidad, que nace y vive de aquellos que mueren, en un mundo donde nada ni nadie acaba del todo, sino que todo deja huella y sigue siendo (existiendo) al transformarse, pero no en línea de eterno retorno de lo que ya era (nada se crea, nada se destruye, todo se transforma), sino de creación de lo que ha de ser.

Todas las restantes cosas se transforman de manera que son intercambiables. Los hombres, en cambio, no son intercambiables, pues cada uno es único en sí, por aquello que ha recibido y realizado, pero ellos pueden habitar y habitan unos en los otros, destruyéndose o dándose la vida. En esa línea ha vivido y ha muerto Jesús por los demás, pero de tal forma que sus discípulos descubren y proclaman que él vive en ellos, haciéndoles ser lo que son, unos resucitados.

En esa línea ha de entenderse la novedad de Jesús, su mutación pascual, centrada en el hecho de que algunos de sus seguidores

---

4. Cf. M. Barker, *The Risen Lord. The Jesus of History as the Christ of Faith,* Clark, Edinburgh, 1996; X. Léon-Dufour, *Resurrección de Jesús y mensaje pascual,* Sígueme, Salamanca, 1973; A. Torres Queiruga, *Repensar la resurrección,* Trotta, Madrid, 2003.

han descubierto y confiesan que él vive (ha resucitado en ellos), de manera que pueden afirmar que ellos mismos son Jesús, Palabra de Dios, que habita en ellos (cf. Gá 2:20-21). Las religiones "son", en general, una experiencia de identificación con la vida y destino de un Dios. Pues bien, el cristianismo constituye una experiencia de identificación vital con Jesús, enviado-mesías de Dios, que habita en aquellos que le acogen.

– *El cristianismo es la aparición (presencia) de Jesús en aquellos que le ven (acogen), reviviendo de esa forma su experiencia y destino de muerte y resurrección.* Los cristianos afirman, según eso, que el mismo Jesús, Hijo de Dios, que ha vivido y muerto por el Reino, revive (resucita) como vida de Dios en su vida de creyentes. El cristianismo es, según eso, la experiencia de la vida de Dios que "es" al darse en los demás (resucitando en ellos) y haciendo así que ellos resuciten, habitando en un nivel de vida superior, compartida en amor. El problema de cierta teología cristiana está en el hecho de haber "cosificado" esa experiencia, destacando el "triunfo de Jesús" en sí (como si fuera emperador o sacerdote por encima de los otros), tendiendo a separar a Jesús al divinizarle, en vez de descubrirle en ellos mismos, sabiendo que su altar son los resucitados, los creyentes, los pobres y excluidos de la tierra por los que él vivió. Ciertamente, en un sentido, Jesús ha resucitado en sí; pero en otro sentido debemos confesar que él lo ha hecho en los creyentes, de forma que ellos son su resurrección.

Jesús no "aparece" con el cuerpo anterior (no lleva a los suyos al pasado), ni actúa como espíritu incorpóreo en los creyentes (en línea gnóstica), sino que está presente como impulso de vida universal, principio de humanidad resucitada, en aquellos que aceptan y agradecen su presencia, pues en ellos vive y resucita, no para negar su identidad, sino para ratificarla, pues por (en) él todos y cada uno de los hombres son (somos) resurrección de Dios, Dios encarnado. Por eso, el "cuerpo" de Jesús no es solo el suyo, de individuo separado, sino el de aquellos que confían y viven en él, como ha puesto de relieve Pablo en su experiencia y teología de la identidad cristiana, que no es de tipo imaginario, sino mesiánico, corporalidad como presencia de unos en otros, y de todos en Jesús, que es "cuerpo" siendo palabra de Dios encarnada en la historia (cf. Jn 1:14).

No es ver a Jesús (separado de nosotros), sino de vivir en él. Jesús no es objeto de una experiencia "visionaria", como en otras posibles apariciones de tipo onírico o despierto, psíquico o mental, en sueño o vigilia, en un nivel de vida en el mundo, sino de una experiencia de recreación, sabiendo así que él mismo (el *Selbst* divino de la vida humana) habita en los hombres, y los hombres en él, de un modo trans-personal (no im-personal), unos en otros. En esa línea, para centrar el tema, es bueno recordar el tema del Dios que habla a Moisés desde la zarza y diciendo *¡Soy el que Soy!* (Éx 3:14). Un tipo de judaísmo ha podido tener cierta dificultad con estas experiencias, entendidas en línea de hechicería:

> *Cuando entres en la tierra que Yahvé tu Dios va a darte… no haya entre los tuyos adivino, ni observador de nubes (= astrólogo), hechicero, convocador de espíritu, sabedor de oráculos, ni evocador de muertos. Porque quien practica tales cosas es abominable… (cf. Dt 18:9-15).[5]*

El judaísmo no ha sido religión de videntes mágicos, ni de evocadores espiritistas, sino de oyentes (= cumplidores) de la Palabra, y en esa línea ha de entenderse el cristianismo. Pues bien, en ese fondo, sin dejar de ser buenos judíos, los discípulos pascuales aparecen, de un modo sorprendente, como *personas que ven a Jesús* (le sienten, le proclaman) tras (y por) la muerte como vivo. Esa revelación de Jesús no está centrada en una tumba venerable, como la del Rey David, sepultado con honor y gloria en Jerusalén (cf. Hch 2:29), ni es la de un espíritu-fantasma, que actúa a través de otros personajes, que reciben su poder y pueden realizar así prodigios (cf. Mc

5. El judaísmo ha rechazado el "supermercado de visiones" (con evocación de muertos y observación de espíritus: Dt 18:11) para insistir en la presencia salvadora de Jesús. Pues bien, en esa línea, de un modo paradójico, el N. T. apela a la "visión" (revelación) de Jesús como vivo tras (en) su muerte. *La teología del A. T.* se centra en la "visión" de Yahvé en la zarza ardiente, vinculada a la revelación del Nombre, de forma que Dios aparece como "aquel que actúa" (= está presente), pero sin identificarse con nada, en pura trascendencia. *La del N. T.* se condensa en la revelación pascual de Jesús crucificado que "vive" en la vida de sus fieles. No se trata, pues, de la simple visión de un muerto, pues muchos han visto (dicen haber visto) a difuntos que hablan, revelándoles secretos o tareas sobre el mundo (cf. Hch 23:9), sino de la presencia y mutación mesiánica de Jesús en la vida de los hombres.

6:14-16), sino que viene a concretarse como vida de aquellos que en (por) Jesús viven muriendo a favor de los demás.[6]

De un modo consecuente, los relatos de las "apariciones" no resaltan el aspecto visionario de la experiencia de Jesús (que puede variar y varía en cada caso), sino la *realidad personal de Jesús*, mesías o presencia humana de Dios, que vive en ellos. La pascua cristiana es, según eso, el despliegue de un nivel distinto de realidad, no la imaginaria de un muerto, o de un posible espíritu (en contra de Dt 18:11), ni la revelación de la Ley eterna (cf. Éx 19-34), sino la presencia personal del crucificado en la vida de aquellos que le acogen, de forma que él vive en ellos. Este es el principio de la más honda ecología cristiana: Lo que importa y salva a los hombres no es dominar sobre el mundo (ni sobre otros seres humanos), sino compartir mutuamente la vida en amor, como Jesús resucitado.

En esa línea, los primeros cristianos ofrecían el testimonio de una nueva forma de experiencia de Dios (y de los hombres) en Jesús, algo que nunca se había experimentado, pues no existe (que sepamos) ningún fundador o personaje histórico (¡y menos un condenado a muerte en cruz!) que haya sido "experimentado" no solo como vivo tras su muerte, sino como presencia humana del Dios trascendente y principio de resurrección para los hombres. Eso significa que la vida del hombre no muere, se transforma, como presencia pascual, en este mundo que es presencia resucitada de Dios.[7]

Resucitó según la forma en que había vivido. No murió de un modo natural, por su condición humana, sino porque le mataron aquellos que tuvieron miedo de su "mutación", esto es, de su "exceso" de vida en gratuidad y, más en concreto, de su forma de entender y proclamar (anunciar e iniciar) su programa de nueva humanidad, es decir, de reino. Por vivir como vivió y proponer lo que propuso le

6. Los primeros cristianos no eran más influenciables que nosotros (su judaísmo de fondo les hacía rechazar las experiencias visionarias). Creían en visiones, como la que supone Jesús cuando afirma, en sentido simbólico que *ha visto a Satanás caer como un astro del cielo* (Lc 10:18), pero no fundaban en ellas su novedad cristiana, como muestran los evangelios, que no son textos de visiones de Jesús, sino reinterpretaciones pascuales de su vida.

7. Las primeras revelaciones pascuales forman parte de la vida (historia) de los cristianos (Pedro y los doce, Magdalena y Pablo...), que se descubren habitados y transformados por Jesús, como seres que renacen con él a un tipo de vida habitada, animada, por el Espíritu de Dios en Cristo.

condenaron, y por fidelidad a su mensaje él "se dejó" crucificar, sin enfrentarse de un modo militar con sus adversarios, sin escaparse o renunciar a su proyecto. Murió por lealtad a la vida, esto es, a Dios (a su Reino) y a los hombres a quienes anunciaba un mensaje de gratuidad, es decir, de comunión de vida:

– *Fue ajusticiado porque proclamaba e iniciaba el Reino, es decir, la presencia Dios* que es vida y comunión de los hombres, en amor, no imposición, pues, conforme a su mensaje, Dios se identificaba en el fondo con su Reino, es decir, con el don de la vida que se regala y resucita. Eso significa que él murió por preparar e iniciar la llegada del «hombre nuevo» (Hijo de hombre).

– *Resucitó en el Reino,* de tal forma que su pascua es la experiencia radical del valor y pervivencia de su vida, la confirmación de aquello que él había preparado y deseado. Lo que él anunció y dispuso vino a cumplirse así, de un modo que parecía distinto a lo esperado, pero que internamente fiel a lo que él había sembrado con su vida, no para después (tras su venida celestial, al fin del mundo), sino dentro de este mismo mundo.

> *Su maestro, Juan Bautista, anunciaba y preparaba lo evidente: El cumplimiento de la justicia de Dios. Jesús, en cambio, proclamó y comenzó a realizar lo no evidente, diciendo que Dios supera el círculo de acción y reacción, de deseo y contra–deseo que domina a los hombres. Juan era profeta de Juicio y por miedo a su juicio le mataron, dejando así pendiente el tema radical de su mensaje.*
>
> *Jesús en cambio fue mensajero de vida y así actuó como promotor de una mutación humana que trasciende la muerte (ratificándose a través de la muerte, entendida como don), sobre el orden de los sacerdotes y de la espada del César que matan para seguir reinando (los sacerdotes matan víctimas "religiosas", los servidores del César matan "enemigos"). Precisamente, al dar su vida a los pobres–enfermos, muriendo por ello, Jesús se sitúa en un plano más alto de vida, y así resucita.*

En esa línea, los discípulos descubrieron que la vida de Jesús y su anuncio de Reino había sido una "resurrección" anticipada. Por eso, al "verle vivo" tras la muerte (cf. 1 Cor 15), algunos de ellos (como Pablo, y después Pedro y otros) no se limitaron a esperar el cumplimiento del mensaje en Jerusalén, conforme a un mesianismo nacional, sino que empezaron a crear una iglesia o comunidad de resucitados, como indica de forma ejemplar la palabra de Jesús a Marta, cuando ella le dijo que su hermano Lázaro resucitará en la resurrección del último día:

> *Yo soy la resurrección y la vida, quien crea en mi vivirá, aunque muera,*
> *y todo el que vive y cree en mí no morirá para siempre (Jn 11:25-26).*

Evidentemente, la formulación concreta de ese texto proviene de un tiempo posterior (quizá del mismo Juan evangelista), pero la experiencia de fondo refleja el principio y sentido de la mutación original de los cristianos, que no esperan la resurrección del último día, como Abraham (Rm 4:17), sino que bendicen al Dios que ha resucitado ya a Jesús (Rm 4:24), que se hace presente en la vida de los hombres.

Este es el principio de la resurrección o transformación interhumana: La experiencia de vida y amor, de presencia de unos en otros. Entendida así, la resurrección no es algo del fin de los tiempos, cuando se ratifique la justicia escatológica (como pretendían muchos apocalípticos), sino que empieza en esta misma historia, en gesto de comunicación personal. Desde ese fondo se ilumina un elemento clave del mensaje de Jesús, conforme al cual la ofrenda de la vida a los demás (morir por ellos) significa renacer en Dios, en un nivel más alto, para una forma de vida compartida, resucitando al mismo tiempo en los hombres por quienes y para quienes se ha vivido (cf. Mt 16:25; Jn 12:25).

Hemos nacido así por la Palabra, como seres racionales, capaces de comunicarnos en un plano simbólico, creando redes objetivas de relación familiar y social, económica y administrativa, que pueden precisarse y culminar en forma de sistema. Significativamente, la organización técnica del sistema (con sus planificaciones económicas y administrativas) se ha olvidado o ha dejado muchas veces en un segundo plano este «mundo de la vida», fundado en la palabra personal y en la libertad de amor, convirtiendo al hombre en pura máquina.

Según eso, allí donde los hombres nos cerramos en ese nivel de sistema, como piezas de un gran todo, organizado desde fuera, destruimos nuestro ser más hondo, poniendo nuestra esencia (libertad personal) en manos de algo que nosotros mismos fabricamos, para acabar así muriendo. Aquí no es posible la neutralidad: o nos abrimos a un nivel de gracia superior (de comunicación personal, en libertad) o nos destruimos a nosotros mismos. Quizá pudiéramos formularlo de otra manera: o nos dejamos transformar por la Palabra de Dios que es Cristo, revelación de su presencia, o acabamos en manos de la bestia o diablo que nosotros mismos vamos segregando, como parásito que al fin nos devora.

– *Debemos renacer en gracia, por amor de (y a) los demás.* Por eso, si queremos vivir en plenitud debemos retornar en gesto de fe (reconocimiento agradecido) al lugar del nacimiento, esto es decir, al tiempo y lugar en que surgimos como seres personales. Esta es nuestra tarea, este el reto de la antropología bíblica: retornar humildemente con nuestro inmenso saber técnico, con las potencialidades del sistema, al lugar del surgimiento y despliegue humano, al mundo de la vida de Dios, que se expresa en cada uno de los seres personales que nacen y crecen en el mundo. Si el sistema triunfara del todo, logrando imponerse desde arriba y fabricar a los hombres como artefactos, el hombre se destruiría, en la línea de condena a muerte anunciada en Gn 2–3: "El día en que comáis del fruto del árbol de conocimiento del bien y del mal moriréis…". No es que nos mate o destruya un Dios, sino que nos destruimos nosotros mismos, a pesar y en contra de Dios.[8]

– *Muerte y nacimiento aparecen así vinculadas*, como dos momentos esenciales del mismo proceso humano, desbordando el nivel del puro engendramiento biológico, superando el plano de un sistema de pura fabricación. En sentido estricto, los restantes vivientes y animales no nacen ni mueren, pues carecen de autonomía personal, de forma que no son más que partes o momentos de un único proceso genético. Solo los hombres nacen de verdad, como presencia personal de Dios, brotando de su vida a través de la vida y amor de unos padres (de un entorno social, de una iglesia). Por eso, solo ellos, los hombres pueden morir realmente,

---

8. En ese aspecto venimos suponiendo que cada nacimiento humano es una creación, un momento de la generación divina. Llegados aquí, debemos reformular la declaración básica del Credo de Constantinopla (año 381 d. C.), diciendo que somos "engendrados, no creados desde fuera"; no somos fabricados como una cosa más, sino que nacemos de Dios como don o regalo único de vida de otros hombres, igual que Jesucristo, es decir, por él.

pues de verdad han nacido, y en esa línea debemos añadir que la muerte de aquellos que van dando la vida por los otros es muerte pascual, principio de nuevo nacimiento (morimos dando vida a otros y resucitando en ellos, como Jesús, culminando así como personas en la "memoria" de Dios).[9]

Texto y esperanza/experiencia clave (Rm 8)

Conforme a *Romanos 8 la creación fue sometida a la vanidad, pero será vivificada.* Pablo interpreta así la resurrección desde la experiencia esencial de la recreación del mundo, a partir de Gn 1–11), como itinerario de dolor y esperanza, partiendo de Jesús que asume la debilidad de los hombres, que esperan la filiación de Dios, es decir, la resurrección en Dios:

– *Aguardamos la filiación (huiothesia)*, ser hijos de Dios (cf. Gá 4:5; Rm 8:23). Éramos siervos, arrojados sobre el mundo, dominados por la muerte; pero el Espíritu de Cristo nos ha elevado y nos ha hecho hijos, caminando en (con) Jesús hacia la pascua de la vida, que es Dios.

– *Esa filiación es redención (apolytrôsis) de nuestro cuerpo (sôma),* como transformación completa. Nuestro mismo ser es, según eso, un camino de esperanza (corporal, personal, comunitaria), pues buscamos (anhelamos) nuestra plenitud y el Espíritu de Dios la busca y colabora, intercediendo por nosotros.

En un plano somos un cuerpo de muerte, fragilidad y enfrentamiento, pero esperamos y buscamos la redención completa (Rm 8:23), que nuestra vida quede llena del Espíritu, abierta al conocimiento pleno de la vida. En el lugar en el que un tipo de judaísmo tendía a colocar la Ley, como estructura social (nacional) de sumisión a Dios, ha situado Pablo el impulso del Espíritu, que es principio de

---

9. De esa forma se vinculan nacimiento y muerte, pero de tal forma que la muerte no es un simple retorno al nacimiento, sino resultado de un proceso de generación creadora por el que nos hemos introducido, de un modo personal, en la vida que es Dios. La muerte del creyente no es un simple retorno (vuelve el polvo al polvo, sube el alma al cielo...), sino plenitud del camino realizado en Dios, es decir, resurrección, de forma que por ella llegamos a ser lo que de verdad somos: Personas que vienen de Dios y en Dios pueden culminar, alcanzando su existencia verdadera, en Dios y en los demás seres humanos.

esperanza y redención de nuestro cuerpo. Estábamos sometidos a la Ley del pecado (cf. Rm 1-7), pero vivimos por la gracia de Dios en Cristo (Rm 12-14).

Cuando escribe estas palabras, Pablo está programando su misión final de mensajero de Jesús, que ha de llevarle de Oriente, por Roma, hasta Occidente (España). Sabe que un tipo de historia termina, pues el Resucitado viene, y así quiere pregonarlo él (Pablo), anunciando y preparando por doquier la salvación (cf. Rm 15:22-33). Pero no está solo, pues le asiste y fortalece Dios-Espíritu, en un mundo sufriente, en dolores de parto.

Hemos recibido las primicias de Dios-Espíritu y clamamos *Abba-Padre*, aunque seguimos encerrados en el dolor del mundo, aguardando la manifestación completa de nuestra esperanza, *la filiación* (*huiothesia*), pues somos ya con Jesús hijos de Dios, sabiendo que Dios se manifestará ya plenamente como Padre, liberándonos de la cárcel (orfandad y destierro) de este tipo de mundo, transformándonos en él (en Dios) y transformando así el mismo mundo. Nos hallamos, según eso, inmersos en el despliegue del Espíritu de Dios, como hijos suyos, y en esa línea la confesión central de nuestra fe (*¡Dios ha resucitado a Jesús, somos en él!*), se hace principio de un camino de oración (filiación) que debemos asumir y recorrer, hasta alcanzar la redención completa en el Espíritu.

– *La creación aguarda ansiosamente la revelación de los hijos de Dios* (8:18-21). Como buen judío, Pablo vincula su suerte a la de la creación (esto es, al mundo, que no es solo creación de Dios, sino espacio y entorno de vida del hombre. Entendida así, la creación (el mundo) no es un cosmos, suficiente en sí y divino, como en la cultura griega), sino que está vincula al hombre, de tal forma que comparte sus dolores y esperanzas. Conforme a una visión bien extendida en el judaísmo de su tiempo, en la línea de una lectura antropológica de Gn 1–3, Pablo supone que la creación forma parte de la historia de los hombres, de forma que el sufrimiento de los hombres está vinculado al sufrimiento, al dolor, de la misma creación.[10]

---

10. Esta es una visión que puede tener elementos "míticos", pero es profundamente luminosa, pues traza una simbiosis entre la historia del mundo y de los hombres, como supone la historia de Adán, a quien se le dice que por su culpa la tierra producirá zarzas

– *La creación fue sometida a vanidad (mataiotês), no queriéndolo, sino por causa de aquel que la sometió, en esperanza…*, en dolores de parto (8:21-22). Pablo retoma aquí el motivo básico del libro del Eclesiastés (Kohelet): "Vanidad de vanidades, todo es vanidad". Pero lo interpreta desde la perspectiva del "pecado de los hombres", es decir, del desbordamiento de sus deseos de violencia (en la línea de Rm 7:7). En vez de no "desear" de forma idolátrica, egoísta y violenta, los hombres se han lanzado en una carrera loca de deseos, en una línea que conduce a la destrucción del mundo.[11]

– *La creación espera la "filiación"* (huiothesia, 8:23-25). No solo la creación, sino nosotros, en ella, aguardando la redención de nuestro cuerpo. No solo la redención interior, de pensamiento, sino la de todo nuestro *sôma*, nuestro cuerpo personal y, sobre todo, social (eclesial), con toda la creación que forma nuestro cuerpo entero en Dios, que no es algo que tenemos, sino aquello que somos en plenitud, en totalidad, como un haz de relaciones que se concretizan no solo en la iglesia (que es nuestro cuerpo de/en Cristo, en forma de comunidad creyente), sino en la humanidad entera y en toda la creación. Esta es nuestra esperanza "activa", gratuita, comprometida. Se trata, pues, de una transformación total de nuestra realidad creada, en Dios.

– *El Espíritu intercede por nosotros* (8:26-27). Esta esperanza creadora no es solo nuestra, ni de la creación entera, sino del mismo Espíritu Santo, que forma la entraña y dimensión más honda de nuestra creación. El evangelio de Juan presenta a Jesús como

---

y espinas (Gn 3:18), y sobre todo la historia del diluvio, que Gn 6–8 presenta como resultado del pecado de los hombres. El "sufrimiento" del mundo está vinculado con el "pecado" de los hombres por quienes padece. Pablo supone, según eso, que la misma creación de Dios tiene una especie de "alma" sufriente, que padece y espera por causa de los hombres.

11. Esta situación de dolor y esperanza, se expresa no solamente en los hombres, sino en la creación, que Dios ha preparado como espacio y reflejo de su vida para ellos. Esa creación (ktisis) no es un cosmos autosuficiente, sino expresión y contexto de la obra de Dios y de la vida de los hombres. Eso significa que no se puede hablar de salvación sin creación, en contra de la gnosis. La salvación no consiste en "salir" de la creación (en abandonar la materia), sino en transformarla en línea de libertad. Pablo escucha en esa línea el gemido de la creación, que no acaba de nacer de verdad y sufre en dolores de parto, una creación en la que nosotros, los hombres, estamos implicados en el surgimiento y despliegue de la creación. Dios no nos ha introducido en un mundo "ya hecho" (en un cosmos acabado en sí mismo), sino que nos está creando, colaborando con nosotros, en una "creación" que es nuestra siendo suya, de una creación de la que dependemos, sabiendo que ella depende al mismo tiempo de nosotros, "creando al mismo tiempo".

gran intercesor, en la oración de despedida (Jn 14–17). Pues bien, aquí el orante es el Espíritu Santo, que así aparece como el mismo Dios interior (de los creyentes) que intercede ante el Dios creador. Esa oración, asumida por el Espíritu (recordemos que Ap 22:17 es también el mismo Espíritu el que ruega con/por nosotros), nos conduce hasta el centro del ser y obrar de Dios, pidiéndole que Jesús sea (se haga) primogénito (*prôtotokos*) de muchos hermanos (Rm 8:29). Así sigue el texto:

> *Sabemos que, para aquellos que aman a Dios, todo coopera para el bien, es decir, para aquellos que son llamados según su voluntad. Porque a los que Dios conoció de antemano los predestinó para ser conforme a la imagen de su hijo, de forma que él sea primogénito de muchos… ¿Qué se puede deducir de todo esto? Si Dios está a nuestro favor, ¿quién podrá ponerse en contra de nosotros? Él, que no ha reservado ni a su propio Hijo, sino que lo ha entregado en favor nuestro, ¿cómo no ha de darnos con él todas las cosas? (cf. Rm 8:28-32).*

Esa no es una experiencia puramente antropológica, sino cristológica y teológica, la experiencia de un Dios que vive y actúa en (por) nosotros. "Si Dios está con nosotros, ¿quién contra nosotros? Él, que no se reservó (no perdonó) a su propio Hijo, sino que lo entregó en favor de todos nosotros, ¿cómo no nos dará con él todas las cosas? (Rm 8:31-32). La experiencia y mensaje de esta confesión, cuyo tema aparece también en otros textos del N. T. (cf. Jn 3:16) nos sitúa en el centro del N. T. (de la Biblia): La redención plena no es algo que podamos conseguir a solas, sino don que Dios nos ofrece en Cristo, pues quiere ser Padre de todos, invirtiendo (= superando) en (por) amor todo talión, toda condena:

– *Dios no ha entregado a su Hijo en sentido sacrificial de condena o castigo.* Algunos lectores de Pablo han pensado que Dios tuvo que matar a su Hijo, para quedar vengado y satisfecho, como soberano sádico-envidioso, para elevarse de esa forma (por muerte y miedo) sobre todo lo que existe, en una línea que estaría avalada por Gn 22, Jc 11 y 1 R 16:34 (sacrificios de Abraham, Jefté y de Hiel de Jericó).

– *Dios se revela más bien como amor sacrificado generoso en Cristo*, no sacrificando a otros, sino entregándose a sí mismo en amor por otros (en contra de la experiencia sacrificial de Lv 16, que hemos estudiado en cap. 3). Este Dios de Pablo (de Cristo) no mata (sacrifica) a los supuestos culpables, sino que se "sacrifica" él mismo, regalando y compartiendo su vida en y por ellos. No inmola a Jesús para saciar su sed sangrienta, sino al contrario: Le acoge y sostiene en (por) amor, allí donde él (Jesús) regala por amor su vida a los hombres.

JUAN DE LA CRUZ, ALTERNATIVA DE AMOR

Termino así este capítulo y el libro entero volviendo a Juan de la Cruz (= SJC), testigo del amor humano como amor de Dios (cf. cap. 5). SJC no niega el plano de las leyes del sistema cósmico o social donde cada parte se inserta en el Todo y donde el Todo se impone sobre cada una de las partes. Pero supone, al menos implícitamente, que cerrado en sí mismo, ese Todo resulta dictatorial y enfermo, dejando sin explicar los rasgos y momentos más importantes de la identidad humana. Todavía podemos decir más: una totalidad creada que sea solo de tipo biológico (racionalista) no permite que se abra un espacio para el amor personal, ni deja que existan hombres libres (capaces de crear), ni conoce la sorpresa emocionada de nuestro ser infinito (ni nos ofrece la posibilidad de entender nuestra existencia como revelación del Infinito Dios).

Asumiendo y trascendiendo ese nivel cósmico (biológico y social), SJC ha descubierto y expresado el fenómeno más hondo del Ser que es Amor y que, siendo del todo trascendente, se expresa en el despliegue emocionado, enamorado, de unos hombres y mujeres que se aman, viviendo de esa forma en estado de salud. Esta ha sido su aportación, este sigue siendo su testimonio, que, como hemos dicho, se funda en el Cantar de la Biblia y en la vida/pascua de Jesús de Nazaret.

El hombre, ser de tres mundos

Situándose al comienzo de la modernidad, SJC ha superado el exclusivismo de un tipo de ciencia en el que, por método y táctica, no existe lugar para la gracia en libertad, ni para el despliegue infinito del hombre, pues todo se mide y regula por leyes programables. En esa línea, SJC ha buscado y descubierto el nacimiento del hombre en la fuente de las aguas del amor (cf. CB 12-13). De esa forma ha venido a situarse en el centro de la crisis de la modernidad, allí donde, habiendo cultivado sus más altos poderes (de ciencia y dominio sobre el mundo), los hombres han venido a descubrir la limitación de todo lo que ellos hacen, pues todo les encierra al fin en sí mismos y en su muerte.

Situándose en el límite de las razones científicas, en un primer momento de su gran reforma filosófica, Kant había querido descubrir a Dios en un nivel de libertad creyente de fe, pero de hecho se encerró de nuevo en un tipo de imperativo legalista: quiso postular la existencia de Dios para garantizar el valor de una serie de principios morales, en el campo del deber, como guardián jurado de los hombres. No quiso o pudo verlo como amor enamorado. En contra de eso, SJC ha descubierto a Dios en un espacio de libertad que se abre desde el amor enamorado, como don y camino de salud humana, desbordando el plano de los pensamientos racionales y los imperativos legales.

En esa línea, SJC ha descubierto de antemano el riesgo de la modernidad, en la que todo se define en claves de acción y reacción, de ciencia y ley (de juicio), situándose en un plano más hondo de libertad de amor y canto emocionado. (a) *El mundo de la ley*, propio de la ciencia, convierte el hombre en esclavo de un sistema (biológico, social o cultural), en el que nada se crea ni destruye, sino que todo se transforma, conforme a un tipo de talión o principio de equivalencia entre lo que hace y recibe (do ut des). (b) Pero la *gracia* supera, desborda ese nivel de ley y sacralidad impositiva, abriendo a los hombres a un espacio superior de creatividad y don, esto es, de salud, donde todo es regalo de la vida. En este segundo nivel se sitúa el cristianismo.[12]

1. *Primer mundo: leyes físicas, sistema cósmico.* Del orden cósmico venimos y en él nos hallamos insertos, como seres de naturaleza.

---

12. En este sentido asumo algunas intuiciones y propuestas del teólogo anabautista, A. González: *Teología de la praxis evangélica*, Sal Terrae, Santander, 1997, 252-253; *Reinado de Dios e imperio*, Sal Terrae, Santander, 2003. El problema no está en que la ley no se pueda cumplir, sino en que, aun cumplida, nos sigue manteniendo en un plano de ley.

Por eso, en un nivel, formamos parte del único sistema de la vida, dentro de la tierra, al interior del cosmos. Cerrados en ese nivel, desde el punto de vista físico, no seríamos más que unos animales afortunados (hemos logrado triunfar) y desdichados (hemos desarrollado un tipo de conciencia y pensamiento que nos hace sufrir de un modo especial). En este nivel se cumplirían (y se cumplen), también en los hombres, las leyes de equivalencia y movimiento, de unidad y despliegue vital Lavoisier y Newton, de Einstein y Darwin (por poner unos ejemplos).

2. *Segundo mundo: leyes del pensamiento, sistema cultural (ciencia).* A través del pensamiento, al que venimos aludiendo en todo lo anterior, el hombre ha creado un intenso sistema de racionalidad humana vinculado a su lenguaje (a sus relaciones familiares y sociales), una cultura que se expresa en forma de técnica y organización social, un sistema que se ha extendido sobre el mundo entero y que se manifiesta de un modo especial en las formas actuales del neo-capitalismo. En ese nivel somos animales culturales, de manera que podemos entendernos como parte de un gran orden de relaciones síquicas y sociales que nos determinan y que nosotros mismos determinamos. En ese nivel se cumplirían y se cumplen una serie de leyes que han descrito de forma inicial los grandes teóricos de la cultura como Marx y Freud, como M. Weber y J. Habermas (por poner otros ejemplos).

3. *Tercer mundo: humanidad de amor.* Formamos parte del sistema de la naturaleza, pero hemos emergido de ella, descubriendo una identidad distinta, en libertad de amor, de manera que no podemos cerrarnos en sus límites. Vivimos dentro de un poderoso sistema cultural (científico y social, económico y administrativo) que nosotros mismos hemos venido creando a lo largo de los siglos, pero en cuanto individuos libres, en comunión de amor, somos más que ese sistema, de manera que no podemos encontrar en él nuestra salud o salvación. Formamos parte de un *tercer mundo*, que se vincula con los dos anteriores, pero que tiene su propia identidad, un mundo donde el ser es amor, encuentro enamorado y creatividad que nos introduce en la misma fuente de Dios. En ese tercer mundo ha querido situarse SJC y queremos situarnos nosotros, descubriendo y desarrollando nuestra identidad, no para negar los otros planos, sino para integrarlos en su base y principio divino. Es aquí y solo aquí donde se expresa el

Ser de Dios y nuestro propio amor humano, que venimos entendiendo como amor divino.[13]

Hay diferencia entre esos mundos, pero no oposición total, como sabe no solo el judeo-cristianismo, sino la religión/espiritualidad de oriente (taoísmo, budismo, hinduismo) que en sentido profundo incluye experiencias de amor, en línea de gratuidad. Más aún, incluso las filosofías ilustradas de la modernidad son más que simples ordenamientos legales (de talión), que nos encerrarían en un sistema de razón pura o en una construcción económico-social de tipo idolátrico que nosotros mismos hemos creado, pues hay también en ellas un ansia de amor (una nostalgia de gratuidad) que SJC ha puesto de relieve en su análisis antropológico *de Subida al monte Carmelo*.[14]

Este descubrimiento del amor ha constituido siempre una revelación. La *atracción biológica* pertenece al sistema de la naturaleza (primer mundo); los *lazos legales* establecidos entre parejas o grupos sociales pertenecen al sistema cultural. Pero en el fondo del mundo natural (en el que estamos insertos y encerrados) y del cultural (que nosotros mismos hacemos) puede expresarse y se despliega una realidad más honda que el cosmos y las leyes del sistema, un amor que nos desborda y fundamenta (sin encerrarnos en él), ofreciéndonos, al mismo tiempo, su impulso de gracia, para que seamos y nos hagamos, en identidad personal, como seres "divinos", en salud que permanece, es decir, en resurrección.

Por amor descubrimos que nuestro ser de fondo es revelación y regalo (no naturaleza ni creación cultural), pues nacemos y nos realizamos como personas por don de gracia que generosamente viene a reflejarse en nuestra vida, gracia que nos crea y que nosotros, por nuestra parte vamos asumiendo, en la medida en que nos entregamos unos a otros dando vida recibiendo salud al darla.

Teniendo eso en cuenta, asumiendo una larga tradición mística y desarrollando su propia experiencia de amor, SJC ha escrito

13. He utilizado este esquema desde *Experiencia religiosa y cristianismo*, Sígueme, Salamanca, 1981, hasta *El fenómeno religioso*, Trotta, Madrid, 1999 y *Globalización y monoteísmo*, Verbo Divino, Estella, 2002.

14. En este contexto asumimos y superamos una interpretación unilateral de los principios, en otro plano muy fecundos, del esquema social y filosófico, histórico y religioso, de R. Girard, como he mostrado en *Antropología Bíblica*, Sígueme, Salamanca, 1993 y *en No podéis servir a Dios y a Mamón*, Sal Terrae, Santander, 2019.

y comentado su *Cántico* de gracia enamorada que es, a mi juicio, la mejor metafísica fundamental. Superando en su raíz todo instrumentalismo mercantil (todo dominio posesivo del mundo), SJC ha cantado los caminos de un amor *esencial,* si podemos emplear esa palabra, un amor que no sirve para conseguir ninguna cosa (dinero, poder), sino que vale por sí mismo, porque es esencia de la realidad, no un instrumento que se emplea para conseguir cosas distintas, ni un medio para alcanzar otras metas.

Salvación e identidad humana, camino de amor. Vivimos en un tiempo de riesgo. La utilización metódica (instrumental, técnica) de un método que suele llamarse cartesiano (razón clara y distinta, ciencia) nos ha hecho capaces de dominar el mundo, creando además una fuerte sociedad donde se producen muchos bienes de consumo y donde se consume siempre más de lo producido. De esa forma construimos un sistema instrumental donde nada ni nadie tiene valor en sí mismo, pues solo vale el "todo". Por vez primera en la historia, la humanidad ha logrado unificar de una forma racional y técnica el planeta (una aldea global) y ha querido conquistar un espacio fuera de ella. Pero, al mismo tiempo, corremos el riesgo de perdernos como humanos y, como sabe el evangelio, ¿de qué nos vale ganar el mundo entero, conquistando incluso otros planetas, si es que nos destruimos a nosotros mismos?

Hemos alcanzado altas cotas de producción y vida técnica, de administración social y de mercado que nos hacen inmensamente poderosos, capaces incluso de construir unas máquinas que parecen creadoras (robots que pueden realizar muchos trabajos). Pero este mundo que hemos conquistado y esa sociedad que hemos creado tienen pies de barro, como sabe un libro de la Biblia (Dn 2), de manera que corren el riesgo de romperse y rompernos, demoliendo al ser humano, a través de una apocalíptica de terrores técnicos y destrucciones biológicas, de cansancios y depresiones sin fin, que solo se curan con nuevas tensiones enfermizas de dinero y dominio, que llevan al hombre a una vida al límite que solo puede mantenerse con fármacos fuertes y emociones al parecer más intensas que amenazan con destruir su identidad, sin darle salud verdadera.

En esa línea de muerte, la palabra clave que planea sobre el mundo es *destrucción,* un riesgo de ruptura y quiebra final que se funda y expresa en la violencia hecha sistema, lucha sin fin, dominio de unos sobre otros, depresión y cansancio de todos, con riesgo de muerte ecológica de la tierra. En otro tiempo, solamente unos pocos poetas y profetas hablaban de las convulsiones apocalípticas; ahora lo hacen los medios de comunicación de masas, de manera que son muchos los que ponen ya una fecha de caducidad a la vida humana sobre este planeta Tierra. Hemos *construido* un mundo inmenso y poderoso de organizaciones y técnicas, de manera que podemos llamarnos animales fabricantes industriales. Pero mientras más se eleva nuestro edificio técnico de Babel (Gn 11) más aumenta el riesgo de nuestra *destrucción*, de manera que nuestra cultura puede estallar como una bomba, en enfermedad sin remedio.

Situados en ese contexto, para enfrentarse al riesgo de la destrucción final, algunos filósofos, sobre todo de tradición judía (como J. Derrida), han planteado la necesidad de una *de-construcción*: desmontar pieza por pieza las tuercas y ruedas más peligrosas de nuestra máquina industrial, rompiendo y parando así nuestro sistema de consumo, para que el hombre aprenda a vivir de un modo distinto, siempre en angustia (M. Heidegger) o recreando desde Europa un tipo de *wu-wei* taoísta con su principio del no-hacer (P. Sloterdijk). De un modo más o menos consciente planea sobre nuestra orgullosa cultura la experiencia y miedo de un *pecado original,* que ya no se formula en claves simbólicas de ruptura frente a Dios, sino en formas objetivas y concretas de ruptura y destrucción humana. Es como si de pronto la Escritura volviera a situarnos ante la palabra clave de Dt 30:15: "Pongo ante ti el bien y el mal, la vida y la muerte...".[15]

Terapia reparadora, la salud del hombre es el amor

En este contexto podemos apelar a la terapia de Jesús, que no consiste en curar enfermedades concretas, sino en superar el mundo de las enfermedades, pesar de sus riesgos, un lenguaje propio de la tradición cristiana, utilizando la palabra *reparación*, que SJC ha introducido en un momento clave de su *Cántico* (allí fuiste reparada, donde tu madre fuera violada CE 23). Los hombres creían hallarse en otro tiempo bajo el peso de una violación al parecer irreparable, inmersos en una antihistoria sin fin de violencias, que podía destruirlo

---

15. He planteado el tema en *Bienaventuranzas,* Sal Terrae, Santander, 2020. Desde una perspectiva cristiana cf. J. Delesalle y T. Van Toàn, *Quand l'amour éclipse Dieu*, Cerf, Paris, 1984.

todo; en ese plano parecemos condenados a una muerte que nace de nuestras mismas violencias ecológicas, sociales y personales. ¿Puede haber conversión para nosotros, puede haber separación?

- *Algunos afirman que no hay reparación,* añadiendo que *estamos científicamente condenados a la destrucción* y se basan para ello en el ejemplo de especies vegetales o animales que antaño dominaron en la Tierra y que después desaparecieron (como los dinosaurios). Los hombres hemos enfermado sin remedio, de manera que nuestra vida hombres formaría un paréntesis en el largo y misterioso proceso de la vida cósmica. La misma *ciencia* firmaría nuestra condena.

- *Muchos se limitan a vivir (sobrevivir) por un tiempo, a base de cuidados paliativos* y en el fondo engañosas, sin más horizonte que mantenerse hasta que llegue inexorable la muerte, buscando quizá *formas de evasión existencial,* filosofías del consuelo o de la angustia heroica. En este contexto, algunos se entregan en manos de augures y magos que anuncian los momentos o condiciones de la desaparición del hombre sobre el mundo, apelando a posibles transmigraciones espirituales o metafísicas, que nos llevarían a sembrar la vida humana en otros planetas y/o galaxias.

- *Otros se engañan a sí mismos* mientras viven, buscando nuevas formas de violencia, de dominio y de consumo que se multiplican sin fin, como si estuvieran celebrando la última gran fiesta, como aquella que celebraba el rey Baltasar, mientras una mano oculta iba escribiendo en el muro de la sala del banquete las palabras fatídicas del juicio: *Mane, tekel, ufarsin* (pesado, condenado, destruido, Dn 5). Piensan así que no hay más solución que comer y beber hasta que muramos todos.

- *Pero unos pocos, más lúcidos, amantes, poetas y creyentes, como SJC, quieren reparar los desperfectos de la historia* y así buscan formas de futuro, es decir, aquello que Jesús llamó Reino de Dios y que se identifica, conforme a todo lo anterior, con la salud de Dios que es la vida de los hombres, es decir, el amor enamorado, en gratuidad gozosa.

En ese contexto he querido situar la metafísica ecológica de amor de Juan de la Cruz, que no es represión o rechazo, sino gratuidad y reparación, llamada llamamiento al gozo más profundo, en línea de enamoramiento. El mal de los hombres no se repara o se se cura con guerra o dinero, con leyes o miedos más grandes (policías, cárceles), sino con amor, que es la salud verdadera. Por eso, allí donde el riesgo es más hondo y parece que el desierto de una humanidad herida va avanzando, solo existe una medicina, que cura porque es la curación: el amor más intenso.

Ciertamente, del amor se viene hablando (y el amor viene existiendo) desde antiguo, de mil formas y maneras. Pero, en este contexto son muchos los que piensan (como algunos apocalípticos antiguos y, entre ellos, el mismo Juan Bautista) que este mundo está ya viejo y enfermo de muerte, de manera que se acerca inexorable el fin (*mane, tekel, ufarsin*; hacha, huracán, terremoto). Pues bien, situándose ante ese mismo fondo de miedo y destrucción, asumiendo por dentro el reto de su maestro, Juan Bautista, habló Jesús del Reino de Dios y concibió a los hombres como seres capaces de curarse en amor, más aún, como niños que aún no habían terminado de nacer desde Dios (ante la vida).

En esa línea de reparación o terapia de amor hemos querido situarnos, añadiendo que aquello que en un sentido parece vejez sin remedio (como la descripción final del Kohelet) puede presentarse en otro sentido como infancia, nuevo nacimiento. Este es un camino poco recorrido. Apenas hemos explorado los caminos del amor que cura (que es curación), sus emociones, su capacidad reveladora; no hemos sacado todavía las consecuencias personales y sociales del gran Cántico espiritual.

Esta es la aportación del evangelio de Jesús, recreado por SJC: ¡Viene el Amor, podemos acogerlo y celebrarlo, viviendo así curados! Esta es la experiencia de los grandes videntes de la Edad Media (como J. de Fiore), que anunciaban la llegada del Tercer Reino, el tiempo del amor, por encima de toda imposición y sistema. En una cristiandad que parecía enfrentarse por disputas menores de poder y organización social (eclesial), como Lutero y otros videntes cristianos, SJC quiso anunciar la llegada del amor más antiguo y más nuevo en su Cántico Espiritual. De esa forma aparece como testigo y promotor de una nueva y más alta forma de vida, porque, como venimos insistiendo:

> La salud del alma es el amor de Dios, y así, cuando no tiene cumplido amor, (el alma) no tiene cumplida salud, y por eso está enferma.

Porque la enfermedad no es otra cosa, sino falta de salud, de manera que cuando ningún grado de amor tiene el alma, está muerta (CE 11, 11).

– *En un sentido, los hombres están enfermos.* Ellos inventan cada día e inventarán, sin duda, en el futuro, nuevos prodigios técnicos: pondrán bases militares en la Luna, harán turismo en Marte, buscarán unas formas de sexualidad virtual sofisticadas que permitirán saciar en cada instante (a capricho) las necesidades "biológicas" (muchos sostienen que dentro de unos años el 90% de las emociones sexuales se producirán de un modo virtual). Pero con todo eso, y con otras mil formas de consumo, si buscan solo eso y quieren encontrar ahí la salvación, seguirán hundiéndose en el pozo de su soledad, teniendo que vivir de un modo cada vez más artificial hasta que al fin, quizá en poco tiempo, tras haber consumido gran parte de las reservas del planeta Tierra, estos animales divinos que nosotros somos desapareceremos para siempre porque sin amor morimos, acabamos sin remedio.

– *Pero nuestra situación puede entenderse ser un trauma de nuevo nacimiento,* para que de esa manera podamos alcanzar la gloria de las promesas de Dios (Rm 8; cf. Jn 9:3). En ese contexto, en contra de la dinámica de muerte que acabamos de evocar, se eleva poderosa la propuesta de SJC, como revelación y llamada de nueva humanidad. Los hombres podemos vivir y viviremos si nos dejamos transformar y transformamos nuestra vida por amor, en todos los sentidos, porque el amor cura-repara, el amor supera la muerte, el amor nos permite realizarnos de un modo gozoso, para gozar viviendo y buscando nuestro ser en el futuro, en experiencia de resurrección siempre nueva, siempre amada. Solo allí donde al hombre se le abre, y él recorre emocionado, un camino del amor podrá existir futuro para nuestra especie, porque la salud del hombre es el amor y sin amor el hombre muere.

El amor no es una emoción pasajera que viene después, solo algunas veces, para pasar luego, dejándonos en manos de un frío cósmico, que planea indiferente sobre nuestros dolores y tensiones. Al contrario, el amor es el poder originario que se expresa de un modo oculto pero intenso en la misma dinámica del cosmos, para venir a revelarse con pasión radical en nuestra vida. Nosotros somos sus destinatarios y testigos, de tal manera que podemos definirnos como "oyentes y cooperadores" de una Gracia de Amor, que se sitúa y nos sitúa en el centro del tercer mundo, que es gratuidad de amor (asumiendo pero desbordando el nivel del primero, que era el despliegue de la naturaleza).

Del amor nacieron los hombres al principio, por amor hemos seguido viviendo, a pesar de todas las violencias y riesgos de nuestra dura historia, y en amor podremos culminar nuestra existencia, en un camino arriesgadamente hermoso (poniendo nuestra misma cultura, que es segundo mundo, al servicio del tercero). Esta es la emoción fundamental de nuestra vida: más que perplejos y angustiados, más que tensos y enfadados (enfermos), queremos sentirnos emocionados ante el amor que puede revelarse en nuestra vida, en este nuevo nacimiento que Jesús había ya anunciado (cf. Jn 2) y que SJC ha presentado en su *Cántico* de amor como salud del hombre.

Morir en amor, eso es resucitar. Compartir la vida, eso es religión

El lugar donde el hombre se realiza en plenitud y resucita no es la fábrica, ni el mercado de bienes de consumo, ni un ejército que vence a los posibles enemigos, ni un sistema perfecto de comunicaciones exteriores que nos permite conocer al instante lo que sucede en todo el mundo. El hombre solo llega a su plenitud en el "lecho florido" (CB 24), esto es, en la "bodega del amado" (CB 26), superando el talión de una justicia legal y naciendo allí la gracia enamorada. Muchas veces nos falta el vino de la vida, estamos enfermos porque no dejamos que el amor nazca en nosotros y nos haga así capaces de nacer a la vida en libertad emocionada.

Poner amor donde no hubiere amor, eso es creer, crear y ser divinos, superando el riesgo de mercado de este mundo donde todo se mide en términos de lucha y todo se destruye. Reparar implica construir, dejar que surja por gracia de Dios y conversión humana, la nueva vida del hombre en el Reino.[16] *Morir de amor, superando de esa forma el mundo antiguo de la ley, eso es resucitar.* En esa línea, SJC concibe la realidad como un despliegue de amor tan intenso que la misma muerte queda así integrada en el despliegue y proceso de la vida. En

---

16. Cf. D. Chowning, "Sanados por amor en San Juan de la Cruz", *Revista Espiritualidad* 59 (2000), 253-333.

este contexto podemos hablar de una muerte de amor que supone dejar de centrarse egoístamente en uno mismo, para ser así en los otros (para que los otros sean), en experiencia de resurrección.

El dios del imperativo kantiano y de la modernidad vive al servicio del propio yo (del egoísmo conquistador) del hombre, es decir, de su capacidad moral de construirse a sí mismo; por eso chocaba con la muerte y necesitaba postular, más allá de esta vida mortal, una forma de vida inmortal y transmundana, de reparación justiciera. *Por el contrario, el Dios de SJC* se expresa como amor que vence a la muerte al hacer que los amantes mueran unos por los otros (y en los otros), alcanzando de esa forma su verdadera salud. Este es el Dios de la vida entendida como gratuidad, vida que "se da" creando haciendo que surja una nueva tierra y un cielo nuevo (Ap 21-22).

- *Resurrección, pura gracia.* Este programa de reparación y muerte de amor (que recoge los elementos básicos de la vida y la pasión de Jesús, desde la perspectiva del Cantar de los Cantares) se expresa y expande en el gozo pascual, que pocos han sido capaces de entonar con la fuerza de SJC cuando decía "gocémonos Amado". La hondura de la realidad (su verdadero hondo) se identifica con el amor que existe en la medida en que se regala, que resucita en la medida en que muere por el Reino, esto es, proponiendo un programa de placer de Dios en el placer humano. Los hombres no han nacido como siervos de una ley o de un estado (en contra de Kant o de Hegel), ni como siervos de Dios (en religión opresora), sino que han sido creados y se crean (se recrean), alcanzando su salud, unos a los otros para gozar en amor, interpretando y realizando su vida como vida de Dios.

- *Donde no hay amor, pon amor y encontrarás amor.* Pues bien, frente a ese riesgo de muerte solo existe un camino: "donde no hay amor pon amor..." (SJC, CE 9, 7). Esta es la paradoja de ser hombre: si queremos asegurar nuestra existencia con medios técnicos, con armas y organizaciones de seguridad, la destruimos. Solo la fe, con amor activo puede salvar o dar vida a los justos, como afirmaba un misterioso texto del profeta Habacuc (Hab 2:4), recreado por el Nuevo Testamento (cf. Rm 1:17; Gá 3:11; Hb 10:38). En esa línea, desde la fe que es amor, SJC propone un programa y futuro de salud gozosa que se abre a la confianza en Dios y a la gracia (confianza y gracia interhumana). Merece la pena vivir, porque vivir es amar y el amor es gozo, sobre todas las dificultades y problemas, gozo arriesgado, intenso, esperanzado, que nos abre hacia la salud que es la vida, en camino de resurrección.

SJC formó parte de la institución de la Iglesia católica, en un momento de tensas reformas que se expresaron sobre todo en la expansión del protestantismo y en los diferentes movimientos de renovación cristiana. Vivió en un contexto de profundos choques y cambios religiosos y sociales. Posiblemente llevaba en sus venas sangre judía (por su padre) y morisca-musulmana (por su madre), en un tiempo aún cargado de tensiones y violencias religiosas y sociales, que se expresaban en las conversiones forzadas, las expulsiones y las inquisiciones.

No fue un hombre de disputa, no quiso luchar contra nadie, sino vivir con profundidad el misterio cristiano de Dios. Aceptó el cristianismo católico de su tiempo y de su entorno como algo que le resultaba natural, no por exclusión o rechazo de otras religiones, sino por profundización evangélica. Era, sin duda, cristiano muy católico, su experiencia está abierta a la tradición evangélica y puede aceptarla en su profundidad un contemplativo judío y un musulmán (lo mismo que muchos hindúes y budistas).

Desde esta perspectiva hemos puesto de relieve la polivalencia de algunos de sus grandes símbolos. El Amado de su alma puede ser, y es, sin duda, en un nivel, Jesús, Hijo de Dios para los cristianos. Pero, con ligeras variantes, ese mismo Amado puede identificarse con el misterio divino de las religiones orientales y, aún más, de las monoteístas o abrahámicas. Por eso, siendo cristiano, SJC es un testigo del valor universal del amor enamorado, del misterio divino de la vida humana, por encima de las disputas confesionales.

Es un enamorado según el evangelio, un cristiano radical, pero lo es de tal manera que puede tender la mano y vincularse con todos los amantes de las otras religiones, apareciendo como testigo universal de una experiencia y comunión de amor. Ciertamente, formaba parte de una Iglesia (católica) y de una Orden religiosa (carmelita) que él quiso reformar, siendo también presbítero cristiano. A pesar de ello, el camino de su *Cántico* podía entenderse y expandirse de un modo universal, sin tener en cuenta su condición de ministro de la Iglesia católica, incluso más allá de las fronteras de su iglesia.

En este contexto resulta significativo que la amante del *Cántico* recorra su camino como si no hubiera una iglesia legal instituida, o como si esa iglesia legal no pudiera ofrecerle noticias del Amado. En el fondo del *Cántico* pueden verse alusiones a algunos sacramentos cristianos (bautismo, eucaristía), pero su sacramento radical es la misma vida humana, el amor enamorado, por encima de las diferencias confesionales. No hace falta re-interpretar a SJC de una forma ecuménica, porque el camino de su *Cántico,* siendo radicalmente cristiano, es ecuménico en sí mismo, sin necesidad de aplicaciones.

De todas formas, dicho eso, debemos añadir que SJC quiso reformar una pequeña Orden como era el Carmelo, ayudando a Santa Teresa de Jesús a crear un grupo de varones contemplativos, junto a las mujeres de la rama femenina, a cuyo servicio dedicó gran parte de su vida. Pues bien, ¿no hubiera sido preferible que se hubiera dedicado a reformar al conjunto de la Iglesia, haciendo de ella una comunidad de místicos, en vez de buscar en el interior de su iglesia establecida un hueco, una especie de exilio particular, mientras la gran Iglesia seguía su propio ritmo, sin cambiarse, vinculada a los poderes políticos y económicos de su tiempo?

Esta pregunta nos lleva a comparar a SJC con Lutero, como a veces se ha hecho. Ciertamente, ellos se pueden poner en relación. Pero hay una diferencia básica: SJC ha destacado la importancia del amor, interpretando el encuentro con Dios como maduración afectiva, vinculada a los signos de un enamoramiento en el que son imprescindibles al menos dos personas (amante y amado). Por su parte, Lutero daba más importancia a la fe individual y por ella, para promoverla, puso en marcha, paradójicamente, una intensa reforma social de la Iglesia. A diferencia, SJC no quiso reformar directamente las estructuras sociales de la Iglesia, ni luchar de un modo externo contra algunos de sus signos externos, sino que propugnó un crecimiento en amor dentro de ella, aunque eso implicara un tipo de soledad o apartamiento al interior de la misma Iglesia, que le encerró en la cárcel de Toledo, de donde solo pudo salir en gesto de protesta radical y de servicio libre a la libertad del amor en la tierra.

SJC fue un exilado por propia decisión. Había querido ser un cartujo, un solitario, como un muerto para las instituciones oficiales de la iglesia; después se hizo carmelita y asumió el proyecto de Santa Teresa de Jesús, realizando una intensa labor de dirección espiritual. Pero no pudo o no quiso reformar las estructuras de una iglesia que le parecían inamovibles y/o sagradas en su forma externa. Pensó, además, que las reformas puramente externas de las estructuras conducían a la creación de otras estructuras semejantes.

El ejemplo de su vida, que fue un canto de amor, puede servirnos de testimonio y ayuda en el camino, no para que hagamos sin más las cosas que él hacía, sino para encontrar y promover en nuestro tiempo caminos de subida al monte del amor, nuevas formas de "institución cristiana", al servicio de la libertad y amor de Dios, en un mundo ecológicamente amenazado. Es muy posible que haya llegado la hora en que hombres como SJC deban servir de guía para reformar la iglesia, no en línea de sistema (para cambiar algunas de sus instituciones), sino ofreciendo un fermento de vida dentro de una sociedad que tiende a cerrarse en estructuras de sistema.

Solo un gesto de amor fuerte, en claves de gozoso enamoramiento, que se abre en formas y estructuras comunitarias, puede transformar y reformar la iglesia, en un camino en que SJC y Lutero seguirán ofreciendo matices distintos, pero que no son en modo alguno incompatibles. En ese sentido resulta necesario un mayor acercamiento entre la Reforma luterana y la Reforma carmelitana (católica), para bien de ambas.

Juan de la Cruz con Pablo, el amor universal (1 Cor 13)

Es muy posible que el camino de la Contra-reforma católica del siglo XVI (lo mismo que la Reforma luterana) tenga elementos que deben revisarse: (a) Debe revisarse un tipo de protestantismo que protesta, pero no crea experiencias de amor activo y de comunión liberada, universal, sobre la madre tierra. (b) Debe superarse el orden institucional de una jerarquía llamada "católica" que se ha establecido a sí misma imponiendo unas "obras" poco evangélicas como signo de Dios, por encima del amor en libertad de los amantes, hombres y mujeres, que descubren y expresan a Dios gratuitamente en su propio encuentro afectivo.

No se trata de realizar unos pequeños cambios, sino una transformación total, pues los amantes de SJC no necesitan ya pastores que les digan desde fuera lo que han de hacer, imponiendo sobre ellos el orden de lo bueno y de lo malo (en un nivel de juicio). También debe revisarse el orden de las diferencias confesionales, que convierten las iglesias de sistemas absolutos de creencias y pertenencias. Frente a eso, el amor de Jesús que SJC ha querido potenciar se abre por igual a todos los hombres que aman, católicos o no católicos, estableciendo de esa forma una iglesia del amor y del diálogo universal, por encima de las pequeñas barreras institucionales. El tema está en la capacidad expansiva y misionera de ese amor, entendido como alternativa, principio de mutación humana, en este tiempo amenazado por la gran crisis del sistema.

SJC vivió en un tiempo de inquietudes escatológicas distintas de las nuestras. Había pasado la tensión de los primeros reformados (Thomas Müntzer, los anabaptistas de Münster) con sus guerras del fin del mundo. Parecía que el orden católico se estabilizaba y que el mundo entero podía terminar quedando en manos de unos príncipes católicos (los Austrias), de manera que la iglesia de Roma viniera a extenderse a todo el mundo. No había llegado todavía el momento más duro de las guerras de religión, ni la paz de Westfalia (1648), que ratificaría la división de los cristianos de Europa. Pues bien, a SJC no le interesaba el triunfo de una iglesia sobre otra, sino la culminación o cumplimiento personal de amor, aquello que pudiéramos llamar la escatología personal de los enamorados, en un mundo (montes y riberas, ínsulas y valles) abiertos a la experiencia del amor creyente, enamorado.

Cada hombre o mujer constituía, a su juicio, una totalidad, una historia originaria, de manera que cada uno está llamado a lograr que su vida culmine en amor (caminando en Dios), en un proceso que define toda su existencia, en comunión de amor con otros (plano social). El mismo amor lleva en sí la eternidad, no en forma de postulado, como quiso Kant (buscando más allá de este mundo la solución de sus problemas e injusticias), sino de iluminación y transformación personal en este mismo mundo, transido de Dios. Quien recorra el camino de amor sabrá que es eterno, pues le introduce en las subidas "cavernas de la piedra", en el lugar donde se escucha el canto de la "dulce filomena".

Esta es la escatología que hallamos en el fondo de 1 Cor 13, donde se afirma que todo el resto de las cosas pasan y se pierden, pero solo el amor permanece, el amor que ha llegado ya en el Cristo y que se puede asumir y cultivar en claves de existencia enamorada. Desde ese fondo, como hemos señalado a lo largo de este libro, el poema de SJC traza una forma de experiencia escatológica, de vida culminada, desde una perspectiva individual.

Ese amor parece por un lado una *renuncia*: los amantes se desinteresan de aquello que sucede sobre el mundo. Pero, en otra perspectiva, ese amor pone en marcha un proceso de vida donde lo que importa es solo amarse, de tal manera que la caballería de Aminadab (todos los recursos militares de los grandes poderes del mundo) quedan sin sentido, teniendo que renunciar a sus proyectos armados, para que los caballos de las viejas guerras pasten y abreven ya por siempre en los campos y ríos de la paz (CE 40).

Allí donde los hombres y mujeres aman de esta forma, en libertad creadora, pueden recuperar y recuperan todos los restantes aspectos del amor. (1) Pueden dar la vida como *padres*, descubriendo la hermosura y gozo de "ser Dios" engendrando en amor arriesgado y gozoso a otras personas. (2) Pueden explorar caminos de *comunión interhumana* en libertad de amor, no por represión, ni por simple afán de novedades, sino por la belleza y gozo que supone dar la vida. (3) En esta línea puede plantearse nuevamente el sentido de las *iglesias,* entendidas como estado general de amor, una institución que no tiene otro fin que el ofrecer a los hombres y mujeres unos campos abiertos de amor en libertad. Esta es, a mi juicio, la alternativa de amor que había formulado Pablo (o el autor 1 Cor 13), como alternativa y camino por excelencia, por encima a todos los restantes caminos de la vida social o de la iglesia:

1. Antítesis. (a) *Si hablara las lenguas de los hombres y de los ángeles, si no tengo amor, sería como metal que resuena o címbalo que retiñe. (b) Y si tuviera profecía y viera todos los misterios y toda la gnosis, y si tuviera toda la fe, hasta para trasladar montañas, si no tengo amor, nada soy. (c) Y si repartiera todos mis bienes y entregara mi cuerpo para ser quemado, si no tengo amor, nada sirve (13:1-3).*

2. Notas. *El amor tiene gran ánimo, el amor es bondadoso; no tiene envidia, no se jacta, no se engríe, no se porta indecorosamente, no busca su propio provecho, no se irrita, no piensa en el mal; no se alegra de la injusticia, sino que se alegra con la verdad; todo lo cubre, todo lo cree, todo lo espera, siempre permanece (13:4-7).*

3. Historia. *El amor nunca cae. (a). La profecía desaparecerá; las lenguas cesarán, la gnosis desaparecerá. Pues solo conocemos en parte y solo en parte profetizamos, pero cuando llegue lo perfecto desaparecerá lo que es parcial. (b) Cuando era niño hablaba como niño, sentía como niño, razonaba como un niño. (c) Pero cuando*

*me hice adulto abandoné lo que era de niño. (d) Ahora vemos
como en un espejo, en enigma (borrosamente); entonces, en cambio, veremos cara a cara. (e) Ahora conozco solo parcialmente,
pero entonces conoceré como he sido conocido (por Dios). (f) Per-
manecen, pues, la fe, la esperanza y el amor, estas tres realidades,
pero la más importante de todas es el amor (13:8-13).*[17]

Como he dicho en cap. 6, estamos acabando de recorrer el camino
de la ilustración, con sus grandes valores, con sus riesgos, porque
hemos insistido en "hacer", no en ser/amar. En contra de eso, SJC
sabía que si no aprendemos a amar y no amamos moriremos. Él ha
sido uno de los mejores *pedagogos del amor* cristiano, retomando la
fuente de la gratuidad gozosa de Jesús, tal como fue reformulada
por Pablo. Toda su obra reelabora esa experiencia y exigencia: el
hombre es más que razón discursiva; la verdad religiosa (cristiana)
no puede captarse con "espíritu de geometría" (como dirá Pascal).
De esa forma eleva, frente a la racionalidad cartesiana, hecha de ley,
y frente a la imposición tecnocrática y social de la ilustración conquistadora, la gratuidad radical del amor. [18]

En esa línea, nos lleva a superar la lógica de las oposiciones con-
vertidas en imposiciones violentas de los más fuertes, los dueños
de las armas y el dinero. Frente a la razón cartesiana y al impulso
falsamente "espiritual" de las antítesis hegelianas (que justifican el
triunfo violento de los poderosos y el dominio sobre el mundo de
los tecnócratas dueños del capital), SJC proclama la experiencia vic-
toriosa del amor como gratuidad enamorada.

De nuevo contra Hegel. Como representante de la modernidad dominadora, Hegel no creía en el amor como posibilidad de encuentro enamorado en el que se revela el mismo Dios. A su juicio, el
Cántico espiritual de SJC, leído desde una perspectiva social (histórica), reflejaría un tipo de sentimentalismo inmaduro. En un capítulo genial y funesto (*Fenomenología del Espíritu*, IV), que ha influido
mucho en el pensamiento posterior de Europa, Hegel describe la

17. He comentado este "canto al amor" como experiencia central del cristianismo en
La Palabra se hace carne. Teología de la biblia (VD, Estella, 2000). Aquí me limito a esbozar
su sentido, a la luz de la experiencia de SJC en el contexto de la historia de occidente.
18. Así lo ha visto el teólogo anglicano P. Thompson, *Estudio sobre San Juan de la Cruz,*
Trotta, Madrid, 2002, 31-34.

primera relación de los hombres entre sí de batalla, como una lucha que enfrenta a dos seres humanos por el dominio (reconocimiento) y que termina y se acaba solo cuando uno de ellos se eleva como dueño-señor y el otro queda sometido como esclavo. Ciertamente, él quiere superar la antítesis, y así postula una síntesis final, pero la busca y quiere realizarla de un modo violento.[19] En contra de eso, SJC ha entendido al hombre como un ser que nace porque le llaman en amor, interpretando el despliegue y proceso de su vida como camino enamorado.

El modelo hegeliano de oposición o lucha de conciencias (de la que proviene la guerra entre los hombres y la opresión ecológica del mundo) ha marcado la historia posterior, a través de un tipo de marxismo o de liberalismo, que en el fondo acaban siendo semejantes. Este esquema de Hegel ayuda a entender la historia humana, pero, llevado hasta el límite, destruye esa misma historia, tanto en línea marxista como neo-liberal: el *modelo marxista*, que era peligroso por su forma de aplicar la dictadura del sistema, fracasó, en sus formas concretas, al menos hasta el momento actual; ahora (comienzos del siglo XXI) parece imponerse el *modelo liberal*, fundado en la libertad del mercado, pero, en vez de llevarnos a la reconciliación, que Kant y algunos discípulos de Hegel habían prometido, suscita unos enfrentamientos personales y sociales cada vez mayores, con la destrucción ecológica del mundo, tal como estamos ahora viendo (2024).

En contra de Hegel (y de sus versiones: marxista o liberal), SJC había propuesto un modelo de amor enamorado, suponiendo que el principio de la historia y de la vida humana no es una batalla, sino un camino (palabra y promesa) de amor enamorado. Ciertamente, en un nivel, tiene razón Hegel: muchos hombres y mujeres solo viven combatiéndose, de forma que regulan sus mismas relaciones laborales y sociales como lucha; pero la verdadera revolución del

19. Ciertamente, en su etapa juvenil propuso un "camino de amor"; pero en su "madurez" lo superó, pensando que el amor es sentimiento irracional, y solo la razón (que avanza por oposiciones y lucha). resuelve los problemas de los hombres. Es evidente que Hegel no ha podido probar sus afirmaciones. No demuestra lo que dice, sino que lo describe, en forma de narración fundante (como hace Génesis 1-4), como si al principio de la historia hubiera existido un proceso de lucha por el reconocimiento, cuyas consecuencias siguen definiendo todavía nuestra vida.

hombre solo puede realizarse y desplegarse en una historia enamorada, allí donde el hombre descubre que ser es amar.

Esta es la experiencia y mensaje y proyecto de SJC, que no resuelve los problemas en línea de sistema, ni quiere enseñarnos a pensar de un modo dialéctico, ni a ganar la Gran Guerra, ni a organizar el buen Estado, sino que hace algo previo y mucho más importante. Nos conduce a la raíz de nuestra esencia, al Ser que es Amor (infinito don), diciéndonos que "somos" (nos movemos y vivimos: Hch 17:28) si queremos, es decir, si nos queremos.

Este descubrimiento del amor es originario: no se puede probar con razones, ni demostrar con ciencia, pero se canta y vive con la propia existencia. Esta es la alternativa de la vida (esto es, de la ecología: ser del hombre en el mundo), el don de la vida que se multiplica al darse, el don que nadie puede robar ni amontonar de un modo egoísta, pues allí donde se amontona se pierde y donde se invierte en forma de cálculo egoísta consigue lo contrario de lo que dice querer.

Nueve propuestas. Camino de amor, la vida humana

A modo de conclusión de estos apéndices y de todo el libro, me atrevo a presentar unas simples propuestas para seguir pensando sobre el tema. Ellas han de entenderse en unión con otros aspectos de la vida humana (de la solidaridad social, del trabajo compartido, de la edificación de la ciudad mundana…) no en contra de ellos.[20]

1. Frente a la lógica del enfrentamiento de Caín-Abel, debemos insistir en la aceptación mutua: nos hacemos ser unos a otros. El 'yo' y el 'tú' pueden experimentarse de manera simultánea, descubriendo que su autopresencia (es decir, la identidad personal) viene dada a cada uno a través de los otros. Los otros no son competidores, adversarios, en línea hegeliana, sino mediadores de la propia, de forma que cada uno existe recibiendo y dando la vida a otros, de quienes proviene

---

20. Me inspiro en algunos pensadores judíos del siglo XX (M. Buber, F. Rosenzweig y E. Lévinas). Al lado de ellos quiero citar a mi colega amiga B. Andrade (1934-2014), cuya tesis doctoral (*Dios en medio de nosotros. Esbozo de una teología trinitaria kerigmática*, Secretariado Trinitario, Salamanca, 1999, tuve el privilegio de elaborar con ella. Edición alemana: *Gott mitten unter uns. Entwurf einer kerygmatischen Trinitätstheologie*, Peter Lang GmbH, Frankfurt, 1998.

y en quienes perdura, como resucitado. Cada uno es mediador del propio yo para los otros, creador de su existencia.

De esa forma somos, creándonos mutuamente (yo soy para ti, tú eres para mí), de manera que cada uno somos como principio, meta y compañía para el otro, al interior del Dios enamorado, que es vida (camino de vida) para todos. En ese contexto deberíamos elaborar una "fenomenología del enamoramiento creador", destacando el gozo y tarea de la vida compartida, desbordando el nivel de la ley donde nos sitúa un sistema de enfrentamiento y mercado. Para el sistema no existe verdadero tú, ni un yo en sentido estricto, ni nosotros como comunión en libertad. El sistema solo conoce estructuras y leyes siempre intercambiables, al servicio de los intereses del conjunto. Por el contrario, la vida humana es encuentro concreto de personas, pasando así (sin dejarlo) del amor paterno-filial al amor horizontal de amigos, enamorados, hermanos.

2. Debemos superar una ontología de la sustancia", en la que Dios se identifica con el Todo en línea de imposición, para elaborar y vivir en un camino de metafísica amor, donación y vida compartida. No hay primero persona y después relación, pues el hombre solo es presencia (auto-presencia, ser en sí), en relación con otros de manera que por ellos se conoce, se mueve y existe, desde el Ser que es Dios, como trascendencia y relación de amor. Según eso, no puedo empezar hablando de mí (pienso luego existo, debo luego soy..., en sentido cartesiano o kantiano), porque, si pienso, es porque otros me han pensado (me están pensando) y si debo es porque otros me fundamentan y me llaman. Esta es la alternativa que SJC ha presentando, desbordando desde el comienzo de la Edad Moderna el nivel en que han venido a situarnos los filósofos posteriores (de Descartes a Heidegger).

3. Dios es amor enamorado, que vive en sí viviendo fuera de sí; pero no es un "fuera" que es exterioridad sino en comunión, es decir, en interioridad compartida. La Cábala judía había supuesto que Dios se retiraba, suscitando en su interior un tipo de vacío, para que pudiera surgir de esa manera el mundo, la historia de los hombres. En contra de eso, con la tradición cristiana, SJC supone que Dios es amor enamorado, en comunión abierta, no porque abre en su Ser un vacío para que existan otros, sino que lleva en sí la distinción de amor (es comunión trinitaria), pudiendo así integrar en sí lo no-divino, sin dejar de ser Dios (precisamente porque es Dios): "En el principio moraba el Verbo y en Dios vivía... El Verbo se llama Hijo, que en el principio nacía..." (Juan de la Cruz, *Romance de la Trinidad*, 1-2, 11-12, 21-22). Esto es Dios, engendramiento y verdad (Verbo), paternidad-filiación que se expresa y culmina en forma de amor mutuo: "como amado en el amante uno en otro residía...".[21]

3. El hombre solo es persona (en la naturaleza, desbordando el sistema) en la medida en que se entrega o regala su ser, compartiendo su misma realidad con otros hombres. Así podemos decir que es lo más frágil: no es una "cosa" objetiva, independiente de lo que ella sabe y hace, sino presencia activa, esencia compartida. Pero, siendo lo más frágil, el hombre es lo más fuerte, presencia en relación, de tal manera que se sabe y se encuentra (está presente en sí) porque le dan lo que tiene y él lo asume (se asume a sí mismo) y lo comparte. Por eso, su esencia (que es pre-sencia) es comunión con aquellos que le hacen ser, y con aquellos a quienes él regala su existencia.

4. Existiendo en Dios que es regalo de ser, el hombre es también regalo despliegue personal de amor. No nace por ley, ni por capricho de Dios o de los dioses, tampoco por fatalidad, sino por acogida y diálogo de amor, como SJC dice en forma simbólica (*Romance* 77-78). Así brota el hombre, inmerso en la misma relación de amor de Dios. Brota y vive no solo en un espacio de finitud, dentro del tiempo que pasa y que tiende a perderse (en el mundo externo), sino, al mismo tiempo, brota al interior del mismo ser divino, como alguien que es "Dios en el tiempo", es amor en libertad, por encima de todos los posibles esquemas de una ley que le dice y le marca su realidad desde fuera. En ese sentido, el mundo en el que vive no es pura materia externa, sino signo y presencia de la gracia fundante de Dios. Por eso, el cuidado del mundo, al servicio de la vida de los hombres constituye un elemento esencial de la vida humana.

5. La vida como libertad y gracia solo puede entenderse de verdad como regalo mutuo, dentro del despliegue mundano de Dios en la naturaleza.

---

21. Desde ese fondo escribí mi libro Juan de la Cruz. Amor de hombre, Dios enamorado, Desclée, Bilbao, 2005.

Ser persona significa liberarse del sistema de pura ley, por superación interna, elevándose en la naturaleza, sin abandonarla (pues sigo siendo parte de ella), sin caer o cerrarse en un orden cultural que nosotros mismos vamos fabricando. Cada uno se deja liberar (nace a la vida humana) por el don del otro, de tal forma que podemos afirmar que el *hombre es naturaleza abierta a la gracia* (un ser sobre-natural). En otra línea, en el contexto de la relación interhumana, el hombre es *cultura*, pero no cultura cerrada en un sistema económico-social, sino abierta al despliegue abierto de la vida.

El hombre es gracia de amor, encuentro personal, de tal forma que vive en diálogo de amor con los demás, en un nivel donde la vida es gracia (regalo) o se destruye a sí mismo, dentro del despliegue de la naturaleza. Este proceso de liberación o surgimiento hace que la vida humana deba interpretarse como regalo, no solo del Dios enamorado en quien nos movemos y somos, sino de los otros seres humanos con quienes convivimos, de tal forma que podemos decir a las personas que nos aman y a las que amamos: tú me has liberado para ti, de forma que no pueda hundirme en mí misma, en soledad de muerte.

6. No existe primero el ser propio y después la alteridad, porque en el principio de mi ser (del ser de cada uno) se expresa el ser de Dios que es alteridad y presencia radical de amor (que se nos revela a través de los demás). De esa manera, existiendo en Dios, siendo presencia suya, nosotros también somos presencia relacional. Eso significa que no podemos crearnos de un modo individual, para ser dueños de nosotros mismos, por aislado, sino en comunión con otros. Yo no puedo crearme y ser dueño de mí, como sujeto absoluto (sujeto que se eleva ante el resto de las cosas, que son simples objetos), pues estoy recibiendo mi ser como gracia. No soy sujeto ni objeto en sentido absoluto, sino presencia relacional; de otros vengo, para otros soy, en un proceso de vida que es resurrección (elevarme y ser por Dios en los otros).

7. Reconocimiento del otro: ¡Tú me haces ser! El "tú" que me hace ser es ante todo el de los padres y después el de aquellos que nos llaman a la vida, haciendo que seamos. Puedo decir que "soy" porque otros han hecho que yo sea. Solo tengo acceso a mi propia identidad, como un "yo" en la medida en que existo (alcanzo mi propia identidad) al interior de Dios enamorado, Dios que es Comunión, haciendo que nosotros seamos comunión unos con otros. *Solo al interior del Dios enamorado podemos hablar de un amor de hombres,* más que animal racional o constructor de utensilios, pastor del ser o soledad originaria, el hombre es auto-presencia relacional, ser que se descubre en manos de sí mismo al entregarse a los demás, en gesto enamorado de creación y vida compartida.

8. Esto lo han sabido hombres y mujeres de otras culturas y religiones, pero Jesús de Nazaret lo ha radicalizado de forma expresa y generosa, insistiendo en la comunión de amor con los expulsados del sistema mercantil de la vida: Los cojos-mancos-ciegos, los pecadores y enfermos. De esa forma ha superado el orden de amor intrafamiliar (solo entre parientes) o el amor entre el propio "clan social" (amar a los amigos, odiar a los enemigos. Lo propio de Jesús, desde su experiencia de Dios Padre, es su amor de acogida y curación (terapia) hacia los de fuera del propio círculo de vida. Este amor a todos, y en especial a los excluidos, superando el sacrificio de chivo expiatorio y la expulsión del chivo emisario (Lv 16, cf. cap. 3), define el mensaje de Jesús, su novedad mesiánica.

9. Solo en esta línea se entiende la ecología mesiánica, pues el mundo/ naturaleza forma parte de la manifestación y presencia de Dios para los hombres. En esa línea, el cuidado del mundo forma parte de la revelación de Dios (Génesis), pero, de un modo especial, ese cuidado está al servicio de la comunión interhumana. No se puede amar a los demás seres humanos, viviendo en comunión con ellos a no ser que se cuide y comparta el mundo común, que es una especie de palabra compartida entre todos. La utilización y "destrucción" antiecológica del mundo, al servicio de algunos, en contra de otros constituye un "pecado" no solo en contra de otros seres humanos, sino en contra del Dios creador.

Epílogo

Casi desde el principio del cristianismo, la Iglesia ha venido siendo comparada a una barca, «la barca de Pedro», que en el mar de este mundo ayuda a la humanidad pecadora a salvar su alma. La imagen de la Iglesia como una barca es de las más utilizadas en los primeros siglos, muy presente en el arte y la imaginería eclesiales. «La Iglesia es semejante a una nave que continuamente es agitada por las tormentas y tempestades, pero que no podrá naufragar jamás, porque su palo mayor es la Cruz de Cristo; su piloto, el Padre; su timonel, el Espíritu Santo; sus remeros, los Apóstoles» (Gregorio de Elvira, s. IV).

La Reforma protestante continuó con esta imaginería, pero con una diferencia: multiplicó las barcas; a la barca de Pedro añadió la barca de la Reforma, con distintos patrones pero idénticas funciones, a saber, salvar almas. La primera fue pintada por los artistas reformados abarrotada por monjes panzudos, obispos ricamente ataviados de ornamentos y con el Papa con tiara a la cabeza, que a duras penas se mantiene en medio de un mar donde los pecadores están a punto de perecer ahogados, con la única ayuda de bulas y penitencias; mientras que la barca reformada está tripulada por pastores adustos y de pose grave, vestidos de negro riguroso, que ayudan a los pecadores medio sumergidos en el agua a salvar sus vidas mediante la predicación de la gracia. Esta poderosa imagen de la iglesia, e iglesias, como arcas de Noé, salvando a los pecadores del peligro de la muerte eterna, sigue muy honda en la conciencia de los cristianos actuales.

Pero en nuestros días han surgido otras barcas, barcas que han hecho historia; barcas que han puesto en peligro la vida su tripulación con tal de salvar esas otras almas vivientes que son los animales (Gn 1:20-24).

Movidos sin duda por el mismo Espíritu de vida que animó a Noé, esos jóvenes valientes se arriesgaron a perderlo todo con tal de salvar algunos animales en peligro de extinción por culpa de la pesca intensiva. Animales en lo que hasta ese momento nadie pensaba en ellos, excepto cuando pedían un filete para ponerlo en su plato, o se cercioraban de la autenticidad de la piel de sus guantes y guerreras. Aquellas barcas también aumentaron en número y revolucionaron nuestro mundo moderno. Crearon la conciencia generalizada de «salvar el planeta» y los seres que lo habitan, en peligro de extinción por culpa del abuso humano. Aquella ideología casi utópica hoy se ha convertido una disciplina científica: la ecología.

Desde que disponemos de datos de la historia del hombre sobre la tierra, sabemos que este han sido un depredador innato. Ha matado animales sin fin, tanto para alimentarse como por deporte, o capricho. En sus guerras, que siempre le han acompañado, ha arrasado cosechas y bosques para debilitar a su enemigo y para construir instrumentos de combate; ha quemado praderas y actualmente ha contaminado mares y ríos en un nivel inconcebible. Esto viene de lejos, Rex Weyler, uno de los fundadores de la organización ecologista Greenpeace, en su ensayo *Una breve historia del ecologismo*, nos muestra el primer ejemplo escrito de la capacidad destructiva de su entorno del ser humano. Se encuentra en el conocido *Poema de Gilgamesh*, muy anterior a la literatura bíblica, donde se dice que Gilgamesh, rey sumerio de Uruk, una de las ciudades más importantes de la antigua Mesopotamia, desafió a los dioses talando su santuario: una vasta extensión de bosques de cedros en lo que hoy es el sur de Irak.

Un tema muy serio este, que había pasado casi desapercibido hasta nuestros días, cuando, desde la perspectiva cristiana, ha llegado a convertirse en un «signo de los tiempos» (cf. Mt 16:1-4; Mc 8:11-13; Lc 12:54-56), insoslayable por más tiempo para la teología y el pensamiento cristiano. El hombre está enfermo, y también lo está el planeta; urge salvar al hombre, pero también al planeta. Hasta no hace tantos años, por aquello de que la vida es breve y encima es un valle de lágrimas, la preocupación primera de las iglesias, aparte de consolidar los gobiernos constituidos, era la salvación del alma, consolando a los sufrientes con la esperanza de una dicha gloriosa en el cielo, a modo de compensación por los males sufridos en la tierra. Esto esbozado en trazos gruesos. Desde aquel tiempo a esta parte ha llovido mucho y se puede decir que el cristianismo ya no es lo que era.

La ecología, o como le gusta decir al autor de esta obra, la *encrucijada ecológica,* se ha convertido en el signo de los tiempos presentes, la cual obliga a la iglesia, a todas las iglesias, a escuchar, dialogar y actuar juntamente con la sociedad civil, recordando que, entre otras cosas, los cristianos están en el mundo como levadura en la masa, como sal de la tierra, como comunidad de renovación y reconciliación.

Lo que hoy está en juego no es solo el daño hecho al ecosistema, sino que el efecto de ese destrozo afecta primera y principalmente a los de siempre, a los pobres, a los marginados, a los desheredados de la tierra. Como bien dijo Leonardo Boff en una obra pionera, la Tierra también clama, también enferma y sufre por la acción de los depredadores humanos al servicio de intereses particulares. «La lógica que explota a las clases y somete a los pueblos a los intereses de unos pocos países ricos y poderosos, es la misma que depreda la Tierra y expolia sus riquezas, sin solidaridad para con el resto de la humanidad y las generaciones futuras»[1]. La preocupación por la justicia ecológica, pues, está en consonancia con el cometido soteriológico del cristianismo que es la salvación de la persona en su situación y momento histórico.

El clamor por la salvación del planeta debería ser también parte intrínseca de esa salvación del alma, de la vida, de la persona, que el cristianismo persigue, pues el mismo Dios *redentor,* es el Dios *creador.* La *barca ecologista* nos ha enseñado que los animales nos preceden en el sufrimiento ocasionado por la depredación humana de los recursos naturales. En una epístola tan densa como la de Pablo a los romanos, nos revela que «toda la creación gime (συστενάζει) y sufre con dolores de parto hasta hoy» (Rm 8:22). Según los exégetas este *gemir* está asociado a un esperar de forma activa el advenimiento de una nueva realidad, a saber, «la libertad gloriosa de los hijos de Dios» (v. 21)[2]. Al hablar de «toda la creación», Pablo no está refiriéndose exclusivamente a la humanidad, sino que incluye en ella todos los seres que la componen.

A partir de este texto paulino, tan rabínico en su rebuscada argumentación y hermenéutica de la tradición veterotestamentaria,

---

1. L. Boff, *Ecología: Grito de la tierra, grito de los pobres.* Trotta, Madrid, 1996.
2. Juan Manuel Granados, "La creación puja y Dios con ella: estudio de la argumentación en Rm 8:18-30", *Cuestiones Teológicas,* 47/108, (2020). 64-77.

no podemos crear toda una teología ecológica, pero sí nos ayuda a comprender que el sufrimiento de las criaturas irracionales nunca ha sido indiferente al pensamiento religioso. Y aquí podríamos hacer referencia a la ley mosaica y a las visiones proféticas de Israel, que integran en las ordenanzas políticas y sociales y en esperanza mesiánica el mundo animal e inanimado.[3]

En décadas pasadas, fue común acusar al cristianismo de ser culpable del saqueo y maltrato de la tierra, en base al mandato bíblico que dice: «Llenad la tierra, y *sojuzgadla*, y señoread en los peces del mar, y en las aves de los cielos (Gn 1:28). No hay fundamento para esta acusación, pero no es este el lugar para entrar en el debate, baste para ilustrar la importancia que tiene la preocupación ecológica para un testimonio cristiano relevante y digno de ser tenido en cuenta.[4]

Como bien nos dice Xabier Pikaza en esta obra, «un tipo de modernidad egoísta y desalmada –sin alma de Dios– nos había dicho "atrévete, conquista y coloniza todo", y nos hemos atrevido, pero en vez de humanizar la tierra en amor (Gn 2), la podemos secar, destruyéndonos así a nosotros mismos. Hemos colonizado a sangre y fuego inmensos territorios físicos y culturales, imponiendo nuestra injusticia en ellos, sin más principio moral que nuestro egoísmo.

3. No tan inanimado como se suele pensar, como hoy sabemos en base al estudio de los árboles y sus increíbles medios de comunicación inter-arbórea. Y por si fuera poco, en la actualidad los botánicos que trabajan sobre la *inteligencia vegetal*, nos dicen que hasta las raíces de las plantas se pueden comunicar situaciones de estrés futuro. Las plantas en general aprenden, memorizan, toman decisiones… Véase Paco Calvo y Natalie Lawrence, *Planta sapiens*. Seix Barral, Barcelona, 2023.

4. Solo hay que pensar en la buena recepción otorgada a la encíclica de Francisco, *Laudato si'* (2017, seguida de la reciente *Laudate Deum*), de la que el portavoz del secretario general de la ONU, Ban Ki-moon, dijo que es muy importante que alguien como el Papa de Roma nos recuerde la obligación moral de cuidar y proteger nuestro hogar común, el planeta Tierra, así como ser solidarios con los miembros más pobres y vulnerables de la sociedad que son quienes más están sufriendo el cambio climático. A lo que Christiana Figueres, secretaria ejecutiva de la CMNUCC, añadió: «La encíclica del Papa Francisco subraya que actuar frente al cambio climático es un imperativo moral para ayudar a las poblaciones más vulnerables del planeta, proteger el medio ambiente y fomentar un desarrollo sostenible. Esta clara llamada debería guiar al mundo para que de París a finales de este año salga un acuerdo climático universal duradero y fuerte. El imperativo económico junto al imperativo moral no dejan lugar a dudas de que debemos actuar ya frente al cambio climático» (United Nations Climate Change, https://unfccc.int/es/news/el-papa-francisco-presenta-su-enciclica-sobre-clima-y-medio-ambiente). Véase Enrique Figueroa Clemente —catedrático de Ecología de la Universidad de Sevilla—, *La ecología del papa Francisco: un mensaje para un planeta y un mundo en crisis* (BAC, 2016).

Tras ese recorrido de progreso, volvemos a escuchar la palabra de Jesús: "¿De qué os vale ganar el mundo entero si al hacerlo os perdéis a vosotros mismos?" (Mt 16:26)».

Pues bien, nos sigue diciendo Pikaza, «ha llegado la hora de descubrir que estamos ante el abismo, de parar y de cambiar de dirección, y poner en marcha un tipo de sabiduría distinta fundada en el amor a la vida de los otros (de todos), un conocimiento más alto que no sea la "ciencia del dominio del bien y del mal" (de cuyo peligro nos hablaba Génesis 2). Para ello necesitamos recuperar nuestras más hondas raíces culturales y religiosas, volviendo a los caminos del Reino que proclamó Jesús».

En su calidad de teólogo bíblico, con una rica experiencia docente en la universidad y con una amplísima producción literaria bíblico-teológica-religiosa, Pikaza nos ofrece en esta obra una valiosa reflexión y análisis de la encrucijada ecológica en la que nos encontramos desde un punto de vista moral y religioso, sin olvidar los componente políticos y económicos, insistiendo y destacando al mismo tiempo sus elementos filosóficos, con vistas a poner en manos del lector un texto que contribuya a hacer de él un agente al servicio de la vida. Esta meta no es alcanzable solo por el conocimiento intelectual o la toma de conciencia del problema, sino por una verdadera y auténtica *conversión*, «una conversión, en línea de justicia y fraternidad; solo así podremos *orientar la energía* –la nuestra y la de los demás–, poniéndola al servicio no solo de la vida humana, sino de toda la vida de la "madre tierra"».

Esta es una obra única y pionera en la literatura evangélica, por la que estamos agradecidos a su autor y a la editorial por poner al alcance del lector cristiano hispanohablante una herramienta bíblico-teológica que esperamos sea fecunda en la profundización del tema aquí tratado, y coopere en esa conversión de corazón tan necesaria para bregar en el mar de la vida en pro de la salvación de nuestros semejantes y de nuestro planeta amenazado.

«Esperamos cielos nuevos y tierra nueva, en los cuales mora la justicia» (2 P 3:13), mientras aguardamos el cumplimiento final de esta promesa, tenemos la responsabilidad de cooperar en la realización de esa indudable voluntad divina expresada como profecía de una tierra justa, equitativa y equilibrada. Una meta, un ideal apropiado la voluntad y las energías de una sociedad cada vez más consciente de lo que está en juego, y de su responsabilidad personal en semejante encrucijada ecológica en la que nos encontramos.

Alfonso Ropero
Colaborador editorial, CLIE

Bibliografía

Resulta absolutamente imposible recoger todos los trabajos existentes sobre los diversos aspectos (científicos, sociales, religiosos…) de la ecología, de manera que he renunciado a presentarlos. Recojo solo aquellos que me han ido ayudando a plantear mejor la problemática, desde el año 1985 en que publiqué mi primer ensayo sobre el tema. En notas a pie de página ofrezco más información sobre diversos temas. Desde una perspectiva científico-social quiero destacar la obra monumental de R. Fernández Durán y L. González Reyes, *En la espiral de la energía I-II,* algo anticuada, pero aún válida. No hará falta decir que, sobre todo en el plano político, las "opiniones" sobre el tema son muy divergentes. Yo he procurado mantener un equilibrio, insistiendo en la importancia religiosa, bíblica y espiritual del tema, desde una perspectiva occidental, bíblica y cristiana, aunque abierta a otras culturas, religiones y espiritualidades.

Agosta, E. (2020), *Austral spring stratospheric and tropospheric circulation interannual variability*, Amer. Meteorological Soc, Journal Of Climate, 06, 2011; *Central-West Argentina summer precipitation variability and atmospheric teleconnections,* Ibid 03, 2012; *Climate change in the light of integral ecology*, Universidad de Malta, Melita Theologica12/2021; *Condiciones medias de invierno y ondas cuasi-estacionarias de Rossby asociadas a la frecuencia invernal de noches frías y cálidas en Argentina subtropical*, Asociación Argentina de Geofísicos y Geodestas, Geoacta, 12/2012; *Interannual variations in the Zonal Asymmetry of the subpolar latitudes Total Ozone Column during the Austral Spring*, Asociación Argentina Geofísicos y Geodestas, 2010-06; *La novedad ecológica de Laudato "Si",* en *Alabanza gozosa y labor cuidadosa por nuestro común hogar*, Buenos Aires, 2016; *"Conversión ecológica". A la espera de "cielos nuevos y tierra nueva" (Ap 21:1),* https://carmelitengo.org/proyectos/libro/.

Albareda-Tiana, S. (ed.) (2009), *La cuestión ecológica. La vida del hombre en el mundo*. Congreso Internacional sobre Ecología, Madrid: BAC.

Albertz, R. (1999). *Historia de la religión de Israel en tiempos del Antiguo Testamento I-II*, Trotta.

Álvarez, A. (2005). *La nueva Jerusalén, ¿ciudad celeste o ciudad terrestre?* Estella: Verbo Divino.

Bachofen, J. J. (2001). *Mitología arcaica y derecho materno*. Barcelona: Anthropos.

Ballesteros, J. (1995). *Ecologismo personalista. Cuidar la naturaleza, cuidar al hombre*. Madrid: Tecnos.

Barth, K. (1971ss). *Gesamtausgabe*, Karl Barth-Stiftung, Zürich; *Carta a los Romanos*. Madrid.

Baruzi, J. (1993). *San Juan de la Cruz y la experiencia mística*, Valladolid: Junta de Castilla y León.

Beauchamp, P. (1969). *Création et séparation: étude exégétique du premier chapitre de la Genèse*. Paris: BSR, Cerf.

Boff, C. (1980). *Teología de lo político. Sus mediaciones*. Salamanca: Sígueme.

Boff, L. (1981). *Jesucristo y la liberación del hombre*. Madrid: Cristiandad;

———. (2002). *San Francisco, un mensaje de paz para el mundo actual*. Santander: Sal Terrae.

———. (1966). *Ecología, grito de la tierra, grito de los pobres*. Madrid: Trotta.

———. (2000). *La dignidad de la tierra*. Madrid: Trotta.

Böhme, J. (1979). *De signatura rerum*. Sevilla.

———. (1982). *Diálogos místicos*. Barcelona.

———. (1998). *Signos de la alquimia eterna*. Barcelona.

———. (2007). *Teosofía revelada*. Barcelona.

Botkin, D. B. (1993). *Armonías discordantes una ecología para el siglo XXI*. Madrid: Acento.

Cabada, M. (1999). *El Dios que da que pensar. Aspectos filosófico-antropológicos de la divinidad*, Madrid: BAC.

Campbell, J. (1991/1992). *Las máscaras de Dios I-IV: Mitología primitiva, Mitología Oriental Mitología Occidental, Mitología creativa*. Madrid: Alianza.

Capra, F. (2012). *La trama de la vida. Una nueva perspectiva de los sistemas vivos*. Barcelona: Anagrama.

Cencillo, L. (1970). *Mito. Semántica y realidad*. Madrid: BAC.

————. (1998). *Historia sistémica de los dioses*. Madrid: Sintagma.

Cobb, J. A. (1965). *Christian Natural Theology*. Philadelphia: John Knox Press.

Comte, A. (1982). *Catecismo positivista*. Madrid: Nacional.

————. (1977). *Curso de filosofía positiva*. Madrid: Magisterio.

Contreras, F. (1998). *La nueva Jerusalén, esperanza de la iglesia*. Salamanca: Sígueme.

Croatto, J. S. (1974). *El hombre en el mundo. Creación y designio – Estudio de Génesis 1:1 – 2:3*. Buenos Aires: La Aurora.

————. (1986). *Crear y amar en libertad. Estudio de Génesis 2:4 – 3:24*. La Aurora.

————. (1999). *Exilio y sobrevivencia. Tradiciones contraculturales en el Pentateuco. Comentario de Gn 4–11*. Buenos Aires: Lumen.

Dalai Lama, (2000). *El Arte de vivir en el nuevo milenio. Una guía **ética para** el futuro*. Barcelona: Grijalbo.

Darwin, C. *El origen de las especies*. Madrid: Espasa.

Derrida, J. (1994*). Políticas de la amistad*. Madrid: Trotta.

Díaz, C. (1997). *Manual de Historia de las Religiones*. Bilbao: Desclée. Drewermann, E. (1977). *Strukturen des Bösen* I-III. Paderborn: Schöningh.

Eliade, M. (2011). *El mito del eterno retorno*. Madrid: Alianza.

Eliade, M. (1981). *Tratado de historia de las religiones*. Madrid: Cristiandad.

————. (1968). *El mito del eterno retorno*. Madrid: Alianza;

————. (1978s). *Historia de las creencias e ideas religiosas* I-III, Cristiandad.

————. (1996). IV, Herder.

Elizondo, V. (2000). *Galilean Journey: The Mexican-American Promise*. Maryknoll NY: Orbis Books.

Ellacuría, I. y Sobrino, J. (eds.), (1990). *Mysterium Liberationis. Conceptos. fundamentales de la teología de la liberación*, I – II. Madrid: Trotta.

Elorduy, C. (1977). *Lao Tse y Chuang Tzu*. Madrid: Nacional.

Estrada, J. A. (1997). *La imposible teodicea*. Madrid: Trotta.

———. (2013). *De la salvación a un proyecto de sentido*. Bilbao: Desclée;

———. (2018). *Las muertes de Dios. Ateísmo y espiritualidad*. Madrid: Trotta.

Fernández Durán, R. y González Reyes, L. (2018). *En la espiral de la energía: I. Historia de la humanidad desde el papel de la energía II. Colapso del capitalismo global y civilizatorio*, Madrid: Ecologistas en Acción.

Ferry, L. (1994). *El nuevo orden ecológico, el árbol, el animal y el hombre*. Barcelona: Tusquets.

Figueroa, E. (2016). *La ecología del papa Francisco: un mensaje para un planeta y un mundo en crisis*. Madrid: BAC.

Flecha, J. R. (2001). *El respeto a la creación*. Madrid: BAC.

Francisco de Asís, (2023). *Escritos. Biografías*. Madrid: BAC.

Francisco, Papa, (2015) *Laudato si'*, y (2023) Laudate Deum. Online https://www.vatican.va/content/francesco/es/encyclicals.index.html.

Fromm, E. (2000). *El arte de amar*. Barcelona: Paidós.

Fukuyama, F. (1992). *El fin de la historia y el último hombre*. Barcelona: Planeta.

Gafo, J. (ed.) (1991). *Ética y ecología*. Madrid: Comillas.

García Gómez-Heras, J. M. (ed.) (1997). *Ética del medio ambiente. Problemas, perspectivas, historia*. Madrid: Tecnos.Gesche, A. (1995/7). *Dios para pensar I-II*, Salamanca: Sígueme.

Gillet, Robert W. (2005). *The New Globalization: Reclaiming the Lost Ground of Our Christian Social Tradition*. Cleveland OH: Pilgrim.

Girard, R. (1983). *La violencia y lo sagrado*. Barcelona: Anagrama.

———. (1982) *El misterio de nuestro mundo*. Salamanca: Sígueme.

———. (1986) *El chivo expiatorio*. Barcelona: Anagrama.

González de Cardedal, O. (1998). *La entraña del cristianismo*, Sec. Trinitario.

González Faus, J. I. (1998). *Fe en Dios y construcción de la historia*. Madrid: Trotta.

———. (1983). *El engaño de un capitalismo aceptable*. Santander.

———. (1984). *Memorial de Jesús, memorial del pueblo*. Santander.

———. (1985). *Libertad de palabra en la Iglesia y en la teología*. Santander.

————. (1989). *El proyecto hermano*. Santander.

————. (1997). *Derechos humanos, deberes míos*.

————. (2006). *Calidad cristiana: identidad y crisis del cristianismo*. Madrid.

————. (2007). *El rostro humano de Dios. De la revolución de Jesús a la divinidad de Jesús*. Santander.

González, A. L. (2001). *Teología natural*. Pamplona: Eunsa.

González, A. (1999). *Teología de la praxis evangélica*. Santander: Sal Terrae.

————. (2003). *Reinado de Dios e imperio: Ensayo de teología social*. Santander: Sal Terrae.

González, J. (1990). *Faith and Wealth*. San Francisco: Harper & Row.

Gottwald, N. (1979, 2ª ed. 1999). *The Tribes of Yahweh: A Sociology of the Religion of Liberated Israel 1250-1050*. London: BCE, Sheffield Academic Press.

Grelot, P. (1983). *Hombre, ¿quién eres? Los once primeros capítulos del Génesis*, CB 5. Estella: Verbo Divino.

Groody, G. (2009). *Globalización, espiritualidad y justicia navegando por la ruta de la paz*. Estella: Verbo Divino.

Gunkel, H. (1895). *Schöpfung und Chaos in Urzeit und Endzeit*. Göttingen. *Gn 1 und Ap Joh 12*.

Gutiérrez, G. (1988). *Hablar de Dios desde el sufrimiento del inocente. Una reflexión sobre el libro de Job*. Salamanca: Sígueme.

————. (1984). *Beber en su propio pozo*. Salamanca: Sígueme.

Habermas, J. (1989). *Teoría de la acción comunicativa I-II*. Madrid: Taurus.

Haughey, John C. (ed.), (1977). *The Faith That Does Justice: Examining the Christian Sources for Social Change*. New York: Paulist.

Hegel, G. W. (1969). *Vorlesungen über die Philosophie der Religion*. Frankfurt: Suhrkamp.

Heidegger, M. (1962). *Ser y tiempo*. México: FCE.

Henry, M. (2001). *Encarnación. Una filosofía de la carne*. Salamanca: Ediciones Sígueme.

————. (2001). *Yo soy la verdad. Para una filosofía del cristianismo*. Salamanca: Sígueme.

Hinkelammert, F. (ed.), (1999). *El desafío de la globalización.* Costa Rica: DEI.

―――. (1995) *Cultura de la esperanza y sociedad sin exclusión.* San José de CR: DEI.

Hobbes, Th. (1983). *Leviatán.* Madrid: Nacional.

―――. (2013). *Behemoth.* Madrid: Tecnos.

Johnson, E. (2002). *La que es. El misterio de Dios en el discurso teológico feminista.* Barcelona: Herder.

Jonas, H. (1995). *El principio de responsabilidad. Ensayo de una ética para la civilización tecnológica.* Barcelona: Herder.

Juan de la Cruz (2023). *Obras completas.* Burgos: Fonte.

Jüngel, E. (1985). *Dios, misterio del mundo.* Salamanca: Sígueme.

Kant, I. (1987). *Ideas para una historia universal en clave cosmopolita.* Madrid: Tecnos.

Kaufmann, W. (1983). *Crítica de la religión y de la filosofía.* México: FCE.

Knitter, P. (1996). *Jesus and the Other Names: Christian Mission and Global Responsibility* (Maryknoll).

―――. (1985). N*o Other Name? A Critical Survey of Christian Attitudes Towards the World Religions.* London.

―――. (1995). *One Earth Many Religions: Multifaith Dialogue and Global Responsibility,* Maryknoll.

―――. (2003). *Subverting Greed: Religious Perspectives on the Global Economy.* Maryknoll, NY: Orbis Books.

Lafont, G. (1991). *Dios, el tiempo y el ser.* Salamanca: Sígueme.

Lasanta, P. J. (2020). *Ecología, compromiso cristiano.* Madrid: Edibesa.

Lévinas, E. (1977). *Totalidad e infinito.* Salamanca: Sígueme.

Lubac, H. de, (2012). *El drama del humanismo ateo.* Madrid: Encuentro;

―――. (2011). *La posteridad espiritual de Joaquín de Fiore. I. De Joaquín a Schelling. II. De Saint Simon a nuestros días.* Madrid: Encuentro.

Margalef, R. (1992). *Ecología.* Madrid: Planeta.

―――. (1993). *Teoría de los sistemas ecológicos.* Barcelona: Omega.

Mariani, M. y Navarro, M. (2023). *Recorridos de cristología feminista.* Madrid: Trotta.

Mbiti, J. S. (1990). *Entre Dios y el tiempo. Religiones tradicionales africanas*. Madrid: Mundo Negro.

McFagge, S. (1987). *Modelos de Dios. Teología para una era ecológica y nuclear*. Santander: Sal Terrae.

—————. (2021). *A New Climate for Christology. Kenosis, Climate Change, and Befriending Nature*. Minneapolis (MN): Fortress Press.

Moltmann, J. (1968) *Teología de la esperanza*, Salamanca: *Sígueme*.

—————. (1977). *Dios crucificado*. Salamanca: Sígueme.

—————. (1971). *Planificación y esperanza de futuro*. Salamanca: Sígueme.

—————. (1987). *Dios en la creación*. Salamanca: Sígueme.

—————. (1989). *La iglesia, fuerza del Espíritu*. Salamanca: Sígueme.

Moltmann-Wendel, E. (1991). *Als Frau und Mann von Gott reden* (con Jürgen Moltmann) München.

—————. (1994). *Mein Körper bin Ich*, Gütersloh.

—————. (1997). *Wer die Erde nicht berührt, kann den Himmel nicht erreichen. Autobiografie*, Zürich.

Morel, G. (1960-1961). *Le sens de l'existence selon Saint Jean de la Croix* I-III. Paris: Aubier.

Morin, E. (ed.), (1993) *Tierra – Patria*. Barcelona: Kairós.

—————. (1993). *Introduzione al pensiero complesso. Gli strumenti per affrontare la sfida della complessità*. Milano: Sperling & Kupfer.

Navarro, M. (1993). *Barro y aliento. Exégesis y antropología teológica de Gn 2-3*. Madrid: Paulinas.

Nuévalos. C. (ed.) (1999). *Una mirada diferente. La mujer y la conservación del medio ambiente*. Valencia: Edetania.

Otto, R. (2001). *Lo santo. Lo racional y lo irracional en la idea de Dios*. Madrid: Alianza.

Panikkar, R. (1996). *El silencio de Buda. Una introducción al ateísmo religioso*. Madrid: Siruela.

—————. (1989). *La Trinidad y la experiencia religiosa*. Barcelona: Obelisco.

—————. (1993). *La nueva inocencia*. Estella: Verbo Divino.

—————. (1977). *Ecosofí.*, Madrid: Paulinas.

Pardo, R. A. (ed.), (2022). *Cuidar la creación. Retos para una ecoteología.* LII Jornadas de Teología de la UPSA, Salamanca.

Parrinder, G. (1993). *Avatar y encarnación.* Barcelona: Paidós.

Pascual Calvo, E. (1989). *La Promesa de la 'Adamah en el Pentateuco.* Madrid: Universidad Complutense.

Pérez Prieto, V. (1997). *Do teu verdor cinguido. Ecoloxismo e cristianismo. A* Coruña: Espiral Maior.

————. (2022). *A unidade e a harmonía da realidade. Complexidade e ecoloxía.* Vigo: Galaxia.

Pikaza, X. (con Margalef, R.) (1985). *"El desafío ecológico". Ecología y humanismo.* Salamanca: Pontificia.

————. (1993, 67-94). *Creación y Ecología,* en *O Cristâo e o desafio ecológico.* Gráficas de Coimbra.

————. (1993). *Principios de antropología bíblica: Gn 2-3.* Anámnesis 5, 5-40.

————. (1996). *Ideal humano y valores ecológicos (Ecología bíblica),* Documentación social 102, 157-176; *Varón y Mujer los creó. Ecología humana y relación de sexos en Gn 1-4,* en C. Nuévalos (ed.).

————. (1999). *La mujer y la conservación del medio ambiente.* Valencia: Edetania, 23-58.

————. (2001). *Sistema social, institución eclesial. Retos para mejorar la vida,* Comunicació/Palma de Mallorca 99/1000, 93-120; *Dominad la Tierra (Gn 1, 28). Relato bíblico de la Creación y Ecología,* en J. M. García Gómez-Heras (ed.).

————. (1997). *Ética del medio ambiente.* Madrid: Tecnos, 207-222.

————. (2003). *Una espiritualidad ecológica cristiana: ecología, justicia y solidaridad,* CONFER 42, 309-360.

————. (1993). *Antropología bíblica,* BEB 80. Salamanca: Sígueme.

————. (1996). *Hombre y mujer en las religiones.* Estella: EVD.

————. (2000). *Fiesta del pan, fiesta del vino.* Estella: Verbo Divino.

————. (2001). *Sistema, Libertad, Iglesia. Las instituciones del Nuevo Testamento.* Madrid: Trotta.

————. (2003). *Globalización y monoteísmo.* Estella: Verbo Divino.

————. (2004). *El desafío Ecológico.* Madrid: PPC.

————. (2015). *El Apocalipsis.* Estella: Verbo divino.

————. (2017). *Laudato si', paradigma tecnocrático y crisis ecológica.* Estudios Franciscanos 118, 15-43.

Polanyi, K. (1997). *La gran transformación. Crítica del liberalismo económico.* Madrid: La Piqueta.

Primavesi, A. (1994). *Del Apocalipsis al Génesis. Ecología feminista, cristianismo.* Barcelona: Herder.

Radford Ruether, R. (1977). *Mujer nueva, Tierra nueva.* Buenos Aires: Aurora.

————. (1983). *Sexism and God-Talk. Toward a Feminist Theology.* Boston: Beacon Press – London: SCM Press.

————. (1993). *Gaia y Dios. Una teología ecofeminista para la recuperación de la tierra.* México: DEMAC.

Renckens, H. (1969). *Creación, paraíso y pecado original según Gn 1-3.* Guadarrama, Madrid.

Rifkin, I. (2002). *Spiritual Perspectives on Globalization: Making Sense of Economic and Cultural Upheavel.* Woodstock VT: Skylight Paths.

Ropero, A. (2008). *Filosofía y cristianismo: Pensamiento integral e integrador.* Viladecavalls, Barcelona: Clie.

————. (2018). *Gran Diccionario Enciclopédico de la Biblia* (editor), Viladecavalls: Clie.

————. (2015). *Vida del cristiano centrada en Cristo. La gran transformación,* Viladecavalls: Clic.

————. (2022). *Historia de la Filosofía y su relación con la Teología.* Viladecavalls: Clie.

Rosenszweig, F. (1997). *La estrella de la redención.* Salamanca: Sígueme.

Ruiz de la Peña, J. L. (1986). *Teología de la creación.* Santander: Sal Terrae.

Ruster, Th. (2011). *El dios falsificado.* Salamanca: Sígueme.

Schüssler Fiorenza, E. (2000). *Cristología feminista crítica. Jesús, Hijo de Miriam, Profeta de la Sabiduría.* Madrid: Trotta.

Sloterkijk, P. (2001). *Eurotaoísmo.* Barcelona: Barral.

————. (2000). *En el mismo barco.* Madrid: Siruela.

Sölle, D. (1984). *The strength of the weak: toward a Christian feminist identity.* Philadelphia.

————. (1990). *The window of vulnerability: a political spirituality.* Minneapolis.

————. (2001). *The silent cry: mysticism and resistance,* Minneapolis.

————. (1972). *Teología política: confrontación con Rudolf Bultmann.* Salamanca.

————. (2009). *Mística de la muerte.* Bilbao.

————. (1996). *Reflexiones sobre Dios.* Barcelona.

Sosa, N. (1989). *Educación ambiental,* Salamanca: Amarú.

Spurgeon, C. (2015). *El tesoro de David - Salmos,* I-II. Viladecavalls: Clie.

Tatay, J. (2015). *Ecología* integral. La recepción católica del reto de la sostenibilidad. Madrid: BAC.

Teilhard de Chardin, P. (1959). *El fenómeno humano,* Madrid.

————. (1960). *El medio divino.* Madrid.

————. (1964). *El grupo Zoológico Humano.* Madrid.

————. (1964). *El futuro del hombre.* Madrid.

Theissen, G. (2002). *La fe bíblica. Una perspectiva evolucionista.* Estella: Verbo Divino.

————. (2005). *El movimiento de Jesús: historia social de una revolución de los valores.* Salamanca.

————. (2003). *El Nuevo Testamento: historia, literatura, religión.* Santander.

————. (2002). *La redacción de los evangelios y la política eclesial: un enfoque socio-retórico.* Estella.

————. (2002). *La religión de los primeros cristianos: una teoría del cristianismo primitivo.* Salamanca.

Tillich, P. (1984/2004). *Teología sistemática* I-III. Salamanca: Sígueme.

————. (1967). Pensamiento cristiano y cultura en Occidente I-II. Buenos Aires.

————. (1973). El nuevo ser. Barcelona.

————. (1979). El eterno presente. México.

————. (1976). El futuro de las religiones. Buenos Aires.

————. (1973). Filosofía de la religión. Buenos Aires.

Torres Queiruga, A. (1992). *La constitución moderna de la razón religiosa*. Estella: Verbo Divino.

————. (1987). *La revelación de Dios en la realización del hombre*. Madrid: Cristiandad.

————. (1996). *Creo en Dios Padre. El Dios de Jesús como afirmación plena del hombre*. Santander: Sal Terrae.

————. (1998). *Recuperar la creación. Por una religión humanizadora*. Santander: Sal Terrae.

Valverde, A. (1991). *Hacia una conciencia ecológica*. Valladolid: Junta de Castilla y León.

van Wolde, E. (1989). *A Semiotic Analysis of Genesis 2-3*. Assen: SSN 23.

Varios, (1999). *El mito de la globalización neoliberal*. Madrid: ACC.

Varios, (1987). *La création dan l'Orient ancien*. Paris: LD 127, Cerf.

von Rad, G. (1977) *Génesis*. Salamanca: Sígueme.

————. (2009) *Teología del AT I-II*. Salamanca: Sígueme.

Westermann, C. (1984). *Génesis* I-II. Minneapolis: Augsburg P.

Zimmerli, W. (1967). *1 Mose* I-I. Zürich: Zwingli V.

Zubiri, X. (1944). *Naturaleza, historia, Dios*. Madrid: Ed. Nacional.

————. (1984). *El hombre y Dios*. Madrid: Alianza.

————. (1993). *El problema filosófico de la historia de las religiones*. Madrid: Alianza.

————. (1997). *El problema teologal del hombre: cristianismo*. Madrid: Alianza.